未来经济发展报告
（2021）

ANNUAL REPORT ON
FUTURE ECONOMY (2021)

主编　方合英

执行主编　郭党怀　崔建民　何德旭　常　戈

社会科学文献出版社
SOCIAL SCIENCES ACADEMIC PRESS (CHINA)

序

　　2021 年是"十四五"开局之年，中信集团正式发布了"五五三"战略，这意味着未来五年，我们将深耕综合金融、先进智造、先进材料、新消费、新型城镇化"五大板块"，构建金控、产业集团、资本投资、资本运营、战略投资"五大平台"，以整合、协同、拓展为"三大抓手"，实现"十百千万"发展目标，与国家"十四五"规划同频共振，在践行国家战略、助力民族复兴中，走向高质量、可持续发展的未来。

　　未来之路是创新发展之路。"十四五"期间，中国将坚持创新在全局中的核心地位，拓展发展新空间，培育发展新动力，战略性新兴产业增加值占 GDP 比重将超过 17%。创新是中信集团的基因。1979 年中信集团在国家注入 2.6 亿元启动资金的情况下，经过 42 年的蝶变创新，现已成为综合性的大型跨国企业集团，并以屡创第一而蜚声海内外。2021 年末合并资产近 9 万亿元，收入超 6000 亿元，利润总额超 1000 亿元。

　　未来之路是协调发展之路。"十四五"期间，我国将统筹城乡发展、区域发展、经济社会发展、人与自然和谐发展，实现各个方面的协调。中信集团依托金融全牌照、产业全覆盖的独有优势和协同战略，围绕乡村振兴、城市开发、产业升级进行持续投资，努力在惠民生、补短板等方面发挥更大的国企担当。"众人拾柴火焰高"，未来我们将通过资源整合、技术创新、产业导入，在社会事业发展、环境保护、民生保障等方面做出更大的贡献，助力解决社会发展的不平衡问题，着力增强自身发展的协调性。

　　未来之路是绿色发展之路。人不负青山，青山不负人。纵观人类文明发展史，生态兴则文明兴。"十四五"期间，中国将通过绿色发展，助力构建人类命运共同体。为实现碳中和，未来40年将产生超百万亿元的投资机遇。中信集团致力于成为国有企业助力"双碳"目标的旗帜。在金融端，中信银行、中信证券等金融子公司将打造全品类绿色金融服务体系。2021年，我们发行了国内首批绿色金融债、首款碳中和主题的结构性存款产品，开发了全市场首只碳中和主题的债券基金。在实业端，我们布局新能源汽车产业链，以绿色交通助力全社会节能减排；布局清洁低碳前沿技术，助力国家低碳节能技术突破，中信环境是我们环保领域的旗舰平台，中信特钢节能改造每年减少了650万吨碳排放。我们将进一步探索如何发挥绿色金融的"助推器"作用和实业发展的"放大器"作用，积极助力国家"双碳"目标的实现。

　　未来之路是开放发展之路。"十四五"期间，中国将以更高水平开放促合作共赢，推动构建开放型世界经济，自贸区、自贸港开放共融，"一带一路"合作升级。中信集团是在邓小平同志的倡导下，由荣毅仁同志创立，作为改革开放的窗口，与改革开放共生，并在服务改革开放的过程中不断成长，投资遍及全球，位居《财富》世界500强第115位。中信集团愿与社会各界朋友一起在"引进来""走出去"上双向发力，共享渠道、共享资源。"引进来"，就是要引入战略资源、创新科技、高端人才，发展更高层次的开放型经济，助力中国经济"提速升级"；"走出去"，就是要以"一带一路"倡议为带动，发展更高层次的开放型经济，推动装备、技术、标准、服务"走出去"，融入全球产业链、价值链、物流链，形成融合互利的合作格局。

　　未来之路是共享发展之路。"促进共同富裕"已经成为新时代的主旋律，中信集团作为金融与实业并举的综合性企业，始终牢记"国之大者"的使命担当，不断在服务实体经济、服务人民生活、服务乡村振兴中贡献中信力量。"共生共享"是中信集团的品牌定位，"共创新可能"是中信集团的品牌主张，"成就伙伴"是中信银行公司金融的品牌，在未来前进的道路上，我们希望与社会各界，携手并进，相互成就，共克艰难，共享智慧，共创美好的未来。

未来已来，将至已至。在"十四五"期间，秉承"创新、协调、绿色、开放、共享"的新发展理念，我们与中国社会科学院财经战略研究院联合打造《未来经济发展报告》。全书包括特稿、宏观经济、绿色发展、智能制造、企业发展五方面内容。希望借本书，与各方一道，共商未来新经济，共探未来新机遇，共创未来新可能。

奚国华

中信集团党委副书记、副董事长、总经理

2022 年 1 月

目 录

CONTENTS

Ⅰ 特稿

Ⅱ 宏观经济

Ⅲ　绿色发展

Ⅳ　智能制造

V　企业发展

特稿

大力发展绿色金融　开启未来银行之路[*]

方合英[**]

"未来经济大会"由中信银行与人民网共同发起,与中国社科院、中国科学技术协会共同举办,旨在践行国家"十四五"规划、助力经济高质量发展。

当前,我国正处于"两个一百年"奋斗目标的历史交汇期,中央经济工作会议为下一年经济工作指明了方向,将持续推动中国经济在高质量发展中赢得主动,行稳致远。围绕"未来经济"这个话题,我站在银行的视角,聚焦于"绿色理想"这个主题,分享三个关键词。

一　未来已来,低碳经济已是"大势所趋"

当今世界,正经历百年未有之大变局。随着全球变暖与能源资源枯竭,世界各国纷纷提出低碳经济发展战略,借此作为世界新一轮产业竞争、技术竞争、经济增长竞争的关键。绿色发展已经成为重要趋势和全球共识。许多国家把发展绿色产业作为推动经济结构调整的重要举措。中国经济历经数十年的高速增长,过去高能耗、高污染、高排放的经济发展模式已经严重制约

---

　* 本文主要内容来自《中信银行行长方合英:大力发展绿色金融　开启未来银行之路》,第14届金麒麟金融峰会,新浪网,2021年12月13日。

　** 方合英,中信银行党委书记、副董事长、执行董事、行长。

了经济的持续发展，我国发展的内部条件和外部环境正在发生深刻复杂的变化，正面临结构优化与动能转换的关键节点。发展低碳经济不仅是中国转变发展方式、调整产业结构、提高资源能源使用效率、保护生态环境的需要，也是在国际竞争新格局的大背景下增强国内产品的国际竞争力、扩大出口、缓解在全球碳排放等问题上面临的国际压力的需要，这既符合中国现代化进程的要求，又可以面对来自国际上的挑战。

党中央提出"3060"目标，是推动中国经济高质量发展的必然选择和关键之举，正成为我国经济转型的重要驱动力。在低碳经济的大潮中，千行百业都在发生深刻变化，金融业作为现代经济的核心和血脉，"金融活，则经济活；金融稳，则经济稳"，推动绿色转型，既是深化金融供给侧结构性改革的需要，也是强化服务实体经济能力的客观要求。与发达国家相比，我国实现"双碳"目标的时间窗口偏紧，面临更加艰巨繁重的改革发展任务，需要付出更多艰辛的努力。要实现"双碳"目标，必须加快建立健全绿色低碳循环发展的经济体系，转变经济增长方式，调整经济结构、产业结构、能源结构，因此，对于我国而言，实现碳达峰、碳中和注定是一场广泛而深刻的经济社会系统性变革。

二　将至已至，绿色金融必将"大有可为"

"3060"目标开启了低碳新时代，也如同一根具有非凡力量的"指挥棒"，是带动整个经济发展的风向标，并成为社会转型的巨大动力。随着"双碳"目标的提出，金融监管部门加快完善绿色金融领域的制度框架，绿色金融的发展空间有望加速拓展。随着全国碳市场开启交易，以及国家一系列绿色金融政策的密集出台，更多社会资金将被撬动促进碳减排。2021年10月，国家先后发布了《中共中央 国务院关于完整准确全面贯彻新发展理念做好碳达峰碳中和工作的意见》和《国务院关于印发2030年前碳达峰行动方案的通知》，提出构建绿色低碳循环发展经济体系、提升能源利用效率、提高非化石能源消费比重、降低二氧化碳排放水平、提升生态系统碳汇能力五个方面主要目标，聚焦于"十四五"和"十五五"两个碳达峰关键期，提出将碳达峰贯穿于经济社会发展全过程和各方面。随着这两个重要文件的出台，我国实现碳达峰、碳中和的路径进一步明确。11月，中国人民银行又重磅推出了碳减排支持工具。我认为碳减排支持工具是"做加法"，旨在用增量资金支持清洁能源等重点领域的投资和建设，明确了央行中长期资金的投向。

在政策红利持续释放的背景下，我国绿色金融发展按下"快进键"，正在驶入"快车道"。低碳转型将创造巨大的投融资需求，金融机构将迎来新的业务增长点。2021年6月以来，已有浙江、广东、湖南等12个省份发布"十四五"金融业发展专项规划，将绿色金融视为地区金融业发展的"未来之路"，大力支持金融机构创新绿色金融产品和服务，并且鼓励更多社会资本参与其中，绿色金融成为经济转型发展的"必答题"和"必选项"。"十四五"时期，绿色发展的重点将从改善生态环境转向生产生活的全面绿色转型，这对绿色金融发展提出了更高的要求，电力、交通、工业、新材料、建筑、农业、负碳排放和数字经济等领域的绿色金融需求不断扩大，银行业金融机构绿色金融实践与创新步伐将不断加快。根据清华大学气候变化与可持续发展研究院估算，实现碳中和需要累计新增投资约138万亿元，超过每年GDP的2.5%。面对百万亿级的资金缺口，需要金融机构积极参与，创新丰富绿色金融产品，提升绿色金融业务的占比，树立负责任商业银行的形象。

三　行则可期，商业银行应当"大显身手"

随着"双碳"目标的提出，我国绿色发展进入了新阶段。可以预见，绿色金融将成为银行机构未来成长路径的关键发展变量之一。商业银行拥抱绿色金融，更好地服务新发展格局，这既是自身转型发展之需，更是时代发展之需、社会发展之需，未来银行高质量发展之路也因此才会越来越宽。

作为"金融国家队"，中信银行坚持从战略高度、全局角度把握新发展阶段，贯彻新发展理念，自觉全面融入新发展格局，紧密围绕国家战略方向和实体经济的需要，推动自身经营发展，大力发展绿色信贷，不断提升绿色金融服务能力，积极推进"绿色银行"建设。

我们已经把使命融入战略。2020 年我们将绿色金融写进中信银行新三年发展规划，2021 年制定了《中信银行绿色银行建设工作方案》，从顶层设计上坚定支持绿色经济、低碳经济、循环经济发展，持续推进落实绿色金融监管政策，逐步完善组织架构和体制机制，加大绿色发展和低碳转型资源配置，优化资产的行业结构，升级绿色金融产品体系和服务方式，助力"双碳"目标实现。发展绿色金融是中信银行履行金融央企责任的使命担当，同时也是中信银行建设"有担当、有温度、有特色、有价值"的最佳综合金融服务提供者这一战略愿景的重要内涵。

我们已经将担当付诸行动。一方面，我们积极发挥"融资＋融智"的专业优势，赋能绿色金融。中信银行正在着力构建财富管理、资产管理、综合融资三大核心能力，这是我们融入新发展格局、服务实体经济、支持绿色发展的行动举措，旨在以更大的融资支持、更优的融资产品、更强的融资功能打通债券、股权融资等多种渠道，连接间接融资和直接融资两大市场，从而满足绿色产业的多元化、多渠道融资需求。2021 年，我们发行了国内首款挂钩碳中和绿色金融债的结构性存款产品，达成了国内首笔碳中和衍生品业务，开发了全市场首只碳中和主题的债券基金，发行了银行间首批碳中和债、可持续发展挂钩债。截至 2021 年 11 月末，中信银行的绿色信贷余额达到 1700 多亿元，较年初增幅达 108%，战略性新兴产业贷款余额超过 3000 亿元，较年初增幅超过 60%。另一方面，我们积极发挥"金融＋实业"的协同优势，助力绿色金融。中信银行依托中信集团金融与实业并举的协同效应和乘数效应，以综合金融服务为牵引，联合中信证券等"中信系"金融子公司，打造全品类绿色金融服务体系，打造中信绿色金融的"联合舰队"；同时，中信集团布局了新能源汽车产业链，以绿色交通助力全社会节能减排，布局了清洁低碳前沿技术，助力国家低碳节能技术突破，中信银行携手中信实业子公司，通过产融协同不断开拓绿色金融的空间，努力成为国有商业银行助力实现"双碳"目标的旗帜、绿色低碳发展的排头兵。

从长远和未来看，我认为任何新产业的快速壮大和可持续发展，最重要的是构建"生态"。低碳经济、绿色金融的繁荣发展离不开一个成熟的金融生态，这需要政府、交易所、监管机构、金融机构和社会资本等各方通力协作，构建良性循环生态链，在这一过程中，中信银行将全面深度参与，不断将绿色金融理念与自身业务相结合，特色化、体系化地推进自身绿色银行建设。

绿色金融的大潮初起，方兴未艾，逢国之盛世，当躬身入局。

红色，指明了方向。党的十九届六中全会总结了党的百年奋斗重大成就和历史经验，全国人民在以习近平同志为核心的党中央坚强领导下，弘扬伟大建党精神，传承红色基因，赓续精神血脉，建设生态文明，建设美丽中国，正满怀豪情，向着第二个百年奋斗目标奋勇前行。银行机构应当胸怀"国之大者"，服务好碳达峰、碳中和目标，积极担当经济绿色低碳转型中的职责使命。

绿色，孕育着生机。未来银行之路是绿色发展之路，中信银行将立足新发展阶段，贯彻新发展理念，与国家"十四五"规划同频共振，积极发力绿色金融业务，助力中国经济绿色转型，与社会各界携手，共同守护绿水青山，共筑绿色家园，在构建新发展格局、践行国家战略中，开启未来银行之路，在绿色转型中走向高质量、可持续发展的星辰大海。

绿色发展要注意统筹发展与安全[*]

高培勇^{**}

  绿色和绿色发展对于我们来讲，并不是新的课题。但是在不同的时期和不同的阶段，有着不同的主题和主线。远的不讲，单单就 2015 年正式提出"创新、协调、绿色、开放、共享"这五大发展理念以来，我们的绿色发展实际上有着不同的发展过程。首先是融入整个新发展理念，然后在立足经济发展新常态、贯彻新发展理念的进程当中去实现绿色发展。

  2017 年，在党的十九大正式做出我国经济已经从高速增长阶段转向高质量发展阶段这样一个重大判断的背景条件下，绿色发展实际上已融入了经济高质量发展进程，然后在推动经济高质量发展进程当中去实现绿色发展。2020 年，党的十九届五中全会正式做出"我国已转向高质量发展阶段"重大判断。请大家注意这个变化，党的十九大提出的是"我国经济已由高速增长阶段转向高质量发展阶段"，到了十九届五中全会就变成了"我国已转向高质量发展阶段"。因此，我们实际上是在"五位一体"以及党和国家事业发展全局当中去追求绿色发展、推动经济高质量发展的。

  总书记讲，发展条件不会一成不变，发展环境不会一成不变，因而发展理念也不会一成不变。我们谈论绿色发展，要立足新发展阶段，探求绿色发

---

 * 本文主要内容来自高培勇在"2021 未来经济大会"上的发言，2021 年 12 月 23 日。

 ** 高培勇，中国社会科学院副院长、党组成员，教授。

展之道。随着我们开启全面建设社会主义现代化国家新征程，我们眼中的绿色发展、我们所追求的绿色发展、我们要走的绿色发展道路，都要与时俱进。这种与时俱进究竟体现在什么样的地方？也就是说，在新发展阶段的绿色发展和我们以往所谈论的、所追求的绿色发展之间将会出现哪些变化？我想，这应当成为我们今天会议要探讨的一个非常重要的内容。

正确认识和把握新发展阶段的发展实情要从理论上说清楚、讲明白。那么，新发展阶段究竟新在何处？下面一一讲述。

新发展阶段之新，新在发展目标的阶梯性、阶梯式递进上。新发展阶段是在全面建成小康社会、实现第一个百年目标之后乘势而上，全面建设社会主义现代化国家的阶段。相对于全面建成小康社会而言，全面建设社会主义现代化国家显然是站在新的更高起点上所确立的更高的发展目标，是要摸更高的房梁。这既是实现全面小康到现代化强国的大跨越，也是实现由追赶到引领的大跨越，还是实现从高速增长到高质量发展的大跨越。这三个大跨越，其实就告诉我们一件事，新发展阶段是一个高处不胜寒的发展阶段。

新发展阶段之新，还新在发展环境所发生的深刻复杂变化上。就国际而言，当今世界正经历百年未有之大变局，相对于既往大环境的相对平稳，当前世界形势动荡复杂；相对于既往我们与别人的互补性较多，现在则同别人的竞争性多起来了。就国内看，当今中国正处于实现中华民族伟大复兴进程的关键期，相对于既往发展水平较低，现在则发展水平提高了；相对于既往人民的需要和满足人民需要的制约因素主要体现在物质条件上，现在则越来越多的人的生活重心从物质转向精神、从数量型增长转向对质量的更高追求上。发展中的矛盾和问题集中体现在发展质量上，复杂严峻的外部环境同处理各类矛盾多发易发期的内部环境相叠加，意味着新发展阶段是一个不稳定性、不确定性显著增加的阶段。

新发展阶段之新，还体现在我们面临的挑战和机遇所发生的新的变化上。从总体上说，虽然新发展阶段仍然处于重要的战略机遇期，但无论机遇还是挑战都有新的发展变化。相对于既往可以顺势而上，现在则要顶风而上；相对于既往机遇容易把握风险挑战，也容易识别，现在则把握机遇和识别挑战的难度明显增大。这种危和机并存，危中有机、危可转机的新形势新变化，其实是告诉我们新发展阶段面临的机遇更具战略性和可塑性，新发展阶段面临的挑战更具复杂性和全局性。

新发展阶段之新，还体现在新发展理念必须完整、准确、全面加以贯彻上。新发展理念正式提出是在2015年的党的十八届五中全会，经过这几年，可以说我们对新发展理念已经烂熟于心。尽管在新发展阶段，新发展理念的内容表述没有发生变化，但有别于既往，总书记告诉我们，新发展阶段贯彻新发展理念要有系统观念，要将新发展理念作为一个系统的理论体系贯穿于发展的全过程和各领域。创新、协调、绿色、开放、共享高度耦合，不可分割。也有别于既往，总书记告诉我们，新发展阶段贯彻新发展理念要从根本宗旨把握，从问题导向把握，从忧患意识把握。还有别于既往，新发展阶段贯彻新发展理念的目标已经从"四更"拓展为"五更"，那就是在更高质量、更有效率、更加公平、更可持续发展的基础上添加了一个"更为安全"。还有别于既往，新发展阶段贯彻新发展理念的行动不仅要与时俱进，而且要更加精准务实，确保落实落细。所有的这些，其实都在反复地提醒我们，新发展阶段要以努力实现更高质量、更有效率、更加公平、更可持续、更为安全的发展为大逻辑，在谋划好发展的同时，精心谋划好安全。

新发展阶段之新，又体现在我们要构建新发展格局上，而构建新发展格局的出发点和落脚点不同于既往。与既往聚焦于宏观调控的谋划布局有所不同，构建新发展格局的最本质的特征是实现高水平的自立自强，绝非局限于经济视角、止步于宏观层面的政策调整，其主攻方向是实现发展和安全的动态平衡。同时，也与既往聚焦于经济工作的决策部署有所不同，构建新发展格局是一项事关全局的系统性深层次变革，绝非局限于经济领域、止步于经济体制层面的改革行动，其着力点是实现高质量发展和高水平安全的良性互动。这也说明，构建新发展格局是奔着统筹发展和安全而去的，在畅通国民经济循环的现象上，其实质则存在于统筹发展和安全的战略考量之中。

综上可知，从高处不胜寒的新发展目标，到不稳定性不确定性显著增加的新发展环境，到更具战略性和可塑性的新机遇、更具复杂性和全局性的新挑战，再到必须完整、全面、准确加以贯彻的新发展理念，以及奔着统筹发展和安全而去的新发展格局，这一系列体现于新发展阶段的突出变化，要用一句话加以概括，那就是安全在发展中的意义凸显，安全在发展中的分量加大，必须在更高层面、更广范围统筹发展和安全。引申一步讲，新发展阶段所具有的大不相同于既往的最显著特征，集中体现为百年变局和世纪疫情叠加下的经济发展之路充满风险挑战。在新发展阶段做事情想问题，不仅要立足于发展，而且要立足于安全，要习惯于在统筹发展和安全当中前行。

处于这样的背景条件，新发展阶段追求绿色发展、推动绿色发展、实现绿色发展，必须注意到，绿色发展不仅是一个发展问题，而且是一个安全问题，要在统筹发展和安全当中加以推进。

总之，进入新发展阶段，面对各种可以预见和难以预见的一系列风险挑战，我们必须统筹发展和安全。在谋划发展的同时，精心谋划好安全。立足于统筹发展和安全这一事关党和国家事业发展全局的战略考量，推动实现更清洁、更安全、更快捷、更美好的发展，应该是新发展阶段追求绿色发展的必由之路。

未来经济将更多地来源于服务业领域*

余　斌**

实现碳达峰、碳中和，是推动高质量发展的内在要求，也是满足人民日益增长的美好生活需要的必然选择，它深刻地改变着人们的生产方式和生活方式。

如何实现"3060"目标？要实现碳达峰、碳中和，我们就必须解决"三偏"问题。所谓"三偏"指的是：能源结构偏煤，我们是以煤为主的；产业结构偏重；能源效率偏低。"三偏"是当前我们在节能减排领域里的突出问题，也为未来我们实现碳达峰、碳中和指明了方向。就能源结构偏煤的问题，这次中央经济工作会议强调，我们要立足以煤为主的基本国情，这是中国的基本国情。煤炭在一次能源消费中占的比重达到57%，煤电占发电量的比重达到60%，这是我国基本国情。因此，煤炭的清洁高效利用应当是节能减排的重要抓手。中央经济工作会议还强调，要先立后破，传统能源的逐步退出，要以新能源的安全、高效、可靠利用作为基础，不能在新能源路径还没有走通就让大量的煤电企业关门，那就一定会重复出现大面积停电等问题。

下面着重就产业结构偏重的问题谈点我的看法。所谓产业结构偏重，说

---

　*　本文主要内容来自余斌在"2021未来经济大会"上的发言，2021年12月23日。

　**　余斌，国务院发展研究中心党组成员、副主任。

的是在 GDP 构成当中，第二产业尤其是重化工业占的比重过高，而服务业占的比重明显偏低。2020 年，我国服务业增加值占 GDP 的比重为 54.5%，美国的服务业增加值占 GDP 的比重为 77.3%。我们跟美国相比，相差了 20 多个百分点。第二产业尤其是重化工业的单位 GDP 能耗、单位 GDP 二氧化碳排放要远远高于第三产业，当服务业占的比重相对偏低的时候，这种经济结构就一定会带来高能耗、高排放。因此，大力发展服务业、大幅度地提高服务业增加值占 GDP 的比重，应当是我们实现碳达峰、碳中和的重要路径。

2020 年，我国人均 GDP 为 1.05 万美元，相当于世界平均水平的 96%。2021 年，中国的人均 GDP 达 1.25 万美元，首次跨越世界平均水平，人均 GNI（国民总收入）达 1.24 万美元。按照世界银行最新公布的标准，人均 GNI 达到 1.27 万美元，即进入高收入国家行列。当然，这个门槛、这个标准每年都会根据物价上涨、通货膨胀情况进行调整。可以认为，"十四五"期间，中国的人均 GNI 将会跨越高收入门槛，从现在的上中等收入国家进入高收入国家行列。按照发达国家以往的经验，当人均 GNI 达到中国目前的这个状态之后，它一定是个服务业快速发展、服务业增加值占 GDP 比重大幅度提高的阶段。因此，预计到"十四五"末，即 2025 年，我国服务业增加值占 GDP 的比重将会上升到 60% 左右，到 2035 年我们基本实现现代化的时候，服务业增加值占 GDP 的比重将会进一步提高到 70% 左右。与此同时，随着经济的稳定发展和城乡居民收入水平的大幅度提高，居民消费结构快速升级。居民消费结构的升级主要表现为消费的个性化、高端化、服务化、多样化趋势明显。在居民消费支出结构中，服务业占的比重呈现持续提高的趋势，这将为服务业的快速发展奠定良好的市场基础。这就涉及我们今天的主题，即未来经济或者叫新经济，包括新技术、新产品、新业态、新模式，我认为它们将更多地来源于服务业领域。

服务业分为生产性服务业和生活性服务业。哪个领域会是重点呢？实际上，党的十九届五中全会和"十四五"规划指出，生产性服务业应当是向专业化和价值链的高端延伸。也就是说，当前中国的生产性服务业专业化分工的程度不高，主要集中于价值链的中低端环节。未来，它应当走专业化的道路，逐步从价值链的中低端迈向价值链的中高端，这是生产性服务业。而生活性服务业，则应当将高品质和多样化作为转型升级的基本方向，这是因为，居民消费结构的升级呈现高端化、多元化趋势决定了生活性服务业应当是高品质、多元化。一方面，在中国的产业结构中，服务业占的比重会不断提高，服务业将会以更快的速度成长，服务业也将孕育更多未来经济或新经济的机遇。另一方面，中国是世界第一大制造业国家，传统制造业的转型升级也会孕育新的机遇。在第一产业农业领域，提高农业的质量、效益和竞争能力，也同样会孕育新的投资和发展机会。

打好未来经济发展的历史基础和现实基础[*]

韩保江[**]

未来是人民期待并且梦想到达的地方。总书记思考中国问题，包括思考中国历史。他经常讲，现实和历史、现实和未来永远是相通的。当各种媒体甚至包括我们的一些政府部门大量炒作未来经济的时候，我倒觉得要根据今年中央经济工作会议的精神，好好讨论一下未来经济和传统经济、现实经济的关系。

2021年中央经济工作会议中，"五个正确认识和把握"里面有一个就是要把握好基础产品的供给和保障问题。当我们高喊绿色经济、数字经济的时候，我们如何去认识这些未来经济的属性？它和传统经济到底是什么样的关系？我们经常讲，结识新朋友，不忘老朋友。思考未来经济，要想更好地发展，就不能弃传统经济和现代经济的关系而不顾。因为未来经济不管是什么形态，实际上它并没有改变传统经济的几个根本特性。比如说，未来经济到底对经济学研究的稀缺性有没有根本性的、革命性的改变。经济学讲的稀缺性，不仅仅是资源稀缺、机会稀缺，空间都是稀缺的，特别是相对于人民对物质产品的需求。从这个意义上来讲，未来经济尽管给我们带来了很多的憧憬和效率上的希望，但是未来经济对传统经济和现实经济的依从性和寄生性

* 本文主要内容来自韩保江在"2021未来经济大会"上的发言，2021年12月23日。
** 韩保江，中共中央党校（国家行政学院）经济学教研部主任、教授。

是永远也改变不了的，因为地球上活的是人，吃喝拉撒、衣食住行，是人类不管到什么时期都不可或缺的基本需求。

人民网最近有一个消息，说中国秦皇岛"禁柴封灶"，不让烧柴火了，把原来烧炕的灶口全堵上了，然后用了一句话叫"美了数据，凉了人心"。我觉得这个概括很好。到底未来经济是什么？什么是老百姓从根本上喜欢的未来经济？我们的碳达峰是不是老百姓喜欢的？从这个意义上来讲，我觉得对未来经济不要过度神化。只要是人类，只要没有改变经济学，从稀缺性这个属性出发，未来经济就是要服务好传统经济、服务好现实的经济结构，我觉得这是它最根本的宿命，也是它将来能发展好的根本。

今天来讲，我和未来经济不是不合调，大家要唱未来，更应关注我们传统的经济。传统不是落后，纵观人类社会的三次产业大分工，商业、手工业从农业当中一次一次地分离出来。你会发现，农业，也就是我们现在讲的第一产业，永远是第三产业走多远、走多高都绕不开的。尤其是中国这样一个大国经济，刚才高院长也讲，什么是最重要的安全？是我们有较多的区块链最安全，还是我们饭碗里装着足够的粮食最安全？我认为是后者。从这个意义上来讲，我觉得高唱未来经济的时候，如何把未来经济和现实经济、传统经济勾兑好，通过未来经济更好地繁荣发展传统经济和现实经济，恐怕是我们这个14亿人口大国更要谋划的一个基本出发点和落脚点。我始终讲，新发展理念不只是"创新、协调、绿色、开放、共享"这十个字。实际上，最原始的提法是创新发展、协调发展、绿色发展、开放发展、共享发展。也就是说，没有发展，光要前半句，不仅不好，还是祸害。比如说绿色，绿色并不难，但如何做到绿色经济？现在我们做了大量的绿色不经济的事情、创新不经济的事情，甚至不客气地讲，我们搞创新"大跃进"、环保"大跃进"、绿色"大跃进"，搞这种冲锋，带来的结果就像我们过去过快地推动生产关系的变革一样。这个生产力的阶段过度地超越中国发展的阶段、中国人民的基本需求，也会摔跟头。因此，我觉得在处理这个未来经济的时候，还是要关注过去、现在中国人兜里到底有什么本钱，把它搞清楚，把我们需要什么样的本钱搞清楚；而不要盲目地强调未来，要把现在、未来、历史的经济形态很好地衔接好、匹配好。这样，未来经济才有坚实的历史基础和现实基础。

资本要积极支持拓展原创技术[*]

莫德旺[**]

我们体会未来经济相较于当前的社会经济发展，其实质还是在于构建新发展格局，还是在于实现经济社会的高质量发展。从企业角度来观察，我觉得有五个显著特点或者趋势值得关注。

第一，社会消费支出将是经济增长的主要动力。人们对某几种消费品的大众化、排浪式的消费正在转向追求高品质、差异化、多样性的选择性的消费。智能化的产品、个性化的定制、网络化的协同、服务化的延伸，将成为消费市场的主流。

第二，科技革命将重塑产业格局。越来越多的高新技术会进入大规模产业化、商业化的应用阶段，成为驱动产业发展的重要力量。

第三，数字化转型速度将加快。互联网、大数据、人工智能、平台经济等同各类产业将深度融合，并不断地催生新技术、新产品、新业态、新模式。

第四，绿色发展将成为普遍共识和重要取向，对技术创新、产业发展、污染减排形成倒逼机制，在绿色创新、绿色产业发展上将形成若干新的增长点或者增长极。

---

* 本文主要内容来自莫德旺在"2021 未来经济大会"上的发言，2021 年 12 月 23 日。

** 莫德旺，中国国新控股有限责任公司党委副书记、总经理。

第五，经济资源将向产业集群和城市群聚集，并更多地向头部和产业集群汇聚，城市群和湾区将成为经济发展的重要支撑。国有企业特别是我们中央企业，在践行绿色理念、实施创新驱动、服务构建新发展格局、促进高质量发展中将承担光荣使命和时代责任。

这次大会以"绿色理想——更清洁·更便捷·更美好"为主题，从新经济、新产业、新生态三大维度，解读中国新经济发展的趋势，探索中国新产业发展的路径，助力中国新经济生态转型升级，对完整、准确、全面贯彻新发展理念，凝聚政府、企业、学界等各方力量，推动转型升级和高质量发展，具有重要的理论和实践意义。

中国国新是国务院国有企业改革领导小组确定的国有资本运营公司的试点央企，98 家央企有 2 家国有资本运营公司试点，即中国国新和中国诚通，19 家国有资本投资公司试点。

2016 年开始试点以来，我们以建设最有全球竞争力的一流的综合性国有资本运营公司为目标，逐步形成了基金投资、金融服务、资产管理、股权运作、境外投资和中央企业专职外部董事服务保障"5 + 1"的业务格局。目前，公司资产总额和我们 2010 年 12 月组建之初相比有了巨大变化。当初财政部、国资委给了 45 亿元的资本金，发展到现在我们的资产总额达到了 630 亿元。2021 年净利润能够到 226 亿元左右。运营过程中我们体会到，在支持科技自立自强，深化国企改革，促进国内国际双循环，推动实现碳达峰、碳中和等方面，国有资本运营公司是可以发挥更加积极的作用的。

首先，我们可以以创新驱动为重点，在推动实现科技自立自强中发挥积极作用。我们致力于服务创新驱动发展战略、聚焦于战略性新兴产业和关键核心技术"卡脖子"环节，通过基金投资等手段，广泛涉足创新领域，在投资方向上我们这几年注重以科技创新为重点，在项目选择上注重追求技术产业的价值，在技术转化上注重发挥生态赋能的态势，培育新技术、新产业、新业态。试点以来，我们累计投资战略性新兴产业的项目超过 200 个，达到 2500 亿元，实现了 9 个战略性新兴产业子领域的全覆盖，接下来我们还将继续坚持创新投资和培育孵化相结合，开展探索小微企业早期技术的投资布局，包括在北交所开市之后，"专精特新"企业方面的投资也是我们的重点布局。我们将聚焦于助力央企，打造原创技术的策源地和现代产业链的链条，促进科学资源、产业资源的加快融合，支持拓展技术、自主创新的核心圈，构建技术和产业的朋友圈。

其次，作为运营公司，我们可以依附央企的本位，在国有经济的布局优化和结构调整中发挥积极作用。党的十九届五中全会明确提出，要深化国资国企改革，做强做优做大国有资本和国有企业，加快国有竞争布局优化和结构调整，发挥国有经济战略支撑作用。我们运营公司设立的初衷就是以国有资本的流动来支撑企业的改革发展。试点以来，我们通过国有资本的合理流动，支持中小企业的改革发展，着力推动布局优化和产业升级，主动助力深化重大改革和企业的"走出去"。

到目前为止，我们已经和90家央企开展了市场化的业务合作，已经与70家央企建立了股权关系。投资央企的项目超过230个，金额达4200多亿元。我们参与组建国家管网集团、中国电信装备集团，支持东航集团、国药集团的股权多元化，包括鞍钢集团层面股权多元化和鞍本的重组，还配合产业央企开展非主业非优势业务的剥离和无效低效资产的处置。另外，我们境外投资平台实施中央企业"走出去"，投入90个项目270亿美元，在"一带一路"建设中占比达65%。

下一步我们将立足专业平台优势，积极促进传统产业、新兴产业的统筹发展，大力布局战略性新兴产业，稳步加强对传统产业数字化、智能化、绿色化改造升级的投资力度。这也说明上面谈到的传统经济、现代经济和未来经济之间的关系是相互有机联系、有机衔接的，而不是单打一、割裂开来、对立起来的。

最后，绿色是金融的先导，我们可以在推动产融结合、以融促产中发挥积极作用。未来经济创新发展，构建新发展格局，既需要实体经济的全面振兴，也需要金融体系的支持配合。国有资本运营公司依靠两端，一端连着金融资本，一端连着实体企业。我们以融促产、以虚合实，而不是脱实向虚。

按照这个总体原则，面向央企创新，我们提供综合性的金融服务，助力加强信用管理，探索开展绿色评级。到目前为止，我们通过保理、融资租赁，借助金融手段，向央企投放了 2400 多亿元的资金，助力央企减负债、深化供给侧结构性改革、开展"三去一降一补"工作。尤其是 2021 年，我们面向中小企业为它们提供绿色保理、减碳租赁等创新产品服务，确保能源保工业的央企应投尽投，支持央企能源保供稳价，促进央企转型升级和绿色发展。五大电力新能源企业的项目我们基本上全覆盖。

另外，我们借助云计算、大数据、区块链等技术，聚合中央企业、商业银行，包括中信银行，它们是我们坚强的后盾。我们还聚合产业链上中小企业等多方力量，构建了央企商业票据流通的"企票通"平台，降低了央企产业链融资的综合成本。我们参与了中国本土的 ESG 建设，推动中国国新旗下大公国际开展绿色金融信用评级，引导企业绿色低碳转型。

下一步我们还将面向实体经济，在国有资本运营中加快打造综合金融服务平台，强化金融科技和产品服务的创新，以多种方式撬动、汇聚社会资本，支持实体企业发展，助力实体企业降低融资成本，提高直接融资比重，实现以融促产、以融强产。

迈进"十四五"，开启新征程，中国国新真诚希望与人民日报社、中信集团等各方伙伴加强交流、深化合作，积极发挥应有作用，当好金融资本与实体企业的桥梁，进一步放大国有资本功能，促进国有资本、社会资本取长补短、共同发展，助力未来经济发展行稳致远，为我国高质量发展做出新的更大贡献。

Ⅱ 宏观经济

未来全球经济复苏的特征、风险及中国应对

汪　川[*]

摘　要： 2021 年上半年，全球主要经济体面对新冠肺炎疫情影响均采取了积极的扩张型政策，加之疫苗快速推广，全球经济增长迎来复苏曙光，经济复苏明显好于预期。但全球经济的复苏呈现显著的不均衡性，这种不均衡不仅体现在发达经济体和新兴经济体之间，而且发达经济体内部也呈现一定的分化；另外，它也体现为经济增长不平衡带来的通胀和金融风险等结构性风险。由于发达国家经济复苏整体上快于发展中国家，发达国家尤其是美国货币政策可能呈现先缩减 QE 后加息进程，各国的货币政策正常化节奏总体上比 2016 年货币政策调整节奏更紧凑。为了应对外部风险，建议宏观调控保持连续性、稳定性、可持续性，以结构性政策为主要抓手，以突出问题风险为重点领域，把握时度效，精准施策，在精准实施财政、货币、就业等调控政策的同时，加快构建新发展格局，着力推动高质量发展，使经济在恢复中达到更高水平的均衡。

关键词： 经济复苏　全球失衡　宏观调控　防范风险

---

* 汪川，中国社会科学院财经战略研究院副研究员。

2021 年，全球主要经济体面对新冠肺炎疫情影响均采取了积极的扩张型政策，加之全球范围内疫苗的快速推广，全球经济增长迎来复苏的曙光。但全球经济的复苏呈现显著的不均衡性，这种不均衡不仅体现在发达经济体和新兴经济体之间，而且发达经济体内部也呈现一定的分化；同时，它也体现为经济增长不平衡带来的通胀和金融风险等结构性风险。

一 全球经济复苏的特征：复苏和不平衡相伴

（一）全球经济复苏加快

2020 年下半年以来，全球经济陆续重启，产业链、物流、消费、工业生产等活动逐渐恢复，叠加各国普遍采取的财政货币刺激政策，带动全球经济开始复苏。根据 IMF 的最新估计，全球经济在 2020 年整体呈收缩态势，经济增速为 -3.3%。相比 2020 年 10 月的预测，IMF 对 2020 年经济萎缩幅度的估计下调了 1.1%，这是因为 2020 年下半年以来大多数地区放松了封锁措施，增强了经济的灵活性和适应性。

根据 IMF 的预测，2021 年之后全球经济将逐渐摆脱新冠肺炎疫情影响，由于 2020 年基数较低，2021 年全球经济增速为 6%，2022 年全球经济增速为 4.4%。相比 2020 年 10 月的预测，IMF 2021 年 4 月报告中关于 2021 年和 2022 年的经济增速较之前分别提高 0.8 个百分点和 0.2 个百分点。IMF 之所以调高了 2021 年和 2022 年的经济增速，是因为全球主要经济体推出了额外财政刺激计划，且全球范围内疫苗的推广将对经济复苏起到推动作用。总体而言，此次疫情虽然对全球经济造成了重大威胁，但相比 2008 年的全球金融危机，全球主要国家均通过财政和货币政策进行了充分应对，疫情造成的长期经济衰退情况相对有限。但 IMF 认为，相比发达国家，新兴市场经济体和低收入发展中国家受到的冲击更大，且在中期内将承受更为严重的损失。

具体而言，面对经济复苏的不确定性，以美国为代表的主要发达经济体继续推出财政支持措施，全球疫苗推广加速，经济复苏形势进一步好转，预计 2021 年美国、欧元区、日本、中国的经济增速分别为 6.4%、4.4%、3.3% 和 8.4%，分别较该年 1 月上调 1.3 个、0.2 个、0.2 个和 0.3 个百分点，发达国家的上调幅度较发展中国家更为明显。

（二）全球经济面临不平衡挑战

全球经济在复苏的同时仍存在明显的不均衡特征，具体表现为以下四个方面。

第一，发达国家消费复苏明显，但全球范围内消费速度仍落后于生产复苏。从生产端来看，目前全球生产端复苏相对稳固，摩根大通全球制造业 PMI 指数、OECD 综合领先指标、全球粗钢产量等均超过新冠肺炎疫情前水平，中国、美国、日本、德国、韩国、意大利等制造业增加值全球占比排名前十的国家，工业生产/增加值指数快速从底部恢复。相比之下，2021 年以来 OECD 国家消费者信心指数恢复并不明显。虽然未来随着疫苗接种率提高，全球户外消费活动会逐渐回暖，但总体来看，与疫情前相比仍明显偏低，消费端复苏仍明显滞后于生产端。

第二，经济复苏的区域不平衡表现突出。导致全球经济复苏分化的主要原因在于各国采取的宽松刺激政策力度与空间不同以及各国疫苗接种的比例进展差异较大。由于新兴市场经济体在政策空间和疫苗可得性方面的限制，发达经济体在这两方面的表现均领先于新兴经济体，其经济复苏程度也明显领先；在发达经济体内部，美国较欧洲具有更大的政策刺激空间，疫苗接种也更快，因此美国经济复苏也快于欧洲。目前，美国受益于大规模的量化宽松政策和不断推出的积极财政政策，经济复苏形势较好，第一季度与中国共同引领全球增长。英、德、法、意等欧洲主要发达经济体虽然第一季度受疫情冲击经济复苏疲软，但第二季度疫情形势明显改观，每百人的疫苗接种剂次均超过 65%，逐渐接近群体免疫标准，生产和消费活动加快恢复。而非洲和拉美大部分新兴经济体疫情仍在蔓延，印度疫情未得到有效控制且在向周边国家蔓延，这给各国经济活动带来负面影响。新兴经济体复苏前景不如发达经济体乐观。

就发达国家内部来看，也呈现一定分化态势。整体来看，美国经济仍然维持强劲势头，制造业修复并未放缓，服务业虽然放缓，但仍处于较高水平，且未来空间较大。而欧洲多数国家制造业景气指数有所下滑。例如，欧元区7月制造业PMI初值公布为62.6，较前值63.4有明显下滑；其中，法国7月制造业PMI初值公布为58.1，低于预期值58.4，同样低于前值59；德国7月制造业PMI初值公布为65.6，低于预期值64.2，但略高于前值65.1。

第三，经济复苏的不均衡还表现为国家内部不同行业和群体的收入分化。疫情冲击虽然对经济造成了整体上的伤害，但对不同行业的冲击程度也存在明显差异。目前来看，主要国家工业生产已基本恢复到疫情前水平，产业链和供应链逐渐恢复，但接触密集型服务消费仍然低迷，旅游、艺术、娱乐、体育、酒店和实体零售业复苏相对较慢。

第四，全球贸易复苏，但服务贸易滞后于货物贸易。据OECD统计，在医疗、电子产品的带动下，目前全球商品贸易已经超过了疫情前的水平，欧美等发达国家需求恢复带动亚洲国家出口激增。商品贸易增长带动了货物运输，全球航空货运量在2021年1月开始超过疫情前的水平。根据国际航空运输协会（IATA）2021年6月15日发布的数据，4月全球航空货运需求比2019年4月增长12%。由于运量增加，国际海运运费价格持续攀升。与商品贸易高度景气形成鲜明对照，全球服务贸易复苏迟滞。2021年5月，美国商品进出口增速分别为40.0%和59.8%，而服务进出口增速分别为27.7%和9.87%。国际航空运输协会预测，全球航空旅客数量到2023年才能完全恢复。

二　全球经济金融风险水平提升

（一）货币政策正常化提速加剧利率汇率风险

在全球主要经济体中，发达国家经济复苏整体上快于发展中国家，在发达国家中美国经济复苏更为稳健。就全球范围来看，各大发达经济体开始逐步走出新冠肺炎疫情影响，货币政策正常化开始提上日程。从 GDP 指标来看，2021 年欧美等发达国家的经济增速出现明显的上升迹象；从居民消费价格指数（CPI）指标来看，经济复苏预期和全球范围内大宗商品价格上涨也提升了全球各国的通胀水平。在此背景下，全球范围内的货币政策调整将加快。

就货币政策调整的节奏而言，从上一轮美联储量化宽松政策的退出来看，早在 2013 年 12 月美联储就明确公布了退出量化宽松政策的标准，随后美联储退出量化宽松政策主要采取了停止资产扩张、提高利率和收缩资产三个步骤：2014 年 10 月，美联储正式停止资产购买计划；从 2015 年 12 月开始，美联储进行了加息操作；在 2017 年 9 月议息会议中，美联储宣布开始正式启动缩表，整体上量化宽松政策的退出持续了两年时间。

未来，随着全球经济复苏的加快，发达国家尤其是美国货币政策可能呈现先缩减 QE 后加息进程，各国的货币政策正常化节奏总体上比 2016 年货币政策调整节奏更紧凑。

第一阶段：缩减和退出量化宽松政策。以美联储为例，随着美国经济的恢复，美联储 2021 年的议息会议专注于讨论"QE 何时退出"的问题，并将不同阶段讨论结果通过会议声明和会议纪要的形式向市场传递，给市场较为明确的前瞻指引。与此同时，美联储将逐步缩减资产购买规模，预计到 2022 年底实现量化宽松政策退出。

第二阶段：回归常规货币政策并加息。鉴于本轮调整美联储有意识地提前向市场传达了加息信号，未来加息速度加快，如果经济复苏进展更快，本轮缩减 QE 结束后可能迅速转入加息周期。

就全球范围内货币政策转向的影响而言，从历史上来看，历次全球流动性收缩往往造成新兴市场的金融危机。相比前几次全球流动性收缩，本轮货币政策收紧的节奏将更为紧凑，且相比 2016 年加息周期，当前全球经济复苏的不平衡问题更为突出，本轮货币政策调整将对发展中国家和新兴市场经济体造成更大影响。

从对发达经济体的影响来看，其货币政策转向也会给发达经济体自身带来一些不利影响，例如货币政策收紧可能对各国信贷规模和企业投资造成负面影响，从而减缓疫情冲击下的经济复苏进程，各国失业率可能攀升，从而对经济增长形成负反馈效应。从对新兴经济体的影响来看，由于相比发达经济体受到更大的疫情冲击，全球范围内的货币政策调整将对新兴市场经济体冲击更为明显；尤其是全球贸易摩擦的背景下，资本回流发达国家可能形成长期趋势，未来新兴市场经济体应通过结构性改革使内部结构更为优化，提高资产回报率，从而抵消发达国家货币政策调整对资本外流的影响。但考虑到新兴经济体国家储备资产水平和外债结构，全球货币政策和流动性收紧的整体影响十分有限，并不会导致新一轮金融危机爆发。

（二）复苏不平衡造成全球结构性风险加剧

首先，全球性的经济金融风险表现为经济复苏不同步带来的货币政策转向问题，即未来货币政策转向对长期增长和就业形成压力。面对新冠肺炎疫情的全球大流行，各国央行纷纷开启了无限制的量化宽松举措，通胀预期开始攀升。从 CRB 现货指数来看，CRB 综合指数已经超过疫情前水平，CRB 金属指数和工业原料指数都较疫情前出现较大涨幅。从期货市场来看，LME 铜、LME 铝价格已经远超疫情前水平，原油最近也回升到疫情前平均水平。预期未来，全球需求扩张叠加供给相对滞后，全球经济通胀压力将持续，大宗商品波动风险也将加剧。

其次，新兴经济体的金融风险提升。由于全球经济复苏的不均衡特征，新兴市场经济体的复苏速度滞后于发达国家，加之美联储货币政策转向加快，全球范围内通胀持续升温，全球金融市场波动加大，新兴市场经济体的金融风险有所上升。根据国际金融协会（IIF）的统计，2021 年 2 月新兴经济体证券资本净流入规模为 31.2 亿美元，较 2020 年底出现明显回落；在 2021 年 3 月之后，其证券投资由净流入转为净流出，未来持续的资本流出将对新兴市场经济体的经济稳定性形成考验。

再次，全球通胀压力加大。2021 年上半年美国通胀压力持续上升，6

月 CPI 增幅达 5.4%，创 2008 年 8 月以来最大同比增幅，凸显全球通胀压力继续加大。通胀压力加大有如下原因：一是经济刺激政策增大了总需求，2021 年以来美国政府先后公布了"美国援助计划"、"美国就业计划"和"美国家庭计划"等庞大的财政刺激方案，继续保持"宽财政"的政策取向；二是疫情及天气因素导致大宗商品开工不足，大宗商品价格上涨成为通货膨胀的重要推手；三是芯片等关键产品的供应链瓶颈问题继续推高生产成本；四是供给短缺以及贸易摩擦导致全球贸易成本增加等也造成通胀高企。

最后，发达经济体加快调整全球供应链也为全球经济增添了不确定性。总体来看，疫情使全球供应链产业链调整呈现加速态势。疫情趋缓后各国政府更加关注经济安全和产业安全，努力提升产业链的自主可控性。除此之外，美国政府正在着力构建"基于共同价值观"的产业链，将对全球产业链形成新的冲击。

总体来看，2021 年全球经济有望逐步摆脱疫情影响，但全球经济复苏的同时结构性问题日益加剧，如全球经济复苏的区域差异、货币政策转向的不同步、贫富分化以及通胀等，都在中长期内给全球经济带来挑战。

三　未来全球经济复苏的趋势

未来，疫情演化（防控情况、疫苗研发推广进展）和应对政策（财政、货币和监管）是影响全球经济运行的关键变量。全球经济在 2020 年上半年步入低谷，至 2021 年下半年经济复苏呈现速度快、结构重塑（即所谓 K 形复苏）、地区轮动复苏等态势。展望未来，中长期内全球经济复苏将呈现三大趋势。

第一，在快速的报复性"深 V"反弹之后，全球经济将逐步回归正常化低速复苏。根据 IMF 的测算，2008 年全球金融危机后，全球经济较危机前出现了一次性损失（单季约 3%，主要受全球流动性危机和银行危机的冲击）和长期性的增速损失（约 0.5 个百分点，受技术进步衰减、金融资本约束以及人口结构变化等因素影响）；2020 年新冠肺炎疫情则带来更大幅度的一次性损失（单季约 10%，主要因为全球经济社会活动的大封锁），长期性的增速损失幅度尚待观察。对比来看，疫情带来的大封锁导致经济活动暂停，全球化背景下迅速引发各国经济共振，全球经济迅速陷入衰退，衰退斜率异常陡峭。随着中国迅速控制疫情、美英率先攻克疫苗技术解封经济，各大经济体快速采取前所未有的大规模经济刺激措施，全球经济迅速反弹，反弹曲线也非常陡峭。到 2021 年第二季度，占全球经济 86% 左右的 G20 成员的整体经济已经收复疫情中的失地，比疫情前增长 0.8%；全球工业生产和全球贸易量已经超过疫情前水平，产出缺口收窄，实体经济向潜在增长水平收敛。与 2008~2009 年全球危机后较长时间的"L"形缓慢复苏态势相比，2020~2021 年全球经济呈现显著的"V"形快速复苏态势，其主要原因是本轮疫情危机并非金融危机，疫情解封、超常规的政策刺激、发展相对稳健的金融机构与活跃的金融市场，对投资与贸易反弹发挥了重要的推动作用。

展望未来，全球经济将逐步回归常态下的中速复苏。2021 年的全球经济复苏是"强刺激"加上低基数（2020 年全球 GDP 深度衰退幅度为 3.3%，为二战以来最严重经济危机）等因素下的报复性反弹。全球经济总体收复失地，2020~2021 年平均增长约 1.3%。在基准情况下，如果不发生新的重大扰动，2022~2025 年仍需要平均 3.8% 以上的增速，才能将年均增速扳回疫情前十年 2.9% 的潜在增速轨道。但从现实条件看，由于疫情的特殊性和反复性，危机前损失的一次性经济产出（特别是服务业供求同时实现）难以找回，2022 年以后全球经济大概率回归到常态化的低增速。这一方面是相对于 2008 年以前出现过的连续多年 3% 以上的高增速而言；另一方面是相对于 2008 年危机后全球经济 3% 以下的潜在增速而言。由于技术进步与人口贡献因素下降（长周期）、投资消费信心不足和全球化倒退（中周期）、疫情反复、中美博弈等扰动因素（短周期）叠加，2021~2030 年全球经济平均增速预计将不会超过 3%，预期为 2.8%。

第二，各国经济复苏节奏呈明显差异，中国经济加快崛起。由于每个国家或地区的发展阶段、政治文化环境、科技条件、宏观政策空间不同，其疫情控制的效果呈现巨大差异。总体上看，在本轮疫情应对中，亚太国家或地区采取传统的防疫措施，经济复苏相对稳健；发达国家主要基于疫苗研发和注射优势，采取解封经济和大力度宏观政策刺激措施，经济复苏程度相对突出；其他新兴市场国家或地区受限于医疗科技条件和宏观政策空间不足，经济复苏面临巨大挑战。就地区差异来看，中国内地和美国分别领衔新兴市场与发达市场的复苏。到 2021 年第二季度，中国内地实际季度 GDP 比疫情前（取 2019 年第四季度值为基数）增加 8.2%，接近长期增长趋势线，在全球主要经济体中表现最优；美国实际季度 GDP 较疫情前增加了 0.8%，距离长期潜在增长趋势还有一定差距。就地理区域看，东盟、中国香港与中国台湾等地区，以及澳大利亚、新西兰、韩国等国家在亚太地区处于较优的经济复苏之列。其中，2021 年第二季度，中国台湾和中国香港 GDP 分别较疫情前增长 6.8% 和 1.8%，澳大利亚和韩国 GDP 分别较疫情前增长 1.6%、1.3%；印度 GDP 则较疫情前下降 8.1%。在其他地区，巴西第二季度 GDP 较疫情前下降 0.1%，英国和欧元区 GDP 分别比疫情前下降 4.4% 和 2.6%，复苏相对滞后。

　　未来，全球经济区域分化短期内难以弥合，不同步、不同速的复苏将长期存在，这主要受疫苗普及情况、公共财政与货币政策空间、各国公共治理效能与社会活力等影响。根据 IMF 的分析，亚太新兴市场 2020 年经济衰退幅度仅为 1.0%，但由于率先控制住了疫情，并成为全球医疗物资及生产生活物资的供应中心，GDP 总量、贸易与投资在全球的占比进一步提升。相比之下，美国技术创新相对扎实，欧洲内生增长动能不足，中东、非洲与拉美地区疫苗供应短缺、医疗基础设施落后、政治社会动荡，经济相对脆弱。从全景看，2030 年中国、美国、欧盟三大经济体将分别是亚太、美洲、欧非地区的核心，中国崛起使全球经济版图在半个世纪内发生巨变。

　　第三，全球经济行业结构重塑。由于疫情下发展理念、信息科技和生物科技等加速变革，以及各个行业对疫情的适应能力，各类需求活动对防疫封锁措施的反应、对宏观政策效应的弹性有很大差别，全球经济在产业结构上呈现巨大的分化态势，具体如下。

一是发展理念发生重大变革，绿色低碳转型正在深刻重塑全球经济的运行轨迹。在疫情影响下的经济复苏进程中，从行业结构来看，世界经济正在持续发生重大的变化，与疫情前相比将有根本性的区别。加之 2020 年以来世界各地极端气候频发，应对气候变化与环境保护的紧迫性日益提上日程。以中国提出"2030 年碳达峰、2060 年碳中和"目标、美国重返《巴黎协定》为重要标志，全球携手开展绿色低碳转型，绿色复苏的支出不断增加，正在深刻重塑全球经济的运行轨迹。目前，全球已有 120 多个国家或地区提出碳中和愿景，30 多个国家和组织宣布碳中和目标，经济规模占全球 GDP 的 75%，碳排放量占全球的 65%。就全球能源结构的转型来看，太阳能、风电、水电、核能等低碳能源的投资正在大幅增加，传统的煤炭、石油、天然气等高碳能源的开发投资将逐步削减；节能技术、绿色建筑、电动车、绿色农业等新兴低能耗行业正在快速增长，钢铁、石化、炼油等高能耗行业将有序退出、整合发展。绿色低碳的转型发展，将对全球经济的供求结构、产业结构、区域结构和发展模式产生巨大影响，并给价格水平、资本市场投资方向、绿色金融供给等带来新的变革性挑战，同时也蕴含着巨大的创新、绿色与协调发展机遇。

二是数字化转型加快，数字技术重塑经济形态，新产业、新业态、新模式正在形成。数字化技术在疫情前就逐步创新并走向成熟，在疫情期间，世界各国在人员流动封锁状态下，不得不将许多经济活动从线下转到线上，由此催生了一系列新的经济形态。在线办公、在线零售、在线娱乐和教育等业态快速发展，数据正在成为重要的生产要素，数据产业化、数字经济重塑传统产业，数字经济对经济增长的贡献大幅度提升；金融科技也随之快速发展，推动金融行业服务转型。相关统计显示，2020 年全球数字经济规模达到 32.6 万亿美元，在全球经济下滑的背景下逆势增长 3%；2020 年美国数字经济规模达到 13.6 万亿美元，设备制造、信息产业和金融业分别逆势增长 3.6%、3.2% 和 1.7%，成为极少数实现增长的行业；2020 年中国数字经济规模达到 5.4 万亿美元，增长 9.6%（中国经济增长

2.3%），数字经济核心产业增加值占 GDP 比重达到 7.8%，数字经济总量跃居世界第二，成为驱动经济高质量发展的核心力量之一。未来，人类社会可能与新冠病毒、极端气候及其他类似自然灾害等长期共存，数字化转型发展正在成为全球经济复苏的重要方向，正在深刻改变人类社会的生产与生活方式。

三是服务业和制造业的格局重新打破，各国重视制造业回流、产业链重塑，服务业发展受到疫情的严重约束，制造业、采矿业的复苏要显著快于服务业的复苏。这主要是由于受疫情影响，许多国家依然实行人员隔离封锁、入境和旅游限制等措施，而农业、采矿业等行业受到需求拉动的大宗商品价格上涨刺激，商品贸易活动并未明显受到封锁措施的影响。同时，在制造业中，受居家办公、疫情防控的需求推动，办公设备、通信设备、医疗产品的需求显著增加，相关行业受益最为明显；在服务业中，金融、房地产等行业受益于宽松货币政策和无需人员大规模聚集的推动，复苏较好；而跨境旅游和住宿、商务、餐饮等行业受到封锁措施的冲击较大，复苏乏力。到 2021年 6 月，全球国际航线客座率仅为 38.9%，仍远低于疫情前 80% 以上的水平；5 月全球餐馆就餐人数较 2019 年同期下降 18.9%。股票市场各行业板块走势基本反映了复苏差异化情况，特别是能源、金融、科技等板块表现突出。从统计数据看，2021 年上半年美国耐用消费品的支出蓬勃发展，比疫情前水平高出约 20%；而服务支出仍然比疫情前趋势水平低 7% 左右。从中长期看，疫情演化仍具有不确定性，发达国家对制造业作用和产业链安全更加重视，更多发展中国家推动工业化进程，这些因素将逆转长期以来全球制造业占比下降的趋势。

四　中国的应对策略

（一）宏观调控方式需要转型升级，调控目标有待适度调整

第一，在保证政策"连续性"的同时要提升宏观调控的有效性。考虑

到全球经济风险水平提升，国内宏观调控方式需要提质增效，保持经济增长的动力和活力。鉴于我国宏观调控在使用财政政策和货币政策进行总量调控的同时还带有部分行政手段，未来我国宏观调控转型应朝向市场化的方向转型，更多地强调经济稳定和结构优化。

第二，适度调整宏观调控目标。从发达国家宏观调控经验来看，大多经历了由多目标向突出物价稳定的单目标转变的过程。从我国宏观调控的目标来看，由于经济处于增长和转型时期，我国宏观调控在一定程度上至少同时追求增长、就业、通胀、汇率、外储水平、金融稳定和结构调整七个目标，当政策目标发生冲突时，我国宏观调控往往在增长就业目标和稳定目标之间徘徊，从而出现阶段性偏差，加剧经济波动性并增加金融风险。因此，在全球经济不平衡复苏和风险水平提升的情况下，高速的经济增长不宜再成为宏观调控追求的主要目标；与此同时，我国经济发展还面临结构性失衡难题，结构性失衡和结构调整是一项长期而艰巨的任务，并非短期的总量扩张的经济政策所能解决。因此，宏观调控应更为关注结构性问题，避免大收大放的调控方式，以市场化为导向，注重发挥市场在资源配置中的决定性作用，进一步发挥稳定器作用，提升政策的前瞻性、针对性、有效性，为改革营造良好的宏观经济环境。

（二）增强货币政策灵活度，注重防范化解经济金融风险

第一，防范美联储货币政策调整的冲击。随着美国经济复苏的加快，美联储调整货币政策退出量化宽松的节奏将加快。为此，应加强对美国金融市场和国际金融市场、跨境资金流动的跟踪监测，提高对跨境资金流出风险的预警能力；在人民币汇率形成机制方面，增强人民币汇率弹性，扩大人民币汇率浮动区间，通过汇率波动缓释潜在金融风险；除此之外，还应加强货币政策的国际协调，联合新兴市场国家促使发达国家提高货币政策退出信息的透明度以及调整节奏的可预见性；同时，坚持国内货币政策"不急转弯"，维持适度合理的流动性环境，加强与市场的政策沟通，引导和管理好预期。

第二，做好有效应对输入性通胀的稳价保供工作。货币政策应密切跟踪国际大宗商品生产、消费、贸易、价格的最新变化，建立合理的风险分级和政策响应机制，做好应对输入性通胀的预案和政策储备。

（三）补齐产业短板，加快形成"双循环"新发展格局

第一，加快工业基础产业链补短板。为应对全球经济风险，加速形成"双循环"新发展格局，对于那些对未来投资具有战略意义的技术、处于供应链上游的技术或具有较高成熟度的技术，应该获得更大的政策支持和投资补贴。同时，考虑到中国产业发展非常依赖外需和出口导向，导致制造业占比过高，服务业在一定程度上受抑制的现状，未来产业发展更加依靠自主技术创新，尤其是更加依靠服务业的技术创新，对产业结构形成优化效应。为此，应督促企业加强自主研发，攻克产业发展的"卡脖子"环节，加强技术创新的可持续性。

第二，扩大开放，降低行业准入门槛。"双循环"新发展格局要求深度推进扩大开放。面对当前外部环境，应进一步扩大对外开放，深度推进负面清单管理模式，降低外资行业准入门槛，鼓励外资和社会资本进入垄断行业，保障外资企业在经济上实现平等竞争，并推进投资审批、土地、外贸、财税扶持方面的待遇公平化，促进公平竞争。具体而言，可以借鉴上海自贸区的负面清单管理模式，同步推进行政审批与监管体制改革，在放宽市场准入、削减行政审批事项的同时形成事中事后全过程的市场监管，在确保放活市场的同时建立有效监管、统一开放、竞争有序的市场体系。

参考文献

IMF：《世界经济展望》，2021 年 4 月。

IMF：《中国：2020 年国别报告》，2020 年 11 月。

联合国贸易和发展会议：《2020 贸易和发展报告》，2020 年 9 月。

闫坤、汪川：《统筹把握宏观政策的连续性稳定性可持续性》，《经济日报》2021 年
1 月 22 日。

张茉楠：《对第三次全球经济大冲击的判断及对策》，《国际商务财会》2020 年第
3 期。

Bayer, C., Luetticke, R., Pham-Dao, L., and Tjaden, V., "Precautionary Savings,
Illiquid Assets, and the Aggregate Consequences of Shocks to Household Income Risk",
Econometrica, 2019, 87 (1): 255 – 290.

Challe, E., Matheron, J., Ragot, X., and Rubio-Ramirez, J. F., "Precautionary
Saving and Aggregate Demand", *Quantitative Economics*, 2017, 8 (2): 435 – 478.

McKinsey Global Institute, "China and the World: Inside the Dynamics of a Changing
Relationship", July 2019.

未来中国经济发展的若干趋势

刘 诚[*]

摘 要： 2021～2035 年是全球政治经济格局深刻调整期，是中国建成富强、民主、文明、和谐、美丽的社会主义现代化强国的第一个阶段，是中国实施"两步走"战略的关键时期。本文在简要剖析世界经济变局的基础上，根据国内外经济发展形势进行合理推演，提出了迈向 2035 年的社会主义现代化强国的进程中中国经济发展的若干新趋势，包括跨越中等收入陷阱和跻身发达国家，"中国制造"质量显著提升，服务业现代产业体系基本形成，全面实现绿色发展等。

关键词： 中国经济 现代化 新趋势 世界经济格局

当今世界正经历百年未有之大变局，新一轮科技革命和产业变革深入发展，国际力量对比深刻调整，和平与发展仍然是时代主题，人类命运共同体理念深入人心，国际环境日趋复杂，不稳定性不确定性明显增加。我国已转向高质量发展阶段，制度优势显著，经济长期向好，市场空间广阔，发展韧

---

* 刘诚，中国社会科学院财经战略研究院副研究员。

性强劲，继续发展具有多方面优势和条件。但是，我国发展不平衡不充分问题突出，重点领域关键环节改革任务仍然艰巨。2021～2035 年是全球政治经济格局深刻调整期，是中国建成富强、民主、文明、和谐、美丽的社会主义现代化强国的第一个阶段，即基本实现社会主义现代化。充分研判这一时期世界发展环境、发展格局和可能变局，对中国实施"十四五"、2035 年及更长时期的发展战略，都有着重要的现实意义。

一 未来中国与变化的世界

解析中国的发展趋势，需要用世界的眼光，把中国置于全球经济形势下加以研判。

世界经济将在不确定中增长。综合考虑技术、城镇化、人口、环境等重大基础因素变化，全球经济增长速度将呈现趋势性下降，在未来较长一段时间可能会保持较低的增速。2021～2035 年，全球经济平均增长速度为 3% 左右。发达经济体的增长速度将可能进一步放缓，2021～2035 年整体增长速度在 2% 左右，低于过去 50 多年的平均增长速度；发展中国家增长速度有所下降，平均增长速度在 5% 左右。城市化仍将是部分发展中国家未来增长的潜力所在，到 2035 年，全球城市化率将达到 62%。到 2035 年，发展中国家 GDP 规模将超过发达经济体，在全球经济和投资中的比重接近 60%。全球经济增长的重心将继续从欧美转移到亚洲，亚洲经济体量将超过欧美之和。

中国成为全球经济长期增长的主要稳定力量。未来中国的经济地位更加重要，中国将以中国式现代化推进中华民族伟大复兴，并且经济规模将超过美国。未来 15 年，中国作为一个"巨型国家"的快速复兴、资本主义主导的世界体系的衰落、约瑟夫·熊彼特"科学技术创新带来的创造性破坏"等因素相互交织、重叠、渗透，复杂多变的世界政治经济环境为中国发展增加变数，中国则为世界发展提供持久稳定力量（陈文玲，2019）。

中美平行发展，共同主导世界经济秩序。未来，中美是平行发展的合作伙伴。传统政治理论认为，一个新崛起的大国必然要挑战现存大国，现存大国也必然会回应这种威胁，即修昔底德陷阱。正因如此，2021～2035 年，"中国威胁论""中国崩溃论""中等收入陷阱""债务陷阱"等诋毁中国的论调仍将此起彼伏，争论的核心将是中美之争（曾培炎，2021）。中国进入世界舞台中央，是全球大变局的主要内容。但仍需承认，2021～2035 年，尽管美国的整体相对竞争优势下降，但凭借其强大的金融优势、科技优势，其经济增长速度在发达国家中仍将位居前列。中美在产业和科技等方面各有侧重，中国消费和数字经济崛起，成为全球第一大消费市场，但高端制造、核心技术、金融服务、跨境商务服务仍落后于美国。

二 中国经济发展的若干新趋势

本文在深刻剖析世界经济变局的基础上，根据国内外经济发展形势进行合理外推，提出中国经济发展的若干新趋势。这一长期视角的研判，对充分认识我国中短期经济问题、合理设计经济政策、深化经济体制改革具有一定的启示意义。

（一）跨越中等收入陷阱，跻身发达国家

1. 未来仍需保持较高经济增速

当前，中国已进入高质量发展阶段，经济增长速度不再是经济发展所追求的唯一目标。但不可否认的是，经济规模的较快增长与人均 GDP 的不断提升是一个国家持续发展以及迈向现代化的重要基础。因此，在 2021～2035 年中国迈向社会主义现代化强国的关键时期，必须保证一定的经济增长速度。

2. 党中央对经济增速提出了明确要求

党中央对 2035 年中国发展提出了较高战略目标。党的十九届五中全会审议通过的《中共中央关于制定国民经济和社会发展第十四个五年规划和 2035 年远景目标的建议》（以下简称《规划建议》），设定了 2035 年远景目

标，明确提出到 2035 年人均 GDP 达到中等发达国家水平，中等收入群体显著扩大。习近平总书记在做关于《规划建议》说明时指出，到"十四五"末达到现行的高收入国家标准、到 2035 年实现经济总量或人均收入翻一番是完全有可能的。因此，可以将 2021～2035 年经济增长目标归结为三条：一是到 2035 年 GDP 比 2020 年翻一番；二是人均收入比 2020 年翻一番；三是人均 GDP 达到中等发达国家水平（根据世界银行和 IMF 标准约为 2.3 万美元）。根据测算，要达到这三个目标，2021～2035 年我国经济年均增速分别至少要达到 4.6%、4.8% 和 5.5%。无论实现哪个增速，可以肯定的是，到 2035 年中国都将成为世界最大的经济体。

3. 人均 GDP 达到中等发达国家水平

上文三个目标中，中等发达国家的目标要求最高，实现难度也最大。2021～2035 年，只要中国经济年均增长率保持在 5%～6% 的区间，到 2035 年中国经济总量将达到 35 万亿美元。届时，中国总人口大约为 15 亿人，人均 GDP 将达到 2.3 万美元左右，基本达到目前中等发达国家的平均水平，基本实现社会主义现代化的远景目标。

（二）产业链实力增强，"中国制造"质量显著提升

中国经济总量和人均 GDP 持续增长并跻身发达国家的同时，发展模式也从赶超模式转变为高质量发展模式，主要表现为产业链向高端化发展，制造业国际竞争力强劲。

1. 工业体系更加完备和高端化

到 2035 年，我国维持全球最完整的工业体系和上中下游的产业链，在亚洲区域产业分工中的核心地位更加牢固，并呈现向全球价值链中高端攀升的良好态势，制造业比重维持在 25%～30%。

2. 重点产业"缺芯少核"状况未发生根本改变，产业链关键核心环节有向外迁移风险

2021～2035 年，全球保护主义仍将继续盛行，不断改变全球产业链分工逻辑和地区布局，很多国家把医疗器械等关键产业链的本土化视作核心利

益，通过立法、补贴等多种方式，推动关键产业链回流，一些国家开始鼓励本国企业分散化布局，并提出供应链"去中国化"战略。从国内发展的条件变化看，我国制造业向外转移有加速的趋势。保障产业链安全，预防全产业链外迁和高端产业外迁所导致的产业"空心化"问题需要提高警惕并加以预防。

3.中国产业链在全球地位提升，但仍有欠缺

总体判断，中国制造业发展的主要支撑力还停留在"规模发展"，仍然处在全球价值链的低端（肖宇等，2019），而发达国家大多是以品质效益、结构优化、持续发展作为优势竞争力。到 2035 年，我国产业链更加完备，价值链从中低端转向中高端，5G、云计算和高铁等继续领先，芯片、操作系统等领域攻克难关，但高端产业链仍不完备，一些软硬件关键技术和设备仍然受制于人，比如电池技术、发动机技术等。数字基建成为主流，高铁等传统基建转向非洲及"一带一路"共建国家。经济总量世界第一，但高端制造和现代服务业仍弱于美欧，美国的金融和美元占据主导地位不变，美国科技也强于中欧，欧洲科技绿色制造和先进制造领先中国。

4.困扰中国制造最大的难题，是劳动力不足、未富先老和过早"去工业化"

随着制造业工厂智能化、自动化设备的日益完善，企业对知识型、技术型人才的需求越来越大，尤其是缺乏一线熟练工人和高级技工。但是，中国的学历教育没有办法解决工厂的燃眉之急。这一方面是因为大学毕业生都想当白领；另一方面则是因为大学教育和现实需要脱节，实用型岗位人才奇缺。这些年，中国一直强调要从"制造大国"走向"制造强国"，但是制造业比例下降、劳动力结构性短缺，加上部分外资撤离等因素，都让这个目标充满不确定性。美国、德国、日本这些国家，它们都是在人均 GDP 分别达到 1.7 万、1.9 万和 2 万美元的高收入水准时，制造业比重才开始下降，而中国呢？2006 年中国人均 GDP 是 3069 美元时，制造业比重就开始出现下降。中国制造业占 GDP 的比重，2006 年是 32.5%，到了 2020 年已经下降到 26.2% 左右，而且和其他工业化国家相比，这个下降速度过快过早，需要警惕，需要采取切实措施扭转这个现象。

（三）服务业现代产业体系基本建成

1. 服务业发展是产业结构演进的必然趋势

20 世纪 70 年代以来，随着发达国家进入工业化后期，世界经济逐步向服务业转向，绝大部分发达国家和一些新兴市场国家的服务业呈现快速发展态势，形成了"四个 70%"① 的标准。随着中国经济发展、企业生产方式和居民生活方式的转变，服务业比重将继续提高，且将朝着网络化、平台化和智能化方向演进。

2. 服务业现代产业体系基本建成

2021~2035 年，我国服务业比重仍将缓慢上升，更重要的是，服务业技术水平和发展质量显著提高，服务业现代化体系基本建成。从服务业比重来看，消费性服务业向精细化、品质化发展，比重有所降低，占 GDP 比重约为 10%；生产性服务业实现高端化、专业化发展，比重不断增加，占 GDP 比重约为 45%；服务业总体占 GDP 比重约为 60%。从增长动力和生产效率来看，服务业成为高质量发展的重要动力源泉（夏杰长，2020）。社会各界在谈及"高质量""高科技"等概念时，往往直接与高端制造业挂钩，但实际上，当我们讨论高端制造业时，很大程度上是在讨论高端服务业，比如知识产权、研发、数字经济等。从产品价值链上看，服务部分所占比重愈来愈大，商品最终价格中服务环节"加价"增加，甚至超过"制造环节"或"农业生产环节"。

3. 进入高标准服务经济时代

2021~2035 年，随着现代科技的进步和生产性服务业的发展，我国经济服务化过程中制造业与服务业的生产率差距将趋于收敛，服务业成为稳增长、调结构和稳就业的重要抓手，我国将进入高标准的"服务经济时代"（Xia 和 Xu，2021）。

---

① 服务业增加值占 GDP 的比重达到 70%；服务业从业人员占社会各行业总从业人员的比重达到 70%；经济增长的 70% 来自服务业；生产性服务业占服务业比重达到 70%。

（四）国内大市场潜力逐渐释放

中国社会的消费潜力将进一步释放，居民消费能力得以进一步提升，中国迅速变成"世界超市"，变成其他国家或地区各类商品最大的销售市场。

1. 内需总量和全球占比提高

内需是我国经济发展的基本动力，扩大内需也是满足人民日益增长的美好生活需要的必然要求。当人均 GDP 达到 2 万美元时，发达经济体国内市场出现阶段性转换，均表现出国内需求为主体的显著特征，欧美等发达经济体最终消费率基本维持在 75% 以上，日本、韩国等亚洲发达经济体最终消费率基本维持在 65% 左右。据此推测，2035 年我国最终消费支出有望突破 200 万亿元。2035 年，中国消费市场总量将超过欧美总量之和，成为全球消费主力。与此同时，中国国内市场规模占世界比重将持续攀升，北上广深以及成都、哈尔滨、青岛等国际、国内和地区消费中心遍地开花。

2. 消费结构优化升级明显

一是网络消费成为主流。网络技术突飞猛进、网络制度不断完善，未来人与人、人与物、物与物相连的新一代互联网将形成，这为我国网络消费提供了良好的环境与基础。未来网络消费将不再局限于网络购物，将向网络服务、虚拟消费、智能消费等更加广阔的领域延伸（张颖熙、徐紫嫣，2021）。二是绿色消费诉求日益强化。中长期内，住行在我国仍将主导消费领域，绿色住宅、新能源汽车将成为居民未来住行升级的主要方向；消费者健康意识提高，环保知识增长，空气净化器、环保家具、节能冰箱等绿色概念家电、家具、食品等产品消费逐步被认可并受到青睐；绿色发展观更加鲜明，绿色、健康、有机的食品、饮用水、空气等越来越受到居民的重视（刘慧、夏杰长，2021）。三是农村消费市场空间扩大。农村消费将沿袭城市消费升级发展路径，进入消费发展新阶段。四是养老消费占主导地位。伴随我国进入老龄化社会，银发经济时代即将来临，部分耐用消费品增长趋于饱和，消费重心向以中老年为主导的领域转移，高层次、高质量、个性化、多元化的养老消费、银发产品与服务消费将逐步占领消费市场。

3. 国内市场建设取得积极进展，区域市场割据和壁垒基本消除

我国牢牢把握扩大内需战略基点，加快培育完整内需体系，把实施扩大内需战略同深化供给侧结构性改革有机结合，市场主体平稳运转，市场需求逐步改善，市场环境日趋完善。我国出台建设高标准市场体系行动方案，推动要素市场化配置改革取得积极进展，持续深化"放管服"改革，有关部门多措并举，全方位减税降费，为市场主体回暖提供了有利的政策环境，市场活力不断提升。2035 年全球营商环境报告，中国有望跻身前十位，营商环境成为中国新名片。

（五）服务贸易引领对外开放

1. 服务贸易和投资体量大幅攀升

随着数字经济发展和贸易方式变革，服务贸易地位将不断攀升，服务贸易创新发展将成为推动对外开放的重要力量之一（王晓红，2021）。到 2035 年，中国服务贸易总额将超过货物进出口总额；高技术服务业吸引外资能力稳步提升，占服务业 FDI 比重将超过 50%。

2. 对外开放水平不断提升

随着改革开放的深入，以海南自由贸易港和北京服务业扩大开放综合示范区建设为代表的各类先行先试对外开放试验区域，在关税税率、通关效率和出入境限制等方面逐步达到发达经济体自由开放的水平（刘诚，2021）。

（六）全面实现绿色发展

2020 年 9 月 22 日，习近平主席在第 75 届联合国大会一般性辩论上郑重宣布，中国"二氧化碳排放力争于 2030 年前达到峰值，努力争取 2060 年前实现碳中和"。中国宣布努力于 2060 年前实现碳中和，不仅与《巴黎协定》提出温升控制目标相一致，并且与我国在 21 世纪中叶建成社会主义现代化

强国和美丽中国的目标相契合。

1．非化石能源将从配角转变为主角，化石能源最大限度被淘汰

2016 年 12 月 29 日，国家发展改革委和国家能源局联合印发《能源生产和消费革命战略（2016－2030）》，提出到 2030 年和 2050 年，我国非化石能源占能源消费总量的比重分别要达到 20% 和 50%，新增能源需求主要依靠清洁能源满足。可再生能源价格优势初现端倪，未来价格优势将更加明显。

2．电气化进程加快，终端部门电气化是关键所在

2020 年 5 月 1 日，中国电力企业联合会发布《中国电气化发展报告 2019》，从电力供应、电力消费、可持续发展三个方面 15 项指标评价电气化进程。当前，我国工业部门的能源消费占总的终端能源消费的 2/3。未来电力势必成为工业领域主导能源品种。

3．工业结构呈现绿色化发展趋势，低碳新工业体系基本形成

未来，我国重化工业仍将存在，但是"高碳"重化工业将彻底退出历史舞台。随着我国工业结构绿色化发展和工业用能清洁低碳化发展，工业生产过程碳减排重要性凸显，低碳新工业体系逐步建立。

4．加快普及绿色智能交通，交通运输模式创新展示巨大发展潜力

未来，电动汽车、智能交通、共享交通、自动驾驶等交通方式将在碳中和愿景下展现巨大的发展潜力。而且新型基础设施建设的快速推进，尤其是建设汽车充电设施的快速发展，客观上将助推交通运输方式的革命。预计 2021～2035 年我国部分地区会试点征收拥堵税、大排量税、燃油税，禁售燃油车等。

5．推行绿色低碳建筑，建筑业节能减排摆在更加优先的地位

建筑行业碳排放包括两个方面：一是"内含碳排放"，即工程建设每年产生的碳排放，主要来源于钢铁、水泥、玻璃等建筑材料的生产和运输，以及现场施工过程；二是"运营碳排放"，即建筑在使用过程产生的碳排放。有研究认为，现阶段，我国建筑"内含碳排放"约占全球总排放量的 11%，"运营碳排放"约占全球建筑总排放量的 20%，并且约占全国碳排放总量的 20%（策略研究，2021）。如果按照基准情景，建筑碳达峰时间为 2040 年，比全国碳达峰整整晚 10 年，将会严重制约全国碳达峰和碳中和的实现（中国建筑节能协会秘书处，2020）。我国要改造现有建筑，并在新项目建设中推行绿色低碳的城市、社区、乡村和建筑，这或许会提高建设成本，但政府完全可以在供地环节、规划环节、定价环节、税收环节，通过优先获得、容积率调节、价格税收、成本分摊等机制，积极进行激励和推广。

（七）中国科技创新综合实力达到世界先进水平

习近平总书记多次就科技创新做出指示，提出"创新是一个民族进步的灵魂，是一个国家兴旺发达的不竭源泉，也是中华民族最鲜明的民族禀赋"，"当今世界，谁牵住了科技创新这个'牛鼻子'，谁走好了科技创新这步先手棋，谁就能占领先机、赢得优势"，"核心技术靠化缘是要不来的"，"关键核心技术必须牢牢掌握在自己手里"等论断。

历史经验表明，追赶国家必须依靠自主创新实现赶超。美德在 20 世纪初对英国的超越，日韩在二战后跻身发达国家，都是依靠技术创新提升钢铁、飞机、汽车、电子等当时前沿行业生产率。中国当前在面临数字革命机遇的同时，也遭遇了前所未有的疫情冲击、科技封锁等外部挑战，"以市场换技术"模式难以为继，故需更加强调内循环和自主创新（林垚，2021）。可以预见，到 2035 年中国的科研投入将位居世界第一，科学技术创新成果会居于世界前列，成为名副其实的科学技术创新大国。

（八）共同富裕之路迈上新台阶

共同富裕是社会主义的本质要求，实现共同富裕是我党在新时代的新使命。共同富裕本身就是社会主义现代化的一个重要目标，我们坚持和发展中国特色社会主义，必须旗帜鲜明地走共同富裕发展道路。当然，共同富裕有先有后，全国整齐划一进入共同富裕暂时还难以实现。以中国特色社会主义先行示范区、共同富裕示范区为代表的地区率先进入社会主义中级或高级阶段，有条件的地区逐渐走上共同富裕之路，带动全国逐渐向共同富裕迈进，这是大势所趋。到 2035 年，中国有望实现高水平共同富裕（刘诚、夏杰长，2021）。届时，中国社会是一个财富分配更加合理的社会，社会的贫富差距会进一步缩小，共同富裕的社会形态基本实现。

与此同时，我国城乡发展更加协调。《中华人民共和国国民经济和社会发展第十四个五年规划和 2035 年远景目标纲要》提出，坚持农业农村优先发展，严守 18 亿亩耕地红线，实施高标准农田建设工程、黑土地保护工程，确保种源安全，实施乡村建设行动，健全城乡融合发展体制机制，建立健全巩固拓展脱贫攻坚成果长效机制，提升脱贫地区整体发展水平，深入推进以人为核心的新型城镇化战略，加快农业转移人口市民化，常住人口城镇化率提高到 65%，发展壮大城市群和都市圈，实施城市更新行动，完善住房市场体系和住房保障体系，提升城镇化发展质量。预计到 2030 年中国将实现乡村全面振兴的胜利。

需要特别指出的是，中国将是第一个实现共同富裕的大国强国。共同富裕是社会主义的本质要求，是中国式现代化的重要特征。当前，中国、越南、老挝、朝鲜、古巴五个社会主义国家的人均 GDP 都低于 2 万美元，处于社会主义的初级阶段。近些年，中国的经济体量和增速都优于其他社会主义国家，并将成为社会主义国家中第一个实现共同富裕的国家。从历史上看，苏联在 1991 年解体之前过度发展军事和重化工业，使其经济实力"外强中干"，20 世纪 80 年代的人均 GDP 为 3000～4000 美元，不到同期英法德的一半、美国的 1/4。而且，在 80 年代中后期苏联收入不平等程度直线上升，到 1993 年俄罗斯基尼系数接近 0.5。所以说，苏联在历史上也没有实现共同富裕。将比较的范围扩大至全球，不难发现，中国将是第一个实现共同富裕的大国强国。由于资本主义延续时间长，且在 20 世纪推行殖民主义，一些欧美国家较早完成了资本积累和工业化进程，成为发达国家。然而，直到今天这些国家收入分配不平等仍普遍较高。正如习近平总书记所指出，一些发达国家工业化搞了几百年，但由于社会制度原因，到现在共同富裕问题仍未解决，贫富悬殊问题反而越来越严重，究其根源是资本主义制度所造成的。根据世界银行数据，作为资本主义大国代表的 G7 国家收入不平等程度较高，美国基尼系数大约 0.4，英、法、德、意、加、日的基尼系数大于 0.3。全球主要经济体中，人均 GDP 高于 2 万美元、基尼系数小于 0.3 的国家只有北欧五国——芬兰、挪威、瑞典、丹麦、冰岛。但它们都是资本主义小国，人口、面积、经济体量等都不足以成为大国的代表。而且，未来一段时期内能够实现共同富裕的潜力国家中，中国是唯一一个。中国是新兴经济体中实力最接近发达国家且增速又高又稳的国家。2021 年中国人均 GDP 达到 1.25 万美元，跨越"中等收入陷阱"，接近高收入经济体门槛，人均 GDP 将在 2035 年达到中等发达国家水平 2 万 ~2.5 万美元（暂无一个明确标准）。据世界银行统计，阿根廷、巴西、南非、俄罗斯等国家均陷入了"中等收入陷阱"，印度、越南等新兴经济体的人均收入大约为 3000 美元，与高收入国家标准差距较大，短期内这些国家都将难以越过 1.2 万美元的高收入国家标准、2 万美元的中等发达国家标准。所以说，当前还没有大国强国实现共同富裕，而中国正在朝着实现中华民族伟大复兴的宏伟目标迈进，将成为第一个实现共同富裕的大国强国。

（九）人口峰值回落，人民生活水平提升

1. 2026 ~2030 年达到一个"转折点"，人口数量将趋于稳定，甚至出现下降

2021 年 5 月公布的全国人口普查结果显示，过去 10 年中国人口增长了 5.38%，达到 14.1 亿人，这是自 20 世纪 50 年代以来最慢的人口增长率。近年来，由于生活成本的上升和社会习俗的改变，生育率有所下降（陈卫、刘金菊，2021）。并且，由于年轻人和工作年龄人口数量的下降，预计在 2025 年之后人口数量趋稳，甚至有可能稳中有降。

2. 劳动力受人工智能冲击严重

麦肯锡对中国 2030 年劳动技能和职业进行了预测，到 2030 年多达 2.2 亿中国工人可能需要在职业之间转换（下岗和再就业），约占劳动力总数的

30%，其中对体力、基本认知技能的劳动需求将分别下降 18% 和 11%（Woetzel 等，2021）。

3.中等收入群体扩大，居民生活更加美好

到 2035 年，中国将形成与发达国家总人口规模不相上下的世界上最大的中等收入群体，人民共同富裕的社会发展目标在以人民为中心的发展思想的指导下获得重大进展，中国社会在现代意义上的稳定性将进一步增强。相关统计资料显示，2020 年，中国的中产阶层人数已经超过 4 亿，预计 2035年这个数字将翻一番，总规模预计超过 8 亿。届时，中国中产阶层的人数将大大超过总人口的 50%。2035 年中国中产阶层数量的大幅度增长，是中国社会发展质量和人民群众生活质量提升的最主要标志。

（十）人工智能深刻影响经济社会发展

1.制造业将是人工智能应用场景最为丰富、最具潜力的领域

2021 ~ 2035 年，对人工智能的应用需求贯穿制造业全生命周期，成为未来人工智能融合应用的关键领域。人工智能与制造业的深度融合将在制造业更多环节、更多层面得到推广和深化。

2.各大科技企业扎根场景深挖落地应用，使得人工智能产品真正"有用"

新零售、无人驾驶、医疗和教育等易落地的人工智能应用场景将更受资本关注。预计 2021 ~ 2035 年围绕算法、数据和算力等人工智能新基建的"三驾马车"，人工智能产业链建设力度将继续增大。

3.各地政府对人工智能产业发展的热度持续

地方扶持政策、举措等也将变得更加务实和具备可操作性，人工智能应用将成为政府关注和紧抓的重要内容。国内更多城市（群）将聚焦于智能芯片、智能无人机、智能网联汽车、智能机器人等优势产业，面向医疗健康、金融、供应链交通、制造、家居、轨道交通等重点应用领域，积极构建符合本地优势和发展特点的人工智能深度应用场景。预计到 2035 年，数字税将成为我国重要税种之一。

4. 到2035年中国人工智能仍落后于美国

伴随人工智能发展对算力需求的不断迭代升级，到 2035 年，中国人工智能芯片企业仍大量依赖高通、英伟达、AMD 等国际巨头提供符合要求的芯片产品，国内企业产业链龙头企业的发展与国际巨头相比仍在探索期。而且，到 2035 年，中国在数字经济细分应用领域的专业人才缺口仍较大，这从当前少儿计算机教育数据中可见一斑，如 2020 年，少儿编程教育在美国的渗透率达到 44.8%，在中国仅为 0.96%。

参考文献

策略研究：《解码"碳中和"——"三大方向"＋"七大领域"把握碳中和机遇》，2021 年 3 月 29 日。

陈卫、刘金菊：《近年来中国出生人数下降及其影响因素》，《人口研究》2021 年第 3 期。

陈文玲：《世界经济正处于历史的十字路口》，《全球化》2019 年第 5 期。

林垚：《"市场换技术"成效的影响因素研究》，《中国物价》2021 年第 1 期。

刘诚：《跃居全球最大外资流入国彰显中国韧性》，《光明日报》2021 年 1 月 28 日。

刘诚、夏杰长：《数字经济助推共同富裕》，《光明日报》2021 年 8 月 24 日。

刘慧、夏杰长：《加快发展数字家庭，促进居住品质提高》，《中国发展观察》2021 年第 11 期。

王晓红：《"十四五"时期推动我国服务贸易创新发展的主要思路》，《发展研究》2021 年第 5 期。

夏杰长：《迈向"十四五"的中国服务业：趋势预判、关键突破与政策思路》，《北京工商大学学报（社会科学版）》2020 年第 4 期。

肖宇、夏杰长、倪红福：《中国制造业全球价值链攀升路径》，《数量经济技术经济研究》2019 年第 11 期。

曾培炎：《摒弃冷战思维和意识形态偏见　正确看待和处理中美关系》，《全球化》2021 年第 2 期。

张颖熙、徐紫嫣：《新经济下中国服务消费升级：特征与机制研究》，《财经问题研究》2021 年第 6 期。

中国建筑节能协会秘书处：《中国建筑能耗研究报告（2020）成果发布》，2020 年 12 月 31 日。

Woetzel, J. , Seong, J. , Leung, N. , Ngai, J. , Chen, L. , Tang, V. , Agarwal, S. , and Wang, B. , " Reskilling China: Transforming the World's Largest Workforce Into Lifelong Learners", McKinsey Global Institute, January 2021.

Xia, J. , and Xu, Z. , " China's Service Sector towards 2035: Outlook, Strategic Position and Policy Advice", *China Economist*, 2021, 16 (1): 58 - 75.

数字经济成为高质量发展新动能

任贤良[*]

摘　要： 数字经济已经成为助力我国经济发展的新引擎，数据已经成为国家、社会、企业发展的重要资源；为促进数字中国建设、智慧城市建设、数字乡村建设的发展，我们需要完善数字经济领域法治体系，构建良好数字经济发展环境和营商环境，以更加开放姿态融入全球创新体系，构建全方位多层次广领域的科技开放合作格局，提升我国的研发能力，提升国际竞争力。

关键词： 数字中国　智慧城市　数字乡村　法治体系　营商环境

　　当前，世界形势风云激荡与我国历史大发展交织叠加，新一轮科技革命和产业变革加速演进，世界主要经济体都在抢先布局数字技术、数字经济。我国全功能接入互联网这二十多年，是数字技术创新、数字经济飞速发展的二十多年，是能够展现中国发展成果、支撑中国经济转型升级的二十多年，实现了我国在数字经济方面从跟跑到并跑甚至在某些领域的领跑，数字经济

---

　　* 任贤良，高级记者，第十三届全国人民代表大会社会建设委员会副主任委员，中国网络社会组织联合会会长。

已经成为我国展现国际竞争力的重要方面。

根据中国网络空间研究院发布的《中国互联网发展报告2021》，2020年中国数字经济规模达到39.2万亿元，保持9.7%的同比增长速度，数字经济占GDP的比重提升至38.6%，稳居全球第二大数字经济体。特别是新冠肺炎疫情发生以来，数字技术、数字经济在支持抗击新冠肺炎疫情、恢复生产生活方面发挥了重要作用。从2005年的2.6万亿元到2020年的39.2万亿元，从数字中国建设、智慧城市建设到数字乡村建设，数据已经成为国家、社会、企业发展的重要资源，数字经济也已经成为助力我国经济发展的新引擎。可以肯定的是，未来经济一定是以数据作为重要生产要素和战略资源的新经济。因此，想要理解未来经济，一定要紧紧抓牢"数字经济"这一主题。

近年来，党中央、国务院高度重视数字经济发展，做出了一系列重大部署。2021年3月发布的《中华人民共和国国民经济和社会发展第十四个五年规划和2035年远景目标纲要》设立"加快数字化发展　建设数字中国"专篇，明确提出"打造数字经济新优势"。10月18日，习近平总书记在中共中央政治局第三十四次集体学习时强调，近年来，互联网、大数据、云计算、人工智能、区块链等技术加速创新，日益融入经济社会发展各领域全过程，数字经济发展速度之快、辐射范围之广、影响程度之深前所未有，正在成为重组全球要素资源、重塑全球经济结构、改变全球竞争格局的关键力量。要站在统筹中华民族伟大复兴战略全局和世界百年未有之大变局的高度，统筹国内国际两个大局、发展安全两件大事，充分发挥海量数据和丰富应用场景优势，促进数字技术与实体经济深度融合，赋能传统产业转型升级，催生新产业新业态新模式，不断做强做优做大我国数字经济。总书记的讲话为如何做强做大数字经济擘画了蓝图，为我们提供了行动指南。

但与此同时，我们也要看到数字经济发展面临的一些新问题，诸如个别地方对数字经济的发展认识不到位、措施不得当，新基础设施建设发展不均衡，核心技术距国外仍有不小差距，个别领域数据壁垒依然森严，数字经济融合渗透深度不够等，还有近年来凸显的网络诚信、互联网行业垄断、个人信息保护等问题，都有待进一步解决完善。

一 加强顶层设计，完善法律保障

发展数字经济已经成为我国发展大局的战略层面的要求。这要求各级政府充分认识和发挥数字经济在新一轮经济周期中的引擎作用，从顶层设计上制订本地区的数字经济发展战略规划，在政策、资金、人才、资源等方面予以支持。要统筹推进新基建建设，为数字经济提供良好的技术和网络环境。要完善数字经济领域法治体系建设，厘清数字经济领域相关问题的法律概念、法律关系和权属问题，促进数字经济发展，强化数据安全、个人隐私保护等方面的立法执法，进一步健全市场准入制度、公平竞争监管制度等制度体系建设，防止平台垄断和资本无序扩张，为数字经济健康发展提供支撑和助力。

二 统筹治理和发展，营造良好生态空间

数字经济是随着互联网出现而产生的一个新事物。发展到今天，从企业数量到企业规模、从发展速度到发展质量，都得到了很大的提高。但是它的发展不可能一蹴而就、一帆风顺，在实践中也需不断纠偏、治乱，这样才能行稳致远。一方面，我们不能因噎废食，怕出问题而不敢创新发展；另一方面，我们不能只为追求一时的发展而对发展中的乱象视而不见，不敢加以整治，最终必然危害发展的大局，殃及长远。因此，要坚决统筹处理好创新和发展的关系，在鼓励企业发展的同时加强行业自律，政府、社会、企业、网民合力构建良好数字经济发展环境和营商环境，为促进数字经济繁荣发展提供生态保障。

三 深化"数""实"融合，为经济发展插上云翅膀

数字经济重构了商业模式，提高了劳动生产率，促进了产业升级，推动

了大众创业，创造了就业机会。根据中国信息通信研究院 2021 年 4 月发布的《中国数字经济发展白皮书》，2020 年我国农业、工业、服务业数字经济渗透率分别为 8.9%、21% 和 40.7%，融合渗透程度相比高收入国家还比较靠后，尤其是农业的数字经济渗透率较低。实体兴则经济兴，实体强则经济强。党的十九届五中全会提出，坚持把发展经济着力点放在实体经济上，坚定不移建设制造强国、质量强国、网络强国、数字中国，推进产业基础高级化、产业链现代化，提高经济质量效益和核心竞争力。数字经济要牢牢守住新引擎的定位，把握数字化、网络化、智能化方向，推动农业、制造业、服务业等传统产业数字化，利用互联网新技术对传统产业进行全方位、全链条改造，提高全要素生产率，发挥助力传统经济发展的放大、叠加、倍增作用。同时，数字经济的高质量发展和数字技术的不断创新，推动了我国产业链供应链现代化水平不断提升，提高了经济质量效益和核心竞争力，安全高效地对接了国际市场。

四　积极推动数字乡村建设，助力共同富裕

习近平总书记指出，乡村振兴是实现中华民族伟大复兴的一项重大任务。"十四五"规划提出的"构建面向农业农村的综合信息服务体系，建立涉农信息普惠服务机制，推动乡村管理服务数字化"，指明了加快推进数字乡村建设的重点任务。日前，中央网信办正式下发了《数字乡村建设指南1.0》，为数字乡村建设提供了具体指导。

数字乡村既是乡村振兴的战略方向，也是解决区域发展不平衡问题的重要举措，更是实现共同富裕这一社会主义奋斗目标的题中之义。当前，数字乡村建设存在资源统筹不足、基础设施薄弱、区域差异明显等问题，亟须进一步发掘数字化的巨大潜力。数字乡村建设与智慧城市建设既有联系又有不同，要加大调研力度，立足我国农业农村的发展实际和农民诉求，在农业技术信息化、农业产业数字化、乡村治理数字化等方面协同推进。地方政府要加强统筹，为数字乡村建设提供良好的政策环境和资金支持，互联网平台企

业和农业信息化企业要发挥各自不同的优势，形成符合当地实际且具有市场竞争力的建设方案，让数字经济发展的红利全面覆盖农业农村农民。

五　提高影响力，构建全方位合作格局

数字经济不是封闭的，是开放的，需要积极开展对外合作。以更加开放姿态融入全球创新体系，构建全方位多层次广领域的科技开放合作格局，提升我国的研发能力，缩小核心技术差距，提升国际竞争力。要发出中国声音，提高在数字技术发展、数据治理等数字经济方面的影响力和规则制定能力，提高我国对外合作的话语权。同时，要利用好我国具有不可比拟的制度优势、市场环境、产业基础和应用场景，特别是数据资源的规模优势，加快新产业、新技术和新产品的迭代更新，积极沟通、赢得互信，努力在数字经济方面实现合作共赢，进一步建立网络空间命运共同体。

数字经济与高质量发展

郑砚农 *

摘　要： 数字化为消费统计带来了很多新的变化，大数据环境下的市场数据量空前地大而全，结论的客观性、准确性得到了很大的提升；数字技术的进步促进了线上商业模式的演化和发展；数字经济可通过大数据口碑衡量商品品牌；数字化永远在路上，创新永远不能停，不进则退。

关键词： 数字经济　电子商务　商品品牌

近两年，中央围绕稳经济、促消费、谋发展的大思路，出台了一系列的方针和政策，其中重点提出了要大力发展数字经济，着力推动高质量发展。

2021年9月在北京举办的中国国际贸易交易会上，就展现了很多数字贸易的应用场景。虚拟与现实世界的融合、沉浸式的数字空间展现给了观众深刻的体验。与此同时，在石家庄召开的中国国际数字经济博览会上，刘鹤

---

* 郑砚农，国务院发展研究中心国际技术经济研究所、世界发展研究所研究员、原秘书长，中国国际公共关系协会顾问、原常务副会长兼秘书长。

副总理指出在数字经济领域要适度超前进行基础设施建设，其中就包括5G的建设。重视数字经济和推动高质量经济社会发展，就是要在复杂的国际环境下把我们自己的事情做好。

党的十九届五中全会提出要建设九个"强国"，我个人觉得核心是科技创新，而基础就是数字化。我们现在理解数字化，不仅包括数字化的相关技术，还包括数字化的思维方式和工作方法。比如，在过去常常谈到的自上而下的管理，现在更多谈的是共同治理；过去经常爱谈企业如何管控，现在则是要给企业赋能；过去谈领导班子，领导层的分工，现在谈集体共享和分享；过去谈合作，现在在数字化经济时代下谈的则是协同。

一 数字化在消费、商品和品牌中的变革

根据上述逻辑，我从三个角度谈数字化在消费、商品和品牌中的变革问题。

（一）从消费市场的统计方法看数字化

数字化为消费统计带来了很多新的变化。首先，传统的统计方法是描述式和推断式的统计方法，每个地方政府都有统计局和调查统计大队，由于采集的数据密度和宽度有限，经验因素、人为因素对结果的影响很大；而在大数据的环境下，不考虑因果关系，数据量空前地大而全，结论的客观性、准确性有了很大的提升。其次，在数字化环境下的共享经济，有些消费品同时还具有投资品的金融属性。比如，共享汽车既是车主（消费者）购买的大宗消费品，在进入共享平台后又成了投资品，产生了利润。因此，按过去的方法就不能全面地反映经济情况。当然，现在很多手机支付的消费过程都是C2C的，你买了一棵白菜、一捆大葱，直接与菜农手机支付，产生了大量的消费数据，也很难使用过去在商店里消费那样的统计方法。

经济活动不再仅以法人单位、个体经营户作为调查的主体，这种情况下，C2C怎么调查、扫码怎么调查？过去统计方法调查不出来，这些东西

计算不到 CPI 里面去，所以数字化环境下消费市场的统计也产生了很大的变革。至于信息消费和数据资产的调查统计，什么是信息消费，现在有哪一项消费不是信息消费？大家想一下，所有的消费都可以归为信息消费，所有的资产最后都与数字资产相关。这就是消费市场在数字化环境发生的变化。

（二）从商品流通和商业模式的变迁看数字化

2001 年我和同事们翻译出版了一本书叫《网络世界的电子商务》，当时国际上通用两个相关词：E-commerce（电子商务）和 commerce online（网上交易）。实际上回过头来看看，从 2000 年中国电子商务协会的建立到现在这些年电子商务领域的发展，我觉得当时用网上交易更确切一些。当时国内的电子商务出现以后，我个人判断靠谱的是 B2B，因为企业法人和企业法人之间的交易是相对可信的，但是后来发现，不仅 B2B 在中国发展了，B2C 发展得更快。而 B2B 和 B2C 在 2019 年的全年营业额几乎占国内生产总值的 1/3。

随着社会化媒体的出现，又有了 C2C，社交网络建立的社区和社群造就了网红直播，建立了大量的流量平台。之后又出现了 C2B，客户和消费者与供应商直接进行互动，经销商和客户之间，采购物流之间就会发生直接的联系，产生大量的利润。到现在出现了 C2M，"M"是制造商。消费者和制造商进行沟通，出现了高级定制，出现了 3D 定制，出现了按照消费者个性需求进行设计、生产、销售。从 B2B 到 B2C 的变迁，是以自己为主，以厂家为主，现在到了以消费者、客户为主。之所以能够发生这么大的变迁，应该感谢如下四个技术环境给我们造成的条件。

第一，20 世纪 80 年代末出现的 TCP/IP 协议。在以前互联网电脑型号不一样，操作系统也不一样，所有的网络之间都是互相不能够连通，而在80 年代末出现了 TCP/IP 协议，世界变平了，所有的企业都有一个共同的翻译。

第二，感谢 2004 年十届全国人大常委会第十一次会议通过的《电子签名法》。中国电子商务为什么能够走在全世界的第一？因为早年我们就制定了法律。

第三，基于 web 2.0 的网络平台技术。在 web 1.0 的时候看到的是门户网站，是我说你看，之所以出现现在的互动、视频、声音等新的媒体、新的载体，就是因为有了一个基于 web 2.0 的新技术。

第四，区块链。在交易的过程中，信任是最核心的问题，区块链的不可篡改性、可追溯和去中心化，将是现在和将来关于消费重大变革的一个最关键的关键。

这是关于商业模式和商品流通的变迁。

（三）从商品品牌的认知看数字化

在计划经济时期，我们企业的生产是只对计划负责，不对市场负责，那时我们可以不关注品牌；但是在市场经济时代，我们就必须考虑品牌。因为我们在考虑品牌的时候，是从大众品牌到知名品牌、从分众品牌到个性化品牌，即从注意力经济到体验经济再到数字经济，现在衡量一个品牌可以用大数据口碑来衡量。

我们已经进入了全球化 4.0 时代。什么是全球化 4.0 时代？就是以第四次工业革命为标志的时代。什么是第四次工业革命？几年前我在中国互联网大会上讲到的一系列数字化技术应用场景，就是 ABCD 等，A 是人工智能，B 是区块链，C 是云技术，D 是大数据，当然后面还有 5G 等。过去说"学好数理化，走遍天下都不怕"，现在是学好 ABCD 就不会被时代抛弃。

2016～2020 年达沃斯论坛每一届的主题都提到了全球化 4.0 和世界已经进入第四次工业革命时代，所以才出现了以上三个重要的数字化。这三个重要的数字化在中国国内经历疫情后又一步步加强。2020 年的会议采用线上线下结合，2021 年控制住了疫情，不少会议采用全线下。但是即便疫情得到了全面控制，是不是在疫情期间出现了一些具有数字化特征的新模式，比如虚拟现实，比如眼球经济和体验经济，比如沉浸式传播？这些新模式会不会消失？我相信它不会消失，只会不断改善，不断迭代，不断创新，并一直延续下去。

二 数字化的进程永远在路上，不进则退

由于信号覆盖面积有限，在 2021 年洪灾中手机叫车、求助得不到有效保障，这就要求对新技术不断完善、不断改进和迭代。大家知道，我们原来用 2G 手机，它的最大覆盖半径是 10 千米；3G 的覆盖半径是 5 千米，而现在我们每个人都有 4G 手机，只有 2 千米的最大覆盖半径；随着 5G 频率越来越高，它的覆盖半径也越来越小，甚至可能只有几百米的范围。我们追求上网快、用得方便，但是它给我们带来的其他成本必须以更新技术来填补。我们要正确看待新科技应用中出现的不足和技术的局限性，要看大方向、大趋势，因为我们不可能回到过去，所以创新永远不能停，数字化永远在路上。

当前，我们提倡绿色、经济、智慧的生活与工作，就是要在重要的实体领域加快数字化的应用，建造大国重器，在贴近人民生活的"衣食住行"中展现数字化的魅力，让广大人民群众了解数字化创新的优势，享受"新能源出行""智慧家居""绿色食品""高级定制"带来的种种福利。

当前错综复杂的国际环境、全球严重的疫情都是不确定性因素。经济学家奈特认为，已知的未知属于风险，而未知的未知属于不确定性。就好比别人传给你一个气球时的轨迹是随机的，方向不可预测。这就是不确定性。面对不确定性的环境，企业家应该怎么做？我觉得不确定性是环境，而确定的是你自己，我们要以持之以恒地进行创新，包括管理创新、技术创新、模式创新等，以这种不变来面对风险和不确定性带来的万变。

数字经济与产业链稳定[*]

闫冰倩[**]

摘　要： 当今世界，新一轮科技革命和产业革命席卷全球，数字经济正在成为重组全球生产要素资源、重塑全球经济结构、改变全球竞争格局的关键力量。"十四五"期间，数字经济的作用和地位将继续提升，成为今后经济增长的重要源泉、提高全要素生产率的重要途径、促进制造业服务业融合发展的重要载体、维护和提升全球产业分工体系稳定性安全性的重要依托。本文从数字化资源配置、数字生产、制造业服务业数字化融合、数字化网链、新型数字消费、数字化产业生态等方面剖析"十四五"时期数字经济的发展趋势，分析了数字经济对传统经济理论的冲击和颠覆，认为在当前百年未有之大变局以及潜在的产业转移危机的背景下，大力发展数字经济是我国保产业链稳定的有力抓手。针对数字经济助力产业链稳定过程中面临的问题，本文尝试性地提出相应的对策建议，以助力打通数字经济发展、产业链稳定与经济增长的良性循环通道。

　* 基金项目：国家自然科学基金青年项目"全球价值链视角下我国区域真实能源利用率与减排路径研究"（71903195）。
　** 闫冰倩，中国社会科学院财经战略研究院副研究员。

关键词： 数字经济　产业链稳定　全球价值链重构

一　数字经济的内涵与发展现状

当今世界，新一轮科技革命和产业革命席卷全球，物联网、大数据、云计算、人工智能、区块链等技术加速创新，日益融入经济社会发展的各领域。作为在新一轮科技革命和产业变革中孕育兴起的经济模式，数字经济以使用数字化的知识和信息作为关键生产要素，以现代信息网络作为重要载体，以信息通信技术的有效使用作为效率提升方式（中国信息通信研究院，2020），正在成为重组全球生产要素资源、重塑全球经济结构、改变全球竞争格局的关键力量。

数字经济发展速度之快、辐射范围之广、影响程度之深前所未有。与传统经济相比，数字经济通过数字技术与实体经济深度融合，不断提高经济社会的数字化、网络化和智能化水平，加速重构经济发展，并促进国家治理能力现代化水平不断提升。

党的十八大以来，党中央高度重视发展数字经济，实施网络强国战略和国家大数据战略，拓展网络经济空间，支持基于互联网的各类创新，推动互联网、大数据、人工智能和实体经济深度融合，建设数字中国、智慧社会，推进数字产业化和产业数字化，打造具有国际竞争力的数字产业集群，[①] 促进我国数字经济高速发展，并取得了一系列显著成效。中国信息通信研究院研究数据显示，数字经济增加值已由 2011 年的 9.5 万亿元增加到 2019 年的 35.8 万亿元，占 GDP 比重从 20.3% 提升到 36.2%。特别是新冠肺炎疫情发生以来，数字技术、数字经济在支持抗击疫情、恢复生产生活方面发挥了重要作用。数字技术支撑的新产品、新服务、新业态、新商业模式成为经济增

[①] 《习近平主持中央政治局第三十四次集体学习：把握数字经济发展趋势和规律 推动我国数字经济健康发展》，2021 年 10 月 19 日。

长的主要贡献力量。

"十四五"期间，数字经济的作用和地位将继续提升，成为今后经济增长的重要源泉、提高全要素生产率的重要途径、促进制造业服务业融合发展的重要载体、维护和提升全球产业分工体系稳定性安全性的重要依托。数字经济对传统经济理论形成了冲击和颠覆，并持续推动着全球价值链的重构。在百年未有之大变局以及潜在的产业转移危机的背景下，大力发展数字经济将是我国保产业链稳定的有力抓手。针对数字经济助力产业链稳定过程中面临的问题，本文尝试性地提出相应的对策建议，以助力打通数字经济发展、产业链稳定与经济增长的良性循环通道。

二　"十四五"时期数字经济发展趋势

"十四五"时期，在物联网、大数据、云计算、人工智能等数字技术的支撑下，数字经济将继续快速发展、全面发力，在数字化资源配置、数字生产、制造业服务业数字化融合、数字化网链、新型数字消费、数字化产业生态等方面表现明显。

数字化配置将不断扩展，成为社会资源分配的重要方式。数字化社会化制造管理平台的研发与应用，将生产经营环节乃至整个业务流程的物理信息链接起来，智能匹配制造订单与闲置生产设备，智能规划组合生产线，推动实现设备资源组合的柔性化和智能化，以及生产组织的高效率和低成本。随着数字技术的高速发展，大数据平台的应用将不再局限于产业内部，而是扩展到整个经济社会层面，形成各类资产乃至无形资产的共享互通，成为社会资源分配的重要方式，持续推动经济社会价值创造和运作效率的不断提升。

数字生产将加速发展，成为全要素生产率提升的重要途径。一方面，数字化向企业生产核心环节延伸，通过传感器接入生产设备和工具，实时获取生产和运营信息，提升生产过程管理的时效性、精准性和前瞻性，提高生产效率。精准制造可同时减少生产过程中的原材料、能源消耗和污染排放，推动实现可持续发展。另一方面，数字化向企业外部多端延伸，连接上端供应链和下端销售链，形成价值创造闭环。数字化智能化可同时实现个性化定制和低成本制造，客户可实时提出需求，全程参与研发生产过程。

数字化融合将加速推进，成为产业链稳定的重要保障。智能制造系统依托传感器、工业软件、网络通信系统，实现人、设备、产品、服务等要素和资源的相互识别、实时联通，促进生产制造和多种生产性服务的紧密结合，其本质便是制造业和服务业两种业态的深度融合。三次产业互相内置有利于克服服务业发展"自我循环"和"脱实向虚"的"鲍莫尔病"（Baumol，1967；Rodrik，2016），也有助于制造企业沿产业链升级，提高自身在国际产业链中的分工地位。

数字化连接将形成网链，成为提升全球产业分工稳定性安全性的重要依托。数字化网络平台能够聚合产业链上多环节多种类企业和多种生产要素，为各方提供多种类型的交互机会，提供业内所需的各种服务。在受到突发性事件（例如新冠肺炎疫情）冲击、原有产业链断裂时，平台能够智能匹配供需双方，迅速寻找替代或调整方案，快速补链接链。与线下单点连接的传统产业链相比，数字化平台能够形成多点连接的产业网链，使全球分工体系的稳定性安全性大大提高。

数字化消费将向新领域延伸，推动产业生态跨界成长。近年来，以网络购物、移动支付、线上线下融合等新业态新模式为特征的新型消费迅速发展，特别是新冠肺炎疫情发生以来，传统接触式线下消费受到影响，数字技术和数字服务发挥了重要作用，展示了更为广阔的应用前景和更为强劲的增长潜力。[①] 在5G等新技术支撑下，数字消费将出现多个百亿级、千亿级的新突破，网络办公、网络会展、数字学习、数字医疗、数字文化、数字传媒以及智能家庭居住、智能个人穿戴、智能交通出行等都将较快发展。

---

① 《国务院办公厅关于以新业态新模式引领新型消费加快发展的意见》，2020年9月21日。

三　数字经济对传统经济理论的冲击和颠覆

数字技术的应用，改变了传统的商业逻辑，为产业发展注入了新的活力。具体而言，在经济体内部，数字经济对产业价值创造的重新构建体现在形成"生产—消费"的价值创造闭环、助力社会资源有效配置、推动智能监管发展和治理现代化。在经济体之间，数字技术的影响则体现为对国家间比较优势的重新定义，以及对全球产业供应链的重构。

（一）对产业价值创造的重新构建

在生产供给层面，数字信息技术的发展大大降低了行业间的交易协调成本，推动了产业间的垂直整合。这一变革进一步推动了社会分工的细化和企业生产的专业化，设计、物流、法律等一些非关键业务的外包催生了服务业新旧业态的发展壮大。以数字信息技术为底层核心的平台经济和共享经济重新构建了产业价值创造的方式。

第一，数字信息技术搭建了连接生产和消费的桥梁，形成价值创造闭环，提升企业价值创造。例如，美团外卖、苏宁易购等商业平台的构建，一方面帮助企业更精准迅速地获得客户资源；另一方面积累了丰富的用户消费数据，为企业分析客户行为和需求偏好提供了良好的数据基础。企业通过大数据分析和识别消费者消费偏好，设计生产个性化商品，进而提升了自身的价值创造能力。

第二，数字信息技术助力社会资源有效配置，不断推动共享经济的发展。企业生产周期的存在使得厂房、生产设备、车辆等有形资产总有闲置期，其在增加企业运营成本的同时，大大降低了资产的价值创造效率。而随着大数据背景下数据处理的数量、质量和速度的不断提升，各类平台市场促进了资产闲置者与资产需求者的高效匹配，推动了闲置资产的共享利用，从而不断优化社会资源配置，提升经济社会的价值创造和运作效率。除有形资产之外，数据以及数据处理方案等无形资产的互通共享，同样在助力中小企业降本增效方面发挥重要作用。

第三，数字信息技术推动智能监管发展，变被动处置为主动发现，实现治理现代化。就企业内部生态来看，在传统云平台上叠加物联网、大数据、人工智能等数字技术而构建的工业互联网，帮助企业精准、实时、高效地采集数据，从而实现工业企业的智能响应和精细化管理。工业互联网将传统的生产流程信息化、网络化，帮助企业实现对生产环节的实时监测和对生产故障的提前预警。可以说，工业互联网是传统企业向智能制造转型发展的关键路径。

（二）对国家间比较优势的重新定义

比较优势贸易理论认为，国际贸易的基础在于国家间生产技术的相对差别，以及由此产生的生产成本的相对差别。因此，当交通运输成本下降，各个国家由自给自足的状态转到国际贸易状态时，每个国家得以集中生产其具有"比较优势"的产品，进口其具有"比较劣势"的产品（亦即"两优相权取其重，两劣相衡取其轻"），最终使各国获得由专业化分工带来的劳动生产率提高以及多样化商品的福利。

21世纪以来，数字信息通信技术（Information and Communication Technologies，ICT）的发展使得沟通协调成本不断降低，促进了生产链条在国家间不断分割，产品生产不再由单一国家完成，而是由多个国家协作完成，各个国家在产业链上从事自身具有比较优势的某个或者几个工序。全球化的这些发展，使得生产链条越来越全球化，逐步形成了"全球生产链"以及"全球价值链"（Baldwin，2013）。

由此可见，数字信息技术的发展使得国家间的比较优势不再局限于各国要素禀赋的力量对比，而是对基础设施、营商环境等综合素质的考量。若一国的物流和通信等基础设施发达，则可帮助企业降低运营成本，并且在制度环境上产权分明、行政干预少，让市场充分发挥活力，帮助企业减少交易成本，该国对跨国投资商的吸引力便会大大增强，从而促进该国在全球生产链的不断融入。

（三）全球价值链重构以及中国面临的产业链危机

数字技术的发展大幅降低了交通运输成本和沟通协调成本，最终产品的生产过程越来越分割化，不断细分出来的生产工序被分散到世界多个经济体进行，形成众多全球化的生产链和价值链。因此，尽管最终品由一个国家组装和出口，但其中同样隐含着多个其他国家的增加值贡献。全球价值链的时空演变使得世界各国的联系日益深化，并推动产业转移的持续发生。

自加入世界贸易组织（WTO）以来，中国借助自身的市场优势和低劳动力成本优势，成为承接劳动密集型生产工序的最佳选址，逐渐成为"世界工厂"。根据最新全球投入产出表测算，在世界最终品出口中，中国出口总量占总出口的比重从 2000 年的 5.09% 上升到 2018 年的 15.72%；在世界中间品出口中，中国出口总量占总出口的比重从 2000 年的 2.73% 上升到 2018 年的 8.71%（闫冰倩、田开兰，2020）。

然而，受生产成本、地方产业政策以及国际贸易协议等因素的影响，国家间的产业分工不断变动，引发全球产业布局不断动态调整。近几年来，影响"产业外移"的基本面因素（劳动力成本上升、环境保护标准不断提高等）已经在中国显现，加之中美贸易摩擦、新冠肺炎疫情等突发事件的影响，跨国企业已意识到对单一经济体供应链过度依赖的风险，开始思考是否重构全球供应链以及如何重构的问题。具体而言，现阶段的全球产业布局调整主要由如下三方面因素驱动。

一是全球产业转移的基本趋势使然。近年来，随着劳动力和土地等要素成本的上升以及资源环境约束的趋紧，中国的生产成本不断上升，部分产业已呈现向外转移趋势。不少跨国企业正将生产基地转向不太发达的东南亚、非洲和拉丁美洲地区，并将在中国的生产环节涓滴式地向这些地区外移，其中越南、孟加拉国等越来越受到外商的青睐。《中国工业发展报告 2014》指出，中国制造业工资水平早已超过大多数东南亚和南亚国家，最高已超过六倍。比如，2013 年 12 月至 2014 年 1 月的调查数据显示，上海普通工人的月基本工资为 495 美元，分别是吉隆坡、雅加达、曼谷、河内、金边、仰光、达卡的 1.15 倍、2.05 倍、1.35 倍、3.19 倍、4.9 倍、6.97 倍、5.76 倍。根据前瞻产业研究院发布的《2022—2027 年中国纺织行业市场前瞻与投资战略规划分析报告》可知，中国纺织业龙头企业也纷纷在东南亚和非洲等一些国家进行产能扩张，部分企业的海外产能占比已经接近 40%。

二是受国家间贸易摩擦的影响。随着中美经贸关系的发展，中美双边贸易摩擦不断加剧，尤其是 2018 年以来，美国分别以"反倾销""保护国家安全"等为由，多次宣布对从中国进口的商品加征关税，严重削弱了中国出口美国商品的竞争优势（ADB 等，2021）。中美贸易摩擦对以美国市场为主的产业链冲击最大，这类产业链上的跨国企业纷纷考虑寻找替代中国的生产国，并将在华的生产环节外迁至劳动成本和关税均低的东南亚国家以及与美邻近且关税较低的国家（比如墨西哥）。中国承接的出口至美国的加工贸易以及转口贸易均受到较大程度的冲击。

三是突发事件增加了产业链布局的不确定性。一方面，经济全球化进程受阻和国外疫情反复，导致全球贸易和投资下降。联合国贸易和发展会议报告显示，2020 年全球货物贸易额同比下降 5.6%，是自 2008 年国际金融危机以来货物贸易的最大同比降幅（倪红福、周静雅，2021）。另一方面，疫情使得各国意识到，涉及国家安全和民生的产业（如医疗和高科技等）过度集中于国外会使本国在面临突发事件冲击时处于被动地位，因此各国纷纷出台鼓励制造业回流的措施。美国方面，政府通过税收减免等方式鼓励制造业企业搬回美国；日本方面，政府通过提供搬迁补助的方式，鼓励对某国零部件和制成品高度依存的生产企业回归国内，或者将产能分散至东南亚国家，寻求多元化发展。

四 大力发展数字经济是我国保产业链稳定的有力抓手

就目前情况分析，跨国企业短期内将产业链大规模迁离中国的动力不足。一方面，疫情持续在世界各地蔓延，企业现金流不足，重新投资建厂和进行产业链搬迁并非当前考虑目标。另一方面，产业链的配套产业集群、服务于制造业的物流和信息网络以及工业园区等基础设施难以在新基地短期内配置，而且东南亚等不太发达国家或地区的劳动力素质普遍不高。相比之下，中国有比其他经济体更加完整的工业体系，是唯一拥有联合国产业分类中全部工业门类的国家。在部分特定产业，中国所能提供的技术和劳动力水平不是东南亚低工资国家在短期内能够轻易取代的。

然而，我们应充分认识到地缘政治因素的影响，高度警惕美国联合其他欧美国家实行"去中国化"的打压政策。中国应把握现阶段国内外供应链恢复的"时间差"，转危为机：在坚持自主创新、加强基础科学研究的同时，加快推动数字经济的发展，使物联网、大数据、云计算、人工智能等数字技术服务于产业链，实现社会资源的高效配置，让数据真正成为提高全要素生产率的要素，助推中国在全球供应链调整过程中占有更加积极有利的位置，将全球产业链调整对中国的负面影响降到最低。

一是要大力发展电子商务，发挥平台经济和共享经济的优势，线上打通连接供给和需求渠道。中国幅员辽阔、资源丰富，拥有强大的生产制造供给能力，相比之下，快速吸引订单，打通供给需求的连接通道才是稳产业链的重要抓手。电子商务作为数字经济初期的重要组成部分，通过互联网等技术实现了信息在企业内部、客户和合作伙伴间的共享，提高了生产和交易各环节的效率。而中国在此方面有着其他国家不可比拟的优势，根据麦肯锡全球研究院最新发布的研究报告《中国数字经济如何引领全球新趋势》，中国电商交易额现已超过英、美、日、法、德五国的总和。未来应继续推动电子商务的快速发展，采取线上直播、云洽谈等方式扩大市场需求，为保障全球产业链稳定注入正能量。

二是要充分挖掘跨境电商贸易和市场潜力。数字贸易在疫情面前展现出较强的韧性，根据中国海关统计数据，2020年中国跨境电商进出口同比增长31.1%，远高于同期货物贸易总体1.9%的增速。尽管中国拥有全球最大的电子商务市场，占到全球电商交易总额的40%以上，但主要面向国内市场，国际市场的开拓仍较有限。应借助中国在跨境电商方面积累的经验和优势，打造针对"一带一路"共建国家的电商平台，帮助其进入跨境电商行列，扩大中国贸易的进出口总额。与此同时，充分发挥跨境电子商务综合试验区的作用，构建线上综合服务平台，通过信息共享体系为企业提供金融、物流、风险防控等服务；通过建设线下综合园区平台，为企业提供"一站式"综合服务。

三是要坚持创新驱动发展，不断提高自主研发水平，攻关核心技术。虽然近几年我国的工业互联网发展速度迅猛，但由于基础相对薄弱，大部分工业互联网平台之间并未完全实现资源共享和信息互联。一方面，需要加强我国的自主研发能力，提升产业自身的技术水平；将攻关"卡脖子"技术提高到国家战略高度，加快完善技术创新体系。另一方面，需要注重相关教育和人才的培养，技术创新高度依赖基础研发能力，要重视科学、技术、工程和数学等基础学科建设，为培育高质量的劳动力以及实现产业结构、就业结构的升级奠定坚实基础。

五　数字经济助力产业链稳定过程中面临的问题

目前来看，数字经济助力产业链稳定方面仍面临下述问题。

一是企业生产供应链传统单一，数字化程度不高。受疫情影响，国内外物流受阻，对企业间商务谈判、原材料供给等造成不利影响，如核心物料的供应商清单过于集中的企业，就在此次疫情中暴露了极大的脆弱性和极低的抗风险能力。

二是融资难问题不利于电商企业持续发展。电子商务企业多以中小微企业为主，这类企业"轻资产"的特点使得其难以通过抵押等方式获得低息贷款。加之在生产周期以及先货后款模式下资金占用问题的影响下，中小企业经常受到流动资金紧张的困扰。

三是数字贸易规则制定方面话语权不强。欧美等发达国家凭借其先发优势，主导着数字贸易规则的构建，掌握了新规则制定的话语权。在国际上，美国最先对数字贸易进行了定义并出台了规制措施。尽管数字贸易的全球规制尚未成型，但欧美等发达国家已经在数字贸易领域签订了部分双边或多边贸易协定，向外输出了其数字贸易的标准。而我国在该领域基本是被动地适应国际规则，存在国内的跨境电商在美国等电商平台上遭受不公平待遇的情况。

四是数字技术与传统产业的融合有待加强。数字经济赋能实体经济的关键，在于将数字技术与传统产业融合，利用数字优势实现对生产链的事前监测预警和事中优化处置，最终达到资源有效配置和效率提升。与快速发展的数字贸易相比，工业互联网的发展仍有待加强。如何充分利用数据这一关键要素、如何推进数据要素的市场化配置，是未来数字技术为全球产业链赋能的关键。

五是对数字经济的统计核算不足。在数字经济快速发展的情况下，新产品、新业态层出不穷，传统的统计核算方法无法将这部分经济活动充分体现出来。以数字贸易为例，那些在跨境电商平台成交而最终以传统贸易形式交付的交易，均被统计为传统贸易，而无法体现跨境电子商务的作用。类似地，数字技术所具有的渗透性特征，使得数字技术几乎能够渗透经济社会运行的任何环节，但数字技术改造传统产业所带来的增加值，均被统一核算为传统产业的增加值。对数字经济不全面的统计核算将低估其对经济社会贡献的价值，不利于促进其进一步发展。

六　有关对策建议

为应对数字经济发展过程中所面临的困难及问题，本文提出如下对策建议，以促进打通数字经济发展、产业链稳定与经济增长的良性循环通道。

一是要加速企业供应链向数字化供应链转型。我国企业供应链应顺应信息化、数字化、智能化的发展要求，及时抓住新一轮信息技术革命和产业变革的新机遇，以全球产业链数字化、价值链数据化和供应链智能化赋能企业供应链数字化升级，强调数字基础设施联通，缩小企业供应链数字鸿沟。同时，在原材料采购和产业交付管理方面，应以消费者需求、企业生产方向为导向，进一步优化原材料、设备采购目标，避免产品过度囤积。

二是要加大金融支持力度和产品创新，以供应链金融等方式破解电商等中小企业融资难问题。一方面，银行业金融机构应加大对电商企业的支持力度，增加对优质电商企业的信贷投放，提高信贷资金的支持效率和延期还本付息的便利程度；另一方面，探索供应链金融服务产品，提供以订单为基础、存货与仓单质押等融资方式。同时，根据电商企业买卖赊销、交易履约等方面的数据记录，搭建企业商誉的无形资产平台，并运用风控大数据加大对电商中小企业的贷款扶持。

三是要积极参与国际数字贸易协定的谈判，完善应对国外壁垒的支撑体系。在接下来的双边贸易协定谈判中，中国应积极主张数字贸易条款，保护数据安全，争取主动权。注重加强对基本规则的研究跟踪，定期发布报告，为企业"走出去"提供基本情况支持。同时，完善应对国外壁垒的支撑体系，推动解决中小企业在拓展海外市场过程中遇到的困难和问题，例如不公平待遇和歧视性监管等。相关部门应协调建立针对数字贸易的法律援助体系，扶持成立一批高水平的法律、公关及相关服务机构，使企业遇到问题时能够及时获得专业援助。

四是要推动建立数据共享平台，发挥数据的最大效能。数据作为新型的生产要素，唯有流通、共享才能创造价值。因此，应积极推动构建产业链信息合作机制和共享平台，联通"信息孤岛"，实现信息互联互通，为产业链上下游企业提供"一站式"服务。依托政府部门以及各企业的授权数据，构建信用评价和统计监测体系，运用大数据等分析方法为企业提供融资服务、智能仓储以及智能物流配送等解决方案。

五是要充分利用大数据等技术，探索数字经济统计方法，完善数字经济核算体系。考虑到数据的渗透性和协同性特征，传统的基于产出的单一维度的统计方式不再适用于数字经济的度量。从多个维度衡量"数字"和"信息"等这些无形资产，是数字经济统计核算的关键。可在大力发展大数据、云计算等技术的基础上，不断探索运用这类数字技术在数字采集和数字经济统计核算的方法。

参考文献

倪红福、周静雅：《后疫情时期，企业供应链战略怎么做？》，《中欧商业评论》2021年第11期。

闫冰倩：《借数字经济之力，保产业链稳定》，《中国发展观察》2020年第21期。

闫冰倩、田开兰：《全球价值链分工下产业布局演变对中国增加值和就业的影响研究》，《中国工业经济》2020年第12期。

中国信息通信研究院：《中国数字经济发展白皮书（2020年）》，2020年7月。

ADB，UIBE，WTO，IDE – JETRO，CDRF，"Global Value Chain Development Report 2021：Beyond Production"，November 2021.

Baldwin，R.，"Global Supply Chains：Why They Emerged，Why They Matter，and Where They Are Going"，in Elms，D. K.，and Low，P.，eds.，*Global Value Chains in a Changing World*（Geneva：Fung Global Institute，Nanyang Technological University，and World Trade Organization，2013）.

Baumol，W.，"Macroeconomics of Unbalanced Growth：The Anatomy of Urban Crisis"，*American Economic Review*，1967，57（3）：415 – 426.

Rodrik，D.，"Premature Deindustrialization"，*Journal of Economic Growth*，2016，21（1）：1 – 33.

未来中国金融发展的挑战与风险防范

安起雷[*]

摘　要： 分析和把握我国经济双循环特别是经济内循环给金融机构带来的机遇和挑战，对于科学制定各类金融机构应对战略、构建金融机构"十四五"战略规划、充分发挥金融机构在经济双循环中的作用、实现我国经济的可持续发展具有重要的意义。

关键词： 未来金融　发展挑战　风险防范

金融是现代经济的核心。党的十八大以来，在以习近平同志为核心的党中央坚强领导下，我国金融发展取得新的重大成就，金融业保持了快速发展，金融产品日益丰富，金融服务普惠性增强，金融改革有序推进，金融体系不断完善，人民币国际化和金融双向开放取得新进展，金融监管体制进一步完善，守住不发生系统性金融风险底线的能力逐步增强。

2020年新冠肺炎疫情发生以来，中央提出加快形成以国内大循环为主体、国内国际双循环相互促进的新发展格局，涉及我国经济秩序、经济要素

---

* 安起雷，高级会计师，兼任中国财政学会政府与社会融资专委会副主任委员，曾任职于中国人民银行金融稳定局。

的重新组合，以消费和投资为主体的内需发展提升到了更高的位置，各类资源将向这两大基础引擎集聚的力度加大，围绕这一目标在体制与机制上也会做出重大调整。这一系列变化对我国金融机构而言，其影响是基础性、全面性的。因此，分析和把握我国经济双循环特别是经济内循环给金融机构带来的机遇和挑战，对于科学制定各类金融机构应对战略、构建金融机构"十四五"战略规划、充分发挥金融机构在经济双循环中的作用、实现我国经济的可持续发展具有重要的意义。

一　我国金融业需要扬长避短，更好发挥自身优势

我国经济基本面趋稳是我国金融机构最大的发展机遇。改革开放以来，我国经济的外贸依存度很高，外需成为经济增长的主要动力源之一，这在世界经济持续向好、世界政局相对稳定情况下是最佳方案。但是近年来，特别是我国经济跃升为世界第二大经济体后，逆经济一体化、逆全球化情况越来越严重。面对这种世界经济发展的极大不确定性、不稳定性及博弈的公开性，如果仍然将我国发展的动能主要寄希望于外需，将带有极大的风险。而且外贸依存度越强，金融对外的依赖性越大，国际金融风险传染也就难以避免。党中央提出以内循环为主的经济双循环，即在最大限度保外贸，发展稳定外需的同时，做大做牢做强做实内需，从而为我国经济发展夯实持续增长的基础，把握发展的主动权。这为我国金融业提供了稳定发展的基础与环境，也为金融机构的可持续发展提供了实施长期发展战略的最好机会。

当前我国金融体系更加完备。目前，我国金融业已形成了覆盖银行、证券、保险、信托、基金、期货等领域的种类齐全、竞争充分的金融体系。截至 2020 年末，我国金融业总资产达 353.19 万亿元，其中银行业金融机构总资产为 319.74 万亿元，规模居全球第一，保险业总资产 23.3 万亿元，居全球第二。而消费需求强劲将使我国金融机构资产结构更加优化，因为在经济内循环战略中扩大消费规模是首选策略。近年来，消费对经济的贡献度持续提升，对经济的发展韧性贡献率最高。

要扩大消费需求，一是要扩大全社会消费规模，只有保持较大消费规模，对经济的拉动、贡献作用才更加明显。二是要优化消费结构，包括继续扩大广大农村地区低收入人群的消费，改善居民个人的消费结构，扩大养老、旅游、教育、文化等消费。三是创新消费方式，提升人们的安全感、幸福感，生活质量。扩大以消费为代表的内需，持续拉动相关金融机构的消费业务爆发式增长。金融机构传统的长尾客户、农村金融、养老金融、健康金融、旅游金融将提升新的发展台阶与层次，大幅提升中低收入人群的收入，不仅可以为金融机构带来源源不断的存款与资金来源，更为我国金融机构的资产结构优化提供更大空间和可能性。从目前我国商业银行实践来看，消费贷款不良率是目前所有金融产品中最低的品种之一，这也为提升我国商业银行的信贷资产质量提供了新的机会。

第一，科技赋能、结构优化、效率提升。近年来，我国金融业配置资源能力进一步增强，合理分工、相互补充、功能完整的现代金融体系初步形成。金融系统将新发展理念贯穿于金融改革与发展全过程。坚持创新发展理念，进一步拓宽科技企业多元化融资渠道，2020 年末全国已设立科技支行、科技金融专营机构等 838 家；坚持协调发展理念，强化国家重大战略和重点区域金融服务，引导金融机构提供中长期建设资金供给；坚持绿色发展理念，健全完善绿色金融体系，2020 年末本外币绿色贷款余额约 12 万亿元，存量规模居世界第一；坚持开放发展理念，双向开放的金融体系加速成型；坚持共享发展理念，构建特色普惠金融体系，着力提升金融服务的覆盖率、可得性和满意度。技术创新也使金融业内涵式发展进一步拓宽。经济内循环意味着提升国内的科学研究与技术创新能力至关重要。保持我国经济双循环发展的领先性，必须保持技术的领先性。因此，国家将会投入重金用于制约企业生存发展的瓶颈项目、影响企业快速发展的重大技术项目、改造传统产业的赋能项目，将会不惜代价支持科技创新企业的发展，支持产学研一体化，支持技术应用的转化能力，支持高精尖人才的创新创造行为。对于金融机构而言，支持科技创新企业使其更有信心、动力和安全保障，应用科技创新的金融产品会进一步丰富，推动金融生产力进一步提高。

第二，金融业回归本源，把更多金融资源配置到经济社会发展的重点领域和薄弱环节。截至 2021 年第二季度末，我国对实体经济发放的人民币贷款余额为 179.51 万亿元，同比增长 13%，占同期社会融资规模存量的60.9%。不仅量增，而且价降。

第三，提升服务能力，不断满足经济发展和人民美好生活需要。金融系统要不断拓宽服务领域，提升服务能力和管理水平，存款贷款、支付清算等基础金融服务的便利性和普惠性已走在世界前列，金融市场的登记、托管、清算、结算、征信、评级体系基本健全，金融基础设施不断完善。2020 年，我国基本金融服务已覆盖 99% 的人口，银行网点乡镇覆盖率达 96.6%。

第四，金融市场服务功能更趋成熟。我国金融市场从无到有、稳步发展，逐步建立了功能齐备、交易登记托管结算等基础设施多层次、交易产品多元化的金融市场体系。近年来，资本市场全面深化改革，股票市场注册制改革取得突破，科创板已顺利推出，基础制度进一步完善，市场韧性增强，保持了总体稳定。债券市场快速发展，规模稳步提升。期货市场价格发现和风险管理功能进一步显现。截至 2020 年末，沪深两市股票总市值 79.72 万亿元，债券市场总规模 116.72 万亿元，均居全球第二，期货市场成交额达437.53 万亿元，位居全球第一。

第五，金融风险上已得到有效遏制。金融系统采取了一系列有力措施，使金融杠杆率明显下降，金融资产质量得到明显改善。2017～2020 年累计处置不良贷款 8.8 万亿元，超过之前 12 年的总和。

第六，新基建投资可以使高生息资产有更多的机会。一是以经济内循环为主的投资，在项目上以大数据、区块链、5G 为代表的新基建、工业互联网等作为未来投资方向，具有前瞻性、高技术性，代表了世界经济的未来与方向。二是党中央国务院陆续出台的支持民营经济、实体经济的发展政策不仅稳定而且力度大，为民营企业的投资解除了后顾之忧，可以预期我国民营经济将进入一个新的发展周期。三是政府的各类投资将充分发挥引领、杠杆作用，带动更多的社会资金投资到固定资产项目。随着固定资产投资项目的增多，我国商业银行的信贷资产结构也会做出相应的调整。在利率跟踪贷款风险与期限的基本定价原则下，贷款期限越长，利率会越高。因此，商业银行会通过增加对固定资产的投资，有力地提升高生息资产的规模。

第七，新兴产业大发展使新的金融产品和机会进一步增多。经济内循环力度加大会使一些传统的行业退出市场，而大量的创业企业会深度挖掘市场的需求。一些代表未来生活的企业、产品会持续涌现，特别是随着当前数字经济的发展，整个经济社会都存在数字化转型、升级过程。近年出现的抖音、直播、线上金融、手游、电子书等都在改变着人们的生活与习惯。而大数据、区块链、人工智能、移动互联网、物联网等金融科技的发展更是形成了金融科技产业化，极大地提升了金融业的成本管理水平和风险控制能力，同时也必定会催生出若干新兴行业与新兴企业。随着我国推进市场经济机制改革有关政策的实施，国有企业的改革力度也在加大，创新能力也在增强，以数据资产为代表的新的生产资料也加入经济内循环，使金融机构不仅增加了新的客户来源，更为其资金运用提供了更广泛的新的选择。

经济双循环实际上是由产业链、供应链各个节点间紧紧相扣，资金流、信息流、物流畅通无阻为条件的，也只有这样才能使生产、流通、分配和消费不断健康运行，将经济金融循环更新提上日程，生产、流通、分配、消费保持良性运转，规模在原来的基础上不断扩大，对经济的贡献率不断提升。经济内循环会让我们更多地注重国内产业链、供应链的循环，区域经济发展、城市群建设等将成为供应链、产业链重要的汇集点。对于金融机构而言，供应链金融将会成为支撑"双链"正常运转的纽扣，只有供应链金融快速、健康发展，才有可能保持"双链"不脱节，保证经济内循环正常健康运转。

市场环境可控性增强能使金融机构的发展环境和秩序得到更好的保障。经济内循环的一个重要特征就是经济发展的重心与范围是在国内，"内"则意味着方针政策能够直达经济内循环的各个环节，"内"意味着在一定程度上隔离了国际经济金融风险传染的可能性，"内"意味着各种财政、税收、价格、金融等杠杆发挥调节作用的余地进一步加大，"内"意味着国家的主动权、调节权能更加体现中国特色社会主义建设，便于对金融机构所有的经济活动实现调控，特别是对商业银行产生的各类金融风险，可以充分运用我国的社会主义制度优越性及时化解，控制可能出现的重大金融风险，提升金融机构的社会公信力。

二 当前我国金融领域出现的新挑战

金融与风险始终相伴。党的十八大以来，面对严峻的风险形势，以习近平同志为核心的党中央深刻洞察、敏锐判断、果断决策。经过不懈努力，目前各类金融风险总体趋于收敛，金融体系韧性明显增强，不仅成功避免了风险隐患向金融危机演变，也为应对各种复杂局面创造了宝贵的政策空间。实践证明，党中央关于防范化解金融风险攻坚战的决策部署完全正确、非常及时。

金融盲目扩张趋势已得到根本扭转。数据显示，2017～2020年，银行业向实体经济提供的信贷资金和债券投资年均增速分别高达12.1%和13.9%，而银行业资产年均增速只有7.7%，不及2008～2016年的一半，相当于在向实体经济多投入64万亿元资金的同时，银行业资产少扩张88万亿元。保险业激进的投资理财型业务得到遏制，寿险业务的中短期保费占比从31%的历史高点降至4%。企业部门杠杆率稳中有降，居民和政府部门杠杆率增速放缓。宏观杠杆率扭转了2008～2016年年均上升10多个百分点的势头，2017～2019年总体稳定在250%左右。

影子银行风险隐患得到有效遏制。影子银行层层嵌套，风险隐蔽，与房地产泡沫、地方隐性债务、非法互联网融资等紧密交织。2017年开始集中整治不规范的同业、理财和表外业务，2018年资管新规落地实施，经过近几年不懈努力，已经初步呈现根本性好转势头。2019年末，影子银行规模较历史峰值压降16万亿元。同业理财、同业投资和券商资管分别较峰值缩减87%、26%和42%。委托贷款、信托贷款和各类交叉金融投资产品持续收缩，从根本上维护了金融体系稳定。

不良资产评估认定和处置工作进展明显。针对较为普遍的资产质量不实问题，有关方面对金融机构开展多角度检查评估，严格要求风险资产审慎分级。坚决惩治掩盖不良资产，严厉打击做假账。商业银行逾期 90 天以上贷款与不良贷款之百分比，2016 年一度超过 128%，2019 年末降至 82%。2017~2019 年，银行业共处置不良贷款 5.8 万亿元，超过之前 8 年处置额的总和。与此同时，加快补充资本，增提拨备，全面提升了各类金融机构应对外来冲击的实力。

继续大力整治不法金融集团和非法金融活动。保护合法收入，取缔非法收入，有序推进资产清理、追赃挽损、风险隔离。依法处理恶意操控金融机构的问题股东。如依法接管包商银行，在充分保护存款人利益的同时，打破刚性兑付，促进信用分层，严肃市场纪律。依法处置了安邦集团、华信集团等严重违法违规企业，及时重组、重整和破产清算数家涉嫌违规办理金融业务的控股公司。推动高风险中小银行和信托公司"一企一策"进行改革重组和风险处置。一批官商勾结、利益输送、违法侵占的腐败分子被绳之以法。

互联网金融领域风险明显好转。近年一度存在大量"无照驾驶"的互联网平台违法从事金融活动，其中很多打着金融创新和"互联网＋"旗号混淆视听，坑蒙拐骗，经过集中清理整治，以往"遍地开花"的乱象得到彻底整治。一大批违法开办的互联网理财、保险、证券、基金和代币机构被依法取缔。全国实际运营 P2P 网贷机构，由高峰时期约 5000 家下降至 2021 年 7 月末全部归零。

优化金融资源配置，严防资金违规流入房地产市场。近年来，各地区各部门根据"一城一策"和"房住不炒"精神，加强防范房地产金融风险。2020 年与 2016 年相比，房地产贷款增速下降 12 个百分点，新增房地产贷款占全部新增贷款的比例下降 10 个百分点。这既满足了房地产行业平稳发展的正常需要，又避免了因资金过度集中出现更大风险。

隐性债务是潜在的金融风险触发点。近年来，我国严控地方政府融资增量，严禁违法违规提供融资。同时，通过疏堵并举，有序化解存量隐性债务，金融系统积极配合地方政府进行债务置换，推动地方债在商业银行柜台面向个人投资者发售，为法定新增的地方政府债务提供多种资金支持。2017～2019 年，银行保险机构累计增持地方政府债券 11 万亿元。

标本兼治的长效机制逐步健全。2017～2020 年，金融监管部门严肃追究金融机构和从业人员违法违规责任，处罚银行保险机构 8818 家次，处罚相关责任人员 10713 人次，罚没金额合计 72.4 亿元，超过以往十几年总和。通过在制度上补短板，监管工作进一步纳入法治化轨道。2017 年以来，共发布实施 209 项银行保险业监管规章和规范性文件，金融机构重速度轻质量的发展理念和经营模式在很大程度上得到纠正。

金融服务实体经济质效明显提升。2017～2020 年，我国人民币贷款增加 46 万亿元，其中基础设施、保障性安居工程、制造业贷款分别增加 8 万亿元、3.3 万亿元和 1.6 万亿元。科研技术、信息软件、生态环保贷款年均增速分别达 31.2%、20.8% 和 19.5%，显著高于同期贷款平均增速。小微企业融资总体实现"量增、面扩、价降"，普惠型小微企业贷款年均增速为 23.2%。贫困地区基础金融服务覆盖率接近 99%。2019 年大病保险覆盖超过 11 亿城乡居民，农业保险风险保障金额超过 3.8 万亿元。保险赔款成为各种自然灾害后恢复重建的重要资金来源。

在经济全球化持续多年快速发展背景下，各国经济金融相互依存度已达到很高水平。然而，当前少数发达国家自身经济结构持续恶化，导致社会阶层撕裂和对立，极端主义、民粹主义日益膨胀，贸易保护主义盛行，这些做法危害了正常经贸合作，全球经济复苏平添更多变数，金融稳定和金融安全都受到严重干扰。此外，近些年迅速发展的金融科技，既为我们带来许多机遇，也带来了很大挑战。我国金融科技在部分领域虽然已位居世界前列，但在风险防控方面还没有现成经验可以借鉴。由于大数据、云计算、人工智能等高新技术广泛应用，传统金融风险的表现形式、传染路径发生深刻改变，数据安全等非传统风险日益突出。这些风险具有较强的突发性、隐蔽性和破坏力，需要我们高度警惕。

三 我国金融业要回归本源，全面服务经济社会发展

面对复杂严峻的经济形势，要切实增强机遇意识和风险意识，既要"稳定大局、统筹协调"，进一步提升金融服务质效，推动经济发展尽快步入正常轨道，又要"分类施策、精准拆弹"，有序处置重点领域突出风险，实现稳增长和防风险长期均衡。当前及今后一个时期需要努力做好以下工作。

为实体经济服务是金融机构的职责和宗旨，也是防范金融风险的根本举措。当前的首要任务是在严格防控疫情反弹的前提下，继续全面恢复产业循环、市场循环、经济社会循环。要紧扣"六稳""六保"任务，充分利用我国市场潜力大、储蓄资源多、国际合作范围广等有利条件，发挥好中央与地方各单位的积极性、主动性。强化财政、金融、就业、产业政策协同配合，特别要服务好中小微企业等各类市场主体，打通生产、分配、流通、消费各环节，促进形成以国内大循环为主体、国内国际双循环相互促进的新发展格局。

继续加快金融供给侧结构性改革。金融业是资源配置和宏观调控的重要工具，金融搞好了，全盘皆活。在经济供给侧结构性改革中，金融供给侧结构性改革扮演着"棋眼"角色。要坚持社会主义市场经济改革方向，加快转变金融业发展方式。推动金融结构同经济社会发展相适应，继续促进融资便利化，降低实体经济成本，提高资源配置效率。健全金融机构法人治理，矫正大股东操纵和内部人控制两种不良倾向。不断完善资本市场基础制度，引导理财、信托、保险等为资本市场增加长期稳定资金。加快养老保险第二和第三支柱建设，使养老基金在资本市场上的占比达到世界平均水平。

继续加快处置各类金融不良资产。信用风险是金融业最基础的风险，各类金融机构要继续采取审慎的财务会计制度，做实资产分类，充分暴露不良资产，尤其是在日常监管上不简单将不良率上升作为唯一评判标准。要利用拨备监管要求下调腾出的财务空间，加大不良资产处置。制订切合实际的收

入和利润计划，增加拨备计提和资本补充。疏通不良资产处置的政策堵点，为提高金融体系稳健性创造更有利条件。

防止高风险影子银行反弹回潮。目前，影子银行经过有关方面不懈治理，风险已得到一定程度的控制，要继续保持战略定力，对高风险业务保持高压态势。突出简单、透明原则，规范交叉金融产品，做到公募产品与私募产品边界清晰，表内业务与表外业务风险隔离，委托业务与自营业务分账经营，储蓄产品和投资产品泾渭分明。努力实现股票市场、债券市场、信贷市场与货币市场职责清晰、分工有序。持续整治互联网金融风险，严厉打击非法集资等违法违规金融活动。

针对不同风险的金融机构，精准有效监管施策。对高风险金融集团，依照既定方案和分工依法依规处置。对农村金融机构，坚持县域法人地位总体稳定，鼓励采用多种方式补充资本、引进战略投资者。对城商行和信托等地方法人机构，支持省级政府制定并实施处置方案，金融管理部门加强专业指导。抓紧研究提出国内系统重要性银行名单，对于名单内的金融机构，组织制定恢复与处置计划。要建立高效的问题机构风险处置机制，金融机构履行主体责任，股东特别是主要股东要承担重要责任。地方党委政府履行属地责任，要把落实地方党的领导责任、地方国有金融资本管理责任、辖区风险处置责任和维护社会稳定责任紧密结合起来。金融管理部门履行监管主体责任，健全存款保险制度和机构体系，充分发挥早介入、早预警、早处置的作用。

稳步扩大金融业对外开放。按照自主、有序、平等、安全的方针，在确保金融主权的前提下，努力实现更高层次的金融开放。加快构建公开透明、稳定可预期的监管政策环境，鼓励中外金融机构平等竞争、深化合作、互相借鉴、促进创新。提高开放条件下的宏观金融管理和防控风险能力，及时发现并有效阻遏外部冲击向国内扩散。积极参与国际金融治理和监管规则制定，加强宏观政策国际协调，提高国际话语权。

切实加强金融消费者教育和保护。加强金融知识普及，让城乡居民都懂得投资是有风险的，世界上没有高回报低风险的金融产品，更没有所谓

"稳赚不赔"的理财项目，宣扬"保本高收益"就是金融诈骗。机构和个人投资者都要树立价值投资、理性投资和风险防范意识。弘扬契约精神，强化法治意识，坚持依法办事，提高违法成本。简化产品结构，严格客户分层，如实通报风险。强化信息披露，提高市场透明度。加快社会信用体系建设，进一步健全失信联合惩戒机制，及时纠正误导金融消费者的各种违法违规行为。

参考文献

陈雨露：《推动中国金融业对外开放行稳致远》，《中国金融》2021 年第 24 期。

陆岷峰：《银行应是实现低碳经济的重要推手》，《金融时报》2021 年 8 月 30 日。

中国人民银行国际司青年课题组：《关于通胀、能源危机、复苏放缓等全球几大热点问题》，《中国金融》2021 年第 23 期。

未来中国贸易的高质量发展：问题与对策

中国社会科学院财经战略研究院课题组[*]

摘　要： 推动高质量发展是"十四五"规划的主题。党的十八大以来，我国在优化贸易结构、增强外贸综合竞争力、打造贸易发展新动能、构建开放型经济新体制等方面成效显著。但是也存在高技术产品出口对国外中间产品、技术和服务的过度依赖，各类市场主体活力未得到有效发挥，改革开放步伐滞后新业态发展，贸易数字化潜力亟待释放，贸易安全制度有待进一步完善，贸易对可持续发展的影响有待加强等问题。"十四五"时期推进中国贸易高质量发展，应进一步深化改革，实行高水平开放，发展高新技术、高附加价值产业和现代服务业；提升贸易数字化水平，发展数字贸易；大力发展绿色贸易，推动可持续发展；完善国家贸易安全体系；加快推进高标准自贸区网络建设，积极参与全球经济治理。

关键词： "十四五"　贸易高质量发展　贸易创新　贸易结构优化　贸易数字化

---

* 主持人：何德旭、赵瑾。课题组成员：张宇、汤婧、陈昭、张宁、赵京桥、李蕊、李双双、韩爽、张昕。

实现经济高质量发展是未来中国建设社会主义现代化强国的关键。推动贸易高质量发展是"十四五"时期实现高质量发展的内在要求，是适应当代全球价值链分工新变化的必然选择，是顺应数字技术重塑全球贸易格局的重大决策，是应对国际复杂环境变化的重要举措。置身于百年未有之大变局的国际新环境和中国特色社会主义现代化建设的新任务，中国经济发展面临前所未有的挑战。在客观评估我国贸易高质量发展成就的基础上，针对制约其发展的主要问题，探索加快推进的政策着力点，对形成以国内大循环为主体、国内国际双循环相互促进的新发展格局具有重要意义。

一　中国贸易高质量发展的现状与成就

党的十八大以来，商务部以习近平新时代中国特色社会主义思想为指导，全面落实创新、协调、绿色、开放、共享新发展理念，增强外贸综合竞争力，我国贸易高质量发展成效显著。

第一，中国继续保持全球第一大货物贸易国、第二大服务贸易国地位，贸易为我国经济社会发展做出重要贡献。

2020年，我国货物进出口总额32.2万亿元，同比增长1.9%，是在新冠肺炎疫情全球大流行下世界上唯一实现贸易正增长的主要经济体，世界占比13.1%，继续保持全球第一大货物贸易国地位;① 服务进出口总额4.56万亿元，下降15.7%,② 但服务贸易逆差大幅收窄，世界占比7.2%，继续保持全球第二大服务贸易国地位。作为经济增长的"三驾马车"之一，贸易为我国经济社会发展做出了重要贡献：贸易对就业贡献约1.8亿人；贸易对税收贡献超过1/10，进口税收在全国税收总收入中占比12.5%；贸易对国际收支贡献较大，货物贸易顺差5350.3亿美元，增长27.1%，成为经常

① 中华人民共和国海关总署。
② 《商务部召开例行新闻发布会（2021年2月4日）》，商务部网站，2021年2月4日。

账户顺差的重要来源。

第二，贸易结构五大优化方向取得重大进展，贸易发展的质量和效益显著提升。

我国贸易规模持续扩大，贸易结构不断优化。一是商品和服务结构优化。从货物贸易看，2020年，机电产品出口占比提升至59.4%，高新技术产品出口快于整体出口增长，占出口总额的29.9%。[①] 贸易发展的质量和效益显著提升，贸易价值创造能力不断增强。根据OECD最新统计测算，我国国内增加值进出口占比显著提升，其中，出口产品的国内增加值在出口总额中的占比从2005年的73.73%提升到2016年的83.35%，进口产品的国内增加值在进口总额中的占比从2005年的不足2%提升到2016年的3.56%，[②] 对国内经济的带动作用明显增强。从服务贸易看，2020年，知识密集型服务出口增长7.9%，占服务出口总额的比重提升至55.3%，[③] 服务贸易结构显著优化。二是国内外市场布局更加优化合理。国际市场布局明显优化，2020年，我国对"一带一路"共建国家出口增长3.2%，进出口占比达到29.1%；对东盟、欧盟、美国进出口分别增长7%、5.3%和8.8%。[④] 国内区域布局更加合理，中西部地区出口占比提升至19%，进出口占比提升至全国的17.5%，承接加工贸易梯度转移成效显著。三是贸易经营主体结构变化显著，民营企业活力释放。2020年，民营企业进出口增长10.6%，在进出口总额中占比提升至46.6%，[⑤] 连续六年成为我国外贸经营的最大主体。四是贸易方式结构优化，一般贸易贡献增强。2020年，一般贸易在进出口总额中占比达59.9%，在出口总额中占比提升至59.4%，[⑥] 加工贸易在贸易总额中的占比下降至23.8%。

第三，以技术、标准、品牌、服务为核心的外贸综合竞争力显著提升。

---

① 《中国对外贸易形势报告（2021年春季）》，商务部网站，2021年6月9日。
② OECD Trade in Value Added（TiVA）Database.
③ 《商务部召开例行新闻发布会（2021年2月4日）》，商务部网站，2021年2月4日。
④ 《中国对外贸易形势报告（2021年春季）》，商务部网站，2021年6月9日。
⑤ 中华人民共和国海关总署。
⑥ 中华人民共和国海关总署。

过去，我国依靠低成本的价格优势在国际市场竞争。近年来，我国不断巩固和提升外贸传统成本竞争优势，以技术、标准、品牌、服务为核心的外贸综合竞争力显著提升。

从技术来看，我国出口结构发生以资本密集型为主的深刻变化。项目组通过 OECD 贸易增加值数据和显性比较优势指数研究发现，近十年来，我国中高技能技术密集型产品出口平均增速超过两位数，出口产品技术结构不断升级。2018 年，中高技能技术密集型产品占我国制造业出口的 60% 以上，特别是高技能技术密集型产品出口占比从 1995 年的 24.08% 提高到 38.9%，在全球出口中占比达到 16.05%，超过美、德、日、英等发达国家，成为全球第一大出口国。[①] 我国出口产品比较优势已经从传统的劳动密集型转向资本密集型。

从标准来看，中国标准的国际采标率与中国标准国际化水平明显提升。随着国家标准相关法律的不断完善，我国采用国际标准的比例明显提高，由 2003 年的 44.25% 提高到 2018 年的 85.47%，机械、化工、电子等 41 个行业已经形成了较完备的采标体系。与此同时，中国标准国际化水平也显著提升，近年来我国提交国际标准化组织（ISO）和国际电工委员会（IEC）并立项的国际标准 200 余项，位居全球第五，涉及冶金、有色、轻工、纺织等传统产业及信息技术、生物技术等多个领域。特别是在数字贸易领域，阿里巴巴技术标准和规则已走向世界。

从品牌来看，我国的商标申请量和有效注册量连续数十年保持世界第一。2020 年全国商标注册申请量为 911.6 万件，连续 18 年保持世界第一。截至 2020 年底，有效商标注册量达 2839.3 万件，同比增长 12.6%。[②] 同时，我国申请人提交的马德里商标国际注册量也位居世界第三，2020 年我国提交马德里商标申请 6839 件，同比增长 5.4%。[③] 在品牌国际化发展中，

① UNCTAD Database.
② 国家知识产权局商标局网站。统计区间为 2019 年 12 月 16 日～2020 年 12 月 15 日。
③ IPRdaily 中文网、国方商标软件：《2020 年全国马德里商标国际注册数据报告（全文）》，2021 年 3 月 15 日。

我国东部地区、国企和央企发挥了重要作用，自主品牌建设成效显著。

从服务来看，优质服务推动我国制造业转型升级与产业国际竞争力显著提升。一是制造业出口中服务增加值占比提高（接近 1/3）。以计算机、电子和电气设备为代表的高技术产业服务化迅速发展，加快了我国制造业结构升级。二是我国制造业出口配套服务由长期依赖国外转向主要依靠国内。制造业出口中国内增加值的占比提升至 2015 年的 77.74%[①]，打破了制造业出口长期依靠外部服务的状况。三是我国超过美国成为全球第一大制造业配套服务提供国，服务对象由以美日等发达国家为主，向以印度、墨西哥、巴西等代表的发展中国家转移，制造业配套服务的国际地位显著提升。

第四，创新驱动催生新产业、新模式和新业态等贸易增长新动能。

创新与改革、开放三轮驱动，激发了企业的创新热情和活力，新产业、新模式和新业态等正在转化为我国贸易增长新动能。

从贸易创新能力看，我国总体研发水平与出口研发密集度显著提高。党的十八大以来，我国实施创新驱动发展战略，国家总体研发水平明显提升，2020 年 R&D 经费支出 2.4 万亿元，在 GDP 中占比提高到 2.4%，[②] 研发强度超过了大部分中等发达国家，缩小了与发达国家的差距。研发产业主要集中在高技术产业（运输设备制造，仪器仪表制造，通信设备、计算机和其他电子设备）和中高端产业（橡胶和专用设备），出口商品结构从低研发密集型产业向高研发密集型产业转移，推动出口研发密集度快速提高。[③]

从新业态看，跨境电子商务、外贸综合服务企业、市场采购方式等新业态推动中小企业就业和出口，实现了包容性发展。截至 2021 年 11 月，国务院批准 30 个省区市共设立 105 个跨境电子商务综合试验区，海外仓数超过2000 个，2021 年 1~10 月，跨境电商进出口增长 19.5%，极大地推动了我国贸易出口；2016 年开展的外贸综合服务企业试点，在推动中小企业出口

---

① 根据 OECD Trade in Value Added（TiVA）Database 整理。

② 《中华人民共和国 2020 年国民经济和社会发展统计公报》，国家统计局网站，2021 年 3 月 31 日。

③ 根据《中国科技统计年鉴》与《中国工业经济统计年鉴》数据测算。

中发挥了重要作用；截至 2020 年底，全国先后开展的五批市场采购方式试点，涉及皮革、服装、纺织、箱包、工程物资、家具、灯饰等专业市场，推动了国内市场的国际化发展。跨境电商等贸易新业态推动贸易高质量发展的潜力竞相迸发。

从新平台看，外贸转型升级基地、外贸公共服务平台、贸易促进平台支撑贸易高质量发展稳步推进。外贸集聚区发挥了产业集群优势，涉及纺织、机电、农产品、轻工业、化工、医药、五金、新材料八个行业，近 500 个产业发展优势明显、区域特色鲜明的外贸转型升级基地，引领我国外贸企业加快产业结构转型升级；外贸公共服务平台由商务部和地方政府共同主导，特别是跨境电子商务公共服务平台为中小微外贸企业提供"一站式"服务，加快推动了我国贸易数字化发展；贸易促进平台针对不同区域（中阿、中非、中国－东盟博览会等）、不同产品（广交会、中国国际服务贸易交易会）、不同渠道（广交会、中国国际进口博览会），市场多元化发展呈现新格局。

从新网络看，国际服务营销网络建设推动贸易投资协调发展，在稳外贸稳外资中发挥了重要作用。截至 2019 年底，我国已经建立了以零售和维修点为主，覆盖全球 150 个国家或地区（主要集中在发达国家），由 3749 家企业建立的大约 15.1 万个国际营销服务网络。家电、汽车、手机等行业龙头企业建立的国际营销服务体系，显著扩大了海外市场份额。

第五，贸易数字化水平提升与数字贸易发展，加速赋能贸易高质量发展。

在数字经济时代，从企业到政府，从货物到服务，从生产到流通，互联网、大数据、云计算、人工智能等赋能贸易高质量发展加快推进。

从政府层面看，国家在打造各种交易会、博览会等国际贸易实体平台的同时，致力于贸易数字化，推行"互联网＋政务服务"，实行许可证申领网络化、许可证管理无纸化等，促进贸易监管和服务向数字化方向发展。如商务部"12335""一站式"公共服务平台、地方政府跨境电子商务公共服务平台、国家中小企业公共服务平台、外贸综合服务平台等。

从企业层面看，商务部确定 60 家线上线下融合发展企业，设立 105 个跨境电子商务综合试验区，开通全国电子商务公共服务平台，创新"六体系两平台"监管服务体系，出台支持跨境电子商务发展的财税金融等政策，促进跨境电子商务实现两位数爆发性增长。贸易数字化不仅加快了民营企业数字化转型，促进了中小企业融入全球价值链分工体系，而且形成了数字化跨境电子商务生态体系——跨境信息服务、跨境金融服务、跨境物流服务、贸易通关服务、跨境营销服务、跨境电商软件服务、跨境电商社区、跨境税务、跨境电子商务公共服务平台等。

第六，开放型经济新体制加快构建。

党的十八大以来，我国实行更大范围、更宽领域、更深层次的对外开放政策。在国际上，提出"一带一路"倡议，遵循共商、共建、共享原则，推动形成人类命运共同体，构建开放型世界经济。在国内，打造对外开放新高地，相继建立 21 个自由贸易试验区和海南自由贸易港，在北京等五省市实行服务业扩大开放综合试点，全面深化改革，完善涉外经贸法律和规则体系，开放型经济新体制加快构建。

贸易领域。一是深化外贸管理体制改革。实行放管服改革，取消和调整行政审批事项，清理中央制定地方实施的行政审批事项，简化各项审批流程，清理中介服务、行政性收费、职业资格许可及认定事项；清理行政许可事项涉及的相关证明，实行"一站式"服务，营造市场化、法治化、国际化营商环境。二是完善外贸促进体系与服务体系。优化通关、退税、外汇等管理方式，推进国际贸易"单一窗口"建设，推动 WTO 贸易便利化协议全面落地。推行"互联网＋政务服务"，优化服务方式。搭建以中国国际进口博览会、中国国际服务贸易交易会为代表的贸易促进平台以及跨境电子商务等公共服务平台。设立服务贸易创新发展引导基金，持续三次（2016 年、2018 年、2020 年）推动服务贸易创新试点。三是强化外贸监管体制。创新贸易监管方式，推行"互联网＋监管"，加强事中事后监管。对疫苗、药品、特种设备、危险化学品等实行全主体、全品种、全链条严格监管。完善服务贸易统计监测体系。四是完善贸易法律和规则体系。出台《出口管制法》，制定《电子商务法》，修订《技术进出口管理条例》等。

投资领域。一是深化投资管理体制改革。出台《外商投资法》，对外商投资全面实行准入前国民待遇加负面清单管理制度；出台《对外投资备案（核准）报告实施规程》，对外投资建立"备案＋负面清单"的管理模式，加强对海外投资全流程管理。二是建立投资促进与服务体系。将负面清单以外的外商投资企业设立及变更备案全部通过网上办理，提高投资便利化水平。建立外商投资企业投诉工作部际联席会议制度。完善"走出去"公共服务平台，促进对外投资。三是完善投资法律法规体系。出台《外商投资法》及其实施条例，制定《对外承包工程项目备案报告管理办法（征求意见稿）》等。

建立开放型经济的安全保障体系。一是维护产业安全。商务部完成《反倾销和反补贴调查听证会规则》等三部部门规章修订，启动《反倾销价格承诺暂行规则》等三部部门规章修订，起草《反倾销期终复审调查规则（征求意见稿）》。二是防范贸易风险。国务院发布《关于完善进出口商品质量安全风险预警和快速反应监管体系切实保护消费者权益的意见》等，构建进出口商品安全预警体系。三是确保投资安全。开展对外投资合作"双随机、一公开"检查等，加强对重点国别市场的风险研判。四是维护国家安全。出台《出口管制法》，维护国家安全和利益，履行防扩散等国际义务。

第七，贸易推动可持续发展取得新成效。

为推动实现贸易均衡可持续发展，我国不断促进出口与进口平衡，引进外资与对外投资平衡，协同发展货物贸易与服务贸易，实现国际收支基本平衡。

在逆全球化回潮、贸易投资保护主义抬头背景下，为构建开放型世界经济，我国在扩大出口的同时，搭建国际进口平台——中国国际进口博览会，积极扩大进口。2020 年，进口在贸易中占比提高到 44.2%，进出口商品贸易开始趋向均衡发展。

我国在放宽市场准入、积极引进外资、发挥外资对产业升级和外贸高质量发展重要作用的同时，也加快了"走出去"步伐。2020 年，我国实际利用外资 9999.8 亿元，同比增长 6.2%，规模再创历史新高，保持全球第二大外资流入国地位。对外全行业直接投资 9169.7 亿元，同比增长 3.3%。引进外资与对外投资趋向平衡。

为落实联合国 2030 年可持续发展目标，商务部通过电商扶贫、家政扶贫、对外劳务扶贫、产业扶贫、边贸扶贫、加强国际减贫合作等多种方式推动减贫、脱贫。截至 2019 年 11 月，我国在外各类劳务人员 101.3 万人，对外劳务扶贫带动贫困地区就业 5 万多人。在对外援助方面，实施以基础设施改善、医疗卫生、农业教育为重点的各类援外项目 2600 多个，为 150 多个国家培养高级官员和技术人才 4 万多人。[①]

第八，积极参与全球经济治理，加快"一带一路"建设，稳步推动构建人类命运共同体。

面对全球经济复苏乏力、贸易保护主义抬头、疫情全球大流行，中国主动向世界开放市场。2021 年 11 月，在上海成功举办第四届中国国际进口博览会，总展览面积达 36.6 万平方米，展示新产品、新技术、新服务 422 项，累计意向成交额 707.2 亿美元。2020 年，"一带一路"共建国家进出口在我国占比达到 29.1%。我国企业在"一带一路"共建国家直接投资累计超过 1000 亿美元。

作为全球最大的发展中国家，中国积极参与 WTO 改革，向世贸组织提交渔业补贴、电子商务、投资便利化等多份中方提案，与 75 个成员开展电子商务议题谈判，积极参加农业国内支持、国内规制、中小微企业等议题讨论，在全球经济治理中发挥了建设性作用。

目前，中国已连续 12 年成为全球第二大进口市场。2020 年中国进口占世界进口比重高达 11.5%。在全球 186 个国家或地区中，中国是 33 个国家的第一大出口目的地，65 个国家的最大进口来源地（麦肯锡，2019）。在国

---

① 《[2019 年商务工作年终综述之十四] 对外投资合作和对外援助执行高质量发展，推动共建"一带一路"走深走实》，商务部网站，2020 年 1 月 3 日。

际金融危机和疫情全球大流行中，为国际贸易稳定增长注入了活力，在全球经济复苏中发挥了重要作用。

二 中国贸易高质量发展面临的主要问题

课题组对标我国高质量发展目标，与发达经济体比较，并到上海、杭州、广东、深圳等地实地调研，发现我国贸易高质量发展仍需解决以下突出问题。

第一，高技术产品出口的中间产品、技术和服务过度依赖国外，贸易高质量发展的产业基础需进一步夯实。

从高技术看，我国自主创新能力不足，技术创新层次偏低。项目组通过构建出口研发密集度指数，运用显性比较优势指数研究发现，由于研发多集中于橡胶制品和专用设备等中高端领域，而非通信、计算机和电子设备等高技术领域，高技术产品出口过度依赖国外中间产品和服务进口。2018 年，在制造业出口中，中、高技能技术密集型产品占比分别位居全球 225 个样本国家的第 85 位和第 89 位，落后于世界平均水平。[①]

从高附加值看，我国出口效益偏低。项目组运用 OECD 贸易增加值数据研究发现，我国参与全球价值链生产的突出特点是后向参与度偏高、前向参与度不足，即从日、韩和东南亚国家进口中间产品加工后再出口，处于欧美跨国公司主导的全球分工体系中低端，对美日等国的核心技术和中间产品依赖较强。2016 年我国出口附加值国内来源占比 83.35%，位居世界第 20 位，不仅明显低于美、英、日等发达经济体，而且低于金砖五国中的巴西、俄罗斯和印度。[②] 同时，我国出现了出口规模与国内价值创造的行业错配现象，即出口规模大且增加值占比高的计算机、电子和电气设备行业对国内价值创

---

① UNCTAD Database.

② OECD Trade in Value Added （TiVA） Database.

造贡献小，但出口规模小且增加值占比低的食品饮料、纺织服装皮革及相关制造业对国内价值创造贡献大。

从优质服务看，制造业出口整体服务化程度和水平偏低。项目组运用OECD贸易增加值数据研究发现，2015 年中国制造业出口增加值中服务增加值占比 29.55%，位居 65 个样本国家的第 35 位，落后于欧洲发达国家和巴西等新兴经济体。[①] 此外，配套服务"走出去"进程放缓，服务贸易出口技术结构、服务贸易出口在国民经济中的地位有待进一步提升。

第二，公平竞争环境有待进一步完善，各类市场主体活力有待进一步释放。

实现贸易高质量发展，需要利用好国内国际两个市场、两种资源。在中国经济深度融入全球经济过程中，尽快形成市场化、法治化、国际化的营商环境和公平、开放、统一、高效的市场环境，建立现代市场经济体系，是实现贸易高质量发展的前提。目前，市场准入限制、监管透明度仍然是影响外资企业对华投资的主要障碍；中小企业融资难、融资贵的问题没有全面落实；新兴服务业准入门槛仍然限制民营企业进入；知识产权保护制度有待进一步加强与完善等。

民营企业已成为我国外贸的最大主体，中小企业是跨境电子商务扩大出口、拉动就业最活跃的力量，外资企业在我国产业结构升级和外贸高质量发展中发挥了带动作用。创造公平开放的竞争环境，推动国有企业与民营企业、大企业与中小企业、国内企业与国际跨国公司的活力竞相迸发。

第三，改革开放步伐滞后于新产业、新业态、新平台的发展，影响贸易高质量发展新动能的加快形成。

从开放来看，在制造业与服务业融合发展中，我国服务业对外开放滞后，市场准入限制造成的不充分竞争不仅限制了制造业出口服务增加值的提升，影响我国制造业向价值链两端攀升，也导致金融、保险、技术等生产性服务国际竞争力不足，服务贸易长期逆差。

① 根据 OECD Trade in Value Added（TiVA）Database 整理。

从改革来看，长期以来我国经贸管理体制建立在工业化时期制造业大国、货物贸易大国基础上。面对信息技术革命、第四次工业革命对人民生产生活的冲击与影响，虽然党的十八届三中全会以来我国进行了全面深化改革，但受认知不足、能力不足、人力资本不足等局限，新经济、新业态的发展潜力没有完全得到释放。主要表现如下：一是现有的科研管理体制没有激发研究人员的积极性和创造性，没有形成良好的创新生态，知识产权制度不完善、要素市场化改革滞后等影响新产业发展。二是现有跨境电子商务统计方式无法反映数字贸易发展的现实，市场采购方式相关政策不完善，无法甄别交易的真实性，影响新业态的发展。三是国际营销网络建设面临的国际环境不确定性增强，企业自身应对海外市场风险能力较弱，政府相关支持政策和服务不到位，影响新网络的发展。四是贸易支撑平台的协同性、溢出带动效应、移动服务化水平有待提高，境外贸易促进平台发展有待加强，外贸综合服务企业信息共享和联合监管制度、外贸公共服务平台信息和数据安全风险防范机制缺失等影响新平台发展。

第四，以人才、技术、标准、品牌、服务为核心的外贸综合竞争力需进一步增强。

增强外贸综合竞争力，人才是第一资源，科技是第一生产力。面对数字技术对经济社会发展的颠覆性冲击，我国面临如下问题：高端人才不足；高技术行业自主创新能力不足，技术创新层次偏低；国际标准的采标范围和指标值低于发达国家，出口屡屡受阻；自主品牌价值偏低、民营企业自主品牌和国际知名品牌数量少、政府对自主品牌建设的支持和监管力度不够；国内服务业配套能力需进一步提升、制造业向服务端延伸程度相对不足、配套服务"走出去"进程放缓；等等。

第五，贸易数字化的潜力亟待释放，数字贸易发展的新蓝海应加快开拓。

我国是全球领先的数字技术投资与应用大国。截至2021年6月，中国网民规模达10.11亿人，互联网普及率达71.6%。根据中国互联网络信息中心数据，十亿用户接入互联网①，发展数字经济与数字贸易的市场规模和潜力巨大。目前面临的主要问题如下。一是数字贸易壁垒。2019 年，我国数字贸易限制指数为 0.487，在 OECD 数据库 46 个国家中排名最高。五大限制措施（基础设施和连通性、电子交易、支付系统、知识产权、影响数字化服务贸易的其他障碍）中，我国的基础设施和连通性限制指数最高。二是制度缺失。数字贸易的统计制度、法律法规、监管体制和国际规则协调机制亟待建立。三是人才短缺。掌握软件和通信等专业知识的技术人才、懂得数字贸易经营的管理人才、制定数字贸易规则与政策的高端研究人才缺乏。四是能力不足。跨境电子商务金融服务能力、物流全球化服务能力不足，与美国相比，我国跨境电子商务平台缺乏全球影响力。

第六，贸易安全制度体系有待进一步完善。

中国是全球贸易大国。进出口商品从农产品、食品等生活必需品到家电、汽车等日用消费品，从原材料、中间产品等生产资料民用品到核、生、化、导等军用品，其产品品种与质量不仅涉及人民生命安全，而且影响国家产业安全、经济安全、军事安全、生物安全、科技安全等。

百年未有之大变局、新冠肺炎疫情全球大流行与贸易数字化发展，对我国贸易安全提出了新挑战，相关制度体系亟待加速完善构建。如进口网购产品溯源体系、进口海产品安全监督机制建设，《出口管制法》相关法律法规调整，贸易调查制度更新完善等。

第七，贸易对可持续发展的影响需要高度关注。

推动贸易高质量发展，通过扩大进口和大力发展服务贸易，推动进口与出口、货物贸易与服务贸易，促进贸易与双向投资有效互动。为实现2030 年联合国可持续发展目标，还应高度关注贸易与环境、贸易与就业（特别是妇女就业）、贸易与公平（如中小企业发展）、贸易与能力建设等问题。

---

① 《第 48 次〈中国互联网络发展状况统计报告〉发布：我国网民规模超十亿》，百度百家号，2021 年 8 月 27 日。

三　未来推进中国贸易高质量发展的政策着力点

全面贯彻新发展理念，构建以国内大循环为主体、国内国际双循环相互促进的新发展格局。未来推进我国贸易高质量发展，政府应多点发力、精准施策。

第一，增强贸易创新能力，夯实贸易发展的产业基础，大力发展高新技术、高附加值产业和现代服务业。

产业是贸易的基础。贸易高质量发展取决于产业的高端化、高智能化。一要实现高水平科技自立自强。发挥国家战略科技力量，在重大关键技术攻关中以新型举国体制优势推动国家科技创新中心专攻"卡脖子"的技术难题。二要完善科技创新体制机制。建立以企业为主体、市场为导向、产学研深度融合的技术创新体系。加大对研发活动的财政投入、税收优惠和金融支持力度。强化知识产权保护，完善要素市场改革。三要强化国际科技合作。支持跨国公司在华设立研发中心，鼓励国内大企业与国际跨国公司、国内中小企业建立技术联盟，形成有助于国内企业创新发展的产业生态。四要发展服务型制造。适应制造业服务化发展趋势，发展服务型制造，推动制造业服务化转型，提升制造业附加值。

第二，改革开放双轮驱动，形成高标准的市场化、法治化、国际化营商环境，构建更高水平开放型经济新体制。

推动高水平开放，要实施更大范围、更宽领域、更深层次对外开放。一要扩大服务业对外开放。服务贸易不仅有利于提高服务业和制造业的竞争力，能创造更高的社会福利收益，而且有利于减少妇女、中小微企业的经济不平等，实现包容性发展（赵瑾，2019）。我国应有序推进电信、互联网、教育、文化、医疗等领域相关业务开放，稳妥推进金融领域开放。二要在三大对外开放新高地——上海等 21 个自由贸易试验区、海南自由贸易港、北京等五省市服务业扩大开放综合试点地区，实行差别化试点，探索与国际规则相衔接的高水平开放。三要加快高标准自由贸易区建设，加快中日韩区域，中国与海合会跨区域，中国与以色列、挪威等双边自贸谈判进程；积极推动加入《全面与进步跨太平洋伙伴关系协定》（CPTPP）和《数字经济伙伴关系协定》（DEPA），推动建设亚太自由贸易区，形成面向全球的高标准自由贸易区网络。

以开放促改革，要以制度型开放推动全面深化改革，构建高水平开放型经济新体制。一是深化放管服改革。及时清理中央制定地方实施的行政审批事项，落实减税降费政策，推进国际贸易"单一窗口"建设、外贸公共服务平台建设，打造国际一流的公平竞争营商环境。二是进一步推进外贸体制改革，创新事中事后监管方式。要加快经贸法律制度建设；加强知识产权保护和信用体系建设；推动建立产业政策、贸易政策、投资政策、科技政策、财税金融政策的协调机制；完善跨境服务贸易负面清单管理制度，加快构建服务贸易促进和监管体制。三是进一步完善外商投资体制。加快出台《外商投资法》配套法规，完善海外知识产权维权援助机制。四是加快保障体系建设。不断完善贸易及相关领域国内立法；建立出口管制合规体系，完善对外贸易调查制度，健全产业损害预警体系，建立贸易调整援助制度；完善中介组织和智力支撑体系等。

第三，增强外贸综合竞争力，应多点发力，形成合力。

增强外贸综合竞争力，需从人才、技术、标准、品牌、服务等方面多点发力，形成合力。一是加快人才培养和放宽自然人流动限制。适应国际市场和服务贸易规则新变化，应加强职业教育，鼓励企业与学校合作共建；放宽自然人流动限制，引进国际高端人才。二是推动外贸高标准发展。应跟踪国际先进规则与标准，提高国际标准采标率；积极主动参与国际标准化治理，推进与主要贸易伙伴国家的标准互认；以"一带一路"为重点，将中国标准推向国际市场，提升我国标准的国际影响力；健全外贸产品追溯标准体系，推进追溯标准体系国际互联互通。三是加快自主品牌建设。应完善促进自主品牌发展的政策支持体系，健全促进自主品牌发展的服务支撑体系，规范自主品牌评比的评价体系。四是促进外贸优质服务发展。应探索云计算、大数据等数字技术下的服务创新；建立促进一体化融合发展的产业政策和金融支持政策，鼓励制造业与服务业融合发展；消除服务业发展的体制障碍，放宽服务业外资准入，促进服务业对外开放与对内开放。

第四，提升贸易数字化水平，加快数字贸易发展，积极培育经济发展新动能。

在数字全球化时代，数据已经成为未来数字经济最核心的生产要素。数字贸易将是未来国际贸易发展的新空间、贸易高质量发展的新蓝海。把握全球贸易发展大势，一要建立和完善贸易数字化发展平台。提升外贸综合服务数字化水平、贸易数字化和智能化管理能力；建设国家级"一站式"外贸公共服务平台等。二要推动企业数字化转型，将国家外贸转型升级基地提升为贸易数字化示范基地，加快推动传统贸易数字化转型。三要降低数字贸易壁垒。把握数字全球化发展的新机遇，扩大数据要素市场开放，在北京市数字贸易试验区、上海自由贸易试验区、浙江省数字贸易先行示范区和海南自由贸易港先行先试，大力发展数字贸易。

第五，完善国家贸易安全体系，防范化解重大风险。

贸易安全是"总体国家安全观"的重要组成部分。坚持发展与安全并重的原则，加强贸易风险防范。一要加强国际产业链供应链安全体系建设，防范中美贸易冲突、COVID-19全球大流行、贸易投资保护主义抬头对我国产业链供应链安全的冲击，确保产业链供应链自主可控。二要积极推进国际合作及食品安全能力建设，强化跨境电商进口商品监管。三要完善现代化出口管制体系，建立以目标管控为核心的技术进出口管理体系，加大出口管制执法力度。四要建立数据分类分级保护制度，构建处置网络安全事件、打击网络犯罪的国际协调合作机制和全球网络安全保障合作机制。五要构建预警、调查与救济"三位一体"的全链条对外贸易调查体系，健全贸易摩擦应对体制机制。

第六，大力发展绿色贸易、绿色投资与绿色金融，推动贸易可持续发展。

推动贸易可持续发展，我国面临的最大挑战是国际贸易与环境规则变化对我国出口的影响。《美墨加协定》取代《北美自由贸易协定》后确立的全球最高标准的贸易与环境规则以及发达国家碳关税动议可能对我国出口造成严重冲击。落实碳达峰、碳中和国家重大战略决策，坚持绿色发展。一要发展绿色贸易。适应全球绿色消费的新变化，推动企业从产品设计、原材料采购、生产制造到分销运输全流程贯彻绿色理念，获得碳标签绿色认证，扩大高技术、高附加值的绿色低碳产品出口。二要发展绿色投资。在引进外资与对外投资中，优先引进和投资绿色技术、绿色产业、绿色企业，发展绿色园区。三要开展绿色金融。资金优先投向与环保、节能、清洁能源等绿色产业相关的企业和项目，促进产业结构向绿色方向转型。

第七，以"一带一路"为重点，积极参与全球经济治理，构建人类命运共同体。

长期以来，发达国家一直主导全球市场需求。但最新数据显示，无论是货物贸易还是服务贸易，发展中国家在全球消费市场中的占比都明显提高（赵瑾，2020）。"一带一路"共建国家大多是新兴经济体和发展中国家。以共建"一带一路"为重点，深化经贸领域合作。一是深化贸易合作。提升与"一带一路"共建国家的贸易便利化水平，扩大优质农产品、制成品进口；发展"丝路电商"跨境电子商务合作；开展旅游、人文交流、物流、绿色金融等服务贸易合作。二是创新投资合作。推动绿色基础设施建设和投资；鼓励境外经贸产业园区建设，发挥产业集聚效应；推进开展"一带一路"三方合作、多边合作；推动公共卫生和社会民生项目尽快落地。三是推动经贸合作机制化建设。加强"一带一路"与欧亚经济联盟对接，深化区域次区域合作，推进自贸区建设，构建"一带一路"大市场。四是加快构建风险防控机制，确保我国海外利益和人员生命安全。

中国是全球第二大经济体、最大的发展中国家、世界经济增长最大贡献者。面对百年未有之大变局，我国应展现大国担当，积极参与全球经济治理，维护多边贸易机制。在国际经贸规则重塑的重大议题中提出中国方案、中国主张，确保各国在国际经济合作中权利平等、机会平等、规则平等。坚持互利共赢，引领发展中国家实现共同发展，构建人类命运共同体。

参考文献

麦肯锡：《中国与世界：理解变化中的经济联系》，2019 年 7 月。

赵瑾：《服务：思想的历史演变与国际社会新定位》，《国外社会科学》2019 年第 2 期。

赵瑾：《新冠肺炎疫情危机后全球服务贸易发展的十大走势与中国机遇》，《财经智库》2020 年第 5 期。

World Trade Organization（WTO），"World Trade Report 2019：The Future of Services Trade"，Geneva，WTO，2019.

中国新型消费健康发展：
影响因素与对策建议

依绍华*

摘　要： 在新技术推动下，以互联网为支撑的新型消费业态不断裂变、迭代，创新消费模式、丰富消费内容、改变消费行为，更好地满足居民消费多样化需求，成为促进消费结构升级的"主动力"。随着我国进入新发展阶段，新型消费面临新的机遇和挑战。本文对新型消费特征和发展趋势进行全面阐释，剖析新型消费发展的促进因素、难点，对推动新型消费提质扩容提出对策建议。

关键词： 新型消费　提质扩容　发展趋势

我国作为世界第二大经济体，居民消费规模持续扩大，消费结构呈现升级趋势。尽管新冠肺炎疫情对线下实体消费造成较大影响，但是倒逼线上消费逆势增长，新消费、新业态不断涌现，消费方式不断创新，消费内容更加丰富，从而更好满足人民群众对美好生活的需要。"十四五"时期，我国开启全面建设社会主义现代化国家新征程，经济总量和城乡居民人均收入都将

---

* 依绍华，中国社会科学院财经战略研究院研究员。

迈上新台阶，居民消费个性化、多样化和多元化特征更加显著，新型消费将成为促进消费升级、激发消费潜力的重要抓手，对推进经济高质量发展具有积极而重要的意义。本文将对新型消费特征、发展趋势进行阐述，在此基础上解析新型消费发展的促进因素及面临难点，进而对推动新型消费提质扩容提出对策建议。

一　新型消费的特征及发展趋势

在信息技术进步推动下，居民消费方式已从单纯的线下、线上发展到线上线下相结合，低交易成本的线上消费和高用户体验的线下消费相互赋能，各类新型消费方式不断涌现，与互联网消费方式伴生的共享经济、二手经济、拼单网购、跨境消费等多种新消费方式蓬勃发展，极大地丰富了消费内容，提升了消费体验，更好地满足消费需求，推动消费高质量发展。新型消费已成为拉动经济增长的新引擎。

（一）新型消费概述

一般来讲，新型消费主要借助互联网、大数据和云计算等现代技术与消费产业融合，实现线上平台与各类线下实体店合作发展，并催生出各类在线服务，如在线医疗、在线教育以及互联网健身等新业态。从技术、业态及渠道角度来看，新型消费主要涉及以下三个方面。

第一，5G、大数据、人工智能和 VR 技术催生出社交经济、共享经济等新业态，其中最具代表性的直播带货、在线服务等呈爆发式增长。目前，淘宝、拼多多等电商平台以及抖音、快手等短视频平台全面进入电商直播领域。直播带货品类由服饰扩展到吃穿住用行等多个方面，覆盖日常生活各个角落。2020 年"双十一"直播引导销售额近 500 亿元。[①] 与此同时，在线教

---

① 点服务：《2020 年双 11 直播引导销售额预估 500 亿，点服务代播助力商家低成本直播》，2020 年 11 月 11 日。

育、在线医疗等在线服务蓬勃发展。在 AI、大数据、人脸识别技术推动下，在线教育服务内容更加丰富，个性化服务场景更加多元，逐渐渗透人们的日常生活，成为更多消费者学习深造和提升自身能力的选择。在线医疗也进入创新发展期，由最初的"连接"线上线下过渡到利用互联网"赋能"医疗产业链不同节点，一些在线医疗平台借助 AI 辅助诊疗系统建立自有医疗团队，为用户提供咨询、转诊、挂号、在线购药等医疗服务，充分发挥在线医疗全天候服务优势，实现医疗资源整合，有效提升用户在线问诊体验，较好满足就医需求。

第二，借助移动支付和社交网络工具，智慧零售、无人零售等新业态与线下实体店建立无缝衔接模式，将传统的"货、场、人"模式转变以人为中心的"人、货、场"模式，打通线上线下不同渠道界限，全面满足不同消费需求。一些智慧门店通过大数据、人工智能、虚拟现实等技术，推出虚拟云货架、互动云货架、AR 试妆镜、RFID 试衣屏、VR 样板间等，与消费者实现智能互动，有效改善线上消费体验，同时有助于精准营销，为线下实体店多渠道引流，取得较好成效。

第三，在新技术和物流配送体系支撑下，快递企业积极布局智能快递柜，满足线上线下融合发展需求，逐步弱化快递配送"最后一公里"对消费者即时位置匹配的硬性要求，进一步提升消费便利化程度。目前，快递企业已从传统人工操作时代快速步入智能时代。自动化技术设备应用从前端分拣、运输环节延伸至末端配送环节，并且在末端配送模式上呈现多元化、智能化趋势，无人机、无人车、无人仓以及配送机器人等智能设备已逐步应用在快递物流配送过程中。与传统配送方式相比，智能设备能免去人与人直接接触，显著提高效率，降低人力成本，改善用户体验。

（二）新型消费的主要特征

1. 全渠道消费模式快速发展

随着移动互联网和移动支付的快速普及，碎片化时间被充分利用，网络零售深度渗入居民生活，网络零售规模持续较快增长。2021 年前三季度，全国网上零售额 91871 亿元，同比增长 18.5%，比 2019 年同期增长 25.44%，占社会消费品零售总额的比重达到 23.6%①，成为拉动消费增长的主要部分。在网络消费规模扩大过程中，消费方式由单纯线上或线下向线上线下融合发展转变，全渠道消费成为趋势。一方面，线下传统商贸流通企业积极向线上转型，入驻电商平台或与第三方合作建立网络销售平台，如物美超市推出多点 App，线上线下同质同价，2 小时即时送达，将线下实体体验与线上方便快捷充分结合，实现新型融合销售模式，提升消费便利度和满意度；另一方面，大型电商平台企业不断向线下拓展，在开设线下体验店的同时，积极与实体零售企业合作，如京东集团入股永辉超市并开设"7 鲜"线下超市，阿里巴巴入股银泰百货开设盒马生鲜超市等，将传统超市与现场制售的餐饮排档巧妙结合，并以食材新鲜、质量保证以及环境氛围舒适等为支撑，为消费者提供全新消费体验，拓展消费空间。

2. 在线服务消费快速增长

近年来，我国服务消费需求稳步增长。从居民人均服务性消费支出占比来看，2019 年比重为 45.9%②，2020 年受疫情影响降至 39.4%③，2021 年前三季度比重回升至 41%④，表明我国居民服务消费意愿逐步恢复，尤其是各类新型在线服务消费发展迅速。一是在线教育领域，高校及中小学广泛开展在线教学，渗透率和转化率大幅提升，由 2018 年的平均渗透率 20% 快速升至接近 100%，原来对在线教育了解较少或者不接受的学生和家长逐渐接受在线直播授课模式，使在线教育被认可度和被接受度迅速增强，为在线教育的长远发展打下良好基础。二是在线娱乐需求旺盛，使游戏、短视频、直播等在线娱乐产品受益，用户使用习惯得到极大培育。根

---

① 《前三季度全国网上零售额 91871 亿元同比增长 18.5%》，光明网，2021 年 10 月 18 日。
② 《2019 年全国居民收入和消费情况：稳定增长　居民生活水平再上新台阶》，中商情报网，2021 年 1 月 28 日。
③ 《2020 年全国居民收入和消费支出情况统计和结构占比》，华经情报网，2021 年 2 月 4 日。
④ 《2021 年前三季度居民收入和消费支出情况》，乐居网山西，2021 年 10 月 18 日。

据 QuestMobile 数据，受疫情影响，日活跃用户规模、日均用户时长均创历史新高。[①] 三是在线医疗受到青睐，用户数量激增，问诊次数快速提升。平安好医生、阿里健康、微医、丁香医生、春雨医生、京东健康、好大夫等多个专业平台推出问诊专区，为居民提供咨询和心理疏导服务，获得居民的广泛认可，长期以来处于"叫好不叫座"的在线医疗迎来快速发展期。

3. 品牌消费、绿色消费渐成热点

消费需求由满足日常需要向追求品质转变，对个性化、智能化商品需求不断提升，品牌消费、绿色消费等渐成热点。消费者在购买商品的过程中，更关注品牌代表的质量承诺和文化内涵，愿意为品牌承载的品质支付额外溢价。随着《国务院关于印发 2030 年前碳达峰行动方案的通知》发布，消费者环保意识、生态意识广泛增强。京东"双十一"期间，放心换手机服务包销量环比"618"大促销增长 20 倍，以旧换新销量同比增长 210%，近万名消费者通过信用试体验小米手机，主打绿色能源的户外电源品牌"ECOFLOW 正浩" 4 小时成交额同比增长 10 倍。[②]

4. 全球消费、全天候消费持续升温

随着跨境电商的快速发展，消费者购买国外商品的渠道愈发多元，"买全球"便利度大大提升，奢侈品消费支出快速增长。2020 年，相较海外奢侈品市场大幅萎缩，中国奢侈品消费市场规模不降反升，较 2019 年上涨 48%，销售额近 3500 亿元，中国市场规模占全球份额由 11% 跃升至 20%，[③]反映出国内消费者对境外商品的强大需求。

在消费商品向多元化转变的同时，消费时间也向全天候延伸，夜间消费成为潮流趋势，餐饮消费和购物人数大幅上升。据艾媒咨询数据，2021 年第一季度，大约 38.7% 的消费者的夜间餐饮费用占全天餐饮的 20% ~ 40%，

---

① QuestMobile：《2020 中国移动购物行业"战疫"专题报告》，新浪科技，2020 年 4 月 2 日。

② 《以服务推进绿色消费 京东手机 11.11 积极践行绿色低碳理念》，亿邦动力，2021 年 11 月 15 日。

③ 《2020 中国奢侈品消费数字行为洞察报告》，百度百家号，2021 年 11 月 29 日。

34.5%的消费者夜间餐饮消费占全天餐饮的20%以下。此外，夜间餐饮消费占全天餐饮消费在60%~80%和80%~100%的人数分别占3.9%和1%。[①] 可以看出，以夜间消费为代表的全天候消费，将成为"新消费"领域的重要内容。

（三）新型消费的发展趋势

1.消费便利化

随着"90后""95后"成为消费市场的新兴群体，以及人口老龄化加速、全面二胎放开，在居民可支配收入不断提升背景下，消费者愿意为节省时间的产品与服务支付溢价，对便利消费、即时消费的需求呈现上升趋势。近年来，便利店零售业态成为"风口"，其市场规模迅速增长，新冠肺炎疫情并未对便利店行业造成过大负面影响。2020年我国便利店门店规模达到19.3万家，品牌连锁便利店销售额为2961亿元，样本企业的毛利润达25.8%，净利润为2.4%，均较2019年有所提升。[②] 与此同时，社区生鲜便利店、综合便利店等细分模式迅速发展，其增速远远领先于其他零售业态。

2.消费智能化

随着信息技术的广泛应用，尤其是移动支付普及率的快速提升，居民消费方式如查询、购买、支付等多个环节均呈智能化趋势，网络零售市场移动端交易额占比迅速提高。据统计，2020年中国网上零售额达11.8万亿元，较2019年增长10.61%，2021年上半年中国网上零售额已完成6.1万亿元。[③] 网上零售市场高速发展，网络支付用户规模随之增长。2020年12月底中国网络支付用户规模达8.54亿人，较2020年3月底增加0.86亿人，

---

① 《夜间经济数据分析：2021Q1中国59.2%男性夜间消费渠道分布在线下餐饮》，艾媒网，2021年5月31日。

② 樊春涛：《2021年中国便利店发展报告》，2021年5月15日。

③ 智研咨询：《2021—2027年中国网络支付产业发展态势及投资决策建议报告》，2021年9月6日。

截至 2021 年 6 月底已达 8.72 亿人。2021 年上半年中国网络支付使用率达到 86.3%，较 2020 年同期增长 0.6%。随着智能手机的广泛普及以及移动互联网的不断发展，手机网络支付用户规模快速增长。2020 年中国手机网络支付用户规模达 8.53 亿人，较 2020 年 3 月底增加 0.88 亿人。移动支付从购物、打车等个人消费场景扩展到水电类生活缴费、高速收费、公共交通、医疗等全场景，从城市地区向农村地区扩展，在线支付、移动支付成为居民新型消费生活的重要组成部分。

3. 消费社交化

随着以互联网为支撑的网络社交工具日益发达，消费者获取消费信息的途径由熟人圈向广义"朋友圈"拓展。微信、微博等平台上的口碑和评价成为影响消费者决策的重要信息来源，也因此使消费者更加注重消费内容和消费方式背后的社交意义。消费从个人行为向社群传播。据有关数据，87% 的消费者愿意评论商品，55% 的消费者愿意在社交平台分享购物体验。消费成为获得个人品位、身份标签的一部分，因此"网红餐厅""明星同款"等成为消费热点，满足互联网经济时代的社交需求成为新趋势。

4. 消费体验化

随着居民生活水平提高，消费行为由注重商品和服务功能向价值消费转化，更多追求心理、精神层面满足。以体验为中心，与消费者互动增加其对商品的了解度，让消费者参与产品的设计、生产等前置环节，增强消费者对产品的控制感，例如，餐饮企业设立明档，让消费者直观看到烹饪过程，或者帮助消费者 DIY 商品，极大提高消费者满意度，成为消费发展的重要趋势。

二 新型消费发展面临的问题

由于新型消费发展较快，涵盖内容较广，供给侧升级未能与需求完全匹配，仍面临如下一些弱项和短板。

（一）产品供给结构不合理

作为生产制造大国，我国生产供应能力很强，促进了消费市场供给侧从短缺到宽松的结构性转变，将居民消费推上了新的台阶。但是价值创造能力相对较弱，对引进技术的依赖度较高，许多产业仍处于全球价值链的低端，粗加工、附加值低的产品占比高，精加工、附加值高的产品占比偏低；产品差异化程度不高，没有针对不同消费层次的人群提供差异化的供给方案，造成整体供给能力强但有效供给能力弱的局面。

在服务领域，新型服务产品供给不足，我国第三产业增加值约占国民生产总值的52.16%，与发达国家的70%~80%仍存在一定差距。其中，以商业、餐饮、摊档等经营方式为主的传统生活性服务业仍占较大比重，新兴的信息产业、金融保险业、中介服务业等知识和资本密集型服务业仍有待进一步发展，难以满足人民日益增长的精神文化需求。

（二）流通供给质量不高

流通环节作为连接生产和消费的重要纽带，对居民消费升级的实现效果有着直接影响，发达的流通业可以促进生产和消费，提高社会整体福利。近年来，以电商平台为代表的流通创新极大提高了我国流通业运营效率和经营水平，对促进消费发挥了积极作用，但与新型消费需求相比，流通业态发展仍不够完善，物流企业自动化、标准化、信息化水平参差不齐，整体服务能力和服务水平不高，导致综合竞争实力不强，难以适应新型消费发展要求。一是物流配送集成化管理程度不高，行业标准性不强，社会物流总成本相对较高，我国物流成本占GDP比重为14.8%，而发达国家物流成本占GDP比重为9.5%~10%。[①] 二是非社会化物流运作比例较高，大部分企业仍采用自营物流模式，第三方物流占比较低，分散的物流模式增加了社会整体物流成本，导致运输资源浪费。三是地区间流通设施发展水平差距显著，大型城

---

① 胡秋阳：《消费需求与产业升级》，南开大学出版社，2013。

市流通设施完善，流通业态较为发达，以连锁经营为代表的现代流通方式发展迅速，而中小城市仍以传统业态为主，农村地区流通体系相对滞后，经营方式较为粗放，流通成本较高，流通效率普遍偏低。

（三）消费市场秩序有待进一步规范

由于我国法律体系和政策制度不够完善，给不合格商品流入市场以可乘之机，一些缺乏诚信的企业制造的假冒伪劣商品屡禁不止，严重侵犯了消费者的合法权益，扰乱了市场秩序，制约了消费市场健康发展。一是由于监管体系不健全，虚假宣传等商业欺诈行为仍大面积存在，尤其是电商平台在促销过程中，随意调价现象时有发生，损害了消费者的合法权益。二是知识产权保护体系有待完善。新型消费以信息技术为依托，呈现跨行业、跨范围特性，往往属于不同领域交叉、重叠地带，而现有法律规范尚未覆盖，产生纠纷后的举证难以认定，导致实施相应处罚较难，给知识产权监管带来困难。尤其是与数据信息相关领域包括数据库、计算机软件、多媒体、数字化作品等方面，如何进行合理使用信息、使用范围以及知识产权保护方式等，都面临新的挑战。

（四）创新型人才储备不足

人力资本是支撑经济发展的核心要素。以大数据、人工智能和云计算为支撑的新型消费企业对掌握新技术的人才有广泛需求。但是在一些传统行业，传统技术、工艺、产品都处于成熟期，从业人员知识结构老化，难以满足新型消费发展需要，且年龄结构偏大，对新知识、新观念消化吸收存在一定难度，制约了传统产业向新型消费转型与融合发展。而在新型人才培养方面，现有高等教育和职业教育院校专业人才培养与企业实际需求存在脱节，既懂技术又能洞察产业发展趋势和消费者需求的复合型人才更加缺乏。尤其在农村地区，农村居民普遍受教育程度不高，大多数农民难以满足电商对从业人才的需求，而从农村考出去的优秀人才更倾向于留在城市发展，导致农村带货主播缺乏，直播带货等新型消费模式发展相对滞后。

三　新型消费增长的促进因素

（一）人口结构变化促进新型消费领域发展

根据 2021 年 5 月发布的第七次全国人口普查数据，我国人口结构呈现以下特点：一是家庭规模持续小型化。每个家庭户人口由 2010 年 3.10 人下降为 2.62 人，减少 0.48 人。家庭户人口数持续降低，意味着家庭户数增长，住房需求激增，同时使家庭消费意愿提升并带来消费观念转变，小容量家用设施、小份型食品等受到欢迎，进而推动消费总水平上升。二是老龄化趋势加剧。60 岁及以上人口占 18.7%，其中 65 岁及以上人口占 13.5%，进入"超老龄化社会"。老年群体已成为一个新的消费阶层，老年消费以及与老年人相关的产业将进入高速发展期，包括健康养生、医疗保健、家政服务以及老年食品、老年服装、老年休闲用品等，尤其是与养老相关的健康服务及延伸产业将面临巨大社会需求。随着"60 后"逐渐步入老年，消费观念进一步转变，老年消费市场规模和效应将放大和提升。

（二）政策利好促进消费潜力释放

近年来，我国政府连续出台各项政策刺激消费并取得良好效果。一是出台个人减税将个人所得税起征点提高至 5000 元，并推出各类减免税条件和退税环节，直接提高居民消费能力。二是连续降低关税、调整消费税率，缩小国内外商品价差。自 2015 年起连续 5 次出台降低进口关税、调整消费税率政策，并不断调整口岸进境免税店购物政策，包括扩大免税品种、提高免税购物额等，2020 年 6 月财政部、海关总署、税务总局发布《关于海南离岛旅客免税购物政策的公告》，将离岛旅客每年每人免税购物额度由 3 万元提升至 10 万元，离岛免税商品品种及每人每次购买数量和范围进一步扩大，由 38 种扩大到 45 种，取消单件 8000 元限制。三是完善收入结构和社保体系，增进消费能力。我国近年来加快推进收入分配制度改革，积极推动居民职工工资合理增长，特别是提高中低收入居民收入，提高各地最低工资标准，并连续多年调整退休人员基本养老金标准，提升居民收入在国民经济中所占比例。同时，加大公共财政投入力度和支出比重，推进社会基本公共服务均等化，提高了社会保障水平。

（三）技术创新促进消费内容和消费方式多元化

在供给侧结构性改革推动下，产业转型升级步伐加快，优化资源配置，推动企业兼并重组，淘汰并调整过剩落后产能，从而提升供给质量，提高供给与消费需求适配性。在此过程中，技术创新成为推动消费增长的重要动力。一是信息技术进步拓宽消费领域。物联网、大数据和人工智能等新技术高速发展，带动信息产业快速发展，并赋能工业消费品向智能商品转变，同时加载各类文化产品到多个载体，增加实物商品和服务产品供给内容，打通不同消费渠道，提升消费者获取商品方式便利度，从而海量扩展消费内容。二是信息消费群体规模和内容不断拓宽。网络消费已成为重要消费方式，尤其是新冠肺炎疫情拓展了网民群体年龄范围，使中老年人群进入网络消费领域，进一步改变了居民家庭消费行为和消费习惯，并且在直播带货等新业态推动下，消费内容进一步多样化。三是消费创新挖掘消费潜力。传统零售企业加载信息技术，不断创新销售业态和消费方式，促进居民消费便利化、快捷化，推动消费规模和消费水平持续提升。

四　新型消费健康发展的对策建议

为进一步提升消费对经济增长的基础性作用，应加大供给侧结构性改革，改善供给结构，促进新型消费发展，提升供需匹配度，更好满足人民美好生活需求。在促进新型消费发展过程中，本文建议从政府、企业和市场三个层面入手。

（一）创新制度供给，创造新型消费发展空间

新型消费依托技术进步带来生产经营模式创新，突破传统的行业限制，

以跨行业、跨业态、跨业种等跨界服务为特征，为消费者带来新体验、新形式和新内容。新型消费发展时间较短，发展速度较快，尤其是在技术、工艺、经营方式等方面有很多创新，难以避免与现行管理体制、法律制度不相符或相冲突，或者存在一些法律空白或监管真空。因此，政府在鼓励新型消费发展的过程中，需要不断创新体制机制、完善监管机制、健全法律体系、创造良好营商环境，从而为新型消费提供发展空间，并加以规范引导，进而保障消费者权益，提升消费质量，更好地促进消费增长。

1. 加大体制机制改革，创新政府服务方式

政府在提供政策引导和制度供给过程中，在转变由"管（理）"到"服（务）"观念的同时，积极创新服务方式，提高行政效率。一是实行行政审批标准化，最大限度缩减审批范围，同时全面推行"互联网＋政务服务"模式，实时更新政府相关政策和信息，并提供实施过程指导，为企业提供便捷便利服务。二是全面实施市场准入负面清单制度，在保障政府能动作用的前提下，从直接支配转变为间接调控，更好地发挥市场资源配置作用，引导生产要素流向新业态新模式发展领域，促进生产方式转变，更加注重技术、工艺和功能提升，增加环保、智能、健康等方面高质量产品供给，从而更好地满足人民对高质量商品的需求，满足对生活品质的追求。

2. 深化税收金融制度改革，减轻企业负担

通过税收制度改革优化税制结构，给予小微企业所得税优惠。全面清理规范政府性收费，适当调低"五险一金"缴费比例等，以组合拳方式进一步减轻企业负担，推动资源从行政性配置转向以市场为基础的企业配置，改善企业经营环境，促进新消费模式发展。在减税降费的同时，持续深化金融体制改革，增强金融服务能力，完善金融服务体系。以市场化方式化解实体经济中存在的定价不合理与融资难等问题，使资金高效、自发地进入具有发展前景的新兴领域，促进资本与技术的有效结合，建立多层次的资本市场体系，满足不同类型企业融资需求，为企业创新活动提供助力。

3. 健全包容审慎的监管机制，创造新型消费发展空间

新型消费起步时间不长，且形式多样、涉及面较广，因此亟须在法律规制和监督机制方面加以完善，规范新消费健康发展。一是利用大数据手段，以数字化、智能化治理方式，建立跨部门、跨地区数据共享平台和协同管理机制，提高政府现代化治理能力。二是根据新消费特点，将监管重心与责任下沉，加大随机抽查频次，保障新消费产品质量。三是加强大数据客户信息管理，强化数据安全。新消费植根于大数据信息系统，对信息应用范围和程度有更高要求，应尽快出台相关法律从而对消费者信息数据存储、应用过程和结果呈现等进行详细规定，避免消费者隐私数据泄露，保障信息安全。四是加大知识产权保护力度，激发和保护原创者创新动力，使新消费价值创造更具生命力和持久力。

4. 改善营商环境，激发新型消费发展动力

公平公正的营商环境将促进生产要素流动，激发企业创新动力，从而推动市场繁荣。在创造良好营商环境过程中，一是要降低市场交易的摩擦成本，放松和解除不合理管制，降低企业市场进入与退出的壁垒，保护公平交易、公平竞争。最大限度降低企业担心面临不公平竞争的顾虑，为更多新进入企业提供良好稳定的预期，从而促进新型企业发展，扩大新型消费供给。二是对不同所有制企业在财政补贴、税收政策和金融信贷等方面一视同仁，通过借助新技术手段和监管一体化机制科学评价企业发展质量，从而消除不同企业面临的事实上的不平等现象，夯实政府在提升公共服务、基础设施、资源环境等方面的支撑能力。三是加大服务领域对外开放，为新型消费发展提供助力。重点推进金融、教育、文化、医疗等服务业领域开放，以开放加快推进服务领域新业态发展方式，加大高质量服务产品供给，优化服务产品供给结构，更好地满足居民消费升级需求。四是完善知识产权保护及其配套制度体系，释放新型消费潜能。新型消费涉及不同领域，并以不同类型、不同形式的知识产权创新整合为特征，容易造成侵权或原创成果被低估乃至被否认的现象。为保护创新成果研发人员的合法权益，激发创新动力和活力，应及时更新知识产权保护内容，覆盖新出现的侵权现象和侵权行为，提高模

仿行为违法成本，从而激励更多企业加大研发力度，运用创新成果提升现实生产力，更好地激发新型消费潜能。

（二）创新产品供给，适应新型消费发展需求

作为新消费的承载主体，企业需要转变发展理念，由产品主导向服务价值让渡转变，加大新技术创新和应用，创新生产方式，提升高质量产品供给能力，提供更多顾客价值，更好地满足消费需求，提升新消费质量。

1.以互联网思维贯穿生产过程

新型消费以互联网和信息技术为主要载体，企业需要顺应发展趋势和消费需求偏好，在提供新型消费内容的过程中，将互联网思维纳入其中，并将这一思维体现为传统生产方式创新，运用大数据、云计算等技术，精准识别目标顾客，根据消费信息数据系统分析消费偏好，准确预判消费需求，为顾客提供定制化服务，提高消费满意度；也体现为新型业态创新，充分利用信息技术发展优势，创新消费方式、丰富消费体验，如互联网健身、教练远程指导、可视种花等，在传统消费内容基础上，融合现代技术手段，为消费者提供更加便利的消费模式，增加消费选择。

2.加大技术创新投入与应用力度

新一轮技术革命席卷全球，深刻改变了社会经济生活的各个领域，消费者面对更多纷繁多样的选择，对各类高科技产品和服务提出了更高要求，因此促进新型消费发展过程中，要重点加快互联网、大数据、云计算等新一代信息技术在流通领域广泛应用，以智慧零售、智慧物流为引领，提升流通业现代化水平和信息化水平。具体内容包括：推广运用大数据技术进行传统流通设施改造升级，推动实体流通企业向线上转型，加快推进线上线下深度融合，催生新型消费模式；加快推动新业态与制造、交通、金融等行业跨界融合，整合上下游资源，延伸产业链，提高流通效率，改善流通供给质量，更好满足多样化、个性化消费需求。

3.采取多种措施增强消费能力

新冠肺炎疫情导致居民增加对未来的不确定性预期，在一定程度上影响

消费意愿，因此应积极调整消费政策，增强消费能力。一是提高居民在医疗、养老、子女教育等方面的补贴，提升社会保障基准线，增加社会福利水平，释放居民消费潜力。二是多渠道增加农民收入，增强购买力。依托"互联网＋"，加快电商、快递进村，构建农产品上行渠道，完善农村流通体系，实现工业品下乡与农产品进城双向畅通。同时，加快推进直播带货等新业态在农村地区发展，通过优化人才培养和引进机制，推动优质社会公共服务资源下沉，扶持一批农村电商主播，带动农产品销售，从而增加农民收入。三是加大新型消费基础设施供给，尤其注重提升中东西部和农村地区基础设施投入，同时引导优质服务资源渠道下沉，更好满足不同地区消费发展需求。

4. 重视消费者价值

现代生产体系已由生产者主导转变为消费者主导，了解消费需求偏好和消费发展趋势对生产企业至关重要。不仅如此，企业在提供商品的过程中，除了商品本身的使用价值，还伴随着产品服务及品牌等附加价值，包括售后服务体系、售前指导以及厂家与消费者之间的信息沟通等。新型消费以新业态新模式为主，多属于服务业，对附加价值的要求更高，因此企业需要更加关注顾客价值，以消费者满意为出发点，提升消费者体验。借助技术手段，为消费者提供更好服务，丰富消费内容，从而更好地发挥消费主引擎作用。

（三）完善市场体系，保障新型消费发展质量

市场为企业与消费者对接提供空间和平台，市场环境直接影响消费环境和企业运行环境，打造良好的市场环境不仅能提升企业创新活力，而且能提升消费质量、激发消费潜能。尤其在新型消费领域，新型消费多由现有业态创新而来，且多处于发展初期或萌芽状态，对市场环境极为敏感，因此打造良好的市场环境不仅为新业态发展创造宽松包容的氛围，而且也通过监督可规范其发展，保障消费者合法权益。

1. 加强监督，完善事后评价机制

一是强化对新型消费企业资质评价，可借助第三方机构，对供给方资质

提供背书或认证，确保其资格有效合法，包括从业资格、从业规范、从业人员等级等，并与时俱进，及时调整行业涉及内容，以动态性调整来适应新业态发展。二是加强对服务质量监督，通过消费者事后评价机制给予评级或排名，以完善的跟踪反馈评估体系来实现科学评价，以市场化的手段来实现优胜劣汰，优化资源配置，提高新业态行业自律，保障新型消费供给质量。

2. 强化维权机制，保护消费者权益

新型消费涉及范围广，很多内容处于交叉地带，对现行法律监管体系提出新的挑战，同时也增加了消费者维权难度，亟待完善新型消费领域消费维权机制。一是建立互联网企业、电商平台、实体企业和消费者协会合作机制，实现信息互联互通，同时引入消费者观察员介入维权过程，对维权程序、维权结果进行监督，为消费者提供更多的安全感。二是加大对消费者隐私保护。随着网络消费日益普及，各类电商平台、手机 App 过度获取消费者个人信息的情况较多，对消费者隐私安全造成困扰和损害，亟待完善涉及消费者个人隐私和消费信息数据合法使用方面的法律法规，对消费者信息的采集范围和使用程度加以规范，并加大违法使用和泄露消费者个人信息的行为惩罚力度，保障消费者合法权益。

参考文献

蔡昉、王美艳：《如何解除人口老龄化对消费需求的束缚》，《财贸经济》2021 年第 5 期。

程名望、张家平：《新时代背景下互联网发展与城乡居民消费差距》，《数量经济技术经济研究》2019 年第 7 期。

方福前：《中国居民消费潜力及增长点分析——基于 2035 年基本实现社会主义现代化的目标》，《经济学动态》2021 年第 2 期。

刘伟、陈彦斌：《中国经济增长与高质量发展：2020 - 2035》，*China Economist*，2021 年第 1 期。

陆智强、李红玉：《居民家庭负债对消费的影响：财富效应抑或财富幻觉——基于城乡居民家庭的对比分析》，《中国软科学》2021 年第 5 期。

孙伟增、邓筱莹、万广华：《住房租金与居民消费：效果、机制与不均等》，《经济研究》2020 年第 12 期。

张勋、杨桐、汪晨、万广华：《数字金融发展与居民消费增长：理论与中国实践》，《管理世界》2020 年第 11 期。

张友国、孙博文、谢锐：《新冠肺炎疫情的经济影响分解与对策研究》，《统计研究》2021 年第 7 期。

中国国际收支的未来走向

刘　瑶[*]

摘　要： 近年来，中国国际收支年度数据总体上维持着"一顺一逆"格局，国际收支保持基本平衡，国际投资头寸稳步增加，但也在多个季度呈现存流量调整金额方向显著背离、误差与遗漏项流出规模居高不下、非储备性质金融账户变动不居、外汇储备增加缓慢等结构性特征。笔者分析了近期中国国际收支变动的原因，考虑到短期内中国国外资产与负债结构难以做出较大程度调整，在新冠肺炎疫情等负面冲击下，未来中国国际收支将呈现经常账户中枢显著下降、非储备性质金融账户波动性增强、储备资产（尤其是外汇储备）小幅缩减、净误差与遗漏项持续流出等结构性特征。为进一步改善中国国际收支状况，可以通过加强人民币汇率形成机制改革、稳慎加快资本账户开放、采取宏观审慎政策工具等手段，进一步优化中国国际收支结构，缓解外部失衡构成的负面影响。

关键词： 国际收支　经常账户　非储备性质金融账户　误差与遗漏　外汇储备

* 刘瑶，中国社会科学院财经战略研究院助理研究员。

近 20 年来，中国国际收支经历了前所未有的巨大变革与调整。1999～2011 年，中国国际收支罕见地持续呈现经常账户与非储备性质金融账户双顺差。从 2012 年起，中国国际收支的双顺差格局已经逐渐消失，非储备性质金融账户呈现顺逆交替、变动不居的特征。2020 年新冠肺炎疫情发生后，中国国际收支保持着年度经常账户顺差与非储备性质金融账户逆差的"一顺一逆"局面，国际收支基本平衡，国际投资头寸稳步增加，但季度数据及子项目的波动性也陡然上升。中国国际收支的变化是中国经济与全球经济的互动结果，也是内部经济结构调整在外部的"镜像"表现，揭示了中国经济的结构性变迁、转型升级进程与潜在风险，中国国际收支的结构性变化特征值得高度关注。

各国的国际收支平衡表（BOP）系统地反映了一国经济往来状况，而分析一国的国际收支状况不仅需要依据国际收支平衡的总量定义、关注宽口径的收支状况，还需要重点分析细分项结构性变化的窄口径变动（姜波克，2001）。对于金融市场较为发达的国家，一国国际收支头寸表（IIP）同样值得重视，如果 BOP 与 IIP 细分项出现了显著偏离，一般意味着国际收支调整发生了显著的结构性变[1]；如果这种调整是反向的，那么外部失衡的背后可能意味着该国经济的结构性缺陷与金融风险的上升。

鉴于此，本文将依据近 2015 年至 2021 年第二季度中国国际收支的变化，探讨中国国际收支变动的原因，并展望未来中国国际收支走向。本文其余部分的结构安排如下：一是回顾近年来中国经常账户的最新变化；二是探讨中国非储备性质金融账户的变动趋势；三是分析中国储备资产项目的调整；四是分析净误差与遗漏项的变动情况；五是分析中国国际投资头寸的变动情况；六是中国国际收支走向的未来展望。

一　经常账户：疫情冲击下需求错位效应虽显著、顺差规模下降趋势难逆转

进入 21 世纪以来，中国经常账户年度数据一直呈现持续盈余。但在

---

① IIP 中各分项与 BOP 的金融账户分项目名称一致。

2008 年全球金融危机爆发后，无论是以余额衡量的经常账户绝对规模，还是以经常账户/GDP 衡量的相对规模，都表现出显著的缩减特征。近年来，中国经常账户规模更是呈现趋势性下降，在 2018 年第一季度与第二季度、2020 年第一季度分别出现 −403 亿、−9 亿、−337 亿美元的经常账户季度逆差。新冠肺炎疫情发生后，受疫情需求错位效应影响，中国经常账户余额自 2020 年第二季度起迅速由负转正，经常账户顺差显著增加，2020 年全年经常账户余额达到 2740 亿美元，经常账户余额积累速度超出预期。进入 2021 年，中国经常账户继续呈现持续顺差走势，第一季度经常账户余额为 694 亿美元，经常账户余额占 GDP 比重达到 1.8%，第二季度经常账户余额缩减至 533 亿美元，与上年同比下降近五成，余额积累速度有所放缓（见图 1）。

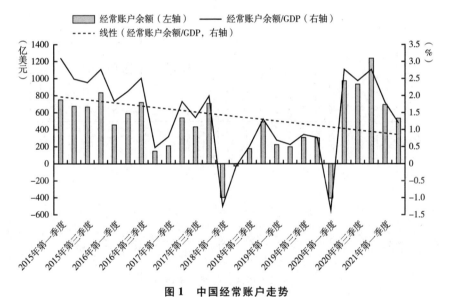

图 1　中国经常账户走势

资料来源：国家外汇管理局。

如果将经常账户进一步划分为货物贸易、服务贸易、初次收入与二次收入四个子项目，不难发现，货物贸易项一直是中国经常账户盈余的主要来源，甚至是唯一来源，而服务贸易项的逆差对中国经常账户盈余的削减作用最大。

自 2015 年起，中国货物贸易余额年度数据变动不大，在 GDP 逐年增长的前提下，中国货物贸易相对规模实际上呈现趋势性下滑，但是在 2020 年新冠肺炎疫情发生后，中国货物贸易出口一度走强，出口端环比增速显著大于进口端，成为疫情发生以来中国经常账户盈余扩增的主要原因。例如，2021 年第一季度，中国货物贸易顺差达到 1187 亿美元，在整个经常账户贡献度达到 92%；第二季度，尽管货物贸易相对占比有所下降，但货物贸易顺差依然高达 1119 亿美元（见图 2）；第三季度，根据中国海关总署公布的进出口月度数据，7 月、8 月、9 月，中国货物贸易差额分别为 564 亿、583 亿、667 亿美元，导致中国经常账户盈余继续扩增，这与人民币实际有效汇率与年初相比明显下降及货物价格（尤其是中间品价格）显著上涨有关。

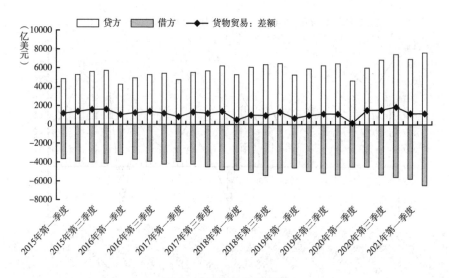

图 2　中国货物贸易走势

资料来源：国家外汇管理局。

1998～2020 年，中国出现了超过 20 年的服务贸易逆差，服务贸易逆差规模由 1998 年的 18 亿美元增长至 2018 年的 2922 亿美元最高点，这表明中国服务贸易在国际市场上不具有明显的比较优势。2019～2020 年，中国服务贸易逆差呈现明显下滑，2020 年中国服务贸易逆差为 1453 亿美元，同比下降 44%；2021 年服务贸易的走势也依然疲软。新冠肺炎疫情发生后，全球旅行与国际交流的受阻决定了中国服务贸易逆差的缩减。如果将疫情前后的服务贸易状况进行对比，不难发现，服务贸易逆差收窄了近六成。2020年第一季度，中国服务贸易逆差为 470 亿美元，但 2021 年第一季度，服务贸易逆差已缩减至 222 亿美元。其中，运输与旅行逆差的削减几乎决定了中国服务贸易的变动（见表 1）。

表 1　2020 年第一季度与 2021 年第一季度中国服务贸易状况对比

单位：亿美元

	2020 年第一季度	2021 年第一季度	差额
服务	−470	−222	249
加工服务	33	32	−1
维护和维修服务	13	11	−2
运输	−117	−35	82
旅行	−415	−242	174
建设	3	5	2
保险和养老金服务	−12	−15	−3
金融服务	4	5	1
知识产权使用费	−51	−70	−19
电信、计算机和信息服务	4	13	9
其他商业服务	78	86	8
个人、文化和娱乐服务	−5	−3	2

资料来源：国家外汇管理局。

经常账户收益项包括初次收入与二次收入两个子项。2015～2020 年，中国初次收入项余额持续为负，逆差由 2015 年的 −522 亿美元扩增至 2020年的 −1052 亿美元。初次收入项又可以划分为雇员报酬与投资收益两个细分项。近年来，中国的雇员报酬项一直为正，这表明中国公民海外劳动报酬持续高于外国公民的中国劳务收入，但受疫情影响，2020 年一年顺差仅为 4 亿美元。1993～2020 年，中国的投资收益持续为负，考虑到中国在此期间积累了大量的经常账户盈余，而中国海外净资产规模显著高于负债规模，这很可能与中国国外资产的币种错配、资产结构错配与期限错配有关。中国的二次收入项规模相对较小，2015～2020 年，二次收入项先表现为逆差，后又在2019年重新转为顺差，这表明近年中国受到国外援助的规模再次增加。

从以上分析不难看出，近年来中国经常账户绝对规模呈现显著下降趋势，但新冠肺炎疫情发生后全球贸易的低基数效应、国家间旅行与交往受阻、疫情冲击下出口需求错位使中国经常账户盈余出现了扩增的动力，但是这种盈余增长动力似乎不可持续，原因如下：其一，中国出口占全球出口市场份额已经有所下滑，根据世界贸易组织（WTO）数据，2021年第一季度中国出口占全球出口市场份额为14.2%，环比回落1.6%，[①] 这可能暗示着货物出口需求不间断上升与中国企业扩张产能长期内并不可持续；其二，近年来，中国经常账户规模不断缩小的趋势难以被动摇，这是因为经济结构改革、人口结构更迭与私人部门储蓄率变动是中国经常账户调整的根本性驱动因素，疫情等冲击难以撼动经常账户走向的结构性趋势；其三，随着新冠疫苗的普及，一旦疫情在全球主要区域得到有效控制，服务贸易的逆差将可能继续扩大，这将对中国经常账户盈余的递增构成较大阻力；其四，疫情发生后，经常账户的初次收入项逆差也在持续扩大，进入2021年更是迅速增长，投资收益逆差是初次收入项变动的主要贡献者，这是由于外商投资收益增加额大于对外投资收益增加额，而前者可能与同期外商投资利润汇回有关。

二　非储备性质金融账户：单调变动趋势
已然消失，未来将会变动不居

2015年至2021年第二季度，中国非储备性质金融账户季度数据一直呈顺逆交替、变动不居的特征。新冠肺炎疫情发生以来，中国非储备性质金融账户出现多个季度净流出，但在2021年第二季度由负转正，并再次呈现了单季度国际收支双顺差局面（见图3）。非储备性质金融账户主要由直接投资、证券投资、金融衍生工具与其他投资四个子项目构成。结合近年来中国

---

① 世界贸易组织（WTO）网站。

非储备性质金融账户的变动，不难发现，直接投资项在大多数季度呈现净流入，波动性不大；证券投资项呈现围绕零值上下波动、顺逆交替的走势；金融衍生工具项规模太小，对整体账户贡献度十分有限，其他投资项大多数季度呈现大规模显著的净流出，波动性较大，且并无明显的规律性。以上表明，以证券投资项与其他投资项为代表的短期资本流动是中国非储备性质金融账户变动的直接原因，而疫情发生后短期资本流动波动性上升决定了中国非储备性质金融账户的走向。

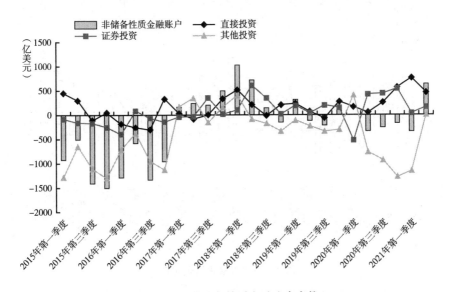

图 3　中国非储备性质金融账户走势

资料来源：国家外汇管理局。

中国直接投资项的走势最为稳定。2015～2020 年，仅有 2016 年中国直接投资项出现逆差，这与中国一度出现国有企业在境外激增的非理性并购、部分企业假借对外直接投资之名向境外转移资产后，政府在 2016 年下半年收紧对外投资管理有关。疫情发生后，中国对外直接投资在 2020 年第二季度受到冲击，从第三季度起迅速反弹，此后直接投资项创下了连续三个季度的激增，2021 年第一季度，直接投资顺差高达 757 亿美元（见图 4）。尽管近期中国政府并未出台较大的外商直接投资利好政策，但是在疫情冲击下中国率先复工复产，展示出需求链与供应链强大的韧性，再加上疫情伊始中国与其他主要经济体增速差迅速拉大，增强了外国投资者对中国经济发展的信心，导致中国对外直接投资流量的递增。然而，2021年第二季度直接投资额已出现回落，在疫情中后期，直接投资项的变动可能会趋于平稳甚至下降。

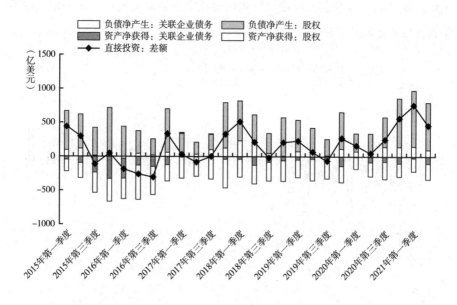

图4　中国直接投资项走势

资料来源：国家外汇管理局。

决定中国非储备性质金融账户走向的是短期资本流动。除去净误差与遗漏项，短期资本流动中最重要的两个科目是证券投资与其他投资。近年来，中国政府在金融开放进程中的推动速度明显加快，2019年9月，中国政府取消了QFII与RQFII的投资额度，跨境资本流入端的管制放松程度明显提升，直接导致了2020年第二季度以来证券投资项的逐季净流入，也导致了2020年第三、四季度人民币兑美元汇率的显著升值。事实上，与北上资金在A股市场频繁进出不同，截至2021年4月，境外机构已经连续28个月增持中国债券。进入2021年，证券投资项的净流入状况基本稳定。相比之下，变动最剧烈的项目是其他投资项，也是中国短期资本流动的最大贡献项。新冠肺炎疫情发生后，在大多数季度，其他投资项甚至成为中国非储备性质金融账户的唯一流出项。其他投资项的逆差表明中国对外贷款规模超过了外国对中国的贷款规模，也囊括了短期投机资本的进出入。Forbes 和 Warnock（2012）指出，异常资本流动如急停（sudden stop）、涌入（surge）、收缩（retrenchment）与外逃（flight），将引发更严重的金融市场动荡。不过，从2021 年第二季度起，中国其他投资项转负为正，可能暗示了近期中国政府对跨境资本流动管理的加强，其他投资项的波动性将驱动整体非储备性质金融账户呈现顺逆交替、变动不居的走向。

三 储备资产：短期内保持稳定，但存流量
偏离趋势值得高度关注

储备资产是一个平衡项目，理论上应等于经常账户余额、非储备性质金融账户余额、误差与遗漏项之和。近年来，以流量衡量的中国储备资产余额呈现稳步增加的走势，2021 年第一季度中国储备资产净增加为 350 亿美元，第二季度储备资产净增加更是达到了 500 亿美元，接近同期中国经常账户盈余。但是，包含估值效应①的储备资产增加额与以流量表示的储备资产余额呈现一定的背离，尤其是在 2021 年第一季度，国际投资头寸表反映的储备资产净减少 594 亿美元，与国际收支平衡表衡量的储备资产余额呈现高达944 亿美元的缺口（见图 5）。

事实上，近年来中国一直面临庞大的经常账户盈余无法转化为等量的净国外资产存量的难题。如图 5 所示，自 2015 年以来，大多数季度的储备资产存流量发生显著背离，这与中国净国外资产存量受估值效应影响较大有关。当前中国对外资产端以债券为主，负债端以股权为主，债券的收益率显

---

① 估值效应是指在对外净资产规模不变的情况下，由汇率变动或资产价格波动引起的对外净资产现值发生重估的现象。

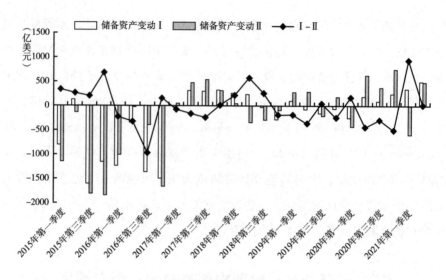

图 5 中国储备资产走势

注：储备资产变动Ⅰ数值上为国际收支平衡表（流量）储备资产项的相反数；储备资产变动Ⅱ为国际投资头寸表（存量）相邻两期内储备资产的变动。Ⅰ－Ⅱ为作者测算。

资料来源：国家外汇管理局。

著低于股票，由于全球范围内主要发达经济体长期实施量化宽松的货币政策，全球债券收益率长期处于低位，而主要股指震荡明显，这就意味着全球主要资产震荡将对中国海外净资产保值构成负面影响。

此外，中长期内来看，如果中国非储备性质金融账户余额呈现顺逆交替、变动不居的走势，那么储备资产的走向在很大程度上取决于经常账户走势。随着未来中国经常账户余额逐渐缩减，甚至出现更多季度的经常账户逆差，中国外汇储备增量甚至储备资产增量将会逐渐消失。考虑到中国人民银行正在努力增强人民币汇率弹性、中国政府在金融开放进程的速度明显加快，中长期内中国储备资产存量也将有所下降。

四 净误差与遗漏项：季度数据持续净流出的
趋势短期难以撼动

近年来，中国国际收支平衡表中的净误差与遗漏项在多个季度呈现显著、大规模的净流出,这也是其重要结构性特征。通常而言,净误差与遗漏项反映了统计误差等非交易因素的调整,理应呈现围绕零值上下波动的白噪声序列。然而,在多数年份与季度,中国净误差与遗漏项总体走势呈现系统性(非随机性),在规模上甚至一度超过整个经常账户甚至是资本与金融账户之和。尤其是新冠肺炎疫情发生后,中国净误差与遗漏项流出规模又创下了近年来的新高。余永定和肖立晟(2017)的研究表明,中国净误差与遗漏项的走势与人民币汇率预期具有较高的相关性;同时,在多个季度,净误差与遗漏项持续净流出导致短期资本流动波动性上升(见图6)。因此,需要警惕净误差与遗漏项背后可能潜在的资本外逃及可能引发的系统性金融风险。

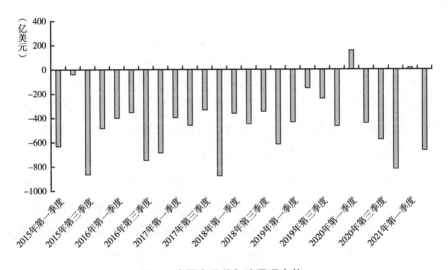

图6 中国净误差与遗漏项走势

资料来源:国家外汇管理局。

五 国际投资头寸变动:消失的顺差与 存流量调整背离

依照 BOP 与 IIP 调整的关系,如果不考虑汇率与资产价格变动导致的估值效应及误差与遗漏项，一定时期内中国净国外资产的变动金额应与经常账户余额相等；① 而理论上，估值效应及误差与遗漏项的占比应该较为有限，不足以决定国际收支存流量调整的基本方向。

事实上，自 2017 年第一季度起，中国净国外资产变动的波动性远高于经常账户余额，并且多次出现经常账户与净国外资产变动之间方向的显著偏离（如 2019 年第一季度、2019 年第四季度），即使两者方向一致，但是存流量金额数值差距依然较大（如 2017 年第四季度与 2018 年第一季度），这就导致了中国外部失衡调整步伐的不一致性。

为更好地说明存流量调整的关联性与变动机制，笔者根据 Gourinchas 和 Rey（2007）、Alberola 等（2020）提出的存流量调整公式来分析近期中国国际收支调整。

$$NFA_t - NFA_{t-1} = CA_t + KA_t + \Delta VA + \Delta EO$$

首先，由上式可知，一段时间内一国净国外资产存量的变动应该等于某一时刻经常账户余额（CA）、资本账户余额（KA）、估值效应变动（ΔVA）及误差与遗漏项（ΔEO）之和。其中，估值效应反映了由汇率波动及资产价格收益等因素变动引起的损益，误差与遗漏项解释了其他由统计口径等导致的不平衡因素。依据传统的经济学理论，估值效应变动、误差与遗漏项规模只占较小比例。而 Zhang 和 Liu（2019）的研究表明，如果一国失衡调整主要由前两项决定，那么表明一国国际收支调整具有稳定性，并且调整是可持续的；如果一国失衡调整主要由估值效应及误差与遗漏项决定，那么表明该国国际收支调整具有不稳定性，调整的路径是不可持续的。根据笔者计算，2017 年以后，中国外部失衡调整中，估值效应的变动及误差与遗漏项的占比已经超过 50%，说明中国国际收支调整的不稳定性上升、可持续性降低。

其次，近期内 BOP 的外汇储备项与 IIP 的外汇储备金额的变动同样表现

---

① 即 $NFA_t - NFA_{t-1} \approx CA_t$。

出金额与方向的背离，多个季度出现 IIP 外汇储备金额较上一期增加，但 BOP 当前外汇储备数量为负的情况。这表明中国外汇储备的增加可能与汇率或资产价格波动引发的估值效应有关。

再次，BOP 与 IIP 统计口径的差异、IIP 编制数据的滞后性也导致了存流量调整金额与方向的进一步背离。例如，中国季度 IIP 的编制主要使用上个期末存量、当期流量的方法编制，当季的数据选择 BOP 的数据，而直接来源于企业的调查数据则存在三个季度甚至更长时间的滞后（余永定、肖立晟，2017），这就导致了 IIP 前后期统计的不一致。

最后，净国外资产增量与经常账户累积余额的巨大缺口恐怕仍涵盖一部分资本外逃。余永定和肖立晟（2017）指出，2014～2017 年，中国经常账户顺差积累高达 9073 亿美元，但在 2013 年底至 2017 年底，中国海外净资产下降了 1819 亿美元，这超过 1 亿美元的缺口反映了两种形式的资本外逃，一种形式体现在净误差与遗漏项中，另一种形式则根本没有反映在国际收支平衡表中。

六　中国国际收支走向：未来展望与政策涵义

当前，新冠肺炎疫情的冲击似乎使中国国际收支发生了显著调整，然而决定一国国际收支的驱动因素是诸如人口结构、经济发展、制度变迁等结构性变量，疫情冲击难以撼动中国国际收支的长期趋势。笔者将对未来（3～5 年）中国国际收支各大项走势进行展望，并提出相应的政策涵义。

（一）中国国际收支走向：未来展望

首先，未来中国经常账户规模将会继续缩减，季度逆差可能再次出现。2020 年第二季度至 2021 年第一季度，经常账户出现了盈余增加的状况，但在第二季度经常账户顺差已出现下滑，增长动力已出现疲软的态势。疫情等外生冲击因素不是驱动中国经常账户变动的结构性因素，未来中国经常账户盈余恐怕难以持续增加，原因如下：其一，中国呈现持续的经常账户盈余主要源于中国供应链在疫情冲击下最先复苏、疫情发生后需求错位效应显著，未来随着中国经济增速逐渐放缓，美欧等发达经济体供应链及经济增速恢复，中国经常账户顺差将有所缩减；其二，中国消费需求恢复较为缓慢，导致总储蓄与总投资缺口逐渐拉大，如果中国私人部门债务类持续上升，总储蓄下降速度快于投资增速，那么经常账户余额缩减将成为长期趋势；其三，随着全球旅行交往的恢复，中国的服务贸易逆差将会重新扩大，将驱动整体经常账户盈余收缩。

其次，未来中国非储备性质金融账户季度余额将呈现顺逆交替、变动不居走势，年度余额大概率呈现逆差。自 2019 年中美贸易摩擦以来，中国金融市场的开放速度也显著加快，在对跨境资金"宽进严出"的管理背景下，虽然非储备性质金融账户的证券投资项呈现持续资金流入，但其他投资项波动性日益加剧。随着 2021 年下半年乃至 2022 年中国经济增速放缓、与主要经济体经济增长差缩小，特别是目前中美处于不同的经济周期与金融周期阶段，中国总体上位于经济周期与金融周期的下行阶段，美国总体上位于金融周期的上行阶段，经济周期上行且并未见顶，中美利差的缩小可能导致未来中国面临跨境资本的较大规模流出。如果中国政府推动资本账户开放进程加快，跨境资本流动管理的"宽进严出"模式有所松动，非储备性质金融账户流出规模将进一步加剧。考虑到在历史上，中国资本管制的进程多是非线性的，多呈现"收紧—放松"的循环，预计未来中国非储备性质金融账户将呈现季度余额变动不居、年度余额大概率逆差的局面。

再次，中国储备资产增量将小幅缩减，存流量背离现象依然显著。随着人民币汇率弹性的增加，中国央行已很少动用储备资产（外汇储备）在外汇市场进行干预，这决定了未来（3～5 年）中国储备资产存量较为稳定的总体趋势。中国储备资产存量的走势主要取决于经常账户与非储备性质金融账户的走势及估值效应的影响。未来，一方面，由于新冠肺炎疫情持续时长存在不确定性、美联储货币政策调整程度未知、中美贸易摩擦发展趋势不明朗等因素的存在，美元指数可能表现出更显著的波动性，估值效应引起的外汇储备存流量将产生一定程度的背离；另一方面，未来中国可能出现小幅资本外流、人民币汇率呈现一定的贬值压力，非储备性质金融账户将较大概率呈现年度逆差，这会导致中国的外汇储备数量小幅缩水，最终导致储备资产存量的整体小幅缩减。

最后，未来中国国际收支平衡表中的净误差与遗漏项大概率继续出现显著的净流出。中国国际收支平衡表中个别季度误差与遗漏项余额已经超过当季 GDP 的 8%，远远超过经常账户的规模，这已经很难单一用统计误差来解释。考虑到新冠肺炎疫情的持续与反复，在未来依然面临较大的不确定性，经济形势严重承压，如果中国政府多次做出收紧流入端的资本管制措施，那么短期投机资本外流的倾向会进一步加剧，而通过误差与遗漏项流出可能是资本外流最显著的渠道。值得一提的是，如果国家间旅行与交往有望在一年内恢复，净误差与遗漏项流出规模可能将有所缓解。

（二）政策涵义

未来中国国际收支呈现如此的走向，至少将产生如下政策涵义：第一，随着中国经常账户顺差逐渐缩减，甚至由顺转逆，中国需要借助更多的外部资金来实现国际收支平衡，而国外资金的波动性将显著高于国内资金，这就意味着未来无论是人民币汇率还是国内风险资产价格都会出现更大程度的震荡；第二，随着国际收支双顺差的消失以及人民币汇率弹性的增强，中国人民银行在货币政策目标上将面临更多的权衡与取舍；第三，如果中国政府继续加速金融开放，放松资本管制，外部资金的频繁进出将放大中国金融体系面临的负面冲击，从而给国内金融市场带来更大的挑战；第四，在中长期内，如果中国经常账户盈余缩减导致外汇储备逐步下降，中国投资者对美国国债的投资需求也将发生趋势性下降，未来美国国债市场的外部需求将发生显著下降，与美国现阶段类似"财政赤字货币化"的政策相结合，将引发中长期内美国国债市场发生调整的风险，也将对中国产生较大的货币政策外溢影响。

参考文献

姜波克：《国际金融新编（第三版）》，复旦大学出版社，2001。

刘瑶、张明：《全球经常账户失衡的调整：周期性驱动还是结构性驱动?》，《国际金融研究》2018 年第 8 期。

余永定、肖立晟：《解读中国的资本外逃》，《国际经济评论》2017 年第 5 期。

Alberola, E., Estrada, Á., and Viani, F., "Global Imbalances from a Stock Perspective: The Asymmetry between Creditors and Debtors", *Journal of International Money and Finance*, 2020, 107 (4): 1–20.

Avdjiev, S., and Hale, G., "US Monetary Policy and Fluctuations of International Bank Lending", BIS Working Paper No. 730, 2018.

Caballero, R. J., Farhi, E., and Gourinchas, P. – O., "An Equilibrium Model of 'Global Imbalances' and Low Interest Rates", *American Economic Review*, 2008, 98: 358–393.

Gourinchas, P. – O., and Rey, H., "International Financial Adjustment", *Journal of Political Economy*, 2007, 115 (4): 665–703.

Korinek, A., "Managing Capital Flows: Theoretical Advances and IMF Policy Framework", IEO Background Paper, BP20–02/01, 2020.

Zhang, M., and Liu, Y., "Global Imbalance Adjustment: Stylized Facts, Driving Factors and China's Prospects", *China & World Economy*, 2019, 27 (6): 79–103.

Ⅲ　绿色发展

中国绿色金融：政策框架与发展趋势

何德旭　程　贵[*]

摘　要： 绿色金融在推动实现碳达峰、碳中和过程中发挥着至关重要的作用。本文聚焦于碳中和目标下中国绿色金融发展情况，阐释绿色金融发展政策演进与意义，分析中国推进绿色金融发展的具体实践与取得的成效，指出绿色金融助力实现碳中和的机遇与挑战，从构建绿色金融政策支持体系、加强绿色金融产品与服务创新、完善绿色金融配套服务、深化绿色金融国际合作等方面提出对策建议。

关键词： 绿色金融　环境保护　低碳发展

从全球范围来看，绿色金融已经进入向纵深发展的新阶段。在此背景下，需要深入研究绿色金融及相关重大理论问题，不断推动绿色金融体系建设，继续完善绿色金融政策框架，研究储备更多绿色金融政策工具，继续促进绿色金融产品服务创新，广泛深入参与全球绿色金融治理，推动中国绿色金融高质量和可持续发展，进一步彰显绿色金融的社会和环境效益。

---

[*] 何德旭，中国社会科学院财经战略研究院院长、研究员；程贵，兰州财经大学金融学院院长、教授。

自 18 世纪工业化革命以来，人类大量燃烧化石燃料，向空气中排放大量二氧化碳等温室气体，温室效应加剧，使得全球气温持续攀升。气候变暖造成全球气候异常，引发飓风、火灾、洪涝、旱灾等自然灾害，对全球经济发展、粮食安全、人类健康、生态系统等构成严重威胁与损害。面对日益严峻的环境问题，各国环保志士、国际组织开始反思以牺牲环境为代价的不可持续发展模式。1962 年，美国海洋生物学家蕾切尔·卡森在《寂静的春天》中指出，过度使用化学药品会破坏生态环境、危害人类健康。1972 年 6 月，联合国人类环境会议通过了《人类环境宣言》，呼吁各国加强环境保护，在人类环境保护史上具有里程碑意义。1992 年 6 月，联合国环境与发展大会通过了《环境与发展宣言》和《21 世纪议程》，为各国加强环境保护与实现可持续发展提供行动指引。世界银行于 2012 年 5 月发布研究报告"包容性绿色增长"（Inclusive Green Growth），对新古典增长理论，也就是 GDP 的增长来自有形资本（physical capital）、人力和生产率的增长这一论断提出了质疑，因为这种新古典增长模式没有意识到经济生产直接依赖自然资源存量和环境质量，所以世界银行的环境战略提出要走"绿色、包容、高效、可承负"的增长道路，也就是绿色增长。2015 年，联合国气候变化大会通过了《巴黎协定》，画出两道"限定线"，即到 21 世纪末全球平均气温较工业化前水平上升的幅度控制在 2℃，最好不超过 1.5℃。

从全球范围来看，随着人口增长、经济快速发展、经济结构转型以及能源消耗量的大幅增加，全球生态环境受到了严重挑战，寻找新的经济增长点、实现绿色增长已成为必然选择。特别是经济发展越来越受到资源环境容量的制约，迫切需要加快节能环保、新能源、绿色低碳产业的发展。金融作为现代经济的核心，绿色金融作为支撑绿色产业发展和传统产业绿色改造的金融要素的总和，在推进产业绿色转型、应对环境和气候变化、支持绿色生态产业发展过程中居于十分重要的地位。强化金融支持绿色发展，提高金融服务绿色经济的效率，就必须大力推进绿色金融机制建设，加快发展绿色金融，为实体经济提供高效的融资服务，形成金融与绿色产业发展的良性互动格局，最终实现绿色增长。

1980 年，美国颁布实施了《超级基金法案》，明确了环境责任具有可追溯性和连带性，即放贷项目出现污染事故时，银行应承担相应的环境污染责任。20 世纪 90 年代，联合国环境规划署（UNEP）先后制定了针对银行、保险等金融机构环境责任的指引性文件，标志着国际金融机构开始系统实施环境管理体系。在绿色金融政策指引下，花旗银行、巴克莱银行、荷兰银行等机构提出了《赤道原则》，气候债券倡议组织（CBI）与国际资本市场协会（ICMA）先后发布了气候债券标准（CBS）、绿色债券原则（GBP），为国际绿色信贷、绿色债券发展提供了规范与标准。

在商业机构、国际组织的推动下，国际社会逐渐达成绿色发展共识，不断深化对绿色金融的认识。2002 年，国际金融公司与荷兰银行等根据《赤道原则》，倡议金融机构在向一个项目投资时，要对该项目可能对环境和社会的影响进行综合评估，并且利用金融杠杆促进该项目在环境保护以及社会和谐发展方面发挥积极作用。2006 年，联合国发布《负责任投资原则》（PRI），提出金融机构开展信贷投放时要考虑对周围环境和社会的影响。2013 年，英国国会在"绿色金融专题听证会"上提出，绿色金融是为发展低碳能源、提高能源效率、适应气候变化以及在环境保护、自然资源领域的投资。2016 年，由中国人民银行、财政部等七部委发布的《关于构建绿色金融体系的指导意见》指出，绿色金融是支持环境改善、应对气候变化和资源节约高效利用的经济活动。同年，中国在 G20 杭州峰会期间，联合英国发布了《G20 绿色金融综合报告》，对绿色金融做出权威性界定，认为绿色金融是指能产生环境效益以支持可持续发展的投融资活动。

从理论上讲，绿色金融是指金融部门、金融机构将环境保护作为一项基本遵循，在业务活动决策中纳入环境评估流程，充分考虑潜在的环境影响，把与环境条件相关的潜在的成本、收益和风险都融合进日常业务活动，在金融经营活动中注重对生态环境的保护、环境污染的治理以及绿色产业的发展，通过对社会经济资源的引导，即引导资金流向节约资源技术开发和生态环境保护产业，引导企业生产注重绿色环保，引导消费者形成绿色消费理念等，进而促进社会的可持续发展。综上，绿色金融是通过绿色信贷、绿色债券、绿色基金等金融产品与服务创新，支持绿色生态产业发展的投融资制度安排。绿色金融大体包括以下三点：一是支持绿色低碳产业发展。绿色金融倡导将环境因素纳入金融业务决策与运营管理范畴，促进传统产业转型与绿色产业发展，实现经济绿色低碳转型。二是弥补绿色投资缺口。实现可持续发展仅靠政府财政是无法满足的，需要发挥绿色金融作用，吸引金融资本、社会资本投向绿色生态产业。研究表明，中国实现碳中和所需要的资金规模达到百万亿元级别，需要发挥绿色金融作用，弥补绿色投融资的资金缺口。三是创新多样化金融产品与服务。绿色金融发展需要运用绿色信贷、绿色债券、绿色基金等金融服务，强化金融机构对环境风险的认识，加强环境信息披露，不断提高资源利用效率，实现减污降碳，减缓并适应气候变化。

可以看出，与传统金融相比，绿色金融最突出的特点就是，将对环境保护和对资源的有效利用程度作为计量其业务活动成效的重要标准，并通过自身活动引导，带动各经济主体注重环境生态平衡，因而更强调人类社会的生存环境利益，更加注重金融业务活动与环境保护、生态平衡的协调发展，最终促进经济社会的可持续发展。

一　中国绿色金融发展历程

生态文明建设是关乎中华民族永续发展的根本大计，发展绿色金融是推进生态文明建设、实现绿色高质量发展的重要路径。同时，绿色金融发展存在显著外部性，需要发挥政策干预或引导作用，支持金融机构、生态产业发展，实现环境效益与社会效益的"内部化"。对此，国内学者积极关注绿色金融议题，形成了一系列研究成果，对推进中国绿色金融发展发挥了重要促进作用。在绿色金融发展必要性上，中国的环境承载能力已经达到或接近上限，需要建立一套绿色金融体系，引导金融资源投向绿色生态项目，促进经济结构绿色转型，维护中国负责任大国形象（马骏，2015）。在绿色投融资方面，生态文明建设存在巨大的资金缺口，需要通过市场化途径，构建绿色金融体系，满足绿色项目建设的投融资需求（中国工商银行绿色金融课题组，2017）。在绿色金融产品创新方面，绿色信贷是绿色金融的重要组成部分，构建绿色信贷信用担保授信机制和环境效益监测机制，有助于推进企业生态创新与提升竞争力（吴晟等，2020）；推动绿色信贷资产证券化，吸引非银行机构投资者为绿色发展提供资金（鲁政委等，2020）。

在多方支持与共同努力下，中国绿色金融发展大体经历了部门探索、顶层设计与基层差异化发展三个阶段。

（一）绿色金融部门探索阶段

20 世纪 90 年代以来，监管部门率先推出绿色金融政策举措，开启绿色金融实践探索。1995 年 2 月，中国人民银行颁布《关于贯彻信贷政策与加强环境保护工作有关问题的通知》，首次将金融机构信贷工作与环境保护结合起来，把环境源保护和污染防治纳入银行授信决策因素。2007 年 11 月，中国银监会印发《节能减排授信工作指导意见》，要求金融机构配合国家节能减排战略，严把"高耗能、高污染项目"贷款闸门，满足"节能环保项目"贷款需求。2012 年 2 月，中国银监会发布《绿色信贷指引》，提出完善相关信贷管理系统，明确绿色信贷的支持方向和重点领域，促进经济发展方式转变和经济结构调整。在绿色金融政策引导下，以兴业银行为代表的金融机构积极推进绿色金融业务发展，在 2008 年宣布采纳《赤道原则》，成为国内首家赤道银行。在此期间，绿色保险和碳市场政策也开始启动。2007 年，国家环保总局与中国保监会发布《关于环境污染责任保险工作的指导意见》，提出加快建立环境污染责任保险制度，进一步健全中国环境污染风险管理制度。2011 年，国家发展改革委在北京、天津、上海等 7 个省市开展碳排放权交易试点，覆盖电力、水泥、钢铁等多个行业近 3000 家重点排放单位。

（二）绿色金融顶层设计阶段

党的十八大以来，中国将绿色发展纳入国家战略，绿色金融进入快速发展阶段。2012 年，党的十八大提出"推进生态文明建设"的决策部署，将其纳入中国特色社会主义事业"五位一体"总体布局，成为治国理政的长期方略。2015 年，党的十八届五中全会提出"创新、协调、绿色、开放、共享"五大发展理念，将绿色发展作为经济社会发展的底色。2020 年 9 月，习近平主席在第 75 届联合国大会上向全世界庄严宣布，中国将力争于 2030年前实现碳达峰，在 2060 年前实现碳中和。这对绿色金融发展助力生态文明建设提出更高要求。2015 年 9 月，党中央、国务院发布了《生态文明体制改革总体方案》，明确提出建立绿色金融体系的总体框架。2015 年 12 月，中国人民银行、国家发展改革委相继发布《绿色债券支持项目目录》《绿色债券发行指引》，明确绿色债券发行规范与标准。2016 年 8 月，中国人民银行、财政部、国家发展改革委等七部委制定了《关于构建绿色金融体系的指导意见》，中国成为世界上首个建立绿色金融政策框架体系的经济体。截至 2020 年末，中国绿色贷款余额近 12 万亿元，绿色债券存量 8132 亿元，分别位居世界第一、第二。

（三）绿色金融基层差异化发展阶段

2017 年 6 月以来，中国在浙江、江西、广东、贵州、甘肃、新疆六省（区）九地建设绿色金融改革创新试验区，形成与"自上而下"顶层设计互补、协同的"自下而上"基层探索新路径。试验区结合自身地理位置、自然资源以及经济基础等差异性特点，制定绿色金融改革创新试点政策方案，推进绿色金融产品与服务创新，探索可复制可推广的改革创新经验。试验区根据经济基础、自然环境大体分为三类：第一类地区（浙江和广东）市场经济和金融业比较发达，着力探索"两山"理论的金融实现机制；第二类地区（江西和贵州）绿色资源比较丰富，着力探索绿色金融支持经济可持续发展的方式；第三类地区（新疆和甘肃）地理区位突出，着力推进绿色丝绸之路建设。目前，上述试验区结合自身实际，积极完善绿色金融政策支持体系，建立一系列激励约束机制，引导金融机构与社会资本支持绿色生态产业发展。截至 2020 年末，六省（区）九地试验区绿色贷款余额达 2368.3

亿元，占全部贷款余额比重 15.1%；绿色债券余额 1350 亿元，同比增长 66%。

总的来说，中国推进绿色金融发展不仅延续了传统文化"天人合一"的思想内核，而且彰显出"中央－地方"联动的制度优势。中国的传统文化理念强调"天人合一"、人与自然的和谐发展。绿色金融发展契合"天人合一"思想，主张尊重自然、顺应自然和保护自然，将环境保护纳入金融机构、企业、公众的交易与决策体系，实现人与自然和谐共生。同时，绿色金融发展是在"自上而下"顶层设计与"自下而上"基层探索下协同推进经济社会绿色转型。中国充分发挥社会主义制度和体制优势，通过一系列有效的制度安排，明确绿色金融发展战略目标与总体布局，为中国绿色低碳高质量发展指明了方向。在六省（区）九地开展绿色金融改革创新试点，各有侧重地开展绿色金融改革探索，形成更多可复制可推广的改革创新经验。通过"上下联动"，促进产业结构、能源结构优化调整，构建绿色低碳循环发展经济体系，实现碳达峰、碳中和。

二 中国绿色金融政策框架

为构建绿色低碳循环发展经济体系，助力实现碳达峰、碳中和，中国人民银行将"落实碳达峰碳中和重大决策部署，完善绿色金融政策框架与激励机制"作为 2021 年重点工作，并且确立"三大功能""五大支柱"的绿色金融发展政策思路。所谓"三大功能"，主要是指充分发挥金融支持绿色发展的资源配置、加强对环境和气候风险管理、发挥碳排放权交易市场的定价功能与促进碳金融延伸产品开发三大功能。要发挥好这"三大功能"，有必要进一步完善绿色金融体系"五大支柱"，即完善绿色金融标准体系、强化金融机构监管和信息披露、逐步完善激励约束机制、不断丰富绿色金融产品和市场体系、拓展绿色金融国际合作空间。

在"自上而下"顶层设计与"自下而上"基层探索中，中国绿色金融发展已经取得了积极成效，对实现碳达峰、碳中和具有重要作用。

第一，加强绿色金融产品与服务创新。在绿色信贷方面，中国绿色信贷市场发展迅速，存量规模位居世界首位，有效支持生态产业发展。截至2021年第二季度末，主要金融机构本外币绿色贷款余额为13.92万亿元（见图1），同比增长26.43%，主要投向绿色交通、战略新兴产业、可再生能源及清洁能源项目。在绿色债券方面，中国绿色债券市场发展迅速，参与主体不断多元化，产品期限更加丰富。截至2020年末，境内绿色债券累计发行规模超过1.4万亿元，存量规模为8132亿元，位居全球第二位。在绿色基金方面，截至2019年末，中国已有700多只绿色基金。2020年7月，中国成立了国家绿色发展基金，首期总规模达到885亿元，重点支持长江经济带环境保护和污染防治、生态修复和国土空间绿化、能源节约利用、绿色交通、清洁能源等领域。此外，中国正在积极推进全国碳排放权交易市场建设，其中发电行业在2021年正式启动第一个履约周期，2000多家发电企业分到碳排放配额。

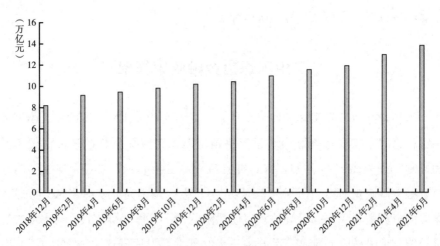

图1　主要金融机构本外币绿色贷款余额

资料来源：Wind。

第二，逐步完善激励约束机制。目前，中国已经初步建立了中央与地方两级激励约束机制。在中央层面，建立金融机构绿色信贷业绩评价，将评价结果纳入MPA考核、央行评级，引导金融机构优化信贷结构，支持绿色生态产业发展。围绕碳达峰、碳中和目标，中国人民银行将推出碳减排支持工具，发挥央行再贷款资金优势，降低银行绿色贷款利率，进而降低绿色项目的融资成本。在地方层面，六省（区）九地试验区政府运用财政贴息、税收优惠、风险缓释基金等政策工具，激励金融机构、债券发行人、绿色企业积极支持经济绿色发展。截至 2020 年第三季度，六省（区）九地试验区绿色贷款余额达 2256.37 亿元，占试验区全部贷款的 14.8%，绿色债券余额为 1196.71 亿元，同比增长 59.1%。

第三，完善绿色金融标准体系。绿色金融标准是规范绿色金融相关业务、确保绿色金融实现商业可持续的必要技术基础。2017 年 6 月，中国人民银行、中国银监会、国家标准化管理委员会等部门联合发布了《金融业标准化体系建设发展规划（2016—2020 年)》，成立了绿色金融标准工作组，制定绿色金融通用基础标准、绿色金融产品服务标准、绿色信用评级评估标准、绿色金融信息披露标准、绿色金融统计与共享标准、绿色金融风险管理与保障标准等。目前，中国绿色金融标准体系建设已经取得积极进展。《绿色金融术语》国家标准已经立项、《金融机构环境信息披露指南》《环境权益融资工具》行业标准即将发布；《绿色债券信用评级规范》《绿色私募股权投资基金基本要求》《碳金融产品》行业标准已完成送审。同时，《绿色债券支持项目目录（2021 年版)》实现金融债、企业债、公司债"三债合一"，促进债券标准国内统一，实现绿色金融标准与国际接轨。

第四，强化金融机构信息披露。自 20 世纪 90 年代以来，中国证监会、环保部等部门率先对上市公司、环保企业制定出台法律法规，要求强制或非强制环境信息披露，规范环境信息披露方式与内容。后来，在中央顶层设计下，跨部门联合建立环境信息制度，细化披露标准与要求，逐渐形成环境信息披露法规监督体系，相关政策见表 1。2016 年，《关于构建绿色金融体系的指导意见》明确提出，逐步建立和完善上市公司和发债企业强制性环境信息披露制度，将环境违法违规信息等企业环境信息纳入金融信用信息基础数据库，解决信息不对称问题对绿色投资的制约。2020 年，深圳运用特区立法权制定出台了《深圳经济特区绿色金融条例》，在环境信息披露方面大胆探索、先行先试，强制上市公司、债券发行人、金融机构开展环境信息披露。2021 年，中国人民银行在绿色金融改革创新试验区开展金融机构环境信息披露试点，探索金融机构环境信息披露经验，为全国范围实施金融机构环境信息披露奠定基础。

表 1　中国环境信息披露相关政策

时间	发布部门	文件	内容
1997 年	证监会	《招股说明书的内容与格式（试行）》	公开发行股票的公司在招股说明书中应适当提及能源或者交通方面存在的制约、产业政策限制、环保限制等环境信息相关的风险
2003 年	国家环保局	《关于企业环境信息公开的公告》	对被列入名单的重污染企业进行环境信息披露
2006 年	深圳证券交易所	《上市公司社会责任指引》	上市公司根据其对环境的影响程度，制定整体环境报告政策，指派具体人员负责公司环境保护体系的建立、实施、保护和改进
2008 年	上海证券交易所	《上海证券交易所上市公司环境信息披露指南》	鼓励上市公司在披露公司年报时，披露公司的年度社会责任报告（含环境信息）
2015 年	中共中央、国务院	《生态文明体制改革总体方案》	要求资本市场建立上市公司强制性环保信息披露制度
2016 年	人民银行、国家发展改革委、环保部、证监会	《关于构建绿色金融体系的指导意见》	建立和完善上市公司和发债企业强制性环境信息披露制度，加大对伪造环境信息的上市公司和发债企业的惩罚力度，培育第三方专业机构提供环境信息披露服务的能力
2017 年	证监会、环保部	《关于共同开展上市公司环境信息披露工作的合作协议》	完善上市公司环境信息披露制度，督促上市公司切实履行披露义务，引导上市公司在落实环境保护责任中发挥示范引领作用
2020 年	中央全面深化改革委员会第十七次会议	《关于加快建立健全绿色低碳循环发展经济体系的指导意见》《环境信息依法披露制度改革方案》	聚焦于企业环境行为，落实企业法定义务，健全披露规范要求，建立协同管理机制，健全监督机制，加强法治化建设，形成企业自律、管理有效、监督严格、支撑有力的环境信息强制性披露制度
2020 年	深圳市第六届人民代表大会常务委员会	《深圳经济特区绿色金融条例》	金融行业上市公司、绿色金融债券发行人、享受绿色金融政策优惠的金融机构，必须在 2023 年 1 月起披露环境信息

第五，积极拓展绿色金融国际合作空间。中国积极履行全球环境治理和应对气候变化的大国责任，在 G20、"一带一路"、双多边框架下开展绿色金融国际合作。在 G20 框架下，中国将绿色金融纳入 G20 杭州峰会、汉堡峰会、布宜诺斯艾利斯峰会的议题，形成绿色金融的全球共识与行动指南。在"一带一路"框架下，中国与英国发布了《"一带一路"绿色投资原则》，将绿色低碳发展纳入"一带一路"建设，提升项目投资的环境和社会风险管理水平。在双多边框架下，中国牵头发起或参与了中央银行与监管机构绿色金融网络（NGFS）、可持续金融国际平台（IPSF）等，推进绿色金融研究与业务交流，促进环境与气候风险监测、经验学习，实现经济绿色低碳循环发展。

三　中国绿色金融发展机遇与现实挑战

随着绿色低碳循环发展成为全社会的主流意识，中国将加速产业结构与能源结构转型步伐，这将给绿色金融发展带来极大机遇。一方面，产业结构转型需要大量的绿色金融支持。目前，中国处于工业化、城市化高速发展阶段，高耗能、低附加值、劳动密集型的产业依然在经济发展中占有重要位置。在碳达峰、碳中和目标下，中国将加速传统产业的转型力度，加快技术改造、淘汰落后产能，同时积极发展节能环保、清洁生产、新能源、装备制造、人工智能等新兴产业，提升产业发展的可持续性与竞争力。产业结构转型升级将释放"环保红利"，激发形成巨大的绿色金融需求。金融机构将通过创新投融资、基金、保险等金融产品，优化金融服务模式，支持构建现代产业体系。清华大学气候变化与可持续发展研究报告显示，要实现温升控制在 1.5℃ 的目标，中国需要新增投资 138 万亿元。另一方面，能源消费结构调整促进绿色金融发展。中国能源禀赋是"富煤、缺油、少气"，能源消费以煤炭为主。2020 年，中国煤炭消费量为 28.29 亿吨，占总能源消费量的56.9%。以煤炭为主的能源消费结构直接导致二氧化碳等温室气体排放上升。碳达峰、碳中和目标加速对能源消费结构的调整，减少煤炭、石油等传统能源领域投资，扩大水能、风能、太阳能等非化石能源的支持力度，满足能源"脱碳"的金融需求，带动绿色金融发展。

中国绿色金融发展虽然取得了较为突出的成效，但总体上看，中国绿色金融还处于探索发展阶段，与国际先进水平相比还存在差距。一是绿色金融激励约束机制不够健全。随着绿色金融的持续推进，针对绿色金融领域的约束性政策持续增加，绿色金融激励性政策却较为缺乏，增加了绿色生态企业的经营成本，使其与非绿色企业处于不平等的竞争位置。二是绿色金融标准体系还不完善。中国在绿色金融通用基础标准、绿色统计标准、绿色债券标准、绿色金融机构评价标准等方面虽然取得了不小的成绩，也得到了国际社会的广泛肯定，但与碳达峰、碳中和目标相比，中国绿色金融标准还未完全实现国内统一、国际接轨目标，还存在部门之间标准不一致、详细问题不够清晰，给绿色金融业务操作与执行带来一定困难。三是绿色金融产品创新仍需加强。中国绿色金融市场发展迅速，形成绿色信贷、绿色债券、绿色ABS、绿色保险等产品与服务体系，但与"3060"目标下多层次、多类型的市场需求相比还有较大差距，无法满足广大中小企业、投资者的绿色投融资需求。四是环境信息披露机制亟须完善。中国上市公司、金融机构、排污企业等主体的环境信息披露还处于探索阶段，对环境信息披露的内容、流程、管理、频次等方面规定还很粗略。许多地区的金融机构、企业缺乏环境信息的采集、计算、评估碳足迹信息的能力，缺乏强制性信息披露要求。这既影响环境信息披露的质量，降低相关数据的可比性，又制约激励约束政策的落地实施。五是绿色金融专业人才缺乏。绿色金融发展涉及多学科、宽领域的知识，需要熟悉宏观经济政策、金融相关业务、环境保护信息的综合性人才。目前，中国绿色金融发展时间短，缺乏绿色金融专业人才及相应的培养机制，尚无法满足"3060"目标下绿色金融创新、环境风险管理、环境信息披露等方面的人才需求。

四　中国绿色金融发展趋势

对标碳达峰、碳中和目标和建设社会主义现代化国家的新要求，中国需要做好绿色金融顶层设计，积极完善绿色金融政策支持体系，强化绿色金融产品与服务创新，丰富绿色金融配套服务，深化绿色金融国际合作，助力经济结构绿色转型并应对环境与气候变化风险。

第一，做好绿色金融顶层设计。发展绿色金融，加大金融支持绿色产业发展和传统产业绿色改造的力度，要服务于国家发展战略，服务于经济结构升级、经济发展方式转变、实体经济发展大局，就必须从宏观层面进行把握；同时，加快发展绿色金融，还涉及多方面利益格局的调整，复杂程度高且难度大，尤其是需要有全体利益相关者的集体行动，因此也需要通盘考虑、系统谋划。其一，绿色金融的发展以及绿色增长在很大程度上取决于是否制定了良好的政策，也就是说，这些政策能否有效解决市场失灵和准确定价问题。这就意味着政府有关部门必须发挥积极推动作用，营造良好的政策与社会环境，对绿色金融机构与业务予以政策优惠，建立环保信息交流与共享平台，加大环评的广度、深度和执行力度，进一步完善绿色金融监管体系，以差别化的监管和激励政策引导金融机构发展绿色金融业务。其二，面对日益严峻的环境资源挑战，有效撬动私人投资、促使私人资本进入绿色投资领域至关重要。从实践来看，由于新的市场必然存在一些不确定性和一系列可以感知的风险，所以，私人投资进入绿色领域还存在较大的困难。在这种情况下，运用公共资金解决主要风险，可以有效吸引私人资本进入绿色基础设施项目。除此之外，潜在的解决方案还包括设计能源购买计划违约保险工具，为融资项目创设长期外汇套期保值工具、结构化担保基金以及信用违约掉期（CDS）等。其三，积极创造条件，让外部利益相关者和公司内部治理发挥对绿色金融机构的激励和约束作用。绿色金融的发展是一个系统工程，是一个长期渐进的过程，既要兼顾我国绿色经济转型的需要，同时也要考虑我国金融体系自身改革的特点。由于发展绿色金融涉及面非常广泛，不仅包括绿色金融供给体系的建设，而且包括绿色金融发展支撑和保障体系的建设，因此必须在顶层即国家层面设计更加清晰的战略路线图，并且构建一种有效的协调机制，统筹推进绿色金融的发展，让绿色金融战略真正落地。

第二，完善绿色政策支持体系。一是健全绿色金融政策法规。目前，中国绿色金融的政策体系仍不完善，缺少针对绿色金融的顶层设计。对此，需要完善绿色金融政策法规，明确绿色金融范畴、基本原则、发展目标和要求、保障措施等，同时在修订其他金融领域相关法律法规时，融入绿色金融原则与要求，为构建绿色金融市场体系提供前瞻性指引。二是完善绿色金融激励约束机制。加强相关部门合作，发挥财政、金融、产业等政策合力，加大对绿色企业和金融机构绿色投融资的财政支持力度，建立绿色项目的再贷款支持机制，提高市场主体参与绿色发展的积极性。把银行绿色金融评价纳入考核范围，扩大绿色低碳资产规模，调整绿色资产与棕色资产的风险权重，减少对"两高一剩"行业的支持。三是完善绿色金融标准。加快构建"国内统一、国际接轨、清晰可执行"的绿色金融标准，促进绿色金融市场健康规范发展，规避"漂绿""洗绿"风险。加强绿色金融标准领域的国际合作，促进国内外绿色金融标准趋同，吸引国际资本投资国内绿色项目。

第三，建立绿色金融产品与市场体系。一是扩大绿色直接融资规模。引导金融机构丰富绿色信贷产品种类与优化服务，发展绿色债券和绿色资产证券化，探索环境污染责任保险等绿色保险产品，支持绿色低碳循环经济发展。二是建立健全碳排放权市场体系。结合温室气体减排行动、经济增长预期等因素，科学核定碳排放权配额发放总量，完善碳市场价格机制，开发与碳排放权相关的金融产品和服务，吸引个人、企业、机构投资者参与碳排放权交易。三是培育与发展绿色基金。以国家产业政策为导向，吸引社会资本参与设立支持绿色产业发展的绿色基金，制定责任投资管理制度和绿色投资指引，引导更多资金投向绿色低碳产业、生态建设、污染治理等领域，为绿色中小微企业提供融资担保，缓解中小微企业的融资难问题。这里要特别注意解决的一个问题，就是绿色金融的可持续发展问题。从根本上说，商业可持续性是发展绿色金融的基本前提，所以发展绿色金融不仅需要围绕商业可持续性进行制度、工具和产品的创新，促使绿色环保产业与金融机构业务转型形成良性互动关系，而且需要准确把握顾客需求差异，不断改善金融资源在产业链低碳与高碳间的配置，积极探索碳基金理财产品、碳资产证券化、碳交易 CDS 等结构性金融工具创新，推广优先损失基金、主权风险保险、基于项目产出的弹性利率贷款等降低绿色投资风险的创新金融产品，将有限的金融资源用于支持清洁能源、节能环保、水资源、气候弹性农业、智能电网、低碳运输体系等绿色经济领域，从而提升对绿色经济增长的支持服务能力。

第四，健全绿色金融配套服务与管理机制。一是加强环境信息披露。对照碳达峰、碳中和目标，完善环境信息披露法律法规和管理办法，扩大环境信息披露主体范围，明确披露形式、内容、监督管理等要求，逐渐形成强制性、规范化的信息披露制度。二是科技赋能绿色金融发展。运用区块链、大数据、云计算及人工智能等新兴技术手段，促进绿色金融产品与服务创新，降低绿色投融资成本，提升绿色项目、绿色企业的投融资效率。将金融科技应用到绿色金融数据统计、信息披露、标准建设等领域，解决信息不对称问题，为绿色金融激励约束政策落地提供支撑。浙江省湖州市应用金融科技搭建绿色金融信息服务平台（如"绿贷通""绿融通""绿信通"）有效缓解绿色项目、绿色企业融资难题的做法和经验值得借鉴。三是培育发展绿色金融第三方认证评估机构。第三方机构是绿色金融市场的重要组成部分。培育发展绿色金融第三方认证评估机构，规范第三方认证机构操作方式，明确评估机构的资质、评估标准、评估方法等，为绿色企业、绿色项目投融资、气候风险管理、政府监管等提供支持。

第五，加强绿色金融国际合作。一是利用 G20 峰会平台，将绿色金融纳入 G20 议题，丰富绿色金融内容，如探索环境和气候风险评估工具箱、将 ESG 因素纳入基础设施建设等，扩大绿色金融发展的国际共识。二是深化中央银行与监管机构绿色金融网络（NGFS）、可持续金融国际平台（IPSF）等绿色金融多边国际合作，推进金融机构环境和气候风险管理，开展金融机构环境信息披露与能源转型压力测试等，促进绿色金融国际经验共享。三是加强中英、中法等绿色金融双边合作，强化绿色金融国际投资合作，扩大对绿色、可持续技术的投资规模，促进国际金融标准趋同，实现国际绿色金融市场协同发展。四是积极参与国际绿色金融规则的制定，从我国经济和金融的国情出发制定符合我国现阶段实际的绿色金融标准，争取在全球绿色金融体系中拥有更大的话语权、参与权和主动权。

参考文献

《陈雨露：我国绿色金融已进入全面提速的发展阶段》，《农村金融研究》2017 年第 10 期。

国务院发展研究中心课题组：《发展中国绿色金融的逻辑与框架》，《金融论坛》2016 年第 2 期。

何茜：《绿色金融的起源、发展和全球实践》，《西南大学学报（社会科学版）》2021 年第 1 期。

刘桂平：《发展绿色金融助力"30·60目标"实现》，《中国金融》2021 年第 2 期。

鲁政委、方琦、钱立华：《促进绿色信贷资产证券化发展的制度研究》，《西安交通大学学报（社会科学版）》2020 年第 3 期。

马骏：《论构建中国绿色金融体系》，《金融论坛》2015 年第 5 期。

马骏：《碳中和目标下绿色金融面临的机遇和挑战》，《金融市场研究》2021 年第 2 期。

马骏、程琳、邵欢：《G20 公报中的绿色金融倡议（下）》，《中国金融》2016 年第 18 期。

〔美〕蕾切尔·卡森：《寂静的春天》，韩正译，浙江工商大学出版社，2018。

牛海鹏、张夏羿、张平淡：《我国绿色金融政策的制度变迁与效果评价——以绿色信贷的实证研究为例》，《管理评论》2020 年第 8 期。

王静：《我国绿色金融发展驱动因素与进展研究》，《经济体制改革》2019 年第 5 期。

王文：《绿色金融与"一带一路"的绿色化》，《中国人民大学学报》2019 年第 4 期。

吴晟、赵湘莲、武良鹏：《绿色信贷制度创新研究——以推动企业生态创新为视角》，《经济体制改革》2020 年第 1 期。

中国工商银行绿色金融课题组：《商业银行构建绿色金融战略体系研究》，《金融论坛》2017 年第 1 期。

中国人民银行研究局：《中国绿色金融发展报告 2019》，中国金融出版社，2020。

绿色金融政策引领商业银行
资产配置低碳转型

王　锐[*]

摘　要：　长期以来，我国持续完善绿色金融政策，通过建立健全绿色信贷及债券标准、丰富绿色金融产品体系、形成绿色金融长效发展机制等方式，推动商业银行资产配置绿色低碳化转型。政策发挥降低资产风险、降低参与成本、拓宽配置空间的作用，持续为银行资产配置转型提供动力。随着政策的不断完善，商业银行应优化资产转型风控及资源配置机制，实现信贷由高碳向零碳的动态迭代，加强绿色债券的发行、投资及承销力度，加快绿色金融产品创新，助力实现"双碳"目标。

关键词：　绿色金融政策　商业银行　资产配置　绿色低碳化

为积极应对全球气候变化，推动经济社会绿色低碳化转型，我国正在推动实现"双碳"目标，并通过完善绿色金融政策，引导金融机构支持绿色投融资活动。在此过程中，商业银行应该结合政策导向，积极优化资产配置，提升绿色金融服务质效，助力实现"双碳"目标。

---

* 王锐，经济师，任职于中信银行资产负债部。

一 政策推动商业银行资产配置绿色低碳化转型

长期以来，为保护生态环境，我国引导经济社会绿色发展，建立并持续完善配套政策体系。从金融角度来看，这些政策不断丰富绿色金融的内涵范畴，规范绿色投融资的业务实践，并推动商业银行遵循绿色低碳化原则，持续优化资产配置。

（一）建立健全绿色信贷原则及标准，为商业银行投放绿色信贷指明方向

传统上，我国绿色金融政策的首要着力点是引导银行将环境因素纳入信贷管理，并完善绿色信贷认定标准。第一，根据环保标准和产业政策，建立"一票否决"、差异化授信、名单制管理"三位一体"的绿色信贷原则。国务院于 1981 年要求银行对未通过环保审查的项目不得贷款，开始将环境因素纳入信贷管理。此后，环保及金融监管部门出台政策要求，银行应实施差异化授信，支持节能环保项目，抑制"两高"行业，对存在重大环境和社会风险的客户实行名单制管理。第二，建立健全绿色信贷认定标准。银监会、人民银行分别于 2013 年、2018 年明确绿色信贷投向行业，此后也根据国家发展改革委等七部委《绿色产业指导目录（2019 年版）》进行了调整。这些政策认定口径存在一定差异，同时受限于衡量绿色产业链减排效应的技术尚未成熟，在激励绿色信贷发挥环境效益上仍有空间。例如，核电纳入国家发展改革委、人民银行认定范围，但不在银保监会目录。光伏发电设备制造作为清洁能源产业，属于政策支持范围，但设备重要材料晶体硅的生产高耗能、高污染，属于限制行业。

（二）规范绿色债券标准，完善绿色金融产品体系，拓宽商业银行绿色资产配置空间

随着我国非信贷金融产品发展，绿色金融政策体系加快完善。一方面，

统一规范绿色债券（以下简称绿债）标准。人民银行、国家发展改革委于2015年相继放开绿色金融债（以下简称绿金债）、绿色企业债发行。证监会、证券交易所、交易商协会也随之出台措施，将绿债范畴扩展至公司债、债务融资工具。然而，国内、国内外绿债标准均存在差异，给发债主体造成不便，也不利于激励商业银行发行、投资绿债，降低绿色项目融资效率。在监管合作协调下，人民银行、国家发展改革委及证监会印发《绿色债券支持项目目录（2021年版）》，删除化石能源清洁利用类别，实现了国内绿债标准统一，并为与国际接轨奠定基础。另一方面，丰富绿色金融产品体系。我国于2015年正式确定"建立绿色金融体系"，发展绿色信贷、绿色债券、绿色信贷资产证券化等产品。2016年，我国发布《关于构建绿色金融体系的指导意见》，进一步扩大绿色金融范畴。目前，绿色金融体系正在持续实现对信贷、证券及衍生品、基金、保险、环境资源权益产品等主要品种的覆盖，商业银行绿色资产配置空间进一步拓展。

（三）推动形成绿色金融长效发展机制，激励商业银行强化绿色资产配置力度

国家从宏观政策、监管考核、银行机制三个层面，逐步建立健全绿色金融长效发展机制。第一，出台财税、信贷等方面优惠措施，降低绿色融资综合成本。人民银行通过再贷款、再贴现以及即将推出的碳减排支持工具等向商业银行提供优惠利率资金，降低绿色信贷的资金成本，并将绿金债纳入货币政策工具抵质押品，进一步拓宽银行绿色信贷资金来源；此外，通过财政贴息、政府基金担保降低企业绿债成本及风险，并通过完善相关机制，撬动社会资本与政府合作，降低商业银行投资绿色企业债、绿色地方债的风险，更好参与绿色PPP项目。第二，加大对银行绿色金融监管考核力度，推动资金流向绿色领域。既对银行发展绿色金融的组织、制度、流程等进行定性评价，也将定量评价范围从绿色信贷扩展到绿色债券，并为绿色股权投资、租赁、信托、理财等预留考核空间。第三，引导银行将绿色因素纳入全流程，建立健全绿色金融发展机制。要将绿色因素贯穿于战略、授信、内控、

披露全过程，更要优化资源配置机制，在信贷额度及经济资本（风险资产）分配、FTP 定价、拨备计提等方面向绿色领域倾斜。

二 政策为银行资产配置转型提供内在动力

我国绿色金融政策立足于提升商业银行安全性、流动性、效益性，通过降低资产风险、降低参与成本、拓宽配置空间，持续为银行资产向绿色低碳化转型提供动力。

（一）防范气候金融风险，实现商业银行资产配置与环境气候的双向良性反馈

事实上，我国很早就重视环境风险与银行资产风险的相互作用。国务院在 1981 年就明确提出"以强化环境监管促进信贷安全，以严格信贷管理支持环境保护"，旨在促进"环境风险"与"信贷风险"双向降低。进入 21 世纪，随着全球工业化进程加快，碳排放跃升导致气候变暖加剧，气候金融风险进入人们视野。自 2012 年起，人民银行、银监会就在各项政策中要求，商业银行应当识别和防控企业造成的气候变化等环境和社会风险。气候金融风险作为"全面风险"、系统性金融风险，对银行经营存在巨大隐患：如果银行持续向高碳行业提供资金支持，碳排放量继续上升，可能引发气候环境灾难，严重削弱实体经济消费及生产能力，并造成抵质押品损毁或贬值。为应对环境气候变化，政府动用政策干预，推动能源及生产技术变革，使得化石能源及相关产业的高碳资产蒙受重定价带来的贬值。上述因素综合作用，会削弱甚至摧毁融资主体的还款能力，将造成商业银行信用风险、市场风险、流动性风险等全面恶化。

综合来看，气候金融风险既来源于气候变化本身，也受到由此带来的气候政策变化的影响。由于经济社会是共生系统，"金融资源配置（金融机构端）—实体经济（企业及消费者端）—环境风险（自然环境端）"存在双向反馈效应。从系统论角度看，金融政策持续在商业银行（资产）端添加

绿色因素，引导其优化资产配置，并通过经济与环境双向反馈效应，促进实现可持续发展。例如：限制银行资金流向"两高一剩"领域，鼓励加大对具有绿色发展效应领域的金融支持；鼓励银行开展气候风险压力测试，强化应对气候风险的能力。

（二）解决环境外部性导致的"市场失灵"，降低商业银行等绿色融资参与主体的成本

经济活动产生的碳排放等环境污染具有外部性，仅依靠市场机制难以激励市场主体主动控制碳排放。面对"市场失灵"，需要政府动用政策干预，推动环境外部性内部化，将环境因素转化为市场主体的收益或成本，优化经济决策，提升社会效益。传统上，我国使用税收、罚款、补贴（贴息）、转移支付等财政手段，兼顾调节正/负外部性，对企业实行约束或激励。然而，加大财政支出会增加政府负担，且受限于政府债务水平管控，而税收罚款容易造成价格扭曲，影响市场运行效率。

聚焦于金融领域，政策通过优化监管机制，释放政策红利补贴市场主体，激发正外部性下的潜在资源，并完善资源产权分配与交易机制，降低市场交易成本，充分利用市场经济规律解决环境外部性导致的"市场失灵"。具体措施如下：第一，降低银行绿色信贷资金成本，并通过信贷渠道传导，降低企业绿色融资成本。例如，人民银行正在研究推出碳减排支持工具，以定向化的再贷款（贴现）、借贷便利、降准等形式向银行提供长期限、优惠利率的资金支持，这兼具量、价、期限补贴效应，预计能够有效降低具有碳减排效应项目的成本。第二，适度降低绿债发行门槛，给予资金使用更多弹性空间，完善担保增信机制，降低企业绿债融资成本。如上文所述，这有利于推动银行发行及投资绿债。第三，完善碳排放权额度分配及交易机制。全国碳排放权交易市场已经正式启动，先期纳入发电行业，其余八个高耗能行业将在"十四五"期间逐步纳入。其重要意义为：解决了以往各试点地区碳权分配测算方法存在差异的问题，将全国碳排放权分配统一调整为基于实际产量的行业标准法，显著提升分配效率、降低交易成本。

（三）促进绿色投资与消费，拓宽商业银行资产配置空间

近年来，绿色金融政策引导银行降低"两高一剩"行业产能等无效低端供给，支持绿色低碳产业发展，助力供给侧结构性改革取得成效。从能源替代和产业发展的规律来看，我国实现"双碳"目标的路径与其他经济体没有明显差异，基本遵循产业链顺序推进全流程脱碳化。在此过程中，我国将降低化石资源使用，推广绿色能源升级，摆脱部分自然资源高度依赖进口的局面，筑牢能源安全的发展基石；此外，鼓励企业革新绿色低碳生产技术，甚至对国外实现"弯道超车"，提升产业链供应链体系安全，破解核心技术"卡脖子"问题，更好参与全球竞争，最终实现社会净零碳排放。上述领域，将成为商业银行资产配置的新蓝海。

此外，我国坚持扩大内需的战略基点，推动需求侧改革，努力形成需求牵引供给、供给创造需求的更高水平动态平衡。国务院于 2021 年 2 月出台政策，要求加快健全绿色低碳循环发展的消费体系，促进绿色产品消费。截至目前，监管部门尚未出台绿色消费贷款的具体标准。人民银行在 2019 年修订的绿色信贷统计范围中纳入个人经营贷款，但不包括消费贷款。银保监会在最新的绿色融资统计制度中，从过去注重生产端，逐渐扩展到贸易和消费领域。部分银行正在发力绿色消费领域，推出绿色住房按揭贷、新能源汽车消费贷、绿色信用卡等创新产品，取得了良好的经济与社会效益，需要政策给予更多的支持和鼓励。

三 政策推动银行绿色资产业务发展仍有较大空间

在政策的鼓励和支持下，我国商业银行绿色资产业务蓬勃发展。但是，政策在持续发挥推动作用方面仍有较大提升空间。

（一）绿色信贷环境效益与认定标准仍待优化

近年来，我国商业银行绿色信贷业务快速发展，有力支持了社会绿色低

碳化发展。从截至 2021 年 6 月末的数据来看，我国绿色信贷具有如下明显特征。一是规模增长较快，但占比较低。央行口径本外币绿色信贷余额已经接近 14 万亿元，增速明显超过同期各项贷款总体水平，较 2018 年末增长近 70%，规模稳居世界首位。但是，对公贷款在各项贷款中占比已经超过六成，而绿色信贷占比则低于 10%，比较而言仍有较大的提升空间。二是国有大行及股份制银行是绿色信贷投放的主力。六家国有大行绿色信贷余额合计达到 7.2 万亿元，占比超过五成，主要股份制银行贷款余额也普遍达到千亿水平，并仍在加快投放步伐。三是信贷投向和效应具有指向性。用于基础设施绿色升级、发展清洁能源超过 70%，投向交通运输业，仓储和邮政业，电力、热力、燃气及水生产和供应业超过 56%。其中，投向具有直接或间接碳减排效益项目的贷款合计达到 9.37 万亿元，占绿色信贷的比重为 67.3%，有力支持了碳减排工作。

从业务实践来看，商业银行绿色信贷的资产质量整体表现较好，近年不良率始终在 0.4%~0.7%，信用风险远低于各项贷款总体水平。但是绿色信贷业务发展也存在制约因素，尚需政策发挥推动作用：第一，绿色信贷的环境效益尚未全面体现。从当前公开数据来看，商业银行绿色信贷加权平均利率与对公信贷整体基本持平。在降低实体经济融资成本，叠加支持绿色低碳发展的政策导向下，预计绿色信贷利率将整体呈现下降趋势，其账面盈利水平很难有比较优势。在此情况下，将绿色信贷的碳减排社会效益显性化就非常重要。以往，国内无论是监管评价还是银行内部考核，一般是将项目节约标准煤折算为碳减排量，但是受主观因素影响较大，且尚未对投放行业实现全面覆盖。绿色信贷的碳减排效益未能充分体现在贷款收益上，不利于鼓励银行加大绿色信贷投放。目前，已经有银行在探索依据信贷投放在产业链中的碳足迹，构建信贷碳减排综合效益指标，为更好反映信贷环境效应提供参考。第二，绿色消费信贷认定标准尚未出台。相比于产业端，以信贷促进绿色消费的认定标准尚未统一，虽然防范了贷款"洗绿""漂绿"的风险，但也制约了产品创新和发展。实际上，从产业效应来看，以绿色需求拉动绿色供给，可能起到事半功倍的效果。例如，根据中国建筑节能协会公布的数据，全国建筑全过程中的碳排放总量占比已经达到 51%。部分银行推出了绿色节能建筑按揭贷款，可以带动生产端绿色建筑材料、新能源储能设备等行业的发展，极大缓解碳排放压力。

（二）绿色债券发行机制与收益体现仍有优化空间

现阶段，商业银行主要以发行绿金债、承销或投资绿债的方式参与绿债市场。根据 Wind 数据测算，截至 2021 年 9 月末，我国境内绿金债（不含资产证券化产品）累计发行规模约为 5937 亿元。其中，商业银行占比达到 78%，是主体发行机构。综合来看，商业银行发行绿金债存在不利因素，规模与成本仍有优化空间。一方面，以资产证券化方式为绿色信贷腾挪空间受限。商业银行通过证券化方式，能够实现信贷资产出表，推动信贷的可持续流量化经营。近年来，部分商业银行曾经发行过绿色（对公）信贷资产证券化产品，但监管可能出于风险防控等因素考虑，现阶段已经停止审批对公信贷资产证券化项目，绿色信贷证券化流转也就随之暂停。实现"双碳"目标需要全社会投入海量资金，缓解商业银行信贷资金约束，能够更好发挥其在资源配置中的积极作用。另一方面，绿金债价格对绿色项目自身优势的体现有待发掘。当前，银行对公贷款加权平均利率在 4.5% 左右，绿金债发行利率相对较低，普遍在 3%～4%，但考虑承销费、评估费等，盈利空间其实较为有限。更重要的是，银行绿金债大多以 3～5 年期为主，期限溢价与对公贷款相比总体较低，且大多使用专项台账方式管理，募集资金与绿色项目并不存在直接对应关系，所以息差收益主要还是来源于期限错配，是银行以一定的流动性风险作为代价换取的。从市场机制来看，只有在风险和收益上将绿色项目与债券挂钩，才能更有效地支持优质绿色项目，提高银行业务积极性。

此外，商业银行承销及投资绿债均具有较强优势。根据 Wind 数据测算，2020 年至 2021 年 9 月，绿债发行规模约 10318 亿元。商业银行作为主承销商参与发行占比超过 70%，具有较高的市场份额。从投资角度看，商业银行以及旗下理财产品是绿债市场主要投资者。根据中央结算公司的数据，商业银行在各类绿债中的投资占比已经超过 50%。当前，人民银行在绿色金融评价体系中，已经将承销、投资绿债分别纳入银行定性、定量考核因素。此外，在当前信用债风险普遍上升的市场环境下，企业绿债尚未出现重大违约事件。其中的重要原因可能包括：商业银行出于强化综合融资服务能力，以及深化与优质企业战略合作等方面的考虑，对绿债融资企业也有加大信贷支持的倾向，利于维护企业正常经营。

（三）碳金融工具创新需要准确定价与配套政策支持

目前，我国已有多家商业银行积极探索碳金融服务。根据融资性质，银行碳金融服务包括以下几方面：一是推出债权类碳融资产品，以碳排放权抵质押贷款、CCER（中国核证自愿减排量）质押贷款、CDM 项目应收账款质押贷款、碳中和债券及 ABS 产品、碳资产售出回购、碳保函等为主。二是提供理财等碳资产管理业务。例如，收益来源于存款利息及碳排放权配额的绿色结构性存款等。三是碳金融中间业务。例如，为碳交易所提供结算服务，为绿色项目融资方提供资金存管、财务顾问服务。从上述业务来看，商业银行开展碳金融业务，可以为个人、企业、碳交易所、非银金融机构等广泛的市场主体提供多元化服务，为全社会碳减排提供了强大的推动力量。

综合来看，商业银行目前不能直接参与全国碳交易市场，所以主要通过投放碳权抵质押贷款、承销或投资碳排放主题债券、创新碳金融服务等，推动碳金融产品创新。值得期待的是，政策层正在推动完善气候变化投融资标准，并考虑逐步将碳交易市场主体范围扩大到符合标准的机构和个人。这就意味着，随着全国碳市场逐步成熟，商业银行等金融机构大概率有机会直接参与碳配额交易。但就现阶段来看，全国统一碳交易市场刚刚起步，碳排放权定价与交易机制正在不断完善。银行开展碳排放权抵质押贷款、碳回购等业务，需要在参与相关业务的同时，助力完善碳价格发现机制，形成客观准确的碳排放权定价，也需要政策在权属登记、价值评估、质押物处置等方面加以规范并提供便利，提升银行发展碳金融业务的效率和动力。

四 商业银行应加快资产配置绿色低碳化转型步伐

未来，绿色金融政策必将不断发展完善，商业银行应顺应和利用政策机遇，加快资产配置绿色低碳化转型步伐，助力实现"双碳"目标。

（一）优化资产转型风控及资源配置机制

商业银行应积极提升对环境气候风险的管理能力，加大资源配置向绿色领域的倾斜力度。一是优化资产绿色低碳化转型风控机制。银行应利用大数据、云计算等科技手段，积极参与碳排放权市场交易价格形成过程，加强对企业环境气候影响的监测，动态完善客户气候环境信息数据库，细化客户分级分类管理制度，突出授信政策的差异性；完善投融资活动的碳足迹测算与追踪方法，确保信贷资金真正用于绿色领域，尤其是碳减排效应较强、环境效益较高的项目；优化环境气候风险测算与压力测试，提前储备应对风险的手段，不断夯实风控能力。二是优化资源配置机制。在商业银行普遍面临资本稀缺问题的环境下，监管部门正在研究差异化设置绿色资产和棕色资产的风险权重，鼓励商业银行加大绿色资产配置比重。此外，监管部门即将推出具有优惠利率的碳减排支持工具，并已明确采取先贷后借的机制，保证资金直达绿色项目。因此，银行应积极与监管部门导向对接，优化资源配置机制，在信贷额度、风险资产（经济资本）、内部考核资本成本率、FTP 定价等方面，强化对绿色资产的倾斜力度，激励分支机构、子公司齐心协力发展绿色金融业务。

（二）实现信贷由高碳向零碳的动态迭代

由于能源消费及产业结构升级需要经历一定的历史过程，预计在 2030 年碳达峰前，化石能源消费仍将在一段时期内保持刚性增长。此外，商业银行与许多优质大型企业客户的合作具有战略性，所提供的融资产品和服务往往具有较长期限，对授信客户与业务的调整需要科学谋划、稳步推进。上述过程都不是一蹴而就的，需要缓冲过渡期。因此，商业银行需要防范"运动式减碳"，先立后破，实现信贷由高碳向零碳的动态迭代。一方面，逐步降低煤炭、石油等高碳排放领域的信贷投放。将高碳客户区分为主动进行技术创新及改造的头部企业、跟随公共政策调整的常规企业、无力进行升级改造的被动企业，突出信贷分类施策的差异性；逐步调整产品结构，以贴现、供应链融资等低风险、高流动性的业务替代固定资产贷款、流动资金贷款等传统产品，实现产品有序轮替。另一方面，根据产业链脱碳顺序，稳步提高低碳资产占比。结合发达国家经验与国内现状来看，我国产业链脱碳应遵循"电力部门脱碳→非电力部门电气化→终端设备节能提效→碳排放端绿化"的顺序。因此，商业银行应逐渐加大对清洁能源、绿色储能、节能减排、碳捕捉封存、绿色交通基础设施等绿色低碳生产领域的信贷投放。

（三）加强绿色债券的发行、投资及承销力度

商业银行作为国内债市主要机构参与者，应利用好传统业务优势，积极参与绿债业务。一是积极发行绿金债和绿色资本类债券补充资金和资本，支持绿色资产投放。当前市场竞争激烈，银行稳存增存压力较大，应提升主动负债能力，加大绿金债发行力度，合理平衡资金缺口与期限溢价，带动负债端成本下行，支撑绿色资产投放。此外，资本已成为制约银行资金投放的主要瓶颈：商业银行为支持实体经济发展，现阶段普遍加大资产规模扩张力度，资本消耗速度显著上升；虽然已入选国内系统重要性银行的机构目前均满足附加监管要求，但资本监管从严趋势明显；部分国有大行作为全球系统重要性银行，还面临逐渐临近的国际 TLAC 监管达标要求。因此，监管部门正在探索允许银行发行绿色资本类债券的可行性，以便缓解其资本约束，释放更多资金支持绿色领域。二是积极拓展绿债的承销和投资业务。随着国内绿债标准初步实现规范统一，绿债创新进程正在不断加快，碳中和债券、气候债券、转型债券等新产品陆续推出，为银行扩大债券投资范围、满足客户融资需求提供了更多的市场机遇。此外，建议监管部门出台政策支持绿色信

贷资产证券化流转，提升商业银行信贷资产的流量经营能力，推动债券市场长远健康发展。

（四）加快绿色金融产品创新

商业银行应将政策支持与业务优化结合起来，加快绿色金融产品创新。一是开发完善资源环境权益金融产品。除了碳排放权，政策面正在研究推出基于水权、排污权等各类资源环境权益的融资工具。商业银行应顺应形势，围绕客户需求，积极创新基于知识产权、用能权、排污权和节能收益等抵质押品的轻资产绿色信贷产品；在此过程中，商业银行也可以承接支付结算、资金托管、财务顾问等业务，从而提升非息收入，缓解资本约束。二是积极参与绿色资本市场业务。商业银行应加强对符合国家产业政策导向、有利于解决核心技术"卡脖子"问题、具有数字化智能化等新基建特征的绿色技术企业的综合金融服务，提供具有绿色性质的并购贷款、结构化融资等产品，并在债权、股权投融资方面提供财务顾问、资产管理等中介服务，助推具有高成长潜力的企业在资本市场融资或者上市。三是创新绿色消费信贷产品。建议监管部门尽快出台绿色消费信贷认定标准，鼓励商业银行创新绿色消费信贷产品，引导社会提升绿色消费理念，提升内需"压舱石"的绿色含量，支撑绿色产品生产供给，形成需求牵引供给、供给创造需求的更高水平动态平衡，进而推动经济社会在绿色低碳化转型过程中不断实现更高质量发展。

参考文献

陈冲、王军：《碳达峰、碳中和背景下商业银行的转型策略》，《银行家》2021 年第 6 期。

刘瑜：《碳中和目标下商业银行绿色金融发展路径探析》，《福建金融》2021 年第 7 期。

中国银保监会政策研究局课题组：《绿色金融理论与实践研究》，《金融监管研究》2021 年第 3 期。

红色引领绿色：党建推动绿色金融的实践

杨攀 许晓阳*

摘　要： 党的十九大报告将生态文明、环境保护、绿色发展、绿色金融首次提升到了"总体布局"的高度。"十四五"规划进一步明确了加快推动绿色低碳发展、持续改善环境质量、提升生态系统质量和稳定性、全面提高资源利用效率等绿色发展的四大方向。随着绿色经济的快速发展，绿色金融在助力经济高质量发展中必将发挥更加重要的作用。作为国有股份制商业银行，中信银行坚持以党建为引领，以客户为中心，依托中信集团产融协同优势，充分发挥基层党组织的作用，树立和落实绿色金融发展理念，支持绿色实体经济发展，这既是服务国家战略的使命所在，也是改革发展的行动指南。

关键词： 党建引领　绿色金融　实体经济　产融协同

党的十九届六中全会通过的《中共中央关于党的百年奋斗重大成就和历史经验的决议》强调，必须实现创新成为第一动力、协调成为内生特点、绿色成为普遍形态、开放成为必由之路、共享成为根本目

---

* 杨攀，中信银行公司银行部副总经理；许晓阳，任职于中信银行公司银行部。

的的高质量发展，推动经济发展质量变革、效率变革、动力变革。实现高质量发展是我国经济社会发展历史、实践和理论的统一，是开启全面建设社会主义现代化国家新征程、实现第二个百年奋斗目标的根本路径。

绿色是高质量发展的底色。实现高质量发展，是要在碳达峰、碳中和的框架下，实现我国生产生活方式的绿色低碳转型，这是一场广泛而深刻的经济社会系统性变革。在保护生态安全、促进可持续发展已经成为全球共识的背景下，中国进入经济结构调整和发展方式转变关键时期，绿色金融已经成为大势所趋。在此过程中，商业银行应积极把握高质量发展机遇，充分发挥金融机构优势作用，将助力发展绿色金融上升至全局和战略高度，推动绿色金融发展理念贯穿于社会发展的各个方面和环节，助力我国实现"绿色低碳"转型目标。

一　国内外绿色金融的发展及现状

（一）绿色金融与赤道原则

绿色金融是指为支持环境改善、应对气候变化和资源节约高效利用的经济活动，即对环保、节能、清洁能源、绿色交通、绿色建筑等领域的项目投融资、项目运营、风险管理所提供的金融服务。

绿色金融最早来源于生态银行。1988年，世界上首家以保护生态为目的的银行在联邦德国成立，经营与自然环境保护相关的信贷业务，促进生物和生态发展，因此又被称为绿色银行。同时，伴随"可持续发展"概念的提出，世界各国逐渐认可绿色发展理念，绿色金融也在这种"绿色"潮流下逐步发展起来。

在国际银行业，发展绿色金融履行的标准集中体现为《赤道原则》。该原则旨在为支持风险决策的尽职调查提供行业基准，评估、确定和管理在业务过程中可能涉及的社会风险和环境风险。

（二）国内绿色金融相关支持政策梳理

1.政策推进脉络

"绿色金融"理念引入我国后，国内绿色金融体系建设也在逐步完善，从顶层设计到重点产业发展，从金融产品考核范围到定量、定性指标，都在不断丰富和发展。2016 年被称为我国绿色金融发展的元年，中国人民银行、财政部等七部委联合印发《关于构建绿色金融体系的指导意见》，为我国绿色金融体系搭建了顶层框架。2018 年，人民银行制定《银行业存款类金融机构绿色信贷业绩评价方案（试行）》，将金融机构的绿色信贷业绩评价纳入 MPA 考核，开始对商业银行开展绿色信贷业务进行定量考核。2019 年，《绿色产业指导目录（2019 年版）》的印发，进一步明确了我国绿色产业的发展重点。

2.政策相关要求

为促进绿色金融的发展，2021 年人民银行初步确立了"三大功能""五大支柱"的政策思路。"三大功能"包括资源配置、风险管理和市场定价。"五大支柱"包括激励约束机制、绿色金融标准体系、绿色金融产品和市场体系、金融机构监管和信息披露要求、绿色金融国际合作。

3.定量考核要求

2021 年，人民银行发布《银行业金融机构绿色金融评价方案》，考核范围包括境内绿色贷款和境内绿色债券，主要定量考核指标有四个：绿色金融业务总额占比、绿色金融业务总额份额占比、绿色金融业务总额同比增速、绿色金融业务风险总额占比。四个指标的权重均为 25%。各家金融机构的绿色金融评价结果将被纳入 MPA 考核以及金融机构评级等央行的政策管理工具，进一步推动金融机构发展绿色金融业务。

4.定性考核要求

"绿色金融"定性考核得分主要是由人民银行结合银行业金融机构的日常管理、风险控制等情况进行确定，并结合定性指标体系进行打分。考核指标从高到低，主要包括绿色金融制度建立及实施情况、支持绿色产业发展情况、执行国家及地方绿色金融政策情况三个方面，权重分别为 40%、30%、30%。

（三）我国金融机构绿色金融发展现状

1. 绿色信贷和绿色债券

当前，在我国绿色金融市场中，绿色信贷是规模最大的绿色金融产品。截止到 2021 年 9 月，我国绿色信贷规模为 14.78 万亿元，存量余额占总贷款量的 7.8%，较 2018 年提升 1.8 个百分点。近年来，在我国的新增贷款业务中，绿色信贷业务占比一直维持在 12% 左右，2019 年新增 1.99 万亿元（占比 11.8%），2020 年新增 1.73 万亿元（占比 8.8%），2021 年 1~9 月新增 2.83 万亿元（占比 16.9%）。

绿色债券是仅次于绿色信贷的绿色金融产品，2021 年 9 月底，绿色债券存量余额为 1.62 万亿元，占全市场存量债券的 1.3%，比例较少。2016年以来，我国绿色债券年净增规模相对比较平稳，平均年净增规模在 2500亿元左右。

2. 绿色资金主要行业投向

当前，我国金融机构的绿色金融资金以铁路运输和城轨投向为主，其次为风电、水电。

（1）绿色信贷

在我国的绿色信贷资产投放中，绿色交通运输、可再生资源以及清洁能源项目的占比较高。2017 年银保监会对 21 家主要银行绿色贷款数据统计显示，绿色交通运输项目占比 36.3%，可再生能源及清洁能源项目占比19.4%。其中，在绿色交通运输项目中，铁路运输信贷投放占比 22.3%，城市轨道交通信贷投放占比 12.3%；在可再生能源及清洁能源项目中，水电项目占比 9.1%，风电项目占比 5.7%。

近几年，信贷结构投向未发生太大变化，仍以交通运输和电力行业为主。2021 年 9 月末，电力燃气、水生产和供应的投放占比 27.6%，交通运输、仓储及邮政的投放占比 27.2%。另外，从产业结构看，基础设施绿色升级产业投放占比47.3%，清洁能源产业投放占比25.6%。

（2）绿色债券

绿色债券的主要投向是以公用事业和工业为主，与绿色信贷的交通运输、电力、水利等投放结构基本匹配。从绿色债券发行主体所处的行业分布情况看，主体还是公共事业、公共交通、公共基础设施建设，并以国企为主。除去地方政府和金融机构以外，实业以公用事业和工业（主要是城轨和交通运输）为主，占比分别为40%和49%，合计占比89%。

（3）清洁能源产业是未来投资方向

从行业的商业模式角度来看，清洁能源上游的光伏、风电、水电、核电，到中游的锂电池储能、智能电网调度、特高压电能传输，再到下游的充电桩建设、新能源汽车制造，产业链存在盈利可持续性，有着丰富的投资机会。

从政策支持的方向看，清洁能源将是我国实现碳达峰、碳中和的最主要手段。2021年7月，全国碳排放权交易市场在上海正式启动，首日成交量410万吨，成交额2.1亿元。2021年11月，人民银行创设推出碳减排支持工具，支持清洁能源、节能环保、碳减排技术等重点领域的发展，撬动更多社会资金促进碳减排。

二 金融机构支持绿色金融的必要性分析

（一）落实习近平新时代中国特色社会主义思想的新实践

习近平总书记曾指出："中国'特色'现代国有企业制度，'特'就特在把党的领导融入公司治理各环节，把党组织内嵌到公司治理之中。""国有企业是中国特色社会主义的重要物质基础和政治基础，是我们党执政兴国的重要支柱和依靠力量。""把国有企业做实做强做优，是中国特色社会主义制度优越性得以充分发挥的重要保障"。

作为中资国有商业银行，落实党中央重大决策部署，把加强绿色金融落实到各项工作中，探索国有金融企业高质量发展新路径，这既是金融服务实体经济、引导产业升级、推动低碳转型的需要，也是落实监管部门要求、履行环境和社会责任的需要，更是拓宽商业银行发展空间的需要。结合自身实践，联合央企、国企、民企等重点客户共同支持绿色实体经济，是国有商业银行落实习近平新时代中国特色社会主义思想的有效实践。

（二）推进党中央重大决策部署落地实施的新方法

金融是实体经济的血脉，为实体经济服务是金融的职责所在，研究如何通过提高服务效率，更好促进实体经济发展的改革思路与举措，是各家金融机构面临的一个现实课题。对于国有商业银行，解决好"党建"与"业务"两张皮的问题，就要寻找更多的党建与业务融合的新方法、新模式。

现阶段，绿色产业正成为我国"双循环"背景下经济增长的新动力、新市场和新增长点，低碳、绿色发展将是我国未来经济转型的重点方向，而低碳经济和循环经济相关产业也将迎来新的发展机遇。金融机构通过设定相关行业的绿色金融标准及信贷政策，加大对符合绿色金融标准产业的支持力度，压降或退出有高环境风险的行业，促进经济社会可持续发展，既交出业务发展的成绩单，也交出落实党中央重大决策部署的成绩单。

（三）适应我国经济转型和商业银行转型的新举措

在监管约束不断提高、宏观经济形势与金融环境纷繁复杂的背景下，在愈来愈激烈的同业竞争下，如何将有限资源最大限度服务于优质客户，走出一条差异化经营道路，尤其对于股份制商业银行来说，更具有时代意义。

商业银行作为经济发展的重要中介，可以利用资金规模和定价、授信额度和期限、风险管理和控制进行资金配置，引导资金投向有利于经济转型和结构调整的领域，在有利于环境保护和资源利用的行业、企业和项目上实现资金流入，从而推动产业转型升级。在此过程中，商业银行也需要及时调整发展路径，从过去粗放式的规模扩张，逐渐转移到以提高效益、提高经营管理水平的发展模式上来。因此，通过发展绿色金融，可以有效地适应经济转型和商业银行转型的需要。

三 商业银行开展绿色金融的路径选择展望

（一）碳达峰、碳中和将推动经济进入新一轮周期

能源革命推动经济转型，传统行业迎来供给侧改革，新兴行业创造新的消费需求，将推动经济进入新一轮周期。改革开放40多年来，我国的经济发展经历了三个周期：1980～1990年，农业周期，以家庭联产承包责任制为起点，农村生产效率大幅提升，中国基本解决了温饱问题；1990～2000年，制造业周期，劳动密集型制造企业快速发展，乡镇经济启动，纺织业、小家电等如雨后春笋般发展；2000～2010年，重工业周期，以及2000年之后的房地产周期，随着城镇化发展进程，以房地产为核心的固定资产投资快速发展。2010年以来，重工业进入衰退期，房地产行业也逐渐进入了下行通道。近年来，我国尚未有新的主导产业出现，经济增速呈现阶梯状下降趋势。

从上述经济周期看，不管是农业、制造业，还是重工业及房地产，都在围绕老百姓的生产生活方式而不断进行升级。在能源革命推动的背景下，未来一段时间的国内经济周期主导产业，将有很大可能围绕清洁能源展开。纵观我国商业银行经历的周期，主要是近20年的重工业和房地产周期。未来，清洁能源周期将可能对我国商业银行的资产质量、规模增长产生影响。

（二）绿色金融资产将有效平滑银行资产增速

从短期维度看，近几年，我国绿色信贷的资产投放，在一定程度上将起到托底商业银行因房地产贷款增速下滑而产生的资产缺口作用。

从中长期维度看，绿色资产完全替代房地产作为信用创造基础的可能性比较低，而更可能是作为结构优化调整的产业体系补充。根据国家发展改革委和清华大学气候变化与可持续发展研究院测算，为实现碳中和，未来40年我国绿色金融的需求资金将达130万亿元。

（三）绿色金融将强化商业银行的估值管理

通过发力绿色金融，银行板块将会迎来市值的修复，但和上一轮房地产周期相比，将不会有那么大的增幅。经济将迎来新一轮的增长动力，清洁能源产业作为外生变量，将会催化新的消费需求，部分银行将迎来更高的规模增速。同时，从资产质量的维度来看，绿色资产将进一步优化商业银行的资产结构，逐步降低行业整体的系统性风险，这对商业银行而言，无疑将提升市场的估值。

（四）综合金融服务优势将成为新赛道竞争的先发优势

目前，我国绿色金融处在快速发展阶段，各家商业银行在绿色金融竞争中能否占有一席之地，主要取决于商业银行自身的产品研发能力、客户服务能力和风险控制能力。

与传统房地产产业链相比，清洁能源产业链上下游联系更加紧密。有综合金融优势的商业银行在服务清洁能源企业方面更具优势，可以为处于初创期、成长扩张期、成熟期等不同生命周期的企业提供不同类型的金融服务和产品，推出综合金融服务方案，并拥有更强的客户黏性。

四　中信银行绿色金融发展的具体业务实践

作为国有股份制商业银行，中信银行始终坚持贯彻党中央要求，立足新发展阶段、服务新发展格局、推进高质量发展。目前，中信银行已形成成熟的绿色信贷服务体系，推出绿色金融补贴政策，制定绿色债券专项服务方案，建立基于绿色生产、绿色采购、绿色消费以及绿色回收的全链条绿色金融供应链综合服务体系，围绕绿色出行、户用光伏、排污权质押等主题，着力打造绿色普惠产品，在碳配额质押、碳配额回购融资等方面积极探索创新。

（一）发挥绿色金融"助推器"和实业发展"放大器"作用

近年来，中信银行联合对公客户聚焦于供给侧结构性改革、战略新兴产业、绿色金融、乡村振兴等重点领域，在思想上、政治上、行动上与对公客户深化共识，共同提升在贯彻落实党和国家重大决策部署方面的执行力。为中核集团、隆基绿能、远景能源等一批绿色经济行业的支柱企业及其产业链普惠注入金融活水，支持风、电、核等清洁能源企业的发展，进一步发挥绿色金融的"助推器"作用和实业发展的"放大器"作用，浇铸实体经济发展。

中信银行从场景化营销体系、产品方案、服务模式等方面进行创新，实现了经济效益、环境效益和社会效益"三位一体"式增长。一是精选重点客户进行场景化营销体系创新。在客户部门、产品部门和后台支持部门的共同努力下，积极开展"信助绿色，成就伙伴"系列金融服务活动，与国内十大光伏行业细分龙头企业建立业务合作关系，与隆基绿能、晶科能源、晶澳科技签署总对总战略合作协议，深入企业生产经营场景，创新户用光伏、产业链结算等服务。二是围绕龙头企业进行产业链服务模式创新。2021年7月，在光伏行业龙头隆基绿能总部举办"走进隆基"活动暨光伏行业研讨会，由服务光伏龙头企业扩展延伸至全产业链，打造围绕核心企业生态圈的产品和服务，创新性服务模式获得市场好评。三是围绕国计民生重大项目，联合央企客户共同坚定理想信念，提高政治站位。比如，中信银行与中核集团共同支持漳州、田湾、徐大堡等国家重点核电项目建设，把践行中央决策部署落实到具体工作中。

长期以来，中信银行秉持以金融服务支持绿色发展的理念，积极布局绿色金融，持续探索制订绿色行业金融解决方案，自觉承担起金融机构的社会责任。通过"走进"系列活动，中信银行紧密围绕新能源电池、光伏等产业链，深入业务场景，共同进行方案创新，牵头政银企多方对接，持续打造绿色产业链服务体系。通过一系列营销服务创新，中信银行在实现链式获客的同时，不断优化资产结构，提升绿色信贷占比，全面落实战略转型要求，助推我国"双碳"目标实现。

（二）产融协同探索支持绿色经济发展路径

中信集团党委书记、董事长朱鹤新同志曾经指出："要把整合、协同、拓展作为发展主线，打造核心平台和综合品牌，真正把协同优势转化为竞争优势，加快形成保障高质量发展的业务格局。"协同之于中信集团，是发展的核心战略，更是可持续发展的基础。协同之于中信银行，是有别于对手的竞争优势，更是驰骋市场的模式。

近年来，为助力集团"2025 年碳达峰、2050 年碳中和"目标的实现，加快高质量发展的步伐，中信银行积极对接集团金融及实业子公司，全方位满足客户发展需求。中信银行借力协同智库推动产品创新，借助中信证券、中信建投证券等协同资源，积极推动碳金融、碳基金业务方案创新。通过构建"财富管理、资产管理、综合融资"三大核心能力，涌现出诸多为客户提供专业化服务、赢得客户高度认可的经典案例，协同品牌更加耀眼夺目。

1. 支持"T3 出行"打造"绿色出行"典范

"T3 出行"由中国一汽、东风汽车、长安汽车发起，联合腾讯、阿里巴巴等共同投资，致力于打造智慧出行生态平台。"T3 出行"运营车辆主要是一汽、东风、长安三大车企新能源汽车，大幅降低碳排放，在节能环保方面优势突出，为网约车市场注入绿色出行新动能。2020 年，"T3 出行"总计减少碳排放量近 19 万吨，进一步推动出行领域的绿色消费，培育绿色出行文化，为城市绿色交通做出良好示范。

作为中信银行总行级战略客户，围绕"绿色出行"，中信银行与"T3 出行"积极开展业务合作。2021 年 10 月，中信银行联合中信投资控股等组成中信联合体，成功领投 A 轮融资，支持"T3 出行"绿色出行投入。中信集团将依托金融和实业领域的产融协同资源，与"T3 出行"展开汽车/出行产业链、金融科技、绿色低碳等方面的合作。

2. 支持"国调基金"打造"新兴产业投资"典范

"国调基金"是经国务院批准、受国务院国资委委托，由中国诚通联合 9 家国有企业发起设立的中国国有企业结构调整基金。通过股权投资的方式，推动国资国企结构调整、转型升级和布局战略新兴产业等。先后参与中国交建、中国电建等项目投资，积极探索国有资本在推动能源、电力等装备制造重点产业结构调整和转型升级的优势作用。

中信银行充分整合中信集团协同资源，联合中信建投证券、金石投资、信银振华等集团子公司，与中国诚通、中国国新共同发起"绿色经济产业基金联盟"，以扶持现代能源、清洁能源等产业为主要目标，助力地方政府实现"双碳"目标。同时，中信银行成为中国国有企业结构调整基金二期独家托管行，基金总规模737.5亿元，基金首期投资款累计进账184亿元，为"国调基金"打造"新兴产业投资"提供综合金融服务方案。

（三）推动绿色金融发展的内在机制探索

在社会经济发展不断向绿色转型、产业结构不断调整的背景下，中信银行积极践行国家碳达峰、碳中和战略决策，在绿色经济产业链方面，打造不止于金融的场景化服务体系，提供全方位多层次服务。

1. 深化政策研究，做好顶层设计

中信银行充分认识金融创新服务实体经济的重大意义，逐步构建绿色金融业务能力，做深做透绿色金融"五策合一"，大力推动绿色金融服务体系建设。联合券商、高校等，深入开展清洁能源行业和客户的研究，提升全行对绿色经济的认知水平，明确绿色信贷政策导向，优化信贷资源配置，提升绿色金融发展的内生动力。在为客户服务过程中，积极发现客户需求，加快清洁能源相关产品的创新，提升信息化管理水平，全力打造具有中信银行特色的绿色金融综合服务品牌。

2. 建立绿色金融创新体系，持续推动产品创新

中信银行由服务绿色经济的实体龙头企业扩展延伸到全产业链，比如新能源汽车的上游原材料、中游电池、下游整车生产制造等，由点及线，打造围绕核心企业生态圈上下游的产品和服务，切实服务绿色经济。具体产品创新包括：积极加大绿色信贷、绿色资产证券化，支持绿色产业相关企业上市融资和再融资；探索开展环境权益、碳排放权、生态补偿抵质押融资，探索绿色并购融资、ESG理财等创新产品；研究绿色供应链、绿色产业基金等；开发绿色小微企业贷款、个人绿色经营贷款以及绿色消费贷款品种。

3. 践行服务国家区域战略，支持区域绿色发展

中信银行各经营机构积极响应当地政府绿色发展政策，对接地方绿色优

质产业项目，将环境效益显著的项目纳入绿色项目库，参与地方绿色产业基金，由线及面，加强重点产业区域的营销力度。并在此基础上，实现"由线到体"，在市场上打响中信银行绿色金融综合服务品牌。

4. 打造绿色金融服务体系，提供场景化服务

绿色经济日新月异，快速发展，中信银行通过系列活动，紧密围绕新能源、光伏、核电等清洁能源产业链，深入业务场景，共同进行方案创新。中信银行积极牵头组织"政银企"对接，搭建对话交流场景，加强地方政府与龙头企业的互动合作，通过"点、线、面、体"逐级推动，建立中信银行绿色金融集团化产品体系，激发全行绿色金融产品服务创新的潜力。

5. 强化考核推动，做好授信政策引导

大力发展绿色信贷，离不开考核指挥棒的引导作用。中信银行不断完善绿色信贷绩效评价和激励约束机制，积极引导各经营机构梳理存量目标客户，充分利用行内的绿色信贷补贴政策，加大新客户和项目储备。推动开展优质绿色债券投资，积极参与绿色债券、碳中和债券等承销工作。加强授信环节的导向性作用，积极推动绿色金融项目营销上报。

参考文献

何学文：《浅谈新时期国有企业党建创新策略》，《现代经济信息》2019年第22期。

胡宇聪：《我国绿色金融发展的现状、挑战、对策及展望》，《中国集体经济》2019年第2期。

李文涛：《中国绿色金融发展的挑战及对策建议》，《银行家》2018年第10期。

龙凤仪：《绿色信贷、企业社会责任与债务成本关系研究》，北京交通大学硕士学位论文，2018。

潘为红、张文洁、朱俊波等：《绿色金融时代向我们走来》，《时代金融》2017年第22期。

王永忠：《新时期国有企业党建工作的基本遵循与实践探索》，《企业改革与管理》2020年第12期。

赵超：《CS银行绿色金融产品创新风险管理研究》，南华大学硕士学位论文，2019。

商业银行未来发展

——商业银行绿色金融与"双碳"目标

屠沂枫*

摘　要： 降能耗、减排放的低碳生产生活方式将成为全社会可持续发展的基本前提和经济增长的重要驱动因素之一。银行业必须未雨绸缪，积极应对，主动转变信贷偏好，看清能源结构和减排技术跃迁式发展趋势，把握宝贵的窗口期。本文分析了高碳资产潜在风险，尝试提出了基于绿色金融和绿色发展机制的银行信贷资产低碳路径，通过支持清洁能源产业和自愿减排项目来逐步提升低碳绿色信贷权重，避免高碳资产"搁浅"风险，为实现碳达峰、碳中和做出实际贡献。

关键词： 绿色金融　信贷资产转型　"双碳"目标

一　银行业为什么要大力发展绿色金融

2020年9月，我国宣布"3060"目标后，欧盟、日本、韩国、美国等

---

* 屠沂枫，经济师，任职于中信银行公司银行部。

发达经济体先后制订了各自的净零排放计划。应该说，2020 年是人类应对全球气候变化取得重大进展的一年。我国的"双碳"目标已经成为对内全面深化改革、完善治理体系，对外"构建人类命运共同体"的重要导向。

但是，要想顺利达成"双碳"目标，就需要在全社会形成一个依托绿色金融支持的绿色可持续发展机制。绿色金融在此将扮演极为重要的角色，绿色金融是指为支持环境改善、应对气候变化和资源节约高效利用的经济活动，即对环保、节能、清洁能源、绿色交通、绿色建筑等领域的项目投融资、项目运营、风险管理等所提供的金融服务（马骏，2017）。所以说，国家"双碳"目标的提出，对银行业金融机构提出了更高的经营要求，主要有以下三个层面。

（一）推动绿色金融是践行国家战略的需要

首先，银行服务实体经济应积极发挥信贷支持和创新支持的作用，银行应将金融资源高效配置给绿色金融的重点领域和薄弱环节，满足多样化的金融需求。其次，2021 年 2 月，国务院发布指导意见，提出加大对金融机构绿色金融业绩评价考核力度。目前，财政部在《商业银行绩效评价办法》中增设了"绿色信贷占比"考核指标，权重为 6%，对此，银行业要以践行国家战略的站位完成任务，履行好社会责任。

（二）推动绿色金融是银行可持续发展的要求

"双碳"目标关乎未来几十年我国的能源独立和能源安全，也是贯彻新发展理念、利用新技术重塑能源新标准及产业链的重要机遇。同时，在国家"双碳"目标的硬约束下，火电、水泥、钢铁、电解铝、造纸等高碳排放、高能耗行业将面临结构性调整，强者愈强，弱者淘汰。那些不能跟上低碳发展步伐的企业最终成为拖累银行业的"高碳风险资产"。所以，积极推动银行业的绿色低碳转型，保证银行业持续高质量发展，银行业要抓住国家绿色发展的历史机遇期，大力发展绿色金融，支持化石能源替代、碳减排过程中的资金需求，并主动防范转型风险。

（三）推动绿色金融，是应对竞争的要求

"十四五"期间，能源、建材、化工、交通等行业正紧锣密鼓开展化石能源替代、原料工艺优化、结构升级等改造；新能源和清洁能源产业正蓬勃发展。各家银行及其他金融机构均加大了对上述领域的资金支持和客户争夺，市场竞争将白热化。例如，兴业银行从2008年成为我国第一家赤道银行，到2020年底其绿色信贷余额已突破1.8万亿元；民生银行和建设银行也积极响应国家号召，民生银行推出"峰和"行动，打造绿色金融产品体系；建设银行成为TCFD（气候相关财务信息披露组）的支持单位。所以，尽快加强商业银行绿色金融业务，储备绿色项目和客群，扩大绿色信贷规模将成为下一阶段的银行业务发展重点之一。

二 银行信贷资产高碳锁定风险凸显

自2006年起，我国已成为温室气体（GHG）[①] 第一排放大国，2019年排放二氧化碳98亿吨，超过美国和欧盟总和，碳排放的三大行业为能源电力、交通运输、工业和建筑，占比分别为41%、28%和31%。在达标硬约束下，我国必须早于2030年实现碳达峰，化石能源在2050年前后基本上清零。我国的能源供给将由黑色的高碳化石能源向绿色低碳非化石能源快速转变，相关的电力、交通运输、冶金、建材等多个行业将发生重大的结构性变革。

（一）银行信贷资产呈现"高碳化"特征

分析目前国内上市商业银行对公贷款的行业结构，可以看出贷款较多集中在交通运输、商务服务、房地产、水电热燃、制造业和公共设施行业，这

---

① 温室气体 GHG（Green House Gas）包括二氧化碳、甲烷、氟氯烃、臭氧和水蒸气等（杜祥琬，2020）。

些均是典型的高碳排放的"棕色资产"①。如表1所示，无论是大型商业银行、股份制商业银行还是城市商业银行在授信金额占比最大的7个行业中有5个行业属于高碳排放行业。

表1　2019年国内上市商业银行高碳信贷行业占比

单位：%

序号	全部银行		大型商业银行		股份制商业银行		城市商业银行	
1	制造业	18.11	交通运输	22.06	房地产业	18.88	商务服务	23.91
2	交通运输	17.5	制造业	18.73	制造业	16.89	制造业	15.75
3	商务服务	15.52	商务服务	14.51	商务服务	16.52	房地产业	14.25
4	房地产业	12.52	水电热燃	10.55	公共设施	9.97	公共设施	14.09
5	水电热燃	8.58	房地产业	10.10	批发零售	9.46	批发零售	10.63
6	公共设施	7.95	公共设施	6.75	交通运输	7.97	建筑业	7.8
7	批发零售	6.35	金融业	4.99	建筑业	6.68	交通运输	2.78

资料来源：Wind。

现阶段，国内银行对公授信资产呈现高碳化趋势，全行业的高碳资产占比超60%。电力、热力、钢铁、有色金属冶炼、水泥建材、交通运输等行业虽然信用风险较低，但信贷资金的这种错配效应可能强化高碳行业依赖性，在一定程度上抑制银行对绿色低碳行业的信贷供给。

（二）高碳信贷资产可能引发"灰犀牛"事件

碳减排硬约束条件将对国内多个行业产生结构性和全局性的影响，因此银行业必须尽早研判"棕色资产"可能带来的系统性风险，防止发生"灰犀牛"事件。一是高碳资产成为搁浅资产的风险。清华大学研究报告表明，如果银行业继续向传统煤电（除高温超超临界清洁机组）提供信贷，在未来10年，煤电行业不良率或违约概率会从现在的3%上升到20%以上（马骏，2020）。转型迫使多家国际金融机构制定了对煤炭和火电的限贷政策。

---

① "棕色"是与"绿色"对应的概念，指二氧化碳及其他大气污染物排放量高的资产或活动。

二是碳排放限额引发企业盈利能力下降的风险。全面碳排放配额管理已迫在眉睫，2021 年 7 月 16 日，第一批 2225 家发电企业被纳入全国统一的碳排放市场，首次将碳排放责任压实到企业层面。预计到 2035 年电力行业碳价格为 50 ~ 100 美元/吨，[1] 届时碳排放超标的企业将面临巨大的财务负担。除发电企业外，冶金、建材、造纸业都将引入碳排放配额管理，将给企业的生产经营、负债比率、盈利水平、还款能力带来重大影响。

（三）银行应对碳排放硬约束的准备不足

碳达峰、碳中和目标不仅是应对气候变化的指标和承诺，更是关系我国发展战略的全局性问题。目前，国内银行业对碳排放硬约束的准备不足。第一，化石能源可能提前达峰。"十四五"期间，国家将展现极大的战略魄力，化石能源的供给和需求将发生坍缩式结构转型，在国家战略统一部署推动下，清洁能源和可再生能源在能源供给和消费结构中的占比都将大幅提升，我国化石能源生产和消费量很可能提前达峰，银行业如对此转变认识不足将引发不可逆的风险。第二，对信贷惯性应保持高度关注。除能源领域外，碳减排硬约束还会给宏观政策、技术变革、市场偏好和社会行为带来巨大变化，银行业对这些变革带来的不确定性风险[2]认识不足。长期看，银行如果依然走路径依赖的老路，忽视气候变化和碳减排，那将引发一系列场景改变，定会导致不可逆转的系统性风险，错失与国家绿色低碳发展同频共振的战略窗口期。第三，短期内可能出现低碳替代资产荒。截至 2020 年末，银行金融机构对实体经济的贷款余额 171.6 万亿元[3]，其中大量的贷款已经积累形成高碳资产，如此大的体量很难在短时间内找到相应规模的低碳替代资产。所以，在低碳化转型初期可能会出现一定程度的低碳资产荒。

---

[1] 世界资源研究所：《零碳之路："十四五"开启中国绿色发展新篇章》，2020 年 11 月。

[2] 低碳转型风险，指受到宏观政策、技术突破、市场偏好和社会行为规范的转变，使多个行业加速低碳化，导致金融机构原有信贷资产在该变化中出现不确定性风险。

[3] 中国人民银行：《2020 年社会融资规模存量统计数据报告》，2021 年 1 月。

（四）环境信息披露不充分的外部风险

今后，企业的碳排放量将成为金融机构必须考量的风险评级因素。我国虽然从 2020 年开始要求上述公司披露环境信息，但并未细化到二氧化碳等排放指标，非常不利于银行评估、评级信贷资产的碳风险。第一，缺少相关配套政策。从实际操作层面看，我国虽已出台《绿色投资指引（试行）》《绿色产业指导目录》《绿色债券支持项目》等文件，但尚未出台针对碳减排以及气候变化的统一的产品支持目录以及绿色金融核算标准。商业银行难以有效评估气候变化带来的转型风险，金融监管部门难以识别系统性风险，也无从采取相应的监管措施。第二，相关配套政策不到位。目前，绿色低碳产业发展中还缺少上下游企业、政府部门以及配套政策的综合保障。例如，电网建设是消纳风电、太阳能和潮汐能发电的主要制约因素，实践中曾出现个别可再生能源项目建成后不能及时并网发电的情况，影响企业经营，出现还本付息风险。金融监管、发展改革、生态环保等部门还需开展更为深入的跨部门协作，为银行金融机构和社会资本投资绿色低碳领域搭建基础性框架。

三　银行业发展绿色金融助力实现"双碳"目标应该怎么做

银行业要进一步树立绿色低碳发展理念，提升对绿色金融的重视程度，围绕"有高度、有方案、有产品、有成效"，体系化推进实施"四有"绿金体系，助力实现"双碳"目标。

（一）发展有高度的绿色金融

相对于国际发达经济体，我国绿色金融起步较晚，所以我们可以更好地借鉴先进经验，做好顶层设计。银行业要为经济社会绿色转型做好准备，为客户提供综合金融服务方案。在碳达峰和碳中和进程中，银行可发挥金融引领作用，积极支持碳减排，采纳先进评估模式，降低减排因素对信贷资产的不确定性风险，实现低碳化。

银行业金融机构尤其要站在践行国家战略、贯彻集团要求的高度，主动履行国企责任和担当，积极践行低碳发展和绿色转型。一方面，应做好顶层设计，制订符合本行实际情况的绿色金融发展规划。另一方面，应聚焦于"双碳"目标，协同营销新能源、节能环保等重点客户，紧盯国际领先同业，持续发力，追赶超越。

（二）发展有方案的绿色金融

1. 积极支持清洁能源产业发展

我国资源禀赋客观条件决定了目前富煤、少油、缺气的能源结构，碳达峰、碳中和任务艰巨。因此，能源清洁化、低碳化、高效化、可再生化是我国尽早实现碳达峰、碳中和的唯一科学路径。未来20年，我国为实现碳减排目标，能源系统将向"发、输、储、用"一体化转型，需新增投资约100万亿元[①]，而能否如期达标，能源产业技术进步和创新具有决定性作用。我国在"十四五"和"十五五"期间将大力发展包括高温气冷堆等安全可靠的核电，广泛适用于海洋和陆地的风电，高效的太阳能发电（现有风能、太阳能合计发电量为4亿kW，到2030年要达到12亿kW，增量巨大），清洁高效的氢能，可循环利用的生物质能，先进的碳捕集和储能技术商业化运用。银行须密切关注并积极参与能源产业的低碳化变革，从根本上改善银行信贷资产"高碳化"的结构性缺陷。

2. 借鉴先进经验，推动 ESG[②] 治理体系投资模式

欧盟在气候治理和应对方面一直处于领先地位，2019～2020年密集出台了《欧洲绿色协议》及《欧盟气候法》，并提出到2050年实现气候中性的目标。今后，国内银行在碳减排治理实践中，可尝试 ESG 体系和评价工

---

① 李禾：《降碳成为"十四五"生态环境保护总抓手》，《科技日报》2020年12月31日。

② ESG(Environmental, Social and Governance) 是一种关注企业环境、社会、治理绩效而非财务绩效的投资理念和企业评价标准。

具，全面审核评估客户及授信项目，有效防止项目"漂绿"，并降低气候因素对银行的风险影响。具体来看，要建立以下机制：一是通过建立清晰、具体的绿色信贷和绿色金融产品分类和认证体系，形成统一标准，金融机构要承担可持续发展责任；二是银行等金融机构在投资决策、授信审批、利率定价、贷后管理中都要将环境因素作为重要参数加以考量；三是中央银行、监管机构和商业银行都应该将碳减排、碳中和在内的气候风险因素纳入对金融机构的风险管理体系。

3.积极参与企业核证减排机制

目前，碳中和抵消规范大致分为以下三大类：一是在《京都议定书》框架下的清洁发展机制核证减排量、联合履行（Joint Implementation，JI）排放减量；二是非《京都议定书》框架下的黄金标准减排量；三是中国核证自愿减排量 CCER。企业核证减排 CCER 机制是指将包括二氧化碳气体在内的温室气体的企业自愿减排项目和减排量经过第三方核证后在国家主管部门（国家发展改革委）申请备案而形成具有公信力的碳减排资产。CCER 作为碳减排资产可以进行交易。那些拥有先进碳减排技术的企业可以将 CCER 有偿转给其他需要满足碳排放履约的企业。银行可利用自身优势深耕公司客群，利用在批发业务、国际业务和投资银行领域的专业性及客户资源，在有着不同碳排放需求的客户和碳交易市场之间搭建有效的交易桥梁。此外，银行还可以充当 CCER 买卖双方的财务顾问，扩展银行中间业务，为碳减排交易双方提供金融服务，促其达成碳减排量购协议。

（三）发展产品体系完善的绿色金融

下一阶段，商业银行要积极布局绿色信贷、绿色债券、绿色发展基金、碳金融、绿色保险等金融工具，形成产品体系，服务各类客户。

1.发展与碳配额相关绿色金融产品

我国做出碳达峰、碳中和承诺后，到 2030 年 108 亿吨的二氧化碳当量排放限额就成为不可逾越的底线。以此倒推，"十四五"期间，我国必须建立一套严格的碳排放配额①和碳排放权交易机制。此前，我国已在 8 个省市进行了碳市场试点（见表 2）。

表 2　国内现有碳市场及覆盖行业和准入标准

地区	运营时间	覆盖行业	参与者准入标准
北京市	2013 年 11 月	火力发电、热力生产和供应、水泥、石化其他工业服务业等	>3000 吨
上海市	2013 年 11 月	钢铁、石化、电力热力、石化、油气开采等行业	>20000 吨
天津市	2013 年 12 月	钢铁、石化、电力热力、石化、油气开采等行业	>10000 吨
深圳市	2013 年 6 月	电力、大型公共建筑、公共交通、国家机关建筑等	>5000 吨
武汉市	2014 年 4 月	建材、化工、电力、冶金、食品饮料、石油、汽车及其他设备制造、化纤、医药、造纸行业等	>60000 吨
广州市	2013 年 12 月	电力、钢铁、石化、陶瓷、纺织、有色金属冶炼加工、塑料、造纸、饭店业等	>20000 吨
重庆市	2014 年 6 月	电力、钢铁、有色金属冶炼、建材、化工、航空运输	>20000 吨
福建省	2016 年 12 月	电力、石化、化工、建材、钢铁、有色金属、造纸、陶瓷、航空运输	>10000 吨

注：准入标准以二氧化碳当量吨计。

　　2021 年 7 月，我国在上海正式建立了全国性的统一碳排放交易市场，在武汉建立了统一的碳结算市场。截至 2021 年 12 月 31 日，全国碳市场第一个履约周期顺利结束，累计成交碳排放配额 1.79 亿吨，累计成交额 76.61 亿元，覆盖二氧化碳排放量约 45 亿吨，履约结束日的碳价为 54.22 元/吨。这说明全国碳市场上线交易以来，整体运行平稳，企业减排意识提升，市场活跃度稳步提升，碳市场的减排作用已初步显现。

　　首先，碳排放配额是通过制度给了控排企业一笔无形资产，是可以用来交易和抵押的无形资产。正因为碳排放配额具有资产性质，银行等金融机构

---

①　碳排放配额是一种基于碳排放总量控制前提下，事先创建的、发放给企业的每年进行碳排放的确定数量。

可以根据现有的主流金融产品来设置碳金融产品。其次，从支持企业碳减排角度出发，发展融资类产品，即碳额度质押、碳额度回购、碳额度托管和专门的碳中和信贷额度；另外，也可选择减排前景好的初创型企业和项目，以项目贷款和流动资金贷款全方位支持绿色低碳企业的发展以及相关项目的落地。

2.加大对绿色低碳产业的信贷力度

通过新产品、新模式推动银行增加绿色低碳信贷资产比重。一是加大力度投入绿色低碳产业。下一阶段，银行每年可将大多数新增信贷资源投向节能环保、清洁生产、清洁能源、生态环境、基础设施绿色升级、绿色服务以及森林碳汇等领域。二是全产业链支持绿色低碳领域发展。绿色低碳产业具有技术密集、产业链长、产业集群效应明显的特征，有明显的技术扩散效应和经济乘数效应。商业银行通过开展链式营销，打通与核心企业相关的能源输送、装备制造、技术服务、交通运输等诸多领域，通过供应链金融、贸易融资等产品全产业链支持其发展壮大。

3.发展绿色债券类产品

商业银行的投资银行部门及资产托管部门应积极参与绿色金融债券、绿色公司债券、绿色资产支持证券以及绿色债务融资工具的发行和相关配套工作，以"商行＋投行"的业务模式高效支持低碳、减排产业发展壮大。

4.适当推出绿色金融衍生产品

国内统一的碳交易市场形成后，证券类金融机构还可以做大碳排放权场外掉期、碳排放权场外互换等衍生品。此外，还可大力推进碳捕集等绿色设备融资租赁业务，未来，将会有大量企业在建设和改造过程中需要昂贵的CCUS（碳捕获、利用与封存）[①] 技术设备、碳封存及再利用等设备，银行可以通过融资租赁的方式向企业提供设备使用，相关企业可通过出售减排指

---

① CCUS（Carbon Capture，Utilization and Storage）将二氧化碳从工业或其他来源中分离出来，再输送到特定封存地点并保证与大气长期隔绝。

标或低碳产品向银行支付租金。今后，银行业还应不断推出并丰富碳金融产品。一方面可以激励社会资金投入碳减排和绿色低碳产业，有效引导社会资本流入开展碳减排工作的实体企业，从而真正实现全社会行动起来完成碳达峰、碳中和目标；另一方面，可以使银行等金融机构充分融入国家碳减排、低碳大循环中，拓展自身业务领域，逐步改善信贷结构，有效降低信贷资产的碳比重。

（四）发展有成效的绿色金融

银行业金融机构宜根据区域经济优势、产业集群以及各省区市的绿色发展规划，因地制宜，调整业务方向和经营思路，持续推动重点绿色企业及项目合作。

1. 腾笼换鸟，有序置换高碳资产

通过分析不同行业二氧化碳排放量与行业内企业营业收入之比，可得出该行业的碳排放强度。表3对银行授信合作较多的30个常见细分行业排序，大致将其划分为重度碳排放、中度碳排放和轻度碳排放行业。

表3　30个主要行业碳排放强度

单位：吨/万元

行业	2005年碳排放强度	2010年碳排放强度	2017年碳排放强度
重度碳排放行业（7个）			
石油加工及炼焦业	1.37	0.84	0.51
石油和天然气开采业	0.42	0.32	0.57
煤炭采选业	3.06	1.11	0.98
废弃资源综合利用业	0.11	0.03	1.52
非金属矿物制品业	5.50	2.51	1.61
黑色金属冶炼及压延加工业	3.28	2.31	2.19
电力蒸汽热水生产供应业	14.65	9.71	8.25
中度碳排放行业（11个）			
专用设备制造业	0.17	0.08	0.05
金属制品业	0.15	0.07	0.05

续表

行业	2005 年碳排放强度	2010 年碳排放强度	2017 年碳排放强度
化学纤维制造业	0.20	0.11	0.05
饮料制造业	0.27	0.11	0.05
食品制造业	0.28	0.12	0.06
有色金属矿采选业	0.21	0.11	0.07
普通机械制造业	0.20	0.12	0.07
造纸及纸制品业	0.63	0.29	0.15
化学原料及制品制造业	0.68	0.32	0.18
煤气生产和供应业	2.04	0.52	0.26
黑色金属矿采选业	0.65	0.33	0.29
轻度碳排放行业（12 个）			
电子及通信设备制造业	0.02	0.01	0.00
文教体育用品制造业	0.08	0.04	0.01
仪器仪表文化办公机械	0.03	0.02	0.01
电气机械及器材制造业	0.07	0.03	0.01
服装及其他纤维制品制造	0.07	0.04	0.01
家具制造业	0.09	0.03	0.02
烟草加工业	0.04	0.01	0.02
医药制造业	0.11	0.08	0.02
自来水生产和供应业	0.06	0.02	0.02
木材加工及竹藤棕草制品业	0.29	0.07	0.03
纺织业	0.18	0.08	0.04
食品加工业	0.17	0.06	0.04

资料来源：Wind。

通过对上述 30 个行业的碳排放强度对比，可以明显看出它们之间的差异。其中，碳排放强度最高的电力蒸汽热水生产供应业与最低的电子及通信设备制造业之间相差数百倍。

在碳排放约束不断刚性和紧迫的环境下，地方政府、企业集团和银行业三方应高度重视，应结合国家区域发展战略，尽快启动产业部署和结构优化工作。例如，设定区域发展目标，推动三大区域差异化发展；在京津冀地区，以北京的产业外移带动三地协同发展，推动一批重大项目落地；长三角地区主推一体化融合发展，区域内全产业链发展；粤港澳地区先行先试创新发展，加大区域内业务创新、跨境贸易和高技术发展。长江经济带主打装备制造等产业。今后，可以在各大战略发展区域推动一批产业优化布局示范项目，合理分布高碳排放行业，银行等金融机构应逐渐将有限的增量信贷额度腾挪给低碳资产。

2. 提升绿色金融服务内涵和质效

一方面，绿色金融经营要见成效，在完成监管要求的基础上努力提升银行业金融服务价值内涵，进而实现商业银行在资产市场上的市值提升。例如，可通过强化营销指引，不断加大绿色金融业务推动力度，通过下发绿色信贷、新能源、节能环保等行业的《营销指引》和《金融解决方案》来指导分、支行的工作。此外，还要搭建管理制度，商业银行应形成总、分、支行联动，上下一盘棋，积极落实监管要求，主动构建发展绿色金融业务所必需的业务和管理制度框架；加大绿色信贷的推动力度，严控"两高一剩"新增授信。另一方面，应做到支持实体经济有成效，银行业应积极对接客户，与绿色产业和清洁能源领域中的一批龙头企业建立长久、深入的合作伙伴关系。商业银行还可以积极对接武汉碳清算所和上海碳交易市场，寻找业务机遇，通过自我加压、主动作为，实现与客户的共赢和共同成长。

3. 积极建立绿色金融品牌效应

可以预见，绿色金融市场的竞争将日趋激烈，商业银行必须尽早在市场上打出并打响自己的绿色金融品牌。一是有"朋友圈"的口碑。深化与老朋友的关系，银行可以紧密跟踪各大发电集团节能减排和绿色转型的最新动态，依托成熟的客户关系挖掘更多创新机遇。同时，积极结交新朋友，要进一步深化与隆基绿能、宁德时代、晶科能源、晶澳科技等行业龙头的合作，在新能源和清洁能源客群中树立我行的品牌形象。二是携手其他金融机构形成合力。商业银行应积极主动携手信托、证券、基金等兄弟金融机构，形成绿色金融领域的"集团军"，逐步形成差异化、特色化的绿色金融服务体系。三是积极争取政策的支持。完成相关监管指标仅是银行业的最低标准，各家银行金融机构应积极开展绿色金融业务，大力创新新产品、新技术，争取赢得监管机构认可，并切实服务客户，与客户共同成长和发展才是银行业的更高目标。

参考文献

杜祥琬：《碳中和目标引导下的能源转型》，《能源》2020 年第 12 期。

李平、屠沂枫：《银行支持清洁能源产业发展——碳达峰、碳中和约束下的分析》，《银行家》2021 年第 4 期。

马骏：《推动金融机构开展环境风险分析》，《清华金融评论》2020 年第 9 期。

马骏：《以碳中和为目标完善绿色金融体系》，《金融时报》2021 年 1 月 18 日。

马骏主编《国际绿色金融发展与案例研究》，中国金融出版社，2017。

王金南、严刚：《加快实现碳排放达峰　推动经济高质量发展》，《经济日报》2021 年 1 月 4 日。

中国人民银行：《中国金融稳定报告（2020）》，2020 年 12 月。

未来中国的碳市场与电力市场建设

冯永晟[*]

摘　要： 未来中国的碳市场建设与电力市场建设需要更加紧密地协同。准确把握"双碳"目标下碳市场与电力市场建设的关系，需要从价格传导关系、市场均衡关系、能源转型影响、宏观经济影响等多个方面把握。同时，要准确地分析两个市场协同建设面临的挑战。理解这些基本问题，有助于科学把握"十四五"时期及之后一段时期内经济社会的系统性变革。

关键词： 碳市场　电力市场　能源转型　"双碳"目标

2021 年对中国碳市场和电力市场都具有重要意义，因为两个市场不约而同地经历了许多重要变化。7 月，只包括发电企业在内的全国统一碳市场开始正式运行，标志着在 2013～2015 年先后启动的七地碳排放权交易试点终于取得阶段性突破；截至 11 月 30 日，全国碳市场碳排放配额（CEA）累计成交量 43231710 吨，累计成交额 1847125699. 64 元，[①] CEA 均价约 42. 73

---

　*　冯永晟，中国社会科学院财经战略研究院副研究员。

　①　上海环境能源交易所：《全国碳市场每月成交数据 20211101 – 20211130》，2021 年 11 月 30 日。

元/吨。小半年的稳定运行标志着全国碳市场的基础框架已比较成型，并将进入新的探索完善阶段。3 月，中央财经委会议提出要构建新型电力系统，与此同时，电力行业也经受了自 2020 年末到 2021 年下半年由多重因素共同造成的严重限电冲击；10 月，国家发展改革委抓住契机出台改革措施，提出扩大市场化交易规模，逐步取消目录电价，引导电价有涨有跌，以突破电价市场化改革瓶颈；11 月，中央深改委第 22 次会议提出要加快建设全国统一电力市场。一度相对消沉的电力市场建设将重装上阵。

2021 年的一系列变化预示着整个"十四五"时期及之后相当长的时期内，碳市场建设将和电力市场建设紧密协同。

这种特征并非仅来自中国的现实需求，也来自全球面对的共同挑战和已经取得的共同经验。从全球碳减排现实来看，电力行业是碳减排的强大驱动力（ICAP，2020）。中国约 51% 的碳排放来自电力行业；从包括美国和欧盟在内的国外情况来看，电力同样是最大的碳排放行业，碳排放占比的国际平均水平约 42%。同时，工业、建筑、交通等高碳排放行业的主要排放来源也是碳基化石能源的直接使用。转变各行业的用能方式是实现碳减排的重要手段，一个重要方向是以二次电力替代一次化石能源，深入实现电气化。因此，在碳达峰、碳中和这场广泛而深刻的经济社会系统性变革中，电力行业碳减排将发挥关键作用。

碳定价已经被许多国家政策实践证明是一种有效的手段，碳排放权交易机制已在许多国家或地区得到成功应用并持续扩大范围。欧盟自 2005 年以来，先后实施了四个阶段的碳交易机制（Emission Trading System，ETS），电力企业一直是欧盟 ETS 的主要参与者。除欧盟外，全球还有 20 多个不同层次（国家、国内区域）的碳交易市场投入运行，并有 20 多个正在筹备实施（ICAP，2020）。绝大部分的碳市场中，发电行业都是最主要的参与者，比如美国的区域温室气体减排行动方案（Regional Greenhouse Gas Initiative，RGGI）甚至是仅针对电力行业的碳交易机制。

鉴于电力行业给碳市场运行产生的关键影响，碳市场与电力市场的关系成为理论与政策研究的重点，特别是碳成本向电价的传导（Carbon Cost

Pass-Through）程度，及其对碳市场和电力市场建设的影响。这一问题不仅事关碳市场的设计和完善，而且事关电力行业的发展和改革。中国的碳市场与电力市场均处于建设阶段，这一点不同于发达国家在电力市场基本成熟的基础上推进并完善碳市场的设计。需要注意，两个市场之间的相互关系及潜在影响，既深刻影响着电力行业转型和市场建设，也直接影响着碳市场设计和潜在减排效果，进而影响整个经济社会的转型与可持续发展。可以看出，无论是学术界还是政策界都非常重视碳价与电价的关系研究，以及协调碳市场和电力市场关系的政策体系。

一 碳市场与电力市场的经济关系

碳配额价格与电力价格之间的关系是我们理解两个市场之间经济关系的钥匙。

（一）碳市场价格与电力价格

1. 碳成本传导率及其理解

碳价，无论是碳市场形成的配额价格还是碳税确定的税率，必然会影响电价，准确来说是推高电价。这种碳价推高电价的现象被称为碳成本传导，相应的实证指标一般被定义为碳成本传导率（Carbon Cost Pass-through Rate），碳成本传导率的大小就反映了碳价推高电价的程度（Sijm 等，2005，2008），其理论渊源可以追溯到产业间的成本传导和税收归宿。

相对于其他行业间成本传导和税收归宿，碳成本传导具有特殊性。碳市场作为一种环境规制机制，具有强烈的政策导向性。而资本、劳动、中间品等要素市场并不预设对企业相应投入的配额限制，常规要素投入组合取决于企业针对产出和投入市场的自主决策。因此，碳价对电价的影响，必然不同于其他要素价格对电价的影响。企业在面临碳价时既会通过投入产出、采取减排技术调整消化一部分，也会向用户传导一部分。总体来看，碳成本传导大致区分为欠传导、完全传导和超额传导三种类型。

当然，碳成本传导的研究结论会受到许多研究层面和现实因素的影响。由于模型设定、数据选择、研究对象和研究时段等的差异，不同研究的测算结果差异明显。就本文目的而言，这里不打算详细论述碳成本传导研究的相关细节，而只说明两个结论。第一，结论差异明显的各类研究仍共同验证了一个共识，即碳市场形成的碳价必然会向电价传导；第二，影响碳成本传导率的各种因素，恰恰是碳市场与电力市场协同建设的必要性所在。

碳市场的建立和有效运行需要竞争性的电力市场。如果电力市场的资源配置机制以计划为主，那么碳价将不可避免地影响发电行业的整体利益和发展能力。尽管电力计划配置下的碳价仍可能以更强力度挤出高碳电源，特别是煤电，但也会使电力供求面临整体失衡风险，进而带来系统可靠性隐患，引发缺电、限电，由此造成的社会福利损失可能更高。如果政府以行政提价方式帮助发电行业传导碳成本，那么又会扭曲碳价的作用，降低碳市场对高碳电源的约束效果。此外，碳市场的作用，除了引导碳排放主体优化投入行为、增强减排努力，还体现在通过包含碳成本的电价来引导电力用户的节能减排上。因此，电力市场中的电价发现效率和电力资源配置效率，在很大程度上决定了碳市场引导减排的效果能否充分实现。

因此，对碳成本传导率的研究，既是评估碳市场和电力市场资源配置效果的重要依据，也是协同推进碳市场与电力市场建设的重要依据。

2. 碳成本传导的福利影响

碳市场带来的碳成本传导不仅会因自身设计而产生直接的收入分配效应，还会在电力市场内部产生显著的福利分配效应。一个重要影响就是，免费配额发放可能使发电企业获得丰厚利润或暴利（Sijm 等，2006）。在早期研究中，暴利问题一直是学者和决策者所关心的重要问题，他们认为由免费发放配额造成的暴利是一种不合理利润。为此，研究者提出了两种思路，一是征收暴利税；二是改变配额分配方式，即从免费发放转向拍卖。

不过，暴利税并非一种理想的处理方式，因为这涉及税率的确定、收入的使用方式等问题，实际应用并不简单。相对而言，改变配额分配方式更为理想，这也与碳市场的市场化理念和改革方向相一致，欧洲 ETS 正是通过逐步提升配额拍卖的比例来解决所谓的暴利问题的。

抛开欧盟针对暴利的处理方式，一个更基本的问题仍需要研究者予以明确，即所谓"暴利"的经济性质。具体来说，免费配额发放一定构成暴利吗？真正答案可能并非直观上那样简单，或者说，暴利不一定是企业获得的不合理超额利润。比如同样以煤电为主的澳大利亚，在实施碳税期间的碳成本传导率非常高（Nelson 等，2010；Simshauser 和 Doan，2009）。原因在于，超额传导或许是回收高碳电源搁浅成本所必需的。

具体来说，当针对电力行业引入碳市场时，一些高碳排放的煤电机组的经济寿命会被压缩，比如规划经济寿命是 40 年，设定减排目标后的预期运行寿命则很可能仅有 20 年。那么，要实现投资者的成本回收，电价以及电价中所承担的碳成本传导是否应该提供一些保障？很明显，合理的政策目标是有效减碳，而非简单地舍弃已经投入的资本，尽管这些资产已经成为高碳排放资产。换句话说，允许超额传导会比简单舍弃高碳资产更能使社会实现经济的减排。

因此，从企业的投入调整和减排努力来看，当企业投资于一种新的减排技术或开发一种替代技术时，比如拥有多种电源的企业会更多地投资并使用可再生能源发电，而减少高碳煤电使用，在这种情况下，企业获得的"暴利"实际上是企业解决搁浅成本、实现绿色转型的必要收入。对于一个高碳电源比重较高的转型电力系统而言，一段时期内的高碳成本传导率，或许只是市场对企业回收搁浅成本的正常反应。当然，这种理解可能面临政治可接受性的挑战，但对于转型压力巨大的电力行业而言，回避搁浅成本的可能回收方式，无疑也是有风险的。

（二）碳市场与电力市场均衡

碳成本传导仅考虑了两个市场间的基本价格关系，这种基本价格关系在不同下游市场的表现有所差异。电力行业不同于其他行业，由于其固有的技术经济特性，必须经由市场设计才能建立。竞争性电力市场在优化电力资源方面的突出特征是"经济调度"（economic dispatch）。碳价之所以有可能引导高碳电源采取减排或转型措施，就在于碳价能通过经济调度影响不同电源间的相对成本比较优势，进而影响市场份额。而如果市场受严格管制，比如未改革之前的上网标杆电价，那么碳价产生的减排激励将非常有限。这也意味着，碳价要引导电源结构的低碳转型，既需要碳价合理，同时还需要竞争性电力市场。

竞争性电力市场设计的重要内容是保证公平竞争，其中一个重要考虑便是围绕市场势力，那么碳市场是否会影响碳排放主体在电力市场中使用市场势力的行为呢？很多研究者从理论和实证角度都指出了这种现象。而且这个问题会因市场结构、电源结构、网络结构、策略行为、规制政策等而非常复杂。对于需要协同推进电力市场与碳市场建设的中国而言，这同样重要。

碳减排约束对电力市场均衡必然产生影响。Kolstad 和 Wolak（2003）指出，电厂在碳市场约束下的产出行为不仅影响自身的边际减排成本，还会通过排放权市场影响其他电厂的边际减排成本；同时，由于碳市场价格的波动性，企业在电力市场中的行为与碳市场的关系还可能更加复杂。Yihsu 和 Hobbs（2005）以美国的 NOx 交易机制为例，指出发电商会利用 NOx 排放权来操纵电力市场的行为；Limpaitoon 等（2011）则利用一个更加接近现实的存在阻塞的电力系统分析了碳市场对电力市场均衡的影响，指出低碳发电商会策略性地利用碳市场来使用市场势力。因此，有效的碳市场需要对电力市场竞争秩序进行更严格的监管。

（三）碳市场与电力行业转型

如果说上面的问题涉及碳市场与电力市场基础设计的关系，那么可再生能源发展机制则涉及另一个新挑战。发展可再生能源是碳减排的主要方式之一，更准确一点讲，是通过可再生能源对化石能源的替代来实现减排，但可再生能源发展机制与碳市场之间关系却因电力市场而变得复杂。尽管可再生能源经过十几年的技术进步，其平准成本（LCOE）具有名义上的竞争力，但由于其自身的间歇性、波动性和难预测性等特征，仍难以像常规电源（煤电、气电、水电、核电等）一样直接参与市场，并获得充分回报和投资激励，因此仍需要某种支撑机制与电力市场衔接。在财政补贴已在全球范围内退坡的背景下，如何构建市场化的可再生能源发展机制成为一个挑战。

碳市场与可再生能源之间的关系源自《京都议定书》下的三大减排机制的设计。清洁能源发展和联合履约机制作为一种"抵消机制"与碳排放权交易建立起联系，两种机制下分别的核证减排量（CER）和排放削减量（ERU）可参与碳交易，并用作排放主体的履约证明。由于可再生能源发展项目构成了清洁能源和联合履约机制下的主体，因此很多人主张在中国的碳市场中，也允许可再生能源项目通过CCER进入，但这种主张值得推敲。

抵消机制使碳市场的排放控制目标和履约工具出现内在的不一致性。由于抵消机制，碳排放主体有可能在不减少碳排放的条件下完成履约，碳排放的结构性问题突出，比如电力行业减排压力突出时，抵消机制可能会减缓电力行业的实际碳减排进程。同时，履约工具的外部补给也容易造成碳市场的供求宽松，进而导致碳价低迷，使实际效果偏离政策初衷。正是注意到这种内在不一致性，欧盟ETS逐步限制了CER和ERU的市场参与。

可再生能源发展在碳减排中的作用，要依托其作为发电技术的性质而存在，因此其投资激励应由电力资源配置机制来提供，也就是竞争性电力市场。但由于可再生能源的固有特性，单纯依靠电力市场又难以保障其投资激励，因此需要专门的可再生能源发展机制，比如（配额＋）绿证市场。相应地，电力市场、碳市场和绿证市场的价格关系就成为理论界和政策界关注的一个研究热点，不过这里不展开赘述。

实际上，碳市场和（配额＋）绿证市场是相互配合、促进电力行业转型的两大政策机制。在碳排放治理的共同目标下，二者通过电力市场建立起内在联系。一方面，碳市场会提高高碳电源类型，特别是煤电的成本，天然地使煤电在电力市场中居于成本劣势，进而带来可再生能源发电比重的上升，并提高可再生能源发电的预期收益。另一方面，可再生能源发电可以通过绿证市场获得额外激励，而绿证市场同样依托电力市场运行，即可再生能源发电商每发电1MW·h，就可以获得一单位绿证，这成为其变现投资收益的额外途径。

如果直接建立碳市场与（配额＋）绿证市场间的联系，比如抵消机制，那么可能扭曲电价、碳价和绿证价格之间的关系，进而影响电力行业碳减排目标的顺利实现。实际上，在电力市场基础之上，碳市场着力于高碳排放电源的碳减排，绿证市场则着力于引导可再生能源投资。面对可再生能源仍将加速大规模发展的现实，明确彼此的政策目标和政策边界非常重要，否则可再生能源发展会稀释碳市场的激励效果，进而影响电力减排目标的实现。

（四）碳成本传导与通货膨胀

碳价格通过电力市场传导到终端电力用户后，与整个经济的通货膨胀是什么关系？无论是碳市场还是碳税，作为碳定价机制，一定会面临碳成本向终端用户传导，进而在整个经济循环过程中渗透的问题。从这个意义上讲，有学者提出要警惕碳价推高整个社会的生产和生活成本的风险，它影响企业竞争力，甚至会加剧通货膨胀而造成经济衰退（周小川，2021）。可以从以下几个方面来看待这个问题。

首先，碳定价机制如何影响通货膨胀，要因具体政策而定。碳市场和碳税两种基本定价方式下的碳价对通货膨胀的影响有所差异。碳税的价格稳定性能够在一定程度上对冲通货膨胀压力。当经济出现通胀趋势时，碳成本相对于其他生活生产成本，不会相应上升；当经济出现通货紧缩时，碳成本相对于其他生活生活成本，不会相应下降。但是，碳市场价格可能与通货膨胀出现顺周期的变化特征，从而加剧通货膨胀。

其次，通货膨胀的阶段性特征要在绿色低碳转型的长周期中审视。一个重要的视角是，当面临通胀时，绿色低碳资产有可能成为对冲通胀风险的一种避险资产。根据 Pardo（2021）的研究，欧洲国家的 EUA 价格名义收益率与非预期通胀之间存在强正相关关系。这就意味着，在通胀时期投资者的资产组合中将会因碳资产的存在而具备更丰富的投资组合从而化解非预期的通胀风险。不过，这首先要求一个能够有效运转的碳市场来发现碳价格。

在全球新冠肺炎疫情冲击下，西方国家，尤其是美国的经济刺激政策带来全球流动性过剩，给我国造成极大的输入型通胀压力。在这种背景下，一方面，碳价格正式形成，并进入我国产业链和价值链，无疑是推高生活和生产成本的一个客观因素。但从另一方面来看，碳资产也可能成为对冲通胀风险的一种避险资产。直观一点就是说，通过碳市场建设来为绿色低碳投资提供一个稳健向好的投资信号，那么，碳市场通过影响通货膨胀而拖累经济增长的风险，就会被更多的财富积累收益所抵消。

同时，控制通货膨胀主要由货币政策来调控，在稳健货币政策的取向下，碳成本传导所能实质产出的通货膨胀效应该说是比较小的。因此，对碳市场可能引发通货膨胀的担心，不必然成为制约碳市场建设的一个因素。

二 碳市场建设和电力市场建设的挑战

这里并非提供碳市场和电力市场建设的广泛建议，而从中国电－碳市场的现实关系，来说明做好碳市场和电力市场建设需要关注的重点问题。

（一）必须澄清碳市场的实体属性与金融属性

在这里要区分碳的商品化与碳的资产化的含义区别。两种含义对基于碳排放权的金融交易具有不同的要求，相应的金融交易也具有不同的性质。

1. 碳的商品化需要金融交易提升碳市场效率

碳市场首先是一个实体市场。这一点与电力市场是非常相似的，电力交易体系是由实物交易和金融交易共同组成的一个实体市场。在成熟电力市场中，单看交易量会发现金融交易量远大于实际交割的物理量，但这丝毫不影响电力市场的本质是实体市场的定位。

金融交易既有助于提高碳排放权的资源配置效率，但同时也会放大风险。碳期货、碳期权等金融衍生品种的开发，能够提高碳市场的流动性，提升碳价发现的准确性和效率。但需要注意，碳市场的复杂性在于，碳市场的建设除了本身由政府主导的设计元素，还离不开各类主体的现实影响，以及各自碳排放特征的差异，这构成了碳市场的内在风险。如果实体碳市场，主要是现货市场，能够切实有效地运行起来，并且伴随着关键设计参数，比如配额数量和分配方式的完善而引导碳价遵循预期的上升趋势，那么它就会催生出丰富的远期交易需求，主要是对冲价格风险的避险需求，以及相应的衍生产品和金融活动。但如果碳市场不能准确有效地提供一个碳价基准，那么基于碳市场的金融活动就不会活跃。也就是说，碳市场中金融交易的成效，首先取决于实体碳市场能否提供一个稳定的碳价趋势，从而使金融交易能够在此趋势上满足交易者的各类需求，并提升碳价的发现效率。

从另一个角度看，如果实体碳市场难以有效运行，并且面临较大的政策不确定性和设计风险，那么各种金融工具即便开发出来，并设计出各类所谓金融创新，也只会带来过度金融化的结果，形成大量违约风险，并可能引发系统性金融风险，进而制约碳市场的建设和运行。

2. 碳的资产化要求金融交易助力绿色低碳投资

低碳转型需要投资，需要金融市场支持。碳资产化有利于金融资本支撑行业的低碳转型，碳，准确说是碳排放权作为资产大致有两种途径：一是作为生息资本，即排放权持有者可以利用获得排放权到履约期之间的时间跨度，通过套期交易来变现所持有的碳资产，获得短期资金；二是作为抵押品，也就是通过加杠杆来撬动更多信贷，提供担保的是碳排放权在碳市场中的预期收入。这两种碳排放权资产化的方式在欧盟 ETS 早期都曾经存在过，但均受挫折，原因在于碳价的低迷使碳资产的变现和抵押降低了其作为金融资产的投资价值。

碳市场的实物交易属性和金融交易属性必须做好清晰的划分。在中国碳市场建立运行初期，面对金融机构对碳市场的过度追捧要有清醒认识。碳市场的金融属性必须从属于实体属性，而不能本末倒置。实际上，主张碳市场是金融市场的观点错误地认为，碳资产，或者说经济意义上的碳资产的投资信号，要由碳金融市场提供。但实际上，碳金融交易的作用首先应该植根于提升实体碳市场的价格发现效率，同时，碳金融交易作为远期交易，其交易的参照基准必然是实体碳市场的预期现货价格，失去现货价格基准，碳金融交易将难以有效开展，自然也无法传递投资信号。总之，碳资产化在助力绿色低碳投资方面的作用，首先要以碳商品化的顺利实现为基础。

3. 以碳价趋势引导碳市场交易体系完善

怎样才能保证中国碳市场的设计能够支撑包括金融交易在内的各类交易的顺利开展，从而引导碳排放控制和促进低碳投资呢？这需要以碳市场价格的未来趋势为参照来进行碳市场设计，比如配额的跨期约束、配额分配方案、市场参与主体等。

在中国碳市场的运行初期，碳价水平其实并无太多实质价值。一方面，这是一个短期价格，由于未来价格具有不确定性，很难激励电厂采取实质投资行为；另一方面，这个价格是在并不完善的碳市场设计框架下形成的，本身的准确性也有待提升。如果在市场运行初期追求一个相对高的碳价，那么很可能带来市场风险和金融风险。

一个相对较低的初始价格，对中国碳市场建设而言，是更为有利的。一方面，这有利于各类碳排放主体能够熟悉碳市场的交易环境，不至于严重影响企业运行，特别是在电力市场化建设滞后、碳成本传导不畅的背景下，有利于电力企业和行业的平稳运行；另一方面，也有利于市场主体对未来价格趋势做出相对稳定的预期，能够促使整个市场形成碳价逐渐上升的共同预期。这样一来，市场主体的行为与碳市场设计完善的路径，就会保持较高一致性，从而有利于市场建设的完善和各类金融交易的丰富。

（二）电力市场建设滞后制约碳市场建设运行

电力市场建设滞后已成为制约碳市场建设的障碍。在供给侧结构性改革背景下，电力行业自2015年以来，许多改革措施遵循了"降价"逻辑，包括多轮的行政降电价。在这种背景下，碳成本向电价的传导无疑面临一定困难（周亚敏、冯永晟，2017）。但如果不能实现碳成本向电价的合理传导，如前所述，那么碳市场自身的建设以及引导全社会低碳转型的作用将受到限制（李继峰等，2021）。因此，构建碳市场，首先需要在电价改革的政策导向上，实现从降电价向"发现合理电价"的转变。同时，电力市场顶层设计不完善、双轨过渡特征突出、地区改革差异等问题也制约着碳市场的有效运行。

首先，电力市场建设仍缺乏顶层设计，导致合理发现电价的市场结构和市场体系远未健全，电力现货市场建设仍面临很多认识、体制、机制和现实障碍。而电力现货市场是决定碳成本传导的一个关键设计环节。此外，现货与中长期电量的衔接、保障系统可靠性的容量充裕性和灵活性机制、防范用电电价风险的保障机制、支撑可再生能源消费的发展机制、适应市场化环境的电网监管体制机制等，均尚未能在统一完整的顶层设计框架下给予内在一致的改革方案。因此，电力市场缺乏一种合理体现碳成本的定价机制。

其次，计划电与市场电并存且衔接不畅，碳价进入电价面临双轨传导的局面。虽然优先发电主要是清洁电源，但对于一些调节性电源，仍面临利润挤压的风险。基准加上下浮的计划电定价机制可以在一定程度上适应碳价变化，但总体上，碳价会压缩计划电的利润。① 实际上，碳市场的运行在一定程度上削弱了优先发电制度存在的必要性，因为碳市场的直接效果就是改变清洁电源与高碳排放电源的成本对比关系。同时，优先用电用户则可能因不会面临碳成本传导，进而不会因碳市场出现而优化用电行为，也就是说，在碳市场运行之后，电力实际减排的责任将更多地落在市场化用户头上。这显然是不合理的，甚至引发市场化用户的不满，进而形成对碳市场运行的压力。

再次，售电侧放开作为承担市场电交易任务的主要改革政策，也面临碳市场运行的压力。实际上，售电侧放开是在批发市场机制并不健全的条件下推进的零售侧竞争，而且开始时仅一种电量竞争，并在现货试点中尝试与批发现货市场衔接。但这种零售竞争的先天不足，决定了其承受价格波动的能

① 客观上，这或许有利于计划电向市场电的转移，但具体效果是否如此，仍需要考虑优选计划电的计算和调整方式，以及优先用电的目录电价的可能联动方式。

力非常有限，反而制约批发市场建设。因此，售电侧放开必然面临巨大的改革不确定性，而且现实试点也已经体现出来。再叠加碳市场运行后的碳成本传导压力，售电侧放开将会处于一个比较尴尬的境地。这种局面会制约碳成本沿市场轨道传导的顺畅程度。

最后，各地区电改政策和进度差异较大，导致不同地区电力用户对碳成本传导的实际负担程度存在差异，进而产生不利影响。比如电力市场化交易进展较快的地区，碳成本传导相对会更加明显，考虑到地区竞争的需要，一些地方的改革意愿会受到影响。再比如，在跨区交易中，对于电力输入型省份，它们会更希望由外省发电企业来消化这部分碳成本，而不愿传导到本地区的电力用户身上。这些地区因素都制约着全国碳市场的建设运行。

三 未来的原则与当下的重点

（一）未来碳市场与电力市场协同建设的原则

1. 提高碳市场的价格信号发现效率，增强未来碳价走势的可预测性

未来碳市场需要碳价的合理波动，传导有效的减排价值信号，以引导各类市场主体根据自身及外部条件的变化，以及各类信息及时做出响应。这一要求并未超越经济规律对有效市场的基本要求——增加市场厚度、提升市场流动性、保证市场透明性等。同时，碳市场又具有不同于其他市场的特殊性，即要确保碳排放总量的稀缺性，以使发现的碳价能够更准确地反映碳减排的边际减排成本。实际上，从欧盟ETS的经验来看，从早期的相机干预回购配额，到第四阶段的配额调整制度，即市场稳定备用（Market Stability Reserve，MSR）制度，都反映出稀缺性对于碳价走势的重要作用。

目前来看，全国碳排放市场在规模体量上已经具备了相当大的规模，有2225家发电企业和自备电厂参加，但交易体系和定价方式尚难满足流动性和透明性的要求，因此定价效率仍有待提升。目前针对电厂的配额发放是基

于强度的设计，而非基于排放总量的设计，整体而言非常宽松，且配额免费发放，因此所产生价格信号难说有效。当然，所有工作离不开碳排放数据的准确监测、报告与核查。从基础的数据准备，到配额管理，再到交易结算的组织，需要协同推进，核心原则是，强化碳排放配额的稀缺性，提升碳价发现效率，真正引导碳排放主体行为转型。

2. 推进电力体制改革，还原电力商品属性，完善竞争性电力市场体系

未来电力市场需要形成更具竞争性的资源配置机制，以使电价能够准确体现并传导碳成本，从而使全社会各类用户能够真正感受碳定价机制带来的引导和约束作用。在电价向终端用户传导渠道顺畅的前提下，未来电力市场要确保绿色低碳安全高效的要求，需要使市场体系包括三个部分：一是能够适应可再生能源快速发展的现货市场；二是能够满足多样化系统安全稳定运行需求的服务市场；三是确保容量充足性和技术多样化的容量机制。如果设计不当，这三个部分的市场建设政策都有可能扭曲碳价的信号。

目前来看，我国电力现货市场建设仍处于初级阶段；相应地，辅助服务市场和容量机制的建设仍比较缓慢，这就限制了电价的合理发现。同时，如前所述，可再生能源进入市场的方式也仍不清晰，这就形成了一个比较突出的矛盾。一方面，以电厂为全部主体的全国碳市场需要电力市场提供一个能够传导碳价信号的渠道；但另一方面，电力市场建设仍面临诸多体制机制障碍，尚未形成有效的价格发现和传导机制。当然从另一个角度，这恰恰反映出碳市场建设已成为电力市场建设的推动力，即使电改面临重重阻力，市场化已经是不可逆转的方向。

（二）当前协同推进碳市场与电力市场建设需要把握的重点

第一，碳市场与电力市场之间具有重要联系，最基础的是碳价与电价之间的关系。碳市场会带来碳成本向电价的传导压力，不过这是碳市场充分发挥以市场化机制引导碳减排的前提条件。碳成本传导会带来的收入分配效应从而产生"暴利"问题，但对暴利的分析和处理仍需慎重，因为这可能关系到转型过程中搁浅成本的回收。碳市场的效率取决于电力市场的竞争性，同时，碳市场本身也会影响电力市场均衡和竞争秩序。

第二，在考虑可再生能源发展问题时，要科学把握碳市场、电力市场与可能的可再生能源发展机制，主要是（配额＋）绿证市场的关系。碳市场助力高碳电源减排，绿证市场助力可再生能源发电，二者均依托电力市场。在中国碳市场建设中，不宜建立绿证与碳排放权之间的关联，或者说，不宜通过抵消机制使核证减排量参与碳市场。

第三，碳市场建立后，碳价可能引发对通货膨胀的担忧，但不必过度。碳市场建设和运行是一项长期工程，通货膨胀则具有阶段性特征。在中国现实情况下，碳成本传导助长通货膨胀的效果有限，同时，依托碳市场引导的低碳资产积累，将有利于投资主体对冲潜在的通胀风险，特别是非预期的通胀风险。

第四，碳市场建设必须要科学把握其实体属性与金融属性关系。将碳市场作为碳减排的主要政策工具，首要落脚点是碳商品化。碳商品化需要金融交易提升碳市场交易效率，从而准确发现碳价，传导低碳投资信号。碳资产化着力于推动绿色低碳投融资，但必须以实体碳市场的完善设计和有效运行为前提。如果实体碳市场设计存在明显缺陷，碳市场运行效率不高，那么碳资产化将会带来金融风险，进而抑制碳市场的作用。

第五，中国电力市场建设滞后正制约着碳市场建设。电力行业作为碳排放最高同时市场化建设滞后的行业，使碳市场兼顾紧迫性与挑战性。在这种情况下，一方面要对碳市场运行前景有合理把握，避免形成短期高碳价的不合理预期，同时将碳市场设计完善与"十四五"时期的碳价趋势紧密结合。另一方面，要切实加快推进电力市场顶层设计，坚持系统观念统筹推进电力体制改革，在本文分析的框架下，可以认为这是重中之重。

电力体制改革与生态文明体制建设将更紧密地结合在一起，电－碳融合的改革发展思路，即从"十四五"时期协同推进碳市场与电力市场建设开始。可以预期，随着碳市场和电力市场的协同建设，中国的能源转型和"双碳"目标必将稳妥、顺利实现。

参考文献

高世楫、俞敏：《中国提出"双碳"目标的历史背景、重大意义和变革路径》，《新经济导刊》2021 年第 2 期。

李继峰、郭焦锋、高世楫、陈怡：《我国实现 2060 年前碳中和目标的路径分析》，《发展研究》2021 年第 4 期。

潘家华、廖茂林、陈素梅：《碳中和：中国能走多快?》，《改革》2021 年第 7 期。

周小川：《夯实应对气候变化的数据与计量基础》，在"30·60 目标的实现路径和经济金融影响"研讨会的发言，2021 年 4 月。

周亚敏、冯永晟：《中国的电价改革与二氧化碳排放——来自市级层面的实证研究与政策启示》，《城市与环境研究》2017 年第 1 期。

Coria, J., and Jaraitè, J., "Transaction Costs of Upstream Versus Downstream Pricing of CO2 Emissions", *Environmental and Resource Economics*, 2019, 72 (4): 965 - 1001.

Gollier, C., "The Cost - Efficiency Carbon Pricing Puzzle", CEPR Discussion Paper No. DP15919, 2021.

Kolstad, J., and Wolak, F., "Using Environmental Emissions Permit Prices to Raise Electricity Prices: Evidence from the California Electricity Market", CSEM WP 113, 2003.

Limpaitoon, T., Chen, Y., and Oren, S. S., "The Impact of Carbon Cap and Trade Regulation on Congested Electricity Market Equilibrium", *Journal of Regulatory Economics*, 2011, 40 (3): 237 - 260.

Marten, M., and Dender, K. V., "The Use of Revenues from Carbon Pricing", OECD Taxation Working Papers No. 43, 2019.

Nelson, T., Orton, F., and Kelley, S., "The Impact of Carbon Pricing on Deregulated Wholesale Electricity and Gas Markets", AGL Applied Economic & Policy Research, Working Paper No. 20, 2010.

OECD, *Effective Carbon Rates 2021: Effective Carbon Rates: Pricing CO2 through Taxes and Emissions Trading Systems* (Paris: OECD Publishing, 2021).

Pardo, Á., "Carbon and Inflation", *Finance Research Letters*, 2021, 38: 1 - 5.

Sijm, J., Neuhoff, K., and Chen, Y., "CO2 Cost Pass Through and Windfall Profits in the Power Sector", CWPE 0639 and EPRG 0617, 2006.

Sijm, J. P. M., Bakker, S. J. A., Chen, Y. H., Harmsen, W., and Lise, W., "CO2 Price Dynamics: The Implications of EU Emissions Trading for the Price of Electricity", ECN - C - - 05 - 081, 2005.

Sijm, J. P. M. , Hers, S. J. , Lise, W. , and Wetzelaer, B. J. H. W. , "The Impact of the EU ETS on Electricity Prices: Final Report to DG Environment of the European Commission", ECN – E – – 08 – 007, 2008.

Simshauser, P. , and Doan, T. , "Emissions Trading, Wealth Transfers and the Wounded Bull Scenario in Power Generation", *Australian Economic Review*, 2009, 42 (1): 64 – 83.

Stiglitz, J. E. , "Addressing Climate Change through Price and Non – Price Interventions", National Bureau of Economic Research Working Paper Series, 2019.

Yihsu, C. , and Hobbs, B. F. , "An Oligopolistic Power Market Model with Tradable NOx Permits", *IEEE Transactions on Power Systems*, 2005, 20 (1): 119 – 129.

未来能源发展与碳中和目标实现

李振国[*]

摘　要： 未来能源是未来经济的基础。可再生能源＋储能＋氢能，将重塑
世界能源体系。太阳能资源无限，是建设人类命运共同体的理想
能源。在大部分国家，光伏已成为最经济的电力能源。光伏设备
作为能源"放大器"，输出能源多达生产环节所耗能源的数十
倍。迈向碳中和有四个阶段：第一，通过完善体制机制，充分发
挥灵活性调节能力，对新能源大幅度消纳。第二，大力发展抽水
蓄能以及改造现有水电，为化学储能让渡一定时间和发展空间。
第三，通过大规模应用化学储能，真正形成构建以新能源为主体
的新型电力系统。第四，通过引入氢能进行深度脱碳，最终实现
碳中和。

关键词： 未来能源　碳中和　能源转型　新型电力系统　光伏　氢能

未来经济发展离不开未来能源的发展。早在 2018 年 12 月底，我就在第
24 届联合国气候变化大会上发表了 Solar for Solar 的相关观点，我们认为利

＊ 李振国，高级工程师，隆基绿能科技股份有限公司创始人、总裁。

用光伏这种清洁能源制造出更多的清洁能源，是可以改变地球生态的。例如，我们可以进行大规模海水淡化，把淡水引到荒漠地区，荒漠有了水就会有绿色植被，有了绿色植被就会吸收固化空气当中的二氧化碳，这其实就是一个负碳过程。我们也做过一个测算，当地球 70% 的荒漠变成绿洲之后，就可以吸收固化人类人为累积的所有二氧化碳。我在那次大会上发表的演讲题目是"光伏＋储能是人类未来能源的终极解决方案，同时也是人们应对气候变化的有力武器"。这几年来，世界各国政府、各国组织以及能源界的企业朋友都在为此而努力。

特别是 2020 年 9 月 22 日，习近平主席在第 75 届联合国大会上提出"3060"目标之后，全球碳中和的共识基本达成，未来绿色、低碳的发展就是我们能源转型的目标。在未来三四十年的能源转型过程中，将会衍生出三个主要的赛道。第一个赛道，是以光伏为主的一次清洁能源的赛道，这个产业会得到大力发展。三四年前我曾经说过，到 2030 年，全球每年新增光伏装机容量会达到 1000 GW。今天站在碳中和的角度倒推，1000 GW 是不够的。我们初步测算的结果是，到 2030 年全球每年新增光伏装机容量需达到 1500～2000 GW，并且连续安装 30 年，才能对能源转型形成有效支撑。这意味着，光伏在未来 10 年将会有 10 倍的成长空间。第二个赛道，是为了平衡这种一次能源所做的产业和政策努力。光伏和风电是间歇式能源，需要政策体制机制和市场化制度，以及抽水蓄能、化学储能等技术手段来平衡这些能源。第三个赛道，是在深度脱碳领域，我们必须引入绿氢。在中国，二氧化碳排放 42% 来自电力系统，更多的二氧化碳排放来自非电领域，例如能源化工领域、钢铁冶炼领域、水泥产业、未来的远距离运输，以及百姓的日常生活，特别是北方地区的冬季取暖。

企业在能源转型的大趋势下，也有几个发展方向。第一，要加大在主产业链方面研发资源的投入，让新能源发电的转化效率更高、成本更低，让人们在使用清洁能源的同时，付出的成本和代价更低，这是企业最基本的责任和使命。第二，要做到一定的产业规模，只有规模上去了，才能为能源转型真正做出实质性的贡献，同时也会有效地摊薄研发成本。第三，在碳中和这个社会大势下，寻找和建立场景化解决方案的能力，做出一些探索和产业布局，比如在绿电制取绿氢领域提供设备和技术解决方案的能力。我们将一如既往地在能源转型、碳中和道路上做出应有的努力和贡献。

一　全球能源现状和总体趋势

（一）全球能源概况

当前全球能源系统由化石能源主导。《bp 世界能源统计年鉴》数据显示，2020 年全球一次能源消费总量 557 EJ，折合 190 亿吨标准煤。其中，石油占比 31.2%，煤炭占比 27.2%，天然气占比 24.7%，核能占比 4.3%，水力占比 6.9%，新能源占比 5.7%。2020 年全球总发电量 26.8 万亿千瓦·时。其中，燃煤发电量占比 35.1%，燃气发电量占比 23.4%，燃油发电量占比 2.8%，水力发电量占比 16.0%，核能发电量占比 10.1%，新能源等发电量占比 12.6%。

部分国家能源转型进程处于领先位置。以德国为例，2020 年德国非化石能源发电量占总发电量比例约 60%，其中可再生能源发电量占总发电量比例约 48%，为世界各国未来若干年能源转型展示了现实可行的路径。

（二）中国能源概况

当前中国能源供给结构以煤炭为主。国家统计局数据显示，2020 年中国一次能源消费总量 49.8 亿吨标准煤。其中，煤炭占比 56.8%，石油占比 18.9%，天然气占比 8.4%，非化石能源占比 15.9%。中电联统计数据显示，2020 年中国总发电量 7.63 万亿千瓦·时。其中，燃煤发电量占比 60.7%，燃气发电量占比 3.3%，余热余压余气及燃油发电量占比 2.1%，水力发电量占比 17.8%，核能发电量占比 4.8%，新能源发电量占比 11.3%。

能源以煤为主的国情使我国节能减排需要付出更艰辛的努力。煤炭的碳排放占我国碳排放总量的 3/4 左右。电力行业的煤炭消耗约占国内煤炭消费量 1/2 以上。我国每年消耗的煤炭比其他所有国家煤炭消耗量加起来的总和还要多，导致我国减少碳排放的任务更艰巨，需要以比西方国家更大的力度加快新能源的发展。

（三）全球能源系统亟须从化石能源加速转向可再生能源

2020 年 9 月 22 日，习近平主席在第 75 届联合国大会上发表重要讲话："应对气候变化《巴黎协定》代表了全球绿色低碳转型的大方向，是保护地球家园需要采取的最低限度行动，各国必须迈出决定性步伐。中国将提高国家自主贡献力度，采取更加有力的政策和措施，二氧化碳排放力争于 2030 年前达到峰值，努力争取 2060 年前实现碳中和。"

联合国政府间气候变化专门委员会 IPCC 发布的《关于全球升温高于工业化前水平 1.5℃的影响以及相关的全球温室气体排放路径的 IPCC 特别报告》，要求全球在 21 世纪中叶实现碳中和（净零碳）。国际碳预算项目数据显示，近年来化石能源导致的碳排放约占全球每年碳排放总量的 80% 以上，土地利用变化因素和水泥等工艺排放约占全球每年碳排放总量的 20% 左右。

因此，要实现碳中和（净零碳），关键在于需要能源系统革命性地从化石能源转向可再生能源。而且，由于碳预算的约束，这一过程需要在未来三四十年内加速完成。

可再生能源替代化石能源是人类社会实现可持续发展的基础。世界能源需求总量仍将持续增长，虽然主要发达国家能源消费量趋于稳定，占世界人口总数 85% 左右的发展中国家，其能源消费量还将有较大幅度的增加，这是全世界广大人民群众未来实现美好生活的客观需要。未来几十年是我国全面建设社会主义现代化国家的阶段，能源消费量尤其是全社会用电量还会较大幅度增长，这需要我们加快低碳转型的步伐。如果能源系统尤其是电力供给侧的非化石能源占比不能得到快速提升，将阻碍碳达峰、碳中和的实现。

发展可再生能源还有助于各国保障能源安全，有利于维护世界和平。历史上各种战争往往是为了争夺能源资源，或者是为了争夺运送能源的通道。可再生能源发电更大规模发展以后，各国能源基本实现自给自足，不需要再去争夺能源和能源通道，有助于减少战争、维护世界和平、构建人类命运共同体。

（四）能源转型已是不可逆转的大势所趋

目前，占全球能源版图 70% 份额的国家已宣布了碳中和的承诺，碳中和已成为全球新的政治共识。应对气候变化是中国和西方国家之间最没有争议的共同语言之一，发展可再生能源是中国利益和全球利益的重要交集。

以习近平同志为核心的党中央做出实现碳达峰、碳中和的重大战略决策，使我国成为全球应对气候变化和加快绿色发展的引领者。从那时到现在，习近平总书记多次重申要求："中国言出必行，将坚定不移加以落实"，"拿出抓铁有痕的劲头，如期实现 2030 年前碳达峰、2060 年前碳中和的目标"，"我们将驰而不息，为全球绿色转型作出贡献"。

（五）可再生能源 + 储能 + 氢能，将重塑世界能源体系

研究显示，实现碳中和要求非化石能源在一次能源消费总量中占比达 80% 以上，非化石电力在总电量中占比超过 90%，为人类命运共同体和可持续发展提供绿色能源基础。随着储能技术的进步，储能成本也在快速降低。低成本的光伏等可再生能源 + 储能，将成为未来能源的主要形式。随着电能替代不断推进，电力在终端能源消费结构中占比将越来越大，可再生能源将逐步主导整个能源系统。在交通和工业部门，部分难以实现电气化的如化工、冶金等特殊领域，可由氢能满足需求，从而实现无污染、零碳排放的循环。

二　光伏 + 储能是人类能源终极解决方案、应对气候变化有力武器

（一）光伏是构建以新能源为主体的新型电力系统的主力能源

2021 年 3 月 15 日，习近平总书记主持召开中央财经委员会第九次会议，做出"实施可再生能源替代行动，深化电力体制改革，构建以新能源

为主体的新型电力系统"的重要指示。由于水电、核电开发受到场址等因素制约，未来电力系统主要依靠取之不尽、用之不竭的太阳能光伏等新能源。

近年来，国际主要能源研究机构普遍就"光伏将成为未来能源系统第一大能源"达成了共识，国际能源署（IEA）《世界能源展望》、英国石油公司（BP）《bp 能源展望》和国网能源研究院《全球能源分析与展望》均将光伏列为未来第一大电源和第一大能源。

德国 Energy Watch Group 和芬兰 LUT 大学联合发布的研究报告认为，2050 年全世界累计光伏发电装机容量将达 6 万 GW（其中东北亚 1.8 万 GW），2030 年全球年新增光伏装机容量将会达到 2000 GW 以上，2050 年光伏发电量在全球总发电量中的占比将达 69%。

其他能源也将为能源转型做出贡献。我国陆上风电主要分布在内蒙古、新疆、甘肃和东北等"三北"区域。海上风电、光热发电和生物质发电将持续增长，但在一定时期内仍缺乏较强的经济竞争力，将作为补充电源发挥作用。

（二）太阳能资源无限，是构建人类命运共同体的理想能源

太阳能是地球能源的主要源泉，每年到达地球表面的太阳能相当于 130 万亿吨标准煤，是每年全球能源消费总量（约 190 亿吨标准煤）的 6800 倍。每年到达地球表面的太阳能，比其他能源的储量总和还大。有效利用小部分的太阳能，即可满足全人类永续的能源需求。将全球荒漠面积的 1% 用于光伏发电，即可满足全球电力需求。

中国国土面积 960 万平方公里，每平方米国土平均接受的太阳能辐射约 1500 千瓦·时/年（已考虑气象因素），全国太阳能总计 1.5 亿亿千瓦·时/年，是目前全国用电量的 2000 倍左右。经核算，国内东中部的城乡分布式光伏发电，年发电量可超过 10 万亿千瓦·时，超过目前的全社会用电总量。塔克拉玛干沙漠面积的 20% 装上光伏电站，发电量足够全国人民使用。实践证明，光伏发电还可减少地表蒸发量，具有修复荒漠生态的作用。有效利

用太阳能光伏发电，可为中华民族开拓出在有限国土上永续、和平发展的无限空间。

（三）光伏发电开启了在现代能源环境下直接利用太阳能的大门，清洁低碳、高度安全

光伏产业链主要环节为二氧化硅（岩石）—工业硅—多晶硅料—单晶硅棒—硅片—电池—组件—电站—电力，从天然的岩石开始，投入人的智慧，"点石成金"，吸收天然的太阳能资源，将绿色电力送到千家万户。

光伏发电无需燃料，可持续、可再生，无排放、无辐射、无噪声，无高温、高压、高空作业，无运动部件，长寿命、易维护，出力可预测，利于调峰，资源均衡，电源可以直接靠近用电侧建设；同时，分布式发电可以与人居环境完美结合，可以大规模发展。

（四）在大部分国家，光伏已成为最经济的电力能源

（1）过去 10 年，光伏技术快速进步，光伏成本大幅下降。光伏硅片从 100 元/片降至 3 元/片，组件从约 30 元/瓦降至 1.8 元/瓦，产品性能也得到了大幅提升。

（2）光伏上网电价屡创新低。沙特的一个光伏项目创造了 1.04 美分/千瓦·时上网电价的世界纪录，已低于 0.1 元/千瓦·时。

（3）在国内，光伏发电已实现平价上网。四川甘孜州正斗一期光伏基地上网电价低至 0.1476 元/千瓦·时。实际上，绝大部分地区光伏发电的技术成本已低于 0.1 元/千瓦·时（每年发电 1 千瓦·时的光伏系统投资约 2 元，寿命期内至少发电 30 千瓦·时，加上少量运维费用，会计成本约 0.08 元/千瓦·时）。

（4）在国内，光伏发电的非技术成本还较高，包括较高的资金机会收益成本、土地租金、各项税费及外送线路投入等。这些支出的受益人实际上是国内金融机构、政府、电网和人民群众，其为国民经济内循环做出了贡献。

（5）光伏产业链所需的初级原料丰富且廉价。近期由于产业政策以及行业发展阶段性不均衡，成本有所上升。但从长期看，光伏发电成本还将持续降低，将全面降至每千瓦时几分钱。

（五）光伏作为能源"放大器"，输出能源多达所耗能源数十倍

光伏设备产业链（工业硅、多晶硅、硅棒硅片、电池、组件等环节）直接能源消耗总量约为 4 亿千瓦·时/吉瓦。包含系统集成、所有材料追溯至矿山、各环节厂房设备和运输等间接能源消耗的系统总能耗约 10 亿千瓦·时/吉瓦。光伏系统寿命达 35 年，通过高效转化取之不尽、用之不竭的太阳能，光伏系统全生命周期发电量平均为 500 亿千瓦·时/吉瓦，对应的能量放大倍数约 50 倍。

光伏产业在一定时期内使用部分传统能源作为种子，通过能量放大作用为全社会提供数十倍的绿色能源。未来，随着光伏系统各环节能耗进一步降低、发电性能提升，光伏能量回收期还将进一步缩短，能量放大倍数将进一步变大，光伏产品作为绿色能源"搬运工"和"放大器"的作用将越来越大。

（六）光伏制绿氢可为全社会脱碳发挥重要作用

可再生能源将为人类可持续发展提供绿色能源基础。在部分难以实现电气化如化工、冶金等特殊领域，将由绿色氢能脱碳。低成本的氢能还可用于满足民用领域的能源需求。

每生产 1 千克氢气耗电量约 50 千瓦·时，按光伏发电技术成本 0.08 元/千瓦·时计算，生产氢气的电力成本约 4 元/千克。电解水制氢环节设备折旧和运维费用合计约 3 元/千克（考虑 100% 利用光伏制氢的全年利用时间因素）。光伏制氢的实际技术成本合计约 7 元/千克。当煤价处于 500 元/吨低位时，煤制氢成本约 10 元/千克；煤价高于 1000 元/吨时，煤制氢成本高于 15 元/千克。可见，光伏制氢的实际成本已低于煤制氢，同时还具有零碳、清洁、可持续的优点，光伏制氢已具备替代化石能源制氢并逐步应用于更广阔领域的能力（见表1）。

表1　各种形式制氢碳排放数据（$kgCO_2/kgH_2$）

煤制氢	天然气制氢	网电制氢	网电＋部分绿电连续制氢	100%绿电间歇式制氢
13.5～19.4	6.5～10.8	42.5	31.9	0

（七）光伏发电对经济社会发展全局具有重要作用

（1）国际货币基金组织（IMF）2021年3月发表的《回归更好：绿色支出倍增有多大》报告显示，投资于光伏等清洁能源对国内生产总值的贡献比对天然气、石油、煤炭等化石能源的支出强2～7倍。

（2）光伏产业是重要的战略性新兴产业。光伏发电将推动资源禀赋型能源产业向科技驱动型能源产业转变，为经济高质量发展提供新机遇、新动能。

（3）光伏行业是国内就业人数最多的可再生能源产业。据清华大学研究，光伏等新能源替代传统能源时，新增的就业岗位是传统能源的1.5～3倍，可为传统能源产业转型提供充足的、更高质量的、更体面的就业岗位。

（4）《自然》杂志发表的研究结果显示，发出同样电量，煤电厂＋植树造林实现碳汇所需土地面积是光伏发电的13倍。

（5）大规模发展光伏等可再生能源和产业，可以从根本上摆脱能源对外依存，有利于国家能源安全和可持续发展。

三　推进能源革命　实现碳中和目标

（一）构建以新能源为主体的新型电力系统、迈向碳中和的四个阶段

碳中和已是大势所趋，碳中和的终极场景是怎么样的社会、什么样的情景，所有今天的行动都应该朝那个情景迈进。在这个过程中，迈向碳中和有以下四个阶段。第一，通过完善体制机制，充分发挥灵活性调节能力及需求

侧响应，形成对新能源的大幅度消纳。第二，大力发展抽水蓄能并改造现有水电，为化学储能让渡一定时间和发展空间。第三，通过大规模应用化学储能，真正形成构建以新能源为主体的新型电力系统。第四，通过引入氢能进行深度脱碳，最终实现碳中和。这四个阶段既有效衔接又互有交叉。

第一，完善体制机制。比如，水电在中国电力结构所占比例较高，并且水电的年发电时间只有3000多个小时，除了汛期极短的时间，其他时间有很灵活的调节能力，因为体制机制的原因灵活性没被充分发挥。"十三五"期间国家对火电站下达了灵活性改造的任务安排，到2019年底只完成了20%多，原因在于没有对灵活调节电源给予补偿机制。另外，关于电价市场化的问题，现在的峰谷平电价差是基于火电形成的粗放式电价，不是准确反映供需关系的电价。最近国家意识到这些问题后也在进行调整。这些条件完善之后，在今后5~10年不需要进行大规模物理层面调整，靠政策调整就可以吸纳新能源参与电网。

第二，发展抽水蓄能。以火电为主的电力系统，抽水蓄能的重要性未被充分体现。构建以新能源为主体的新型电力系统，需要大力发展抽水蓄能调节，作为重要的过渡阶段。常规水电改造增加抽水蓄能功能，一不浪费水能资源，二大幅度降低成本，三能为新能源发展让渡出5~10年的时间。

第三，大规模应用化学储能。上述两项措施给新能源发展带来10~15年的时间之后，会迎来化学储能成本降低，光伏电源的成本也会进一步降低，真正形成构建以新能源为主体的新型电力系统。

第四，引入氢能。今天42%的碳排放来自电力系统，仍然有较大比例的碳排放不是来自电力系统，这些方面的脱碳需要引入二次能源氢能。

（二）光伏成本未来还将持续下降，为电力系统提供更大经济空间

我国光伏企业在技术研发上不遗余力，引领和推动行业技术进步。创新无极限，光伏电池效率将持续提升，继续在全球保持领先。光伏行业内部的供给侧结构性改革持续推向深入，行业平均技术水平将持续提高。新技术、新工艺、新产品层出不穷，不断突破。光伏企业将会持续以技术为

核心竞争力，致力于用光伏科技改变人类生活。沿着正确方向，运用科学方法，坚持不懈努力，为光伏技术进一步突破、效率提升和成本降低做出贡献。

光伏发电成本包含技术成本和非技术成本。非技术成本因素主要有：税收、弃光限电、用地费用、接入条件、资金机会收益成本等。光伏发电成本的持续下降，既依靠技术持续进步、制造成本持续降低，也得益和寄希望于非技术条件的进一步改善。

光伏发电成本还将持续降低，主要驱动因素有五个。（1）光电转换效率还会持续提升，不断摊薄全产业链成本。（2）产业链技术工艺还有较大的进步空间。每个环节的某项进步，往往可以摊薄上游环节的全部成本。（3）双面发电和追日跟踪系统推广应用，可提升单位装机容量的发电量。（4）全社会资本必要报酬率在中长期将逐步下降，将降低光伏投资的资金机会收益成本。（5）政策环境不断改善，非技术成本下降空间较大。

光伏电站系统成本由组件成本和非组件成本构成，其中非组件成本可以分为两类。（1）可随组件效率提升被摊薄的成本，主要包括支架、桩基、安装和土地成本等。组件效率提升受电池效率提升和组件封装技术进步影响。第一类成本主要考虑组件效率提升的影响。（2）与容量相关的成本，主要包括逆变器和变压器等电气设备、并网接入成本等。第二类成本主要考虑制造业成本降低的影响。

光伏电站投资成本将持续下降。在光伏组件成本大幅降低以及转换效率持续提升的带动下，预计2035年和2050年光伏电站投资将比当前的水平分别下降37%和53%。这其中组件价格的下降贡献最大，通过技术进步和规模效应，预计2035年和2050年组件价格将比当前下降55%和70%以上，光伏电站投资下降中组件的贡献超过60%。依靠组件效率的提升，将带动包括土地费用及场区施工、支架及安装、电气设备及接入、管理费用等方面支出的下降（见图1）。

在光伏电站投资下降、技术进步带动系统效率提升和光衰降低等驱动下，光伏发电成本也快速下降。2025年，预计光伏发电平均全成本（含税

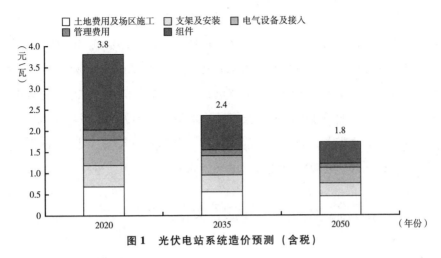

图1　光伏电站系统造价预测（含税）

和内部收益率，下同）将全面低于 0.3 元/千瓦·时，在所有发电技术新增装机中最低。同时，光伏发电成本仍将保持快速下降，而水电、纯凝煤电等则面临成本上升的压力，陆上风电和海上风电的成本下降速度则要慢于光伏发电。光伏发电的成本优势在后期将愈加明显（见图2）。

光伏发电成本受造价、光照、系统综合效率系数、衰减、利率、寿命等因素影响。采用现金流量折现模型计算，预计 2035 年和 2050 年光伏发电平均可接受的上网电价为 0.2 元/千瓦·时和 0.12 元/千瓦·时。

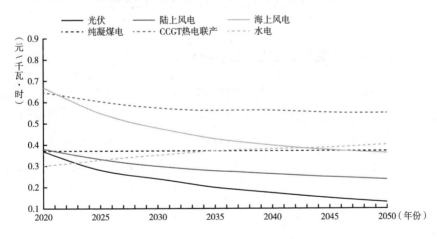

图2　不同发电技术发电成本（含税、含6%～8%内部收益率的全成本）变化趋势

考虑电力系统成本，光伏发电仍最具市场竞争力。随着可再生能源电力比例逐渐增高，尤其是在高比例光伏应用情景下，光伏发电对电力系统灵活性的要求将越来越高。但是考虑到未来化学储能技术提升和成本大幅下降，光伏发电即使需要电力系统成本支撑仍具有最佳的经济性。综合考虑发电和系统成本，光伏发电在所有发电技术中成本最低；如果考虑系统成本、碳排放和污染物排放成本，光伏发电的综合成本优势更加明显，不仅低于水电、风电等其他可再生能源电力技术，更是远低于化石能源发电技术（见图3）。

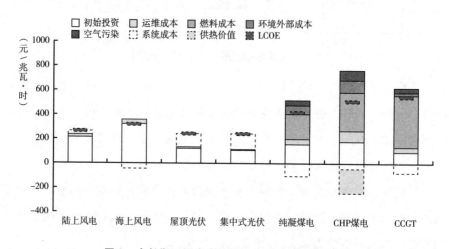

图3　中长期不同发电技术发电成本组成和对比

（三）以光伏制绿氢替代化石能源制氢

现有用氢气替代。国内消耗氢气约3000万吨/年。综合各种资料，煤制氢产量占2/3左右，天然气制氢约占15%，其余为副产氢（含氯碱副产）等。（1）煤制氢。原煤消耗（含原料煤、燃料煤、电煤）约10吨/吨，年产2000万吨氢气消耗原煤约2亿吨，二氧化碳排放约3.5亿吨（原煤中部分碳进入化工产品）。（2）天然气制氢。1米³氢气消耗0.4米³天然气，年产450万吨氢气消耗天然气200亿米³，二氧化碳排放0.43亿吨。综上，以绿氢替代现有灰氢可减排二氧化碳约4亿吨/年。

绿氢新应用场景。（1）替代散煤。全国民用散煤约3亿吨，年排放二氧化碳近 6 亿吨。光伏制氢与秸秆等生物质耦合制 2 亿吨液体燃料（终端效率更高），可解决这部分碳排放和农村能源问题。（2）减少秸秆腐烂甲烷排放。秸秆还田排放甲烷主要集中于水稻田（厌氧），全国每年稻谷秸秆还田排放甲烷约 0.2 亿吨，折合二氧化碳 5.6 亿吨（甲烷温室效应是同等质量二氧化碳的 28 倍）。（3）氢冶金等。全国年产生铁约 9 亿吨，消耗焦炭 4.7 亿吨（焦炭与生铁比值平均约为 0.525），年排放二氧化碳 13 亿吨（焦炭排放系数为 2.86 $kgCO_2/kg$）。用氢气还原等量的铁，年耗氢气 5000 万吨。

四　结语

　　未来能源发展前景光明，将为未来经济可持续发展提供可再生能源基础。化石能源向可再生能源转型已成为不可逆转的大势。可再生能源 + 储能 + 氢能，将重塑世界能源体系，其中光伏等新能源的作用尤为重要。构建以新能源为主体的新型电力系统、迈向碳中和的路径已清晰，通过全社会共同努力，一定可以完成习近平总书记提出的"拿出抓铁有痕的劲头，如期实现 2030 年前碳达峰、2060 年前碳中和的目标"的任务要求。

　　实现碳达峰、碳中和需要持续以高目标牵引能源转型工作。按照《中共中央 国务院关于完整准确全面贯彻新发展理念做好碳达峰碳中和工作的意见》精神，碳中和要求非化石能源在一次能源消费总量中占比达 80% 以上。2020 年国内非化石能源在一次能源消费总量中占比为 15.9%，要在 2060 年前实现碳中和，非化石能源占比需要在未来 40 年内每年提高 1.6 个百分点以上。

　　千里之行、始于足下，能源转型时间紧任务重，未来 10 年非常关键。需要从现在开始加快发展新能源，使非化石能源发电在总发电量中的占比从目前 34% 左右的水平尽早提升至 50% 以上，通过电力系统清洁化为终端电能替代破除逻辑障碍，为能源系统中长期进一步转型奠定坚实基础。

新能源引领技术进步和系统升级

华鹏伟[*]

摘　要： 在新的政策框架支持下，在技术推动成本不断下降的趋势下，风电和光伏行业迈入新的发展阶段。电力系统的低碳化需要风电和光伏为代表的新能源大规模接入，技术推动下成本不断下降也为大规模接入提供了可能性，而其中的分布式光伏更为电力商业模式的变革提供了可能性。同时，我们看到风光的大规模接入需要电网体系的变革，需要电力体制的完善和电价体系的变化，可再生能源的发展在引领技术进步和系统升级。本文在回顾国内光伏和风电行业发展历程基础上，对行业发展未来做出展望，并试图对可再生能源发展带来的电力系统变化进行阐述。

关键词： 低碳发展　光伏　风电　技术进步　电网变革

过去10年，风电和光伏行业在政策的支持下，均实现了跨越式发展，引领技术进步并推动成本下降，培育了完善的产业链，实现了全球领先。根据国家能源局的数据，截至2020年底，风电和光伏累计装机规模超过5.3

　＊　华鹏伟，中信证券研究部首席电力设备与新能源分析师。

亿 kW，占总装机比重 24%。进入 2021 年，风电和光伏正式平价上网阶段，在"双碳"目标的指引下，行业迈入新的发展阶段，在电力行业低碳转型的过程中承担主要的责任。技术进步继续推动装机成本下降和度电成本降低，而新能源的大规模接入还将带来电网系统升级。可以预见的是，新能源及其相关产业链将会成为未来最具发展潜力的方向之一。

一　风电和光伏行业发展回顾

（一）风电

国内风电行业的快速发展始于 2005 年。风电行业在实现快速发展的同时经过了两轮半周期。2005 ~ 2012 年是行业发展的第一轮周期。2005 ~ 2010 年，在政策支持下行业装机快速增长，国内机组制造商崛起；2011 ~ 2012 年，在脱网事故影响和政策收紧的情况下，行业装机连续两年下滑。2013 ~ 2018 年是行业发展的第二轮周期。2013 ~ 2015 年标杆电价的下降预期和运营商现金流的改善支持了三年新增装机的快速增长；2016 ~ 2017 年，严重的弃风限电影响了行业装机，装机量持续下滑，行业发展以解决限电问题为主；2018 年行业装机实现微增，但是风电机组价格下降影响了企业盈利，同时竞价政策的出台也在推动行业向新的发展阶段转变。2019 ~ 2020 年是行业发展两轮周期之后的半轮周期。在陆上风电补贴即将在 2020 年底退出的情况下，行业又迎来装机高峰，其中 2020 年新增风电并网装机超过 70 GW，达到了历史峰值。

2005 ~ 2010 年，国内风电行业快速发展。在政策的鼓励下，行业装机实现了快速增长。在行业的快速发展期，大量企业进入风电行业，根据中国可再生能源学会的数据，风电整机厂家曾经多达 60 ~ 70 家，叶片厂商曾多达 100 家，国内整机厂商迅速崛起，产业链不断完善，企业加强了技术引进和研发投入，机组容量也实现了从千瓦级到兆瓦级的跨越。这个阶段的政策主要包括三个方面：可再生能源法的颁布和可再生能源中长期规划的发布；

相关的支持政策，包括并网、资金、税收和国产化率等；电价机制，实现了从特许权招标定价到标杆电价。2005 年国内新增风电装机仅有 51 万 kW，累计装机 125 万 kW，到 2010 年新增装机 1893 万 kW，累计装机已达到 4474 万 kW，2005～2010 年新增装机年化增长 106.03%，带动整个风电产业链的繁荣。

2011～2012 年，国内风电行业调整。能源主管部门开始反思行业快速发展带来的一系列问题，弃风限电问题开始出现，西北和华北地区的脱网事故推动行业开始积极关注并网问题，整机企业需要对风电机组进行低电压穿越改造。行业装机的下滑进一步加剧了竞争，风电机组开始打价格战，行业告别野蛮生长，开始进入产能淘汰期。这一阶段新增装机下滑，2011 年新增风电装机容量 1763 万 kW，同比下滑 6.86%，2012 年新增风电装机容量更是进一步下滑至 1296 万 kW，同比下滑 26.49%。

2013～2015 年，国内风电行业复苏回暖。电价下调预期，弃风限电改善，补贴发放改善了运营商的现金流情况，这些因素都促进了行业新增装机的增长。在这个趋势下，风电机组出货量增长，盈利回升，部分制造商开始涉足风电场开发，丰富业务模式。在现金流改善和电价下调的预期下，2013～2015 年，国内新增风电装机迎来了比较强势的复苏。2013～2015 年新增风电装机分别为 1609 万 kW、2320 万 kW 和 3015 万 kW，年化增长约 38%。

2016～2018 年，国内风电行业装机的快速增长再次加剧了弃风限电的情况。国家能源局数据显示，2016 年第一季度国内风电限电率高达 26%，而限电的高企影响了后续装机，能源主管部门和国家电网出台了多项文件来解决限电问题，2018 年国内的限电率为 7.2%，和 2016 年的 17.1% 和 2017 年的 12% 相比有了明显的改善，弃风限电问题基本得到解决。

2019～2020 年，在陆上风电补贴明确退出的预期下，国内风电行业迎来新一轮装机增长，其中 2020 年国内新增并网装机超过 70 GW，达到了历史峰值。

（二）光伏

国内光伏市场的启动始于 2013 年，在此之前，光伏市场的需求主要集中在欧美等发达国家，2013 年光伏上网标杆电价颁布后，市场快速启动，也培育了具有全球竞争力的全产业链。回顾过去 16 年光伏行业的发展历程，基本上也分为三个阶段：2013 年以前，市场主要集中在欧美等发达国家；2013～2018 年国内市场快速崛起；2018 年以后新兴国家市场快速发展。

2005～2012 年，光伏行业的发展以欧美对光伏发展的政策支持和补贴的退出为主导。德国光伏补贴开始于 2004 年，初始上网电价为 50 欧分，西班牙光伏启动于 2004 年，实施《皇家太阳能计划》，对发电量小于 100 kW 的光伏系统，实行 0.44 欧元/千瓦·时补贴，从而推动了光伏装机需求的快速增长，2008 年全球新增光伏装机超过 6 GW，同比增长超过 160%，虽然在 2009 年新增光伏装机因为金融危机的影响几乎没有增长，但受益于成本的下降和意大利等其他欧洲国家政策的支持，2010 年全球新增光伏装机增长至 13 GW，并在 2011 年跃升至约 30 GW。2011 年中，欧债危机爆发，且欧洲 FIT 补贴价格持续下调，抢装结束，2012 年全球新增光伏装机有所下滑。2012～2013 年，欧美制裁中国光伏企业，征收"反倾销税"与"反补贴税"，以出口为导向的国内光伏产业链面临巨大压力。

2013～2018 年，国内补贴政策颁布，光伏行业迈入高速增长快车道。2013 年，国内新增光伏装机 11 GW，2017 年国内新增装机 53 GW，年化增长超过 35%，而从全球装机占比的情况来看，2012 年中国新增光伏装机占全球的比重约为 11%，到 2017 年中国新增光伏装机占全球的比重为 53%。在新增装机保持快速增长的情况下，技术进步也是这一阶段的主要特点之一，表现为单晶替代多晶和 PERC 电池的崛起。2015 年底单多晶硅片曾发生"近乎同价"的局面，隔年第一季度单晶需求快速反弹。金刚线切割的快速应用和拉棒单产的持续提升推动单晶硅片成本持续下降、其中金刚线切割的应用相较于砂浆线可使单晶硅片的成本下降 0.8～1 元/片，随着 PERC 电池逐渐普及，单晶占市场需求的份额持续提升，市场份额从 2015 年的

15%提升至 2017 年的 36%，2018 年进一步提升至 50%。

2019～2020 年，2018 年"531"政策后，国内市场的短期萎缩使得产品价格明显下降，也促使光伏制造企业在海外寻求更多的市场机会，同时我们还看到海外部分国家也公布了促进光伏安装的政策。在产品价格下降和政策支持等多种因素的促进下，新兴国家市场快速崛起，包括东南亚、东欧和拉美等地区，2020 年全球新增光伏装机约 130 GW 中，中国、欧美等发达国家市场、新兴国家市场几乎各占 1/3。我们还看到，在总量快速增长的情况下，细分市场表现出更快的增长，主要是工商业分布式光伏和户用光伏市场，从而催生出更多的市场机会。国内的光伏产业链各个环节的企业在这个阶段盈利快速回升，各个环节在全球产业链中的份额不断提升，技术进步和成本下降持续推进，推动全球范围内平价上网的实现和低碳的发展。

二　"双碳"目标下行业未来发展展望

光伏风电发电成本持续下降，2021 年进入平价元年，开启对传统火电的增量和存量替代。随着技术工艺不断优化和非技术成本的持续压缩，光伏风电发电成本持续下降，过去 10 年全球光伏、陆上风电、海上风电项目加权平均度电成本降幅分别达 82%、39%、20%。包括中国在内的大部分国家或地区的成本已陆续低于传统能源发电成本，摆脱补贴政策的依赖和指标规模的外部性限制，转向以平价经济性为核心内生动力的成长新阶段。据BNEF 测算，自 2021 年起，中国新建光伏风电发电项目平均 LCOE 将逐步低于在运火电项目运营成本，加快开启对传统火电项目的增量和存量替代，未来 5～10 年光伏风电装机增长有望进入第二次爆发阶段，从补充性能源升级为主要增量能源形式。

2021 年 3 月，《中华人民共和国国民经济和社会发展第十四个五年规划和 2035 年远景目标纲要》提出，未来我国将持续开发包括水电、风电、光伏等电源在内的多个清洁能源基地，形成九大集风光（水火）储于一体的大型清洁能源基地以及五大海上风电基地。其中，九大清洁能源基地主要包括雅鲁藏布江下游、金沙江下游、雅砻江流域、黄河上游和几字湾、河西走廊、新疆、冀北、松辽等地,五大海上风电基地包括广东、福建、浙江、江苏、山东等地。大基地项目有望成为未来国内新能源装机发展的主要形式之一。

2021年10月12日,在《生物多样性公约》第十五次缔约方大会领导人峰会上,习近平主席宣布将在沙漠、戈壁、荒漠地区加快规划建设大型风电光伏基地项目,且首期装机容量约100 GW已于近期有序开工,且其后数日内甘肃、青海、内蒙古等地大基地项目路线开始集中建设。据智汇光伏统计,2021年9月以来,仅吉林、内蒙古、青海、陕西四省即发布了24.63 GW风光大基地项目,项目公示和招标有望提速。预计在首期约100 GW大基地项目中风光将各占比1/2左右,且已招标的大基地项目多要求年内开工,2023年底前并网,有望成为明后年新增装机的重要组成部分。此外,或将还有第二期规模约100 GW的大基地项目将在合适时间公布,共同构成"十四五"期间大型集中式电站的装机主力。

"30·60"目标以碳为锚,非化石能源消费占比目标提升,助推光伏风电加速增长。"30·60"目标对能源结构转型和电力供给侧改革提出新要求,低碳排放甚至零碳排放的非化石能源(水能、核能、光伏、风电、生物质)应用占比尚需大幅提升。2019年中国非化石能源消费占一次能源消费比重达15.3%,已提前达成"十三五"规划设定的2020年15%的目标,2020年达到15.9%。随着"十四五"和"十五五"期间中国进入绿色发展新阶段,2025年、2030年非化石能源消费占比中枢有望进一步提升至21%、26%以上,对应光伏、风电发电量占总发电量比例有望分别达16.5%、22%。

在风电光伏竞争力持续强化的情况下,碳中和路线图中的阶段性目标有望超额实现,国内非化石能源消费占比有望于2025年达21%左右,于2030年达26%左右。据此预期,若按光伏/风电平均年发电利用时间为1200 h/2100 h,且光伏、风电发电量约1:1测算,预计中国"十四五"期间光伏和风电年均装机需求或达75 GW和43 GW,"十五五"期间年均装机需求或近100 GW和55 GW。

风电和光伏行业迎来新的发展期,有"双碳"目标政策的指引,也有明确技术进步的推动，从而推动装机成本和度电成本下降。预计 2021 ~ 2025 年光伏行业每年都有 5% ~ 10% 的成本下降空间，而其中可以应用的技术包括：在硅料环节，颗粒料开始应用并在拉棒环节可以掺杂一定的比例，目前掺杂的比例在 10% ~ 20%，随着部分问题的解决，掺杂比例可以提升至 30%，而颗粒料在生产过程中因电耗明显降低，可以降低生产成本；在硅片环节，随着工艺水平的不断提升，硅棒的拉速依然有改善空间，硅片的尺寸有提升，从目前的 166 毫米提升至 182 毫米和 210 毫米，硅片的厚度依然可以降低，从目前的 170 ~ 175 微米下降到 160 ~ 165 微米，远期可以下降至 120 微米；在电池效率上，目前 PERC 电池的效率可以逐渐从目前的不足 23% 提升至 23.3% ~ 23.5%，随着 N 型电池技术的进步，光伏电池效率可以提升至 24.5% ~ 26%，如果叠加钙钛矿等形成叠层电池转化效率远期可以提升至 30%；在组件环节，封装技术不断提升，叠瓦、无缝焊接等工艺的推广也在不断提升单位面积的输出功率。

风电行业，我们认为成本的下降主要集中在机组的大型化发展，叶轮直径变大、传动链结构完善、发电机成本和效率的提升等。我们能明显地看到，陆上风电的主力机型逐渐从 2 ~ 3 MW 向 4 ~ 6 MW 发展，海上风电的主力机型逐渐从 6 ~ 8 MW 级向 10 MW 以上级发展；叶轮直径逐渐增大，目前 2 MW 机组的叶轮直径从 3 年前的不足 100 米提升至目前的约 120 米，而未来大兆瓦机组的发展，叶轮直径有望继续提升；传动链结构上，我们认为陆上风电机组齿轮箱结构的传动链的占比将会继续提升，一方面得益于齿轮箱技术的不断发展，另一方面也来自发电机减重降本的压力；发电机上，通过改进设计和减重推动成本的降低和效率的提升。综上，风电行业依然受益于技术的发展，当前风电机组的报价约 3000 元/kW，未来依然有下降空间。

三　风电和光伏行业发展带动电力系统变革

新能源的发展需要电力系统的支撑，而电力系统也是实现"双碳"目标的重要载体，其发展与变革在经历了 2021 年夏季用电紧张等系统性问题后，有望更加聚焦且加速：聚焦于平衡面向"双碳"目标的建设与满足社会生活、生产发展的用电需求的关键技术和环节，并围绕以上要素加速投资。

国家电网在《国家电网公司"碳达峰、碳中和"行动方案》中提出了"双高""双峰"等系统面临的核心问题。（1）"双高"，即新能源、直流等大量替代常规机组，电动汽车、分布式能源、储能等交互式用能设备广泛应用，电力系统呈现高比例可再生能源、高比例电力电子设备的"双高"特征，系统转动惯量持续下降，调频、调压能力不足。其背后反映的是清洁发展与系统安全之间的关系。（2）"双峰"，即近年来我国用电需求呈现冬、夏"双峰"特征，峰谷差不断扩大，北方地区冬季高峰负荷往往接近或超过夏季高峰，电力保障供应的难度逐年加大。从运行实际看，风电和太阳能发电具有随机性，系统友好性较低，主要提供的是电量而非电力，为了满足电网高峰负荷需要，目前主要依靠的还是常规电源。其背后反映的是清洁发展与电力保障之间的关系。

此外，"双碳"目标的实现不仅要求清洁可再生能源的使用比例不断提升，背后也隐含了下游终端用能持续向电能转移、转化的要求，即电能替代的不断深入和行业定义的"再电气化"过程。实际上，自新冠肺炎疫情在我国得到初步控制、社会生产生活开始快速恢复起，2020 年受到制造业景气度快速修复（隐含制造业自动化程度持续提升）和夏、冬"双峰"用电需求峰值影响，自 5 月起用电量增长快速修复，8 月受夏季用电峰值拉动用电量达到 7294 亿 kW·h（+7.73% 的增长率），至 12 月冬季用电高峰当月用电量达到创历史单月峰值的 8338 亿 kW·h（+17.25% 的增长率）。

围绕"双碳"目标的实现，加速新型电力系统"源网荷储"一体化建设尤为重要。传统电力系统为"源-网-荷"的结构，电能由电源端产生通过电网向负荷中心分配，但如前文介绍的一样，系统的建设逻辑则是相反的——用电量的快速增长可倒逼电源、电网环节加速建设。新型电力系统立足新能源的大规模渗透，引入不稳定且易于分布式布置的新能源电源，下游用电需求变化也在一定程度上共振，形成电网侧调度配给压力，因此考虑引入储能作为以上三个环节的"平衡器"，在各个环节提升系统可靠性。

电源侧：能源大基地与清洁基荷电源同发力。结合"双碳"目标和目前我国大型超超临界火电机组技术、独立自主第三代"华龙一号"核电技术等技术储备，可考虑依托火电灵活性调峰能力、核电建设深入等方式托底基荷电源比例；另外，可以通过打造复合型风光大基地（配给调峰能力，平滑出力曲线）的方式，在满足新增清洁发电能力的同时着力提升电源基地系统友好性能力。

电网侧：新型电力系统建设中长期的重点诉求。（1）平衡我国清洁能源与重点负荷区域之间的地理差异矛盾；（2）控制非基荷电源装机占比提升对电网稳定安全运行的影响；（3）满足电能替代带动用电量持续增长的扩容需求；（4）满足用电侧能源利用智能化、精细化的升级需求。建设方向从大电网骨架网络和核心区域配电网络两层架构、六个环节加强建设强度，分别为大电网侧的特高压（跨区域输送通道）、调度系统（跨区域配给调配能力）、抽水蓄能和配电网侧的扩容（刚性用电增加）、保护和智能运行。

用电侧：智能化水平提升和储能接入。终端产品升级和电网复杂化，相应产生的海量数据流的利用，预计将催生电网领域加速与云平台、IDC、边缘计算等新型数字技术融合落地。随着电力体制的完善和电价机制的改革，电化学储能在终端获得应用推广，主要为峰谷差套利、能量管理和动态扩容的需求，多样化的应用场景也将落地。

四　结语

回顾风电和光伏行业的发展历程，可以清晰地看到在政策的支持下，一个行业从小到大的发展历程。在平价上网开始的时间节点上，在"双碳"目标的指引下，在技术进步的不断推动下，风电和光伏行业迈入新的发展阶段，将实现由补充能源到主力能源的发展转变，也在电力行业低碳化的发展过程中承担重要的责任。同时，风电和光伏行业的发展，引领了新能源技术，而且不断扩展至储能和氢能等其他领域，并带动了电网系统的投资建设、电力体系的变革和电价体系的完善，从而实现完整的以可再生能源为主体的新型电力体系，完成电力发展转型，实现"双碳"目标。

IV　智能制造

关于新发展格局下增强我国产业链供应链自主可控能力的思考

——以半导体、民机、高铁产业为例

常　戈 *

摘　要： 新发展格局对我国产业链供应链提出新的要求，实现产业链供应链自主可控成为其中的核心命题。基于此，本文分析了当前国内产业链供应链的发展现状与特点，并结合半导体、民机、高铁这三个重点行业，分析回顾产业链供应链发展现状与挑战，力图发现影响自主可控能力的重点因素，并给出提升我国产业链供应链自主可控能力的政策建议。

关键词： 新发展格局　产业链供应链　自主可控能力

一　我国产业链供应链发展现状与挑战

（一）我国产业链供应链发展现状

长期以来，在全球经济大循环中，以我国为代表的东南亚经济圈（工

---

* 常戈，中国中信金融控股有限公司财富管理部负责人，中国社会科学院副研究员。

业制成品）作为中间纽带，与以美国为代表的西方发达国家（创意产业和高端服务业）形成了一个循环，与非洲等非西方（非发达）国家的产业（原材料产业）形成了另一个循环（见图1），由此形成了我国现有的供应链体系。作为联通全球产业链的重要枢纽，我国的产业链具有成本低、规模大、分工细、弹性足、配套强等特点。但与此同时，我们也深刻认识到，我国产业链供应链还存在诸多问题。

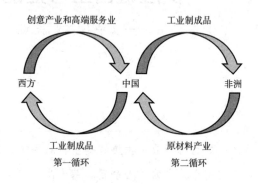

图1　全球经济大循环

一是我国从改革开放以来沿用"两头在外，大进大出"的模式，上游原材料和下游市场都依赖外部，因此产业链供应链对国际市场的依赖度比较高，供应链稳定性欠佳。二是我国有大量产业仍处于国际产业链的中低端，缺乏核心竞争力，高附加值产品偏少，国际竞争力较弱。三是在半导体等领域关键技术被"卡脖子"问题突出，严重影响我国产业链供应链安全。

（二）我国产业链供应链面临的主要挑战

在新发展格局下，我国产业链供应链面临新的挑战。一是中美贸易战一触即发，中兴、华为等企业被相继制裁，我国供应链断裂危险陡然显现。二是2020年新冠肺炎疫情发生，逆全球化趋势更为明显，全球产业链供应链受到严重冲击，全球资源配置效率下降。三是美国等国家鼓励企业回迁，将部分关键供应链转回国内，加快了战略产业链本地化、区域化步伐，对我国相关行业产业链供应链的稳定产生不利影响。四是我国劳动力成本优势逐渐减退，部分产业链向周边东南亚国家转移和外溢。这一系列变化或带来全球产业链供应链新一轮重构，可以说，供应链安全问题已成为各个国家高度重视的问题，实现我国供应链自主可控也是亟待完成的重要任务。

二　三大重点行业产业链供应链分析

为破解产业链供应链自主可控发展课题，结合实际，本文选取了备受关注的半导体、高端装备行业的民机和高铁三个行业作为代表，分析行业产业链供应链发展现状及背后原因。

（一）半导体行业

1.半导体产业链竞争态势

半导体产业链大致可以分为"上游设备、材料—中游制造、封测—下游应用"三个环节。图2为我国半导体产业链各环节的国际竞争态势。可以看出，目前我国在半导体全产业链上均有布局，下游应用兴起并已成为全球市场份额最大、需求增速最快的市场，但是整体价值偏中低端，且在关键的半导体设备（光刻设备）、高端集成电路设计和先进制程的晶圆制造环节上被严重"卡脖子"。我国在产业链上几乎没有话语权，距离自主可控差距甚远。其中，先进制程的晶圆制造是最大瓶颈，仅台积电一家就占有全球1/2以上的市场份额，而全球排名第五且代表中国大陆最先进晶圆制造水平的中芯国际，市占率仅为4.4%。

除此之外，我国半导体行业面临美国及西方国家全产业链的联合围剿与国外"专利大棒"的打压，并且随着国内半导体行业进入发展深水区，投资成本、销售规模要求和研发风险快速上升。

2.半导体行业自主可控能力较弱的原因分析

（1）"两头在外"代工模式的弊端

早期我国半导体产业采取"两头在外"的代工模式，即在生产材料和设备"一头"依赖日韩欧，设计和订单"一头"依赖美国。该模式带来一

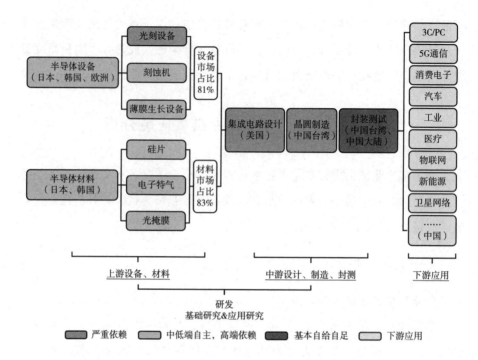

图2 半导体产业链竞争态势

定的问题。第一，产业链议价能力低，材料和设备牢牢掌控在日韩欧手上，85%的投资成本被输出到国外；第二，企业依靠美国等高端芯片设计公司的派单，自我创新动力和能力严重不足；第三，整个行业缺乏垂直整合制造的意识，成为市场"追随者"，缺乏类似三星、英特尔等自主强势品牌。

（2）知识产权保护体系和融资机制尚未形成

研发专利在构建半导体企业技术壁垒中具有核心作用。虽然我国专利的技术分布与美国基本一致，但是知识产权保护体系和融资机制尚未形成。一是核心研发投入相对较小，技术受制于人，尤其在处理器、存储器方面的核心专利储备明显不足。二是相对重视在国内的专利布局，但我国半导体设计企业拥有美国专利超过100件的仅有4家，全球布局亟待加强。三是缺乏知识产权资本化的渠道，无法有效盘活企业的专利资产重新投入研发，这与美国在产业政策、证券、信托、担保融资行业带动下蓬勃发展的知识产权融资机制形成巨大差距。

（3）我国半导体行业对全球化的认识不足

半导体产业链是世界上最复杂、最全球化的产业链之一，国际分工细致。但早期我国只是依靠土地资源、劳动力成本，在"引资路径"上做文章，对半导体巨头们的全球化技术创新体系参与不足，未能渗透半导体"卡脖子"环节中上下游配套产业的创新体系。工信部原部长苗圩曾公开表示："中国的半导体发展需要国际朋友圈，需要始终秉承'开放发展'的原则，努力融入全球半导体产业生态体系当中。"

（二）民机行业

1. 民机行业竞争态势

（1）民机行业整体竞争格局

当前，全球民用客机主要由空客和波音两家生产制造，已形成势均力敌的"AB 双寡头"局面。中国商飞牵头制造的国产 C919 大型客机首批 6 架飞机已经全部首飞，该机型主要对标空客 A320 和波音 737，有望推动全球民机市场格局由"AB"向"ABC"发展，提升我国在全球民机产业链的话语权。但总体而言，民机行业在我国还属继续培育的幼稚产业，与国际先进水平相比，仍存在较大差距。航空产业整体是我国出口额最小、逆差最大的行业之一。

（2）我国民机产业链现状

大型民机的产业链长度长、复杂度高，价值分布呈"微笑曲线"状，即位于前端的研发设计、发动机和关键零部件制造及位于后端的营销、售后服务管理附加值高，位于中间的一般零部件制造、整机组装环节附加值相对较低。我国处于民机价值链条中的低附加值区域，以一般零部件制造和整机组装为主，缺少核心零部件供应能力。

一般而言，民机主要由机体、发动机、航电、机电系统组成。图 3 为民机产业链的主要生产公司及环节。图 4 为民机产业链的主要零部件及我国供应能力。

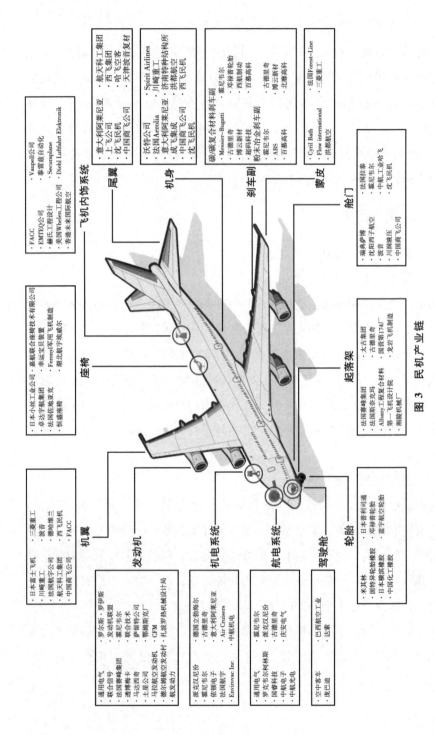

飞机内饰系统

尾翼
- FACC
- EMTEQ公司
- 泰雷兹自动化
- 赫氏工程设计
- Securaplane
- 美国Whelen工程公司
- Ferouyi军用飞机制造
- 香港未来国际航空
- Diehl Luftfahrt Elektronik

- Vaupell公司

尾翼
- 意大利阿莱尼亚
- 上飞民机
- 沈飞民机
- 中国商飞公司
- 航天科工集团
- 西飞民机
- 哈飞空客
- 天津波音复材

机身
- 沃特公司
- 法国Aerolia
- 意大利阿莱尼亚
- 成飞集成
- 中国商飞公司
- 沈飞民机
- Spirit Airlines
- 川崎重工
- 济南特种结构研究所
- 洪都航空
- 西飞民机

碳碳复合材料刹车副
- Messier-Bugatti
- 古德里奇
- 博雷克斯
- 超码科技
- 粉末冶金刹车副
- 霍尼韦尔
- 邓禄普轮胎
- 西航制动
- 百慕高科
- 古德里奇
- 博卡韦尔
- ABS
- 百慕高科
- 北摩高科

蒙皮
- Cyril Bath
- Flow international
- 洪都航空
- 法国Forest-Line
- 三菱重工

舱门
- 瑞典萨博
- 沈阳西子航空
- 波音
- 中国商飞公司
- 霍尼韦尔
- 中航工业哈飞
- 沈飞民机

机翼
- 日本富士飞机
- 川崎重工
- 法国索宇公司
- 航天科工集团
- 中国商飞公司
- 三菱重工
- 波音
- 德纳维兰
- 西飞民机
- FACC

座椅
- 日本小丝工业公司
- 卓尼宇航集团
- 航空佐地亚克
- 恒盛座椅
- 嘉航联合座椅技术有限公司
- 美联盛自动化
- 法国军用飞机制造
- 湖北航宇嘉泰尔

起落架
- 法国赛峰集团
- 法国斯奈克玛
- Albany工程复合材料
- 湘窗机械厂
- 太古集团
- 古德里奇
- 西部第174厂
- 龙岩飞机制造
- 中航工业哈飞

轮胎
- 米其林
- 固特异轮胎橡胶
- 日本横滨橡胶
- 中国化工橡胶
- 邓禄普轮胎
- 蓝宇航空轮胎

发动机
- 通用电气
- 联合信号
- 法国赛峰集团
- 霍尼韦尔
- 土星公司
- 马拉西奇
- 德尔姆航空发动机
- 航空动力
- 罗尔斯·罗伊斯
- 发动机联盟
- 霍尼韦尔
- 复合技术
- 萨默特尔奇
- 鄂鸿纳尔厂
- CFM
- 扎波罗热机械设计局

机电系统
- 派克汉尼汾
- 霍尼韦尔
- 依斯电子
- 泰雷兹
- Envirovac Inc
- 德国立勃梅尔
- 古德里奇
- 意大利阿莱尼亚
- Air Cruisers
- 中航机电

航电系统
- 通用电气
- 罗克韦尔柯林斯
- 国睿科技
- 中航电子
- 中航光电
- 霍尼韦尔
- 派克汉尼汾
- 古德里奇
- 庆安电气

驾驶舱
- 巴西航空工业
- 达索
- 空中客车
- 庞巴迪

图 3 民机产业链

资料来源：Wind。

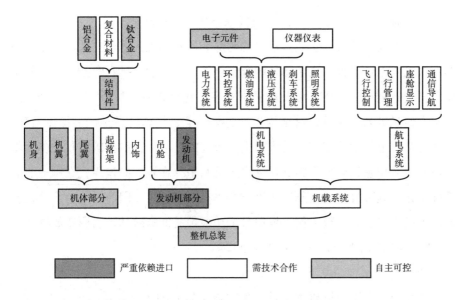

图4 民机产业链的主要零部件及我国供应能力

以航空发动机为例,目前世界航空发动机市场发展成熟,生产公司主要包括 RR、GE、P&W、IAE 等,市场格局相对稳定。国内巨大的民用航空发动机市场全部被国外产品垄断,即使国内研制的民用机型,也只能选用国外的发动机。C919 的发动机采用 CFM 国际公司的 LEAP – 1C 发动机;新舟 60 采用加拿大普惠公司的 PW127J 涡桨发动机;ARJ21 采用的是 GE 公司的 CF34 – 10A 发动机。

2. 缺乏发动机供应能力的原因分析

(1)研发与自主创新能力不足

在我国早期生产研制飞机过程中,飞机及发动机的研制由同一家单位进行,没有设立独立的发动机研制平台,缺乏专业分工和细分研究。同时,为了加快整机研制,自身定位于设计集成、管理体系、总装制造、市场营销等方面,而发动机、机载设备、新材料等部件外包。此种模式可最大限度集聚和利用国内外资源,快速推动我国民机产业的整体发展,但也无法避免埋下过度依赖国外的隐患,国内自主研发和创新能力不足,造成我国核心零部件供应能力不强。

（2）制造水平受制于我国工业技术整体发展和基础学科水平

航空发动机被誉为工业皇冠上的明珠，研制高性能的航空发动机是一项难度极大的系统工程，集中体现国家综合国力、工业基础和科技水平。航空发动机产业链很长，研制涉及的领域极多，包括机械、材料、化工、能源、电子、信息等多个领域，对结构力学、材料学、气体动力学、工程热力学、流体力学、电子学等基础学科都提出了极高的要求。目前我国的科技创新基础研究、应用基础研究等领域与世界先进水平存在较大的差距，在制造业的基础工艺、基础材料、基础装备等方面也有诸多不足，因而对航空发动机的研制支撑不足。以材料为例，根据对 130 多种关键基础材料的调查数据，其中 32% 在中国仍为空白，52% 依赖进口。

（3）军民融合力度不够

在军用航空发动机研发领域，我国自主研发的太行发动机已实现量产，其性能指标可与美国 F–16 战斗机 F110 发动机相媲美。由于历史原因，我国的航空发动机产业长期以军用领域为重点，将主要资金、精力、人才放在军用发动机的生产研制上，民用航空发动机几乎为一片空白，同时缺乏将军用技术向民用转化的体制机制，整体转化效率不高，未能带动民机发动机发展。

（三）高铁行业

1. 行业基本概况

高铁技术诞生于欧洲、日本，繁荣于中国，经过多年技术攻关，我国高铁迈过了从追赶、并跑到领跑的三大步，实现了核心技术自主可控，产品竞争力和出口规模大幅增长，成为我国装备制造的亮丽名片。从市场规模看，截至 2020 年底，我国高铁营业里程达 3.79 万公里，占全球市场 2/3，稳居全球第一，日本、欧洲、美国的运营线路里程总和不及中国一半。从出口情况来看，高铁出口市场实现了对七大洲 100 多个国家或地区的全面覆盖。

2. 国际高铁产业链竞争格局

轨道交通装备产业集中度高，中国中车（53%）、加拿大庞巴迪（11%）、法国阿尔斯通（10%）、德国西门子（8%）四家企业销售占比

82%。2021 年 1 月，法国阿尔斯通收购了加拿大庞巴迪轨道交通业务，成为世界第二轨道交通企业。世界轨道交通制造行业形成以中国中车、阿尔斯通双巨头领衔，西门子、日立、川崎重工、CAF（西班牙）、现代罗特姆（韩国）等多极竞争的新格局。

3. 我国高铁产业链现状

从安全、可靠、适用、经济、先进五大指标对比来看，中国高铁的总体设计、施工、运营、快速建设技术已处于国际领先水平。从关键技术来看，中国高铁土建工程如桥梁、隧道、路基技术已达到国际领先水平；轨道结构技术已达到国际领先水平；机车车辆技术已达到国际先进水平。

从核心的机车车辆水平来看，我国"复兴号"动车组的问世标志着我国摆脱了高铁核心技术受制于人的局面，是我国自主创新的典型，我国掌握了高速转向架、牵引控制系统、高速制动、列车网络、车体制造等九大核心关键技术难题，以及受电弓、塞拉门等十大配套技术。整体而言，我国高铁行业已实现关键技术自主控制，处于全球领先水平。产业链各阶段全球领先企业如图 5 所示。

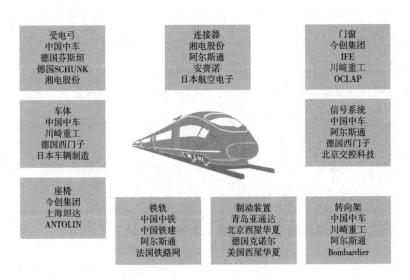

图 5　高铁产业链全球领先企业

4. 高铁行业能实现自主可控的原因分析

一是"以市场换技术"的策略打下技术基础。在起步阶段，我国采用"市场换技术"的策略，该策略为我国高铁行业发展积累了前期的技术基础和相关人才，从而我国企业才能有条件进行"逆向工程"，在外国技术的基础上实现从 1 到 N 的创新转化。

二是本土市场需求大，供给端存在技术升级的必要性和可行性。中国人口体量大且国土面积辽阔，特别是在城镇化的进程中人口流动性强、迁徙频率高，对于出行方式的多样化（飞机、铁路、汽车、水运等）需求高，供给端存在技术升级的必要性；同时，随着经济增长，国民消费水平提升，庞大的国内市场消费能力足以覆盖供给端的成本投入，使得投入产出能够实现良性循环。

三是我国储备了大量轨道交通行业的工程师。我国高等院校中理工科学院规模大、学科种类齐全，尤其在轨道交通行业，如北京交大、西南交大、长沙交大等高等院校，通过几十年的人才培养，为轨道交通行业输送了大量的工程师和技术人才，推动行业快速发展。

四是通过企业合并重组整合资源实现效益最大化。2014 年，轨道交通装备制造行业两大巨头中国南车和中国北车合并成立中国中车公司。合并后进行资源整合，避免了两家企业在海外的恶性竞争，实现"1 + 1 > 2"，大力推动了我国轨道交通行业产业升级，从"中国制造"向"中国创造"转型。

五是政府战略性重视并给予政策扶持。基于对高铁产业战略地位重要性的认知，政府制定了高铁行业中长期发展规划并列入政府工作重点目标。我国自 1985 年以来，出台了一系列支持轨道交通行业发展的政策，包括设立 PPP 项目，成立产业投资基金等，扶持行业发展。

（四）三大重点行业产业链发展对比分析

从被严重"卡脖子"的芯片产业，到缺乏核心零部件供应能力的民机产业，再到实现自主可控的高铁产业，从对每个产业的分析中，我们可以窥见影响产业链供应链自主可控水平的蛛丝马迹。

高铁成功的经验在于，受益于市场换取关键技术策略、政府对产业的战略性重视与支持、广泛的人才储备及对市场主体的资源整合、我国在工程领域的强大动员与实施能力，以及西方国家对我国的打压未成气候，获取了宝贵的十年发展机遇，实现了自主可控。

芯片作为高度全球化、高度技术密集、资本密集、具有高度战略意义的产业，虽然同样有庞大的国内市场，但并不足以对全球市场格局产生根本性影响，同时由于行业充分竞争、全球产业链高度融合，技术转移缺乏相应的支撑，不具备像高铁行业那样"市场换技术"的可能。此外，目前我国在上游原料、设备，中游设计等环节高度依赖外部的情况下，如果想要有所突破，势必要更加紧密依靠全球协同分工、创新合作，坚持走创新发展之路，发挥市场对资源配置的引导作用，寻求发展机遇。

同样，民机产业寡头企业具有明显竞争优势，我国处于行业低附加值区域，对产业链话语权弱，必须沉下心来持续开展基础学科、技术、装备领域的自主研发，积极引入国际合作伙伴，推动军民技术融合发展与应用，依靠一批又一批工程技术人员、具有战略眼光的领军人物，持续性地投入，实现核心零部件的自主研制，推动行业突破与升级。

综上，通过对三大产业的分析，我们看到了一些产业取得成功的经验，也意识到薄弱产业发展中存在的问题。由于行业特性不尽相同，产业发展的成功经验能否复制、如何复制，失败的教训又如何为后续的产业发展提供借鉴，值得我们深思和探索。但同时我们也发现，在追求产业链供应链自主可控发展的背后，依然有一些共同的底层支撑体系和内在逻辑。据此，下文我们将尝试给出产业链供应链发展的政策建议。

三　提升产业链供应链自主可控能力的政策建议

当今世界正经历百年未有之大变局，我国面临的发展形势错综复杂。随着中国的崛起，以美国为首的西方国家在意识形态、经济、技术领域对中国进行的打压和封杀愈演愈烈，对我国产业链供应链的稳定造成了巨大冲击，加大了我国经济增长面临的困难与挑战。从内部看，我国的改革进入深水区、体制性、结构性、周期性问题交织，经济高质量发展面临较大压力，产业迫切需要从中低端向高端迈进。

我们必须清醒地认识到，构建新发展格局，实现产业链供应链自主可控、安全稳定，不是脱离国际、闭门造车可以实现的，而是要加大对外开放力度，敞开怀抱，基于利益共享、合作共赢和相互信任的基础，积极主动融入世界创新协同和全球化分工，让世界拥抱中国；在此过程中，中美、中国与西方的产业链注定要经过一个漫长而纠葛的"缠斗"阶段。同时我们也要充分认识到，对内必须深化体制机制改革，打通阻碍产业链创新发展的堵点，进一步激发市场主体活力，提升自主研发能力，才能更好地促进产业转型升级。基于此，我们给出以下政策建议。

（一）坚持加大对外开放，推进产业链供应链参与更高水平国际合作，更好融入国际大循环

自主可控从来不意味着闭门造车。一方面，产业链供应链更高水平的开放可以加强与国际产业链紧密衔接、深度融合，改善我国生产要素质量和配置水平，助力我国企业参与国际合作和竞争；另一方面，安全高效、自主可控的产业链供应链，可以实现我国产业地位从低向高转型升级，锻造出更鲜明的"长板"优势，加强话语权和影响力。因而，加快推进产业链供应链更高水平的开放，与新发展格局下建立安全高效、自主可控的产业链供应链体系的目标是高度一致的。

1.强化亚洲区域国家间协同

我国与亚洲区域各国在全球大循环中可以说是利益共同体。在当前"逆全球化"潮流加剧的背景下，亚洲经贸合作，特别是东亚和东南亚、中国和东盟的合作变得更加重要。我国正积极与东盟及亚洲区域发达国家（如日韩）建立更加紧密的经贸合作，除已经签署《区域全面经济伙伴关系协定》（RCEP）之外，还应扩大与亚洲国家在科技领域的开放合作，并从打通产业上下游、降低贸易壁垒、搭建人才技术交流机制等多方面强化区域

协同，形成区域供应链，提升亚洲地区在国际供应链中的整体地位。

2. 加强与发达国家供应链合作

坚定不移地深化产业链国际合作，尤其是与欧美发达国家基于全球化的技术创新合作，促进全球产业链和国内产业链的衔接。充分利用超大规模市场优势吸引技术密集型产业进入，通过"引进来"集聚全球先进生产要素；推动国内产业链走向全球，通过"走出去"跨国并购获取国外创新要素、核心技术，加强资源全球整合，突破关键环节。近年来，中俄两国在高端装备制造（例如 CR929 大飞机合作）和科技创新领域开展了务实合作，两国在核能领域的合作是一个很好的范例。近期开工的田湾核电站 7、8 号机组和徐大堡核电站 3、4 号机组均采用俄罗斯三代核电技术 VVER - 1200 堆型，由俄方对电站设计提供总体技术支持。早期中国核电通过开展国际合作，引入技术和设备，再逐步开展自主研发，目前已系统掌握了核电站建造的关键技术，并拥有了第三代自主核电品牌"华龙一号"，已在多个在建核电项目及出口项目中应用。

（二）坚定对内深化改革，激发创新活力，扩大内需市场

当前我国产业链被"卡脖子"有着错综复杂的原因，最为根本的是体制机制层面的梗阻。因此要开展技术攻关，首先需要瞄准实施关键核心技术攻关的制度梗阻，从更深层次上推进体制机制改革，包括市场机制、科研管理体制、人才培养体制、知识产权制度、激励企业家精神等，系统性地推进重点领域、重点环节改革，打造支持创新的生态体系，激发突破"卡脖子"关键技术的潜能，并通过广阔的内需市场为技术创新与产业升级提供源源不断的动力。

1. 推动市场机制创新

提升市场机制的完善程度，进一步优化市场环境、投资环境，维护良好的市场秩序，营造良好的创业创新营商环境，确保各类所有制企业平等获得要素，公平参与竞争。

2.完善产学研协同机制

围绕重大原始创新和关键核心技术突破，建立政府、企业与高等院校合作机制，提高政府服务科研院所能力，通过科技成果转让、技术合作开发、人才联合培养、共建经营实体等方式，强化产学研深度融合，将研发结果与产品商业化收益挂钩，让科研人员参与技术转化的市场收益分配，加快科技成果生产转化，使得产学研合作真正成为提升企业创新能力和促进产业发展的重要原动力。

3.完善人才培养体制

基础学科进步、技术研发、自主创新离不开几代基础科学人员的付出，庞大的基础科学人才是产业链升级的有力支撑。有数据显示，目前我国芯片行业人才缺口高达 30 万，对我国原本较为弱势的芯片产业发展来说是雪上加霜。国家应该从宏观层面给予技术科研人员更多的支持，包括优化高校培养机制、就业引导、收入改革、医疗住房保障等，吸引优质人才投身科研领域。

4.完善知识产权制度

以美国为例，20 世纪 80 年代颁布的《拜杜法案》分离了创新技术的所有权和商业开发权，降低了技术转让费用，解决了大量高校科研成果被闲置的问题，极大地促进了小企业的发展，推动了产业创新。对于我国来说，一方面要加强知识产权保护，营造公平公正的市场竞争环境，保护产权所有者的利益；另一方面要鼓励并推动银行、证券、保险等传统金融机构大胆探索，不断创新，基于知识产权提供创新性金融产品，为科创企业创新提供金融支持。

5.激发企业家创新精神

我国经济发展取得的巨大成就离不开企业家的创新。正是广大企业家在技术、产品、生产组织形式、市场等方面不断开拓创新，充分发掘生产要素的经济价值，才形成了我国充满活力的微观经济基础。因此，未来要激发和保护企业家精神，于危机中发现机遇，引领我国产业链升级。过去的发展中我们更习惯于重视哪个产业就采取举国体制大力发展，政府不遗余力地推出配套产业政策、烧钱补贴，但在一定程度上这种方式会导致市场资源配置作用的扭曲，带来寻租等问题，弱化企业家创新精神并造成资源的浪费，并没有很好地实现政策目标。因此要以更为市场化的方式推出产业发展政策，解决企业家创新的桎梏，释放生产力。

6. 扩大内需市场

扩大居民消费需求，改善民生，推出和实施促进消费的各项政策措施，同时扩大有效投资，加快 5G、工业互联网、云计算等新型基础设施建设，加大对传统基础设施数字化改造力度，为产业链升级发展提供强大的需求动力。

四 结语

构建新发展格局是我党在认真审度国内外形势后做出的重大战略性决策。只有坚持深化改革开放不动摇，加大产业链创新发展的力度，锻造长板，补齐短板，集聚各方资源，从国家层面架构"补链""固链""强链"战略，满足国内市场不断提升的需求，同时以内需"虹吸"外部优质资源投入，实现我国经济良性循环，支持产业链向上突破，才能实现国际大循环和国内循环的双重稳定畅通，从而推动更广泛、更全面、更深层的共赢，实现长期可持续发展。

参考文献

李旭章：《以双循环格局促产业链供应链升级》，《人民论坛》2020 年第 23 期。

刘鹤：《加快构建以国内大循环为主体、国内国际双循环相互促进的新发展格局》，《人民日报》2020 年 11 月 25 日。

鲁保林、王朝科：《畅通国民经济循环：基于政治经济学的分析》，《经济学家》2021 年第 1 期。

盛朝迅：《新发展格局下推动产业链供应链安全稳定发展的思路与策略》，《改革》2021 年第 2 期。

施展：《破茧：隔离、信任与未来》，湖南文艺出版社，2021。

夏文斌：《提升产业链供应链现代化水平》，《人民日报》2021 年 4 月 8 日。

徐杰：《增强供应链自主可控能力的思路与策略》，《经济日报》2021 年 2 月 28 日。

服务智能制造　助力未来经济发展

——中信集团的实践案例

中信银行公司银行部战略客户经营中心
装备制造处智能制造课题组*

摘　要： 新经济发展格局下，我国已经将智能制造上升为国家战略。在不
断变化的挑战与机遇中，中信集团以践行国家战略为己任，正在
不遗余力地推动集团自身的数字化转型以及在智能制造领域内的
业务布局，同时将中信银行打造成智能制造金融服务生力军，发
挥金融协同优势，不断在钢铁、工程机械、轨道交通等一批智能
制造重要领域深耕挖潜，助力产业转型升级，发挥独特中信力量。

关键词： 智能制造　新时代　中信集团　中信银行

　　我国制造业发展的核心就是实现智能升级，制造业作为立国之本，关系
国家的长远战略发展。推进制造强国的建设、助推制造业转型升级，离不开

---

* 课题组成员：高伟，中信银行公司银行部战略客户经营中心装备制造处处长；宋艳艳，中信
银行公司银行部战略客户经营中心装备制造处副处长；郭际、坝思源、尚世达、邹航，任职
于中信银行公司银行部战略客户经营中心装备制造处。

政府、企业、金融机构等各方的协作，其中对智能制造的金融支持是必不可少的重要一环。中信集团作为一家实业与金融并举的大型央企集团，积极践行国家战略，不断创新发展，在智能制造的新时代里，正凭借其"产业＋金融"的综合化优势，探索走出一条实业引领、金融支持、助力我国智能制造不断进步的特色化发展之路。

一　我国开启智能制造新时代

（一）新经济发展格局下的智能制造

当前，我国已迎来第四次工业革命与加快转变经济发展方式的历史性机遇期，而智能制造被认为是新一轮科技革命的核心技术。从本质上看，智能制造是新一代人工智能技术与先进制造技术的深度融合，主要体现为"人工智能＋互联网＋数字化制造"。习近平总书记强调要构建以国内大循环为主体、国内国际双循环相互促进的新发展格局，要求"以智能制造为主攻方向，推动产业技术变革和优化升级"。

未来 10 年我国面临的主要问题仍是经济转型和产业升级的挑战，制造业转型升级是其中的一个重要课题。整体上看，我国制造业依然处于"大而不强"的局面，与欧美发达国家差距明显。加上人口老龄化等带来的劳动力成本上升等压力，制造业迫切需要通过向智能制造转型升级来实现弯道超车。

加快发展智能制造，是培育我国经济增长新动能的必由之路，也是抢占未来经济和科技发展制高点的战略选择，对于推动我国制造业供给侧结构性改革、打造我国产业链自主可控、实现制造强国具有重要战略意义。

（二）传统制造业的增长和转型压力

从规模占比来看，我国制造业规模占世界的 1/3，已连续 11 年位居世界第一。但是近年来，我国制造业增加值占 GDP 的比重呈现波动中趋势性下降。特别是 2020 年（26.2%）较 2018 年同比增速下降 3.2 个百分点，为 2012 年（31.53%）以来的最低水平。与此同时，我国制造业增速也呈现后劲不足的态势。全国规模以上制造业规模增速从 2012 年的 10.0% 逐年降至 2020 年的 2.8%，步入持续中低速增长阶段。制造业在 GDP 中的占比已经出现过早、过快下降的苗头。究其原因：第一，质量效益在长时间内仍是我国制造业的最大短板，劳动生产率亟待提高；第二，制造业研发投入强度正在下降，资本、技术等创新要素向制造业流动乏力，企业创新积极性普遍不足；第三，当前我国实体经济与虚拟经济发展不平衡，"脱实向虚"倾向明显。事实上，我国制造业体系的运转效率仍处于较低水平，抓住智能制造发展机遇，保持制造业比重基本稳定，"深入实施制造强国战略"势在必行。

（三）传统制造业的智能化发展机遇

从政策上看，智能制造已上升为国家战略，并已进入实施阶段。2021年，工业和信息化部等八部门发布《"十四五"智能制造发展规划》，提出了智能制造发展实施路径和 2025 年的具体目标。

从产业发展上看，我国传统产业转型升级加速，智能制造产业发展迅速。据工信部统计，我国高技术制造业增加值平均增速达 10.4%，高于规模以上工业增加值平均增速 4.9 个百分点，在规模以上工业增加值中的占比由"十三五"初期的 11.8% 提高到 15.1%。从资本市场上看，引导金融支持智能制造的导向更加明显。金融领域政策频出，要求防风险去杠杆、引导资本"脱虚向实"。同时，我国多层次资本市场体系进一步完善，北交所创设，IPO 项目加速，一大批科技型、创新型制造业企业顺利上市，也在刺激一级市场投资积极拥抱实体经济，助力制造业转型。

二　中信集团践行智能制造国家战略

（一）中信集团的数字化转型

中信集团正在大力建设"数字中信"，以进一步释放数字化红利，致力于成为一家科技型卓越企业集团。集团旗下金融、医疗、农业等多个领域的子公司均在积极探索和推动将人工智能这样的新一代技术和传统产业进行融合，加速业务创新和数字化转型。

中信银行持续发力 AI 模型、区块链、自然语言处理、数据湖等创新技术研发和应用；以数据驱动为核心提升获客能力，带动新获客数量、新增存款、管理资产规模显著增加；中信湘雅医院已经研发了 1.0 版本人类染色体自动化处理系统，识别率可达 98% 以上，后续将继续挖掘几十万病历数据在人工智能领域中的新应用；百信银行利用 AI＋大数据实现用户立体画像，打造智能账户、智能风控和智能服务等智能服务能力；中信集团旗下农业板块公司隆平高科则将 AI 应用在智能育种上，建立了智能育种体系；中信云是国内首个采用云中介模式的数字化基础设施平台，推动全集团系统架构云化转型率超过 74%，处于同业领先水平；"中信优享＋"初步构筑了零售业务生态圈，平台累计注册用户已超过 1.1 亿人。

此外，集团有多个项目入选工信部物联网关键技术平台应用类项目和工业互联网重大研究专项，并在智慧金融、智能制造、智能建造、智慧水务、智慧育种等领域培育出一批示范项目。

（二）中信集团的智能制造布局

2016 年中信集团与工信部签署战略合作协议，并于 2021 年初进一步提出"五五三"战略，积极开展产融结合模式创新，推动制造业重大项目的落地实施。

根据集团部署，"中信系"的先进智造板块要成为弯道超车领域的开拓者，在"卡脖子"等关键技术领域实现突破，成为先进制造业的排头兵；同时，持续强化汽车零部件和重型机械装备领域的领先优势，深入开展特种机器人、工业软件、芯片产业链等战略新兴领域的布局探索，打造一批高精特新的"隐形冠军"；先进材料业务板块要成为产业链安全的保障者，大力发展汽车轻量化材料、高强度钢材、高强度合金等特种材料，致力于在特种新材料上填补国内空白，在特种原材料上弥补国家稀缺资源。

金融领域，中信集团着力构建金控平台、产业集团、资本投资平台、资本运营平台和战略投资平台"五大平台"，突出整合、协同和拓展"三大抓手"。一方面集团将加大支持科技创新，瞄准重点产业链、创新链发展趋势，完善融资体系，加大对高端制造业、创新型企业和引领性产业的金融支持力度；另一方面集团将加强产融协同，在客户和市场等方面服务中信集团打造先进智造和先进材料两大业务板块，协同打赢关键核心技术攻坚战，支持"卡脖子"领域产业投资平台建设，推动科技成果加速转化，形成投资与创新的良性循环。

三 中信银行打造智能制造金融服务生力军

近年来，中信银行积极响应中信集团战略要求，坚持以服务实体经济为导向，把握新发展格局机遇，在集团协同、地方政府合作、资本市场多方面运用综合金融手段，持续加大对先进制造业、战略新兴产业的支持力度。

（一）集团协同助力智能制造

1. 政企合作 + 基金投资 + 银行融资

中信集团发挥金融全牌照、"金融 + 实业"的综合性企业集团优势，积极践行国家战略，服务地方经济建设，助力战略新兴制造业发展。

温州瓯江口机器人产业园是由中信集团旗下华晟基金牵头发起的高端智能制造产业园项目、浙江省"152"重点产业项目，总投资 20 亿元，用地面积 355 亩，拟招商引入 6 家国内外知名机器人企业，并导入若干传统产业企业进行数字化、智能化改造，打造温州智能制造的标杆园区。中信银行为支持产业园建设，投放项目固定资产贷款。后续，中信银行还将提供全流程、一揽子综合金融服务，为该园区入园制造业企业积极提供普惠贷、实体贷及其他一系列配套个性化金融服务，全力助推制造业产业升级。

2.技术方案 + 资金支持

中信云网作为中信集团旗下产业数字化赋能平台服务商，近年来不断积累和增强云计算、物联网、大数据、人工智能、区块链等技术能力，以"客户为中心"，积极扩展市场，面向政企客户提供安全可信、智能高效的数字化服务，已拥有智能制造、智能建造、智慧园区、智慧水务、健康养老、智慧农业等重点领域的解决方案能力。

围绕中信云网所服务的制造业客户在向"智能制造"转型升级路上的金融需求，中信银行积极发挥集团协同优势，联动中信云网共同制订综合服务方案，为企业提供资金支持。在得知中信云网与重庆某拟上市企业开展智能制造合作、企业存在资金缺口后，中信银行与云网共同成立服务小组，联合为制造企业提供智能制造和融资服务，最终为企业新增授信近亿元，获得了企业的高度认可。

（二）为地方政府引领产业发展提供配套支持

1. 助力地方政府专项债发行

中信银行在 2020 年正式推出"政府金融"服务品牌，组建专项债专家团队，旨在满足地方政府地方债全生命周期咨询服务的核心业务需求，协助落实专项债项目设计发行工作，充分发挥"政府财务顾问"角色的支持作用，凭借专业金融服务体系，与地方政府密切交流、合作，共同促进地方经济建设和社会发展。

2021 年 6 月 8 日，天津市"5G + 智慧广电"专项债券成功发行，募集3.4 亿元资金。该专项债券由中信银行牵头设计，是全国第一单真正意义上的5G 领域专项债券项目，也是天津市探索地方债新基建领域的开创式尝试。

2. 基于政府风险补偿基金的贷款

在针对智能制造的专项贷款方面，地方政府提供风险补偿基金，中信银行配套提供融资支持，政府与银行风险共担，共同支持智能制造企业发展，目前中信银行已经在多地进行了尝试。

"绿色智造贷"是苏州工业园区政府推出的政府风险补偿基金贷款产

品，由政府风险补偿基金与银行共担风险，园区风险资金池最高补偿单笔贷款本金损失的40%。中信银行在2020年配合工业园区政府完成了配套产品方案设计和实施细则，为园区智能制造项目、绿色制造项目的实施和生产企业提供贷款支持。苏州某企业是一家国家高新技术企业，主营业务为海洋测绘仪器等设备的研发、生产、销售及服务，系海洋信息装备的细分领域。由于该企业处于初创期，前期投入大、资金回笼少，又无合适的抵质押品可提供，在签约大项目之后，资金安排面临难题。中信银行通过"绿色智造贷"融资方案适时解决了企业的资金难题，为科技型企业融资提供了实实在在的便利，有力支持企业做大做强。

（三）参与资本市场业务

1. 股权质押融资

针对智能制造企业定向增发、上市公司股权质押融资等业务需求，中信银行旗下信银理财从资本市场切入，直接服务上市公司实控人，满足企业对综合融资成本和时效性的高要求。

某公司是全球电声器件龙头企业，细分市场市占率均位列国际前列，是国内先进制造业标杆企业。信银理财持续跟踪并落地上市公司股东股票质押融资项目，获得客户认可。

2. ABS 投资

中信银行通过 ABS 投资，支持企业资产证券化业务，切实助力制造企业发展壮大，全方位深化战略客户综合金融服务。

2020年，中联重科股份有限公司发行"中金公司 - 德邦 - 中联重科智能制造应收账款2期资产支持专项计划"。中联重科是全国首批创新型企业之一，公司注册资本78.08亿元，发行的 ABS 受到市场高度关注。中信银行精准部署，实现 ABS 投资项目的快速落地，以实际行动支持智能制造领军企业。

（四）基金全生命周期服务

针对市场上智能制造领域私募基金蓬勃发展的趋势，中信银行推出了针对基金的全生命周期服务。在募资阶段，通过信银理财、信银投资、私行代销、结构化资金以及中信集团内部协同单位向基金提供资金支持，实现基金成功设立。在基金投资阶段，通过银行"商行＋投行"综合金融服务，联合基金寻求合作伙伴，获取项目标的，为被投企业提供更全面的金融服务。在基金存续阶段，通过先进的托管系统满足基金对资金安全时效的要求；依托丰富的财富管理体系，为基金提供增值服务，在满足资金安全底线的同时，提高资金收益。在基金退出阶段，通过战略配售、员工持股融资满足被投企业上市需求，并通过集团协同提供专业 IPO 辅导、资金及渠道支持，助力基金顺利退出。

由桐庐县开发区管委会牵头发起，开发区下属子公司共同出资成立的基金管理人设立了 10 亿元的桐庐县政府产业引导基金。该基金主要针对落地在桐庐县智能制造、新能源新材料、医疗健康等战略性新兴产业领域的企业，以及当前被市场价值低估和业绩具有高成长性的优质企业。中信银行积极为基金提供托管服务方案，以综合评分第一名的成绩获得该账户托管权。中信银行将以此为契机，积极拓宽客群，努力在服务县域经济发展中发挥更大作用。

四　中信力量深耕智能制造，助力行业发展

（一）钢铁行业的技术与场景联动：赋能 A 集团的数字化平台升级

钢铁行业为流程型制造业的典型，实施智能制造可以提高能源利用率，减少人员，降低成本，有效提高生产效率。从 2015 年开始，工信部陆续公示了三批智能制造试点示范项目。截至目前，钢铁行业已拥有包括宝钢、鞍钢、河钢、南钢、太钢等 7 家企业在内的共 9 个智能制造试点示范项目，为全行业企业推进智能制造提供了丰富范本。

当前，钢铁行业在基础自动化、过程自动化和企业经营管理系统等方面取得很大进步，为钢铁行业智能制造奠定了较好基础。经过生产自动化，钢

铁企业进入网络化、智能化的发展阶段，建立企业的物流、信息流、资金流的生产综合指挥平台是整个钢铁行业的趋势。

A 集团为全国钢铁龙头企业。2019 年开始，A 集团进行数字化转型，打造供应链金融、工业品超市、网络货运等线上平台。供应链金融平台主要依托 A 集团核心生产企业的信用，向其上游供应商开出可拆分、流转、托收的应收账款凭证，降低供应链中小企业融资成本，缩短供应商应收账款账期，提升核心企业对供应链的掌控力。工业品超市为线上工业品零部件、备件等通用生产设备的交易平台，整合 A 集团生产过程中的上万家供应商与经销商，通过数字化平台撮合交易，降低生产采购成本。网络货运平台主要为 A 集团公路运输销售钢材提供线上撮合平台，集合了各钢材经销主体与货运司机，提升了销售周转效率。

中信银行以 A 集团数字化转型为切入点，通过在市场上较为领先的资金登记簿体系，协助 A 集团搭建线上平台，与 A 集团开展结算合作。

中信银行资金登记簿账户体系先后在 A 集团供应链平台、工业品超市、网络货运平台上线，通过与中信银行核心系统直连的虚拟账户体系，合计开立数万个附属账户，服务各平台上的供应商、经销商、司机、货主等大中小经营主体，协助 A 集团打通"产—供—销"生态圈，通过科技金融赋能企业经营管理数字化转型与智能制造全闭环。

2021 年，为响应我国碳中和、碳达峰战略决策，A 集团部分产能向电炉炼钢流程转换，废钢代替铁矿石成为炼钢流程中的主要原材料。A 集团搭建废钢平台，中信银行优化了资金登记簿相关的产品体验，完善了对账交易中的多项功能，通过改进升级后的产品，协助企业搭建虚拟账户体系，建设线上废钢交易平台，助力 A 集团数字化实现"双碳"目标。

（二）工程机械行业的协同联动：助力 B 集团混改落地

据中国机械工业联合会统计，2020 年我国智能制造领域工程机械和机器人行业增速超过 20%，是全年行业增速的 4.4 倍。工程机械行业经过了

2011～2019 年的行业洗牌期，未来 10 年将进入波动时期，市场需求进一步专业化、细分化，并逐步向欧美市场特征演进，而行业竞争的关键都毫无意外地指向了智能制造。智能制造水平的高低，创新发展能力的强弱直接决定了我国工程机械龙头企业在国际上的竞争实力。

而这其中，B 集团尤具代表性。集团 2019 年入选我国工程机械行业唯一"智能制造标杆企业"，先后建成 3 个数字化车间和 9 条智能化生产线，并成功打造全球首条起重机转台智能生产线，生产效率提升 1 倍。作为工程机械行业的领军企业，B 集团在智能制造领域的成功尝试，直接带动供应链上下游厂商的智能制造水平升级；加快智能制造转型，输出智能制造的标准，已经形成行业示范效应，企业在先进技术上的集群带领作用不断增强。

为进一步激发企业活动，提升公司管理效率。2020 年 9 月，B 集团成功引入股权混改资金，标志着集团向混合所有制改革迈出坚实一步。该项目成为 2020 年国企混改的第一大单，也是 2018～2020 年全国装备制造业混改的第一大单，刷新了制造业企业混改募集规模。

中信银行充分发挥中信集团"金融 + 实业"的协同优势，联动集团内金融和实业子公司参与 B 集团股权混改项目。通过境内外协同联动，中信银行在风险资本较为稀缺情况下，仍直接参与投资，展现了坚决落实国家发展战略，支持实体经济的决心和信心。中信证券作为券商行业的龙头企业，是本次混改的财务顾问，就客户混改方案进行不断优化，最终形成"国有资本 + 民营资本 + 员工持股"的多元化模式，此外，为满足 B 集团对投资者数量上限的要求，中信银行协同集团内金石投资、中信保诚人寿、中信特钢等多个金融和产业主体联合参与投资，项目的落地具有重大战略协同和深度服务客户的参考价值，意义深远。

中信银行通过境内 + 境外、商行 + 投行、债权 + 股权的综合服务方案，发挥协同效应，为 B 集团混改提供了有力的保障，体现了中信银行"成就伙伴"的品牌理念。这种坚持"共赢"思维的价值观与格局，彰显了中信银行愿与合作伙伴共赢、共同成长的承诺。

（三）轨道交通装备行业的"一揽子"方案：助推 C 集团智能制造全面布局

我国轨道交通装备制造业是创新驱动、智能转型、强化基础、绿色发展的典型代表，是我国高端装备制造领域自主创新程度最高、国际创新竞争力最强、产业带动效应最明显的行业之一。

C 集团实现了智能制造在轨道交通装备领域的全面布局。按照规划，C 集团将利用云计算、大数据、物联网等先进信息技术，构建智能产品、智能制造、智能服务和智能交通四大体系，通过整合数字链、技术链、企业链、产业链、价值链和跨界联合互联网企业及软件企业，探索"工业化＋数字化"商业模式，为轨道交通装备用户提供全生命周期系统解决方案，打造以中车为核心的智能交通工业互联网平台，形成大众创业万众创新和各类企业融通发展的新生态，服务智能交通、智慧城市建设。

中信银行与 C 集团合作关系自 2001 年建立，银企合作关系密切。包括中信银行在内的中信集团各子公司围绕 C 集团的本部、主要子公司、上游提供了一揽子综合金融服务，为集团在轨道交通装备行业的智能制造布局输送金融活水。

现金管理领域，中信银行研发上线了电子委贷业务系统，为客户提供放款管理、还款管理、协议查询、借据查询及打印和还款还息明细查询等功能，同时支持客户在协议约定的范围内对每笔借据灵活定制利率和提前多次手动还款，满足了客户各种需求。C 集团通过中信银行电子委贷系统，向各大主机厂等子公司发放融资。通过该业务，显著提升了企业总部统筹融资的管理效率。

在资本市场中，C 集团存在大量的直接融资需求。凭借投行业务的专业能力和良好的服务能力，中信银行在债券承销、债券投资领域与 C 集团合作密切。2020 年中信银行累计承销 C 集团银行间债务融资工具超 200 亿元，并直接参与债务融资工具投资。

2021 年 6 月，中信银行获悉 C 集团下属某子公司上市计划，中信银行协同中信证券、中信投资控股、中信信托、中信保诚人寿、中信期货为客户提供综合融资服务。中信银行为企业高管战略配售提供融资支持,支持管理层参与项目。

供应链金融业务上,YL平台为C集团联合几大央企、金融机构等共同出资成立的供应链金融服务平台,是国务院国资委重点支持的互联网＋国家"双创"平台,市场影响力较大。在YL平台成立之初,中信银行基于资金登记簿技术为其搭建底层账户体系,解决异地供应商难开户的问题;并积极为YL平台上的注册企业提供融资支持。截至2021年10月末,中信银行通过YL平台累计为近万家上游供应商发放数万笔融资,累计融资额超200亿元,极大地将核心企业信用向上游延伸,并降低供应链中小企业融资成本,缩短供应商应收账款账期,提升核心企业对供应链的掌控力,实现了多方共赢。

中信银行在C集团的金融服务中,充分调动中信集团系各资源参与C集团的全产业链智能化升级改造,金融活水正在多方面助力我国轨道交通装备龙头企业的未来发展。

五 结语

《"十四五"智能制造发展规划》等文件的出台,标志着我国智能制造的顶层设计已完成,智能制造的新时代已经开启,我国也正迎来制造强国的重要发展战略期。

经济转型升级的挑战以及产业发展的机遇赋予了中信人发光发热的机会与舞台。中信集团紧紧围绕国家智能制造的发展战略,在集团自身的数字化转型以及智能制造领域的实践中,凭借独特的"金融协同"优势,以中信银行为主力军,在钢铁、工程机械、轨道交通等一系列重点行业中进行了持续的探索与创新,不断支持实体经济发展,深化服务"制造强国"战略。可以预见,在智能制造的新时代中,中信集团必将发挥更大的中信力量!

参考文献

工业和信息化部、国家发展和改革委员会、教育部、科技部、财政部、人力资源和社会保障部、国家市场监督管理总局、国务院国有资产监督管理委员会：《"十四五"智能制造发展规划》，2021 年 12 月。

财经杂志：《专访中信集团总经理奚国华：国企航母的新航向》，2021 年 1 月。

中国工程院战略咨询中心、机械科学研究总院集团有限公司、国家工业信息安全发展研究中心、南京航空航天大学：《2020 中国制造强国发展指数报告》，2020 年 12 月。

《中信集团发布新战略，助力新发展格局》，新华网，2021 年 1 月。

朱鹤新：《深化中信综合金融业务改革发展》，《中国金融》2021 年第 5 期。

浅析"人工智能＋制造业"产业与市场

吴江照　应宏辉*

摘　要： 随着人工智能（AI）、大数据、云计算等新一代信息技术的快速发展，全球制造业开始新一轮技术和产业变革浪潮。新技术的发展和不同产业的结合，给这些产业带来深刻的变化。在这些产业中，制造业毫无疑问是受影响最大的产业之一。当前，中国已发展成为世界最大的制造业国家，并正向制造强国迈进，制造业转型升级，特别是在新型技术应用方面已形成较好的发展基础，但与美欧日等发达国家相比仍有一定的差距。中美贸易战以及全球产业链的深刻调整变化，进一步凸显了中国把握本轮智能制造发展机遇的重要性。

关键词： 人工智能　制造业　智能制造　工业互联网　工业大数据

2021 年 8 月 21 日，习近平总书记在安徽省考察时指出，要深刻把握发展的阶段性新特征新要求，坚持把做实做强做优实体经济作为主攻方向，一手抓传统产业转型升级，一手抓战略性新兴产业发展壮大，推动制造业加速

* 吴江照，科大讯飞股份有限公司研究院副院长；应宏辉，国家智能语音创新中心项目主管。

向数字化、网络化、智能化发展，提高产业链供应链稳定性和现代化水平。

2021 年 3 月，十三届全国人大四次会议通过的《中华人民共和国国民经济和社会发展第十四个五年规划和 2035 年愿景目标纲要》在阐述"深入实施制造强国战略"时，明确提出"推动制造业优化升级，深入实施智能制造工程，推动制造业智能化"。

随着人工智能（AI）、大数据、云计算等新一代信息技术的快速发展，全球制造业开始新一轮技术和产业变革浪潮。新技术的发展和不同产业的结合，给这些产业带来深刻的变化。在这些产业中，制造业毫无疑问是受影响最大的产业之一。当前，中国已发展成为世界最大的制造业国家，并正向制造强国迈进，制造业转型升级，特别是在新型技术应用方面已形成较好的发展基础，但与美欧日等发达国家相比仍有一定差距。中美贸易战以及全球产业链的深刻调整变化，进一步凸显了中国把握本轮智能制造发展机遇的重要性。

一 传统制造业优势不在，持续发展遇瓶颈

在过去，传统制造业基于硬件资产规模建立的优势曾被认为是高门槛，难以复制和超越。然而，传统工业巨头的衰落和新兴"数字原生"企业的崛起，让人们认识到在当前制造业转型升级时代，企业的竞争力正在被重新定义。传统制造业的重资产规模早已不是优势和实力的体现，近年来不断涌现的众多轻资产、数字化原生公司实现了高速发展，在短短几年内市值达到了 10 亿美元，成为业界公认的"独角兽"企业，这在过去是要 20 年甚至 50 年才能达到的目标。相反，庞大的资产使得这些企业有着极高的固定成本，以汽车制造行业为例，有关调研显示，汽车制造生产线故障停工时间造成的损失高达每分钟 2.2 万美元，倘若不能得到有效管理，就会给企业带来巨大损失。此外，重资产往往使得企业"船大难掉头"，不能快速应对市场变化，限制了企业投资新业务的决心和能力。

作为制造业大国，中国受到的挑战自然不小。过去 10 年，中国制造业

的营收增长不断放缓，盈利水平停滞乃至下降，经济增长变缓，逐渐丧失成本优势，创新能力不足，加上来自新兴企业的跨界竞争让中国制造业传统的增长模式难以为继，制造企业必须重新审视和定义自身的竞争力，寻找新的增长动能。

二　智能制造成为新趋势，培育增长新动能

智能制造是基于新一代信息技术与先进制造业技术的深度融合，贯穿于设计、生产、管理、服务等制造活动的各个环节，具有自感知、自学习、自决策、自执行、自适应等功能的新型制造形式。

目前在传统制造业增长放缓的情况下，高技术制造业持续保持较快增长。特别是数字经济的发展。制造业数字化、网络化、智能化发展带来的数字红利使得制造业发展拥有广阔前景。随着人工智能（AI）、大数据、云计算等新一代信息技术在企业研发设计、生产制造、经营管理、运维服务等全环节应用的逐步深化，制造业不断从流程驱动向数据驱动转变。加快发展智能制造，是培育我国经济增长新动能的必由之路，是抢占未来经济和科技发展制高点的战略选择，对于推动我国制造业供给侧结构性改革，打造我国制造业竞争新优势，实现制造强国具有重要战略意义。

三　"人工智能＋制造业"助力制造业迈向智能制造

人工智能赋能制造业发展迎来新机遇，工业互联网助力制造业转型升级，推动人工智能与业务场景融合。制造业将迎来更为广泛成熟的生态圈，将开发更智能化、网络化的新产品，并带动行业的生产、服务及商业模式升级。

制造业为人工智能技术落地提供丰富的应用场景，促进新经济增长。有研究发现，人工智能的应用可为制造商降低最高 20% 的加工成本，而这种减少最高有 70% 源于更高的劳动生产率。到 2030 年，因人工智能的应用，

全球将新增 GDP 15.7 万亿美元，中国为 7 万亿美元；到 2035 年，人工智能将推动劳动生产力提升 27%，拉动制造业 GDP 达 27 万亿美元。中国制造业转型升级为中国人工智能发展提供更广阔的平台。一方面，低技术含量工作将首先被人工智能替代。中国制造业在转型升级的过程中，重复性、规则性、可编程性较高的工作内容将逐步由协同智能化工业机器人完成；另一方面，人工智能促进制造业研发生产、运输、仓储、服务等环节的智能化，与工业互联网叠加，创造出更高质量的就业岗位，产生更多具有商业价值的新场景。

人工智能支持制造业产品和流程的创新。当前主流制造业以流水线生产为标志，在这种模式下，企业竞争策略主要是产品多样化策略和成本控制策略。受限于标准化生产过程，消费者日益增长的个性化需求难以被精准满足，随着消费升级，制造业提高供给质量的必要性、迫切性不断增加（"新一代人工智能引领下的制造业新模式新业态研究"课题组，2018）。在人工智能技术引领下，刚性生产系统转向可重构的柔性生产系统，客户需求管理能力的重要性不断提升，制造业从以产品为中心转向以用户为中心。大规模生产转向规模化定制生产，数据要素的附加值提高，生产者主导的经济模式转向消费者主导的经济模式，满足消费者个性化需求成为企业的重要竞争策略，逐渐替代以往企业依靠规模经济来降低成本的竞争策略。

四 "人工智能＋制造业"产业介绍

人工智能经过六十多年的演进，已发展成为多学科高度交叉的复合型综合性学科，涵盖计算机视觉、自然语言理解、语音识别与合成、认知智能等领域研究。人工智能与制造业融合，是指将人工智能技术应用到制造业，使制造业在数字化和网络化的基础上，实现机器的自动反馈和自主优化。从"人工智能＋制造业"的视角理解，产业结构包括三层（见图 1）。

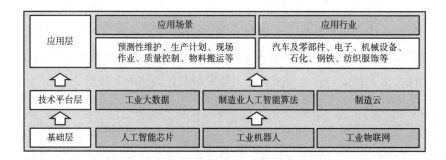

图1　"人工智能+制造业"产业结构

（一）底层基础架构

1. 人工智能芯片

复杂的工业问题需要人工智能算法芯片高效运算来解决，当前能适应深度学习需求的芯片类型主要有 **CPU**、**GPU**、**FPGA** 和 **ASIC**，它们的性能、功耗、成本和应用场景具有不同特点（见图2）。

	优点	优缺点	主要应用场景	代表企业
CPU	·适合通用计算 ·出货量大，单片成本低	·高功耗 ·效率低，内存读取速度有限	·目前人工智能芯片中CPU使用率低，未来也不会成为主流芯片	·英特尔 ·AMD ·高通 ·三星
GPU	·通用型芯片 ·峰值计算能力强 ·生产设计成熟度高 ·成本和性能较为平衡	·底层架构并非专为深度学习设计 ·不可编程 ·高功耗	·云端训练 ·云端推理	·英伟达 ·AMD ·ARM ·高通
FPGA	·半定制化、可编程 ·功耗介于GPU和ASIC之间	·量产单价高 ·峰值计算能力较低 ·编程语言难度大	·云端推理 ·终端推理	·赛灵思 ·英特尔（Altera） ·深鉴科技
ASIC	·全定制化，为特定应用场景和用户需求定制的专用芯片 ·性能稳定 ·功耗介于FPGA和GPU之间	·设计制造完成后电路固定、灵活性低 ·前期投入成本高 ·研发时间长、技术风险大	·云端训练 ·云端推理 ·终端推理	·谷歌 ·英特尔 ·寒武纪 ·聆思科技

图2　主流人工智能芯片对比

目前 GPU 凭借并行计算和较低成本处于人工智能芯片的主导地位。但是，制造业所需运算量极大，使用 GPU 运算会导致较大的时耗与功耗，增加计算成本。FPGA 和 ASIC 受成本限制尚未大规模普及，但由于其具备定制化能力且功耗低，预计未来会在工业领域有广阔的需求前景。

2. 工业机器人

工业机器人诞生于 20 世纪 70 年代。机械臂作为典型的工业机器人，已经广泛应用于汽车、电子、金属、塑料和化工及食品等制造业垂直领域。人工智能时代，工业机器人将被新的核心技术定义，包括深度学习、路径规划、任务编程、柔性控制等，"人机协作"也正成为工业机器人的发展方向，与传统工业机器人相比，协作机器人可以和人类伙伴并肩协作，高效安全地完成某项或多项作业。

3. 工业物联网

工业物联网将具有感知、监控能力的各类采集或控制传感器以及移动通信、人工智能等技术融合到工业生产过程中的各个环节，从而提高制造效率，改善产品质量，降低成本和资源消耗。工业物联网的本质是数据，可以为人工智能提供源源不断的数据支持，是人工智能在工业领域应用的基石。人工智能精准分析这些数据，在清晰的战略指引下，帮助企业将物联网产生的信息转化为有意义的洞见，帮助决策者更清楚地了解客户、产品和市场，继而协助企业开发新产品。

（二）技术支撑平台

1. 工业大数据

工业大数据是工业领域产品和服务全生命周期数据的总称，包括工业企业在研发设计、生产制造、经营管理、运维服务等环节中生成和使用的数据，以及工业互联网平台中的数据等（工业和信息化部，2020）。

工业大数据是推动人工智能在制造业应用的关键生产要素。由于制造业对数据可靠性要求高，加上工业大数据分析存在难点，数据关联具有复杂性，只有通过合适的数据分析方法，才能释放工业数据的价值。中国作为世界第一大制造业国家，数据资源丰富，催生了围绕工业大数据展开的一系列业务。2019 年，中国工业大数据市场整体规模达 146.9 亿元，同比增长 28.6%，到 2022 年将达到 346.1 亿元。工业大数据将持续促进传统制造业转型升级，助力工业智能化发展［中金企信（北京）国际咨询，2020］。

2. 制造业人工智能算法

制造业人工智能算法是利用不同的机器学习方法，融合不同类型的数据去挖掘不可见的关系，对系统进行建模和优化，避免尚未发生的问题。目前机器学习方法众多，其中以神经网络算法、深度学习技术最为前沿，其他机器学习方法还包括决策树算法、回归算法、分类算法、聚类算法等（见图 3）。

算法	优点	优缺点
神经网络算法	类人脑，最具解决复杂问题的能力	汽车、银行、零售
决策树算法	采用树状结构建立决策模型	保险、银行、电子、汽车、制药
回归算法	对连续值进行预测	电子、保险、汽车
分类算法	对离散值进行预测，事前已知分类	保险、医疗、汽车
聚类算法	对离散值进行预测，事前不知分类	保险、制药

图 3　主要机器学习方法

从算法技术的应用来看，主要包括计算机视觉、情感感知、自然语言理解、机器学习等。中国企业在技术领域的竞争力较强，不乏计算机视觉、语音识别和自然语音理解的初创企业。虽然深度学习神经网络在图像处理和语义识别等领域已经取得明显进步，但要广泛应用于工业系统仍要走很长的一段路。最主要的原因是神经网络的预测结果往往不能自我解释，在工业系统中的应用除了对精度有非常苛刻的要求，还需要解释预测结果的合理性以及相关的不确定性风险。

3. 制造云

工业云平台是人工智能进行计算的场所，制造业生产中产生的海量数据将与工业云平台相连，利用人工智能算法进行数据挖掘，提炼有效的生产改进信息，最终用于计划排产、协同制造、预测性维护等领域。

为了推动工业数据的应用，工业和信息化部在《关于工业大数据发展的指导意见》中，从加快数据汇聚、推动数据共享、深化数据应用、完善数据治理、强化数据安全、促进产业发展等多个方面对加快工业大数据产业发展做了具体部署。在深化数据应用方面，要求推动工业数据深度应用；开展工业数据应用示范；提升数据平台支撑作用，发挥工业互联网平台优势，提升平台的数据处理能力等。

目前科技互联网企业、通信企业和工业企业都已布局工业云平台，如阿里巴巴 ET 工业大脑，中国联通的 CUII，海尔的 COSMOCPlat。互联网企业优势在于资源整合能力强，工业企业则能更为精准了解行业痛点。预计未来会出现不同垂直领域的头部企业，围绕不同应用场景打造护城河。

（三）业务场景应用

人工智能在生产制造的不同阶段都有潜在应用，可以用于产品开发的生成性设计，或用于库存管理的生产预测，还可用于在生产线上执行缺陷检查或生产优化等任务，用于机械的预测性维护系统。上述应用中，一些正进入工厂，而另一些仍在等待突破。我们需要弄清楚人工智能技术最适合哪些工作，进行合理预期，让人工智能技术去做擅长的事情，同时坚持完善制造业基础，尊重专业技术。

借鉴李杰（2019）的《工业人工智能》分类方式，我们将制造业问题根据"可见"和"不可见"、"解决"和"避免"划分为四个区间。目前人工智能技术和应用发展主要集中在第一和第二区间。

第一区间为解决可见问题，这一区间的技术和应用是为了代替人完成重复性高且人类不想做的工作，如机器人代替人去完成分拣和搬运工作。第二区间是利用人工智能避免可见问题发生的应用，完成人类能做但做不好的任务，如无人驾驶和自动驾驶通过传感器感知和探测周边动态环境，及时察觉并避免潜在危险，或利用人工智能进行工业质检发现缺陷产品。第三区间和第四区间是解决和避免不可解问题，即人工智能帮助人类识别尚不存在的问题或机会。生产系统中"不可见"问题包括设备性能的衰退、精度的缺失、资源浪费等。这些"不可见"问题如同隐藏在海面下的冰山，将最终导致设备停机或产品质量偏差等。

现阶段中国制造智能化转型升级的本质就是从解决可见问题到解决和避免不可见问题的过程。工业大数据、人工智能技术的作用就是通过预测生产系统中的不可见问题，实现制造系统生产效率提升和产品竞争力的突破。

五 "人工智能＋制造业"市场分析

（一）上游支撑产业

未来几年，中国人工智能芯片市场将保持年均 40%～50% 的增长。GPU 与 FPGA 市场已被国外寡头垄断，唯 ASIC 市场尚未被头部企业垄断，成为各方布局的焦点。

人工智能芯片产业规模高速增长，全球人工智能芯片市场规模将由 2019 年的 66 亿美元增长至 2025 年的 912 亿美元。预计未来几年，中国人工智能芯片市场将同样保持 40%～50% 的增长速度。宏观政策环境、技术进步以及人工智能应用普及等利好因素将驱动中国人工智能芯片市场规模不断扩大。

从市场格局来看，人工智能芯片的技术壁垒使国外企业在 GPU 和 FPGA 市场独占鳌头。英伟达和 AMD 凭借并行计算架构专利以及人工智能广泛成熟的开发生态环境垄断 GPU 市场。赛灵思和英特尔（Altera）凭借与芯片配套的硬件程序、语言、软硬件设计工具专利和多年电路设计仿真测试经验占有 FPGA 市场。在中国 FPGA 市场中，赛灵思和英特尔双寡头市场占比高达 52% 和 28%（智芯咨询，2020）。在技术到知识产权等方面，国产 FPGA 厂商面临不小的挑战。当前只有 ASIC 市场尚未被头部公司垄断，由各企业针对不同的人工智能应用场景进行开发。

从细分产品来看，中国工业市场对于 FPGA 的需求高于全球。据统计，2019 年全球 FPGA 市场规模约为 69 亿美元，其中工业领域占比大约为 12%，市场规模约为 8.3 亿美元。2019 年中国 FPGA 的市场规模约为 187.5 亿元，其中工业市场应用占比约为 28%。市场规模约为 52.5 亿元，预计 2025 年 FPGA 在中国工业领域市场规模将达 100 亿元，主要应用在工业通信、电机控制、机器视觉、边缘计算、工业机器人等场景。相较赛灵思、英特尔等国际巨头，中国 FPGA 研发起步晚，但进度逐渐加快，与国际头部企业的差距已由三代缩短至二代（华经产业研究院，2020）。在全球科技竞争激烈和中美贸易摩擦的背景下，国内芯片企业的发展迎来机遇。

中国 ASIC 发展迅速。2019 年中国 ASIC 产品销售规模为 66 亿元，占全球销售的 3.2%，预计 2023 年中国销售规模将达 373 亿元，占全球销售比例的 8%，到 2025 年有望接近全球占比的 10%。中国 ASIC 产品销售持续增长是受边缘计算增长的驱动。此外，未来能够进行训练和推理的人工智能终端设备会更加普及，为 ASIC 的大量运用提供载体。预计 2025 年 ASIC 在人工智能芯片市场的渗透率将达约 50%。其中自动驾驶领域的 ASIC 渗透率或达 100%，机器人领域的 ASIC 渗透率约达 60%（证券之星，2020），智能家居领域的 ASIC 渗透率约提升至 50%。传统家电领域设备运算量较大，芯片研发成本相对较高，该领域 ASIC 的渗透率预计不超过 10%。

（二）中游开发产业

计算机视觉和机器学习技术带动人工智能在制造业应用市场增长。预计 2025 年计算机视觉在制造业领域的应用市场将达 55 亿元，机器学习的应用市场将达 44 亿元。

人工智能的云部署方式快速增长，预计 2025 年市场规模将达 60 亿元，占整体人工智能市场的 43%，为制造企业提供开发服务和新商业模式机会。

人工智能部署既可以在自有设备私有云上，也可以在公有云上。由于目前人工智能和相关技术主要用于工业生产和自动化，自有云/私有云部署占有多数市场份额。

公有云可以大幅度降低每个单元的储存和计算成本，甚至通过跨界创造新的商业模式，但相对复杂。企业担心一旦将诸如工厂生产过程、资产性能管理等数据放到云平台上，信息安全、知识产权问题会接踵而至。选择公有云还是私有云，在很大程度上取决于企业的关注点。如果企业只聚焦于自己的生产制造、降本增效，往往不会选择公有云，如果企业聚焦于商业模式创新和产品转型，则会天然地更倾向于选择公有云或混合云，因为往往涉及服务平台，需要做到一定程度的兼容和融合。由于目前国内比较常见的工业云的部署以云的基础功能为主，很多企业会把云看作虚拟服务器，在云上做存储、计算，只有少数企业通过云部署改变生产方式。未来随着公有云和工业物联网需求的匹配度提高，其将为制造企业提供开发新服务和新商业模式的机会，公有云部署将呈现快速增长态势。

（三）下游应用产业

人工智能在制造业中应用广泛，围绕提升效率、降低成本、增加产品和服务价值以及探索新业务模式等价值定位产生了不同的应用场景。

预测性维护或将成为人工智能在制造业领域的杀手级应用。不合理的维护策略会导致工厂产能降低 5%～20%，工业企业意外停工造成的损失每年高达 500 亿美元。[①] 传统系统已经能够对传感器收集的温度、震动状态等数据进行分级，并实现异常检测与预测。而人工智能将这个功能带到新高度，对数据进行分层，从而分析海量的、高维度的、包含图像、音频等各种形式的传感器数据，一些原来不适用的低质量数据也能被利用起来。

我们预测中国制造业中人工智能预测性维护的应用市场规模将从 2019 年的 20.3 亿元增长至 2025 年的 42.7 亿元，年均增长率达 13.2%。

人工智能已经开始利用工厂数据建立模型，发挥预测功能并指导企业决策。如某轴承厂利用大数据检测和机器学习系统，对工厂设备的历史维修周期与故障率进行分析测算，结合机器视觉系统对设备进行监控，预测何时需

---

① 《预测性维护是另一种效益表现》，《智慧工厂》2019 年第 10 期。

要进行设备清洗、何时可能需要更换部件，从而让检修人员提前规划，最大限度地降低工厂因设备故障导致的停工情况，从而达到设备中断工作时间降低50%的效率。

新的制造模式推动智能计划排产的应用场景增长迅速。制造业生产系统越来越复杂，生产流程中的任务、参与者和信息不断增多，产品种类更加多样，柔性化和定制化的需求增加。而且，未来制造模式不仅在一个工厂里发生，还需要供应链、物流销售体系的协同，这些都是制造业企业的生产排程带来的挑战。

人工智能技术的应用相关算法，在给定工单、可用资源、约束条件和公司目标的多重条件下，生成最佳生产计划。当新的信息和数据加入后，系统可以运行大量假设任务并发现最优计划。当判断是物料不足或产能不足导致了订单交付延迟或取消，解决方案会根据采购清单进行最有效的推荐。

我们预测在中国制造业中，人工智能在生产计划排产中的应用市场将从2019年的1.8亿元增长到2025年的29.7亿元，年均增长率达59.6%。

质量控制成绩从缺陷检测环节向制程环节工艺优化扩展。产品质量是评估企业生产能力的重要指标，尽管目前人工智能在质量控制场景中的应用大部分集中在机器视觉质检，但我们认为其潜力尚未充分发挥。未来质量控制场景将向生产制程环节的工艺优化扩展，对关键工艺步骤的数据进行感知分析，从源头提升良品率。

产品质量受众多变动因素影响，且这些因素通常具有相关性，传统系统无法显示复杂变量关系和许多原因的交互影响与积累，工程师无法回看问题发生时的生产情境，更无法进一步追溯问题原因并改善。

人工智能可通过相关的算法工具，找出质量相关的规则，厘清质量与变量之间的关系，从而有可能在制造完成之前，对质量进行预测，发现失误根源，进而采取行动改善。这样不仅可以减少质量偏离的风险，节省大量事后测量时间和成本，还能提升制造效率，减少次品。

我们预测在中国制造业中，人工智能质量控制的应用市场将从2019年的1.5亿元增长到2025年的23.2亿元，年均增长率达57.8%。

电子、汽车、能源、电力行业人工智能预备度较高，应用市场的规模和增长领先于其他行业。整体上，人工智能在制造业中的应用仍处于早期阶段，但许多应用场景都具备大规模引入该技术的潜力，许多企业正朝着这个目标努力，共同以人工智能推动垂直行业发展。这个队伍中既有初创企业，也有老牌制造业巨头和科技巨头。值得注意的是，不同行业应用人工智能的预备度有所不同，从资产、技术、标准与法规以及生态系统四个方面衡量，电子及通信设备、汽车制造、电力及电器行业的预备度较高。

六 对智能制造发展的相关建议

（一）强化人工智能关键核心技术攻关，提升人工智能技术供给能力

进一步加大人工智能关键技术、共性技术研发攻关力度。为满足工业实时性要求，研发高效能、低成本的特定域架构芯片，面向工业领域开发专用端侧框架等；依托行业骨干企业创建开放共享创新平台，推动关键共性技术研究，开展智能部件、装备和系统研发。

与此同时，我们也要认识到，人工智能技术可以在现有工业系统上优化效率，但并不能帮助我们实现弯道超车，更不能取代基础研究。一方面，要围绕人工智能前沿领域基础科学问题强化研究，产出更多原创性成果。另一方面，要引导各类企业加大研发投入，开展适用于行业重点的基础性研究。

（二）加快提高制造信息化水平，夯实人工智能技术应用基础

信息化水平不达标会为企业下一阶段的人工智能应用带来额外的数据处理工作负荷，应持续提高制造业信息化水平，为新技术应用铺平道路。

继续推动制造业企业依据两化融合管理体系国家标准开展贯标工作，鼓励有条件的企业申请评定。引导贯标咨询服务机构深入企业对标国家标准开展基础建设、单项应用、综合集成、协同创新等工作。

鼓励骨干企业搭建智能平台，通过搭建从应用到技术，再到底层算力支

撑的基础设施，降低制造业企业人工智能应用门槛，实现人工智能在业务中快速部署。

培育信息化公共服务体系，推动人工智能芯片、软件、系统集成商、安全防护等不同领域的企业紧密合作，培育针对制造业的系统解决方案供应商。

（三）推进技术标准化支持，支撑行业健康可持续发展

加快制定与工业系统相匹配的技术标准。当前，人工智能、大数据领域技术创新活跃，与工业领域的融合程度持续深化，带动新产品、新服务、新模式持续涌现。在工业系统推进人工智能和大数据等领域的技术标准化，建立统一、贯穿产业生命周期的数据标准和安全防护管理技术体系，能够有效固化数据采集、存储、加工、分析和服务等方面的先进技术方向市场的传导和渗透。

（四）推动技术与产业融合试点，形成系统解决方案

通过新技术与传统业务的融合，推动工业企业产品、产业的智能化转型升级。这需要建立一个基于多种新技术的工业创新平台，包括人工智能、云计算和物联网，与合适的服务提供商、设备和通信商进行协作。由于工业具有多样性、高度定制化的特性，在碎片化市场里，平台的价值难以直接传递到工业用户侧，仍离不开大量的系统集成商的服务。目前，工业互联网平台正在试图打造更明确的价值输出合作，寻找价值业务的方向和伙伴，平台只是实现和整合资源的抓手。找到志同道合的伙伴并进一步建立创造价值的合作，被称为建种群。要通过建种群来占有生态系统的主要价值入口，再通过平台来控制接入和输出，加速其他新业务的衍生。

参考文献

工业和信息化部：《关于工业大数据发展的指导意见》，2020 年 4 月 28 日。

华经产业研究院：《2021—2026 年中国 FPGA 市场调查研究及行业投资潜力预测报

告》，2020。

〔美〕李杰（Jay Lee）：《工业人工智能》，刘宗长、高虹安、贾晓东整理，上海交通大学出版社，2019。

"新一代人工智能引领下的制造业新模式新业态研究"课题组：《新一代人工智能引领下的制造业新模式与新业态研究》，《中国工程科学》2018年第4期。

证券之星：《2021年中国人工智能芯片产业全景图谱》，2020。

智芯咨询：《一文看懂FPGA芯片产业链及竞争格局》，2020。

中金企信（北京）国际咨询：《2020—2026年中国工业大数据行业市场调查及投资战略预测报告》，2020。

智造数字化升级

——以中兴通讯用 5G 制造 5G 为例

符志宏[*]

摘　要： 5G + 工业互联网技术已经成为工业制造数字化转型的重要手段，在 5G、AI、云计算、机器视觉等技术驱动下，以工厂数字化为纲，针对智能制造生产柔性化、自动化，定义细分场景，以极致场景驱动，打通数字化制造链，形成数字化管理闭环，提升生产效率，降低成本，解决企业生产运营中的实际痛点问题。

关键词： 5G + 工业互联网　5G 虚拟专网　数字化　智能制造　机器视觉

一　制造数字化浪潮

2020 年以来，全球新冠肺炎疫情反复，外贸摩擦不断，国内生育率低，现有经济格局遭受严重冲击，面对百年未有之大变局，在"循环"和"双碳"目标背景下，制造业面临机遇更面临挑战，既有新业务新技术突破的挑战，又有新进入者带来的挑战，制造业向智造转型升级的路径和方向该往何处，

---

　* 符志宏，中兴通讯股份有限公司产业数字化总工程师。

值得一起思考与研讨。

全球科技创新进入密集活跃期，以第五代移动通信技术（5G）、云计算、人工智能（AI）、工业互联网等为代表的新技术开启新一轮产业革命，以价值创新为目的，用数字技术驱动业务变革，实施数字化转型，驱动智能制造向数字化、网络化、智能化方向发展。2020年12月，工信部印发了《工业互联网创新发展行动计划（2021—2023年）》，提出支持工业企业建设5G全连接工厂，加快典型场景推广应用。2021年3月，国家"十四五"规划提出坚定不移建设制造强国、质量强国、网络强国、数字中国；加快5G、工业互联网、大数据中心等建设，推动产业深度融合与先进制造业集群发展。4月，工信部起草《"十四五"智能制造发展规划（征求意见稿）》，提出加强关键核心技术攻关，加速系统集成技术突破，加快创新网络建设，开展智能制造示范工厂建设。

中国商飞、三一重工、海尔、美的、富士康等龙头企业均开展了"5G＋智能制造"应用示范，以此为契机，进一步加快智能制造升级与数字化转型。

下文以中兴通讯全球5G智能制造基地如何通过"5G＋工业互联网"赋能工厂实现数字化升级为例展开论述。

二 变革从自己开始

中兴通讯将数字化转型定为公司级战略，公司各层级各职能部门对数字化转型战略支撑点和发展目标认识清晰，明确定位为公司全球5G产品生产基地，愿景是以数字化转型为契机，以极致场景驱动，不断丰富"5G＋X"应用创新，树立"用5G制造5G"高端制造品牌，构建技术领先、成本领先、质量优异的核心竞争力，逐步实现自动化、数字化、智能化，打造黑灯工厂，引领行业"5G＋智能制造"创新发展。

公司各单领域应用和IT建设节奏较快，数字化业务流程基本贯通，但跨领域数据分析决策、生产研发协同、生产计划实时预测和管理等方面仍有很大提升空间。如数字化MES系统部分管理粗放，设备产品会出现浪费，部分生产工序只管理到批量、按工单配料，没有管理到工序；SPI 锡膏检测、贴片、回流焊、AOI 自动光学检测、物料低位等预警与派单的智能分析与主动推送可进一步提升等。如何系统化、更高效率建设中兴通讯南京滨江 5G 智能制造基地，除了沿用自身发展经验，还聘请了国际知名咨询公司，从精益化、自动化、数字化等维度进行系统化全面评估诊断，明确改善路径，确保顶层设计的高度和远见，同时内部开展了"极致滨江建设金点子创意奖"征集活动，面向公司全员征集创意，发挥群体智慧，并对金点子进行吸收整合，纳入规划设计，定义细分场景，以极致场景驱动，逐步推进智造数字化升级。

- 客户视角：订单状态可视。
- 工厂生产视角：向自动化、无人化升级。
- 生产管理视角：向线上、在线、智能在线升级。
- 物流视角：以推拉结合的方式控制单板库存，AAU 单板库存下降至约 8 小时。

梳理工厂生产工艺全流程，秉承"用 5G 制造 5G"的理念，打造 5G 全链接工厂（见图 1）。

通过 5G、AI、工业互联网技术、数字化技术构建了滨江智能工厂完整的研发协同、计划、采购、生产、物流及运维环节，形成了数字化管理闭环，合同订单纵向贯通，生产过程透明可视，实现生产进度实时可视、风险及时预警，主动干预，任务闭环，提升客户感知度，推进工厂生产、运营、管理的智能升级，向柔性化、智能化、少人化、无人化智能制造工厂演进。

三　5G+倍增工厂效益

（一）生产柔性化

面对市场需求和未来产品发展的不确定性，需要灵活、快速生产不同型

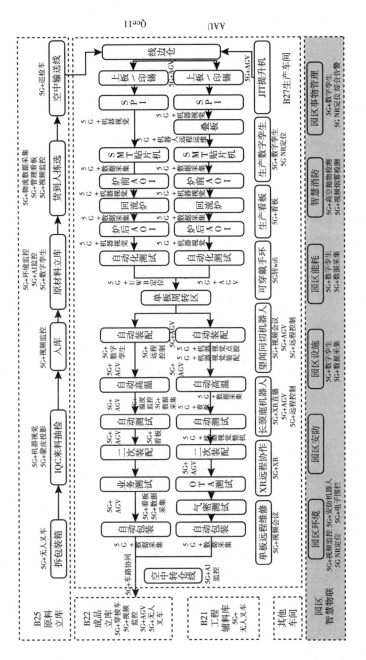

图 1 5G 全链接工厂

号定制化产品，根据经验和技术预研，进行了大量而有益的生产柔性化探索。

- 工厂基础设施标准化：包括电气、网络、温湿度等。
- 生产线体软硬件解耦：单独驱动，柔性连接，可根据情况进行快速编排。
- 工装平台化、组件化：少量定制化接口适配产品和市场的个性化需求。
- 设备设施无线化：生产环境 OT 网络引入无线化。
- 生产工艺柔性化：通过机器视觉 + 大数据 + AI + 5G 云化 AGV，为每个产品推荐不同的生产工艺，进行智能选路，将传统刚性的产线和标准化生产工序进行智能编排与优化。

通过各种柔性化改造，工厂效益明显，产线调整周期下降 20%，生产周期缩短 23%。

1. 云化 AGV@5G

AGV（Automated Guided Vehicles）又名无人搬运车、自动导航车等。AGV 技术目前正广泛地被应用于无人物流、仓储以及工业生产过程。AGV 的显著特点是无人驾驶，装备有自动导向系统，可以保障系统在不需要人工引航的情况下沿预定路线自动行驶，将货物或物料自动从起始点运送到目的地。AGV 的另一个特点是柔性好，自动化程度高和智能化水平高，AGV 的行驶路径可根据仓储货位要求、生产工艺流程等改变而灵活改变，并且运行路径改变的费用与传统的输送带和刚性的传送线相比非常低廉。

目前 AGV 一般采用 Wi-Fi 进行通信调度和管理，工业云化 AGV 对网络性能根据 AGV 的业务不同而不同，通常的云化调度，AGV 调度通信、状态管理等，覆盖范围 2 km。调度通信带宽 < 1 Mbps；[①] AGV 上报状态和位置信息，上行速率 < 100 Kbps，传输时延 < 50 ms。然而中兴通讯滨江工厂厂房面积很大，单层 2 万平方米，同时也有一些跨楼层跨楼栋运输，实现云化

---

① 工业互联网产业联盟（AII）、5G 应用产业方阵（5G AIA）：《5G 与工业互联网融合应用发展白皮书》，2019 年 10 月。

AGV 大规模密集部署、大范围无缝切换以及应用拓展。传统 Wi-Fi 存在如下技术瓶颈。

- 连续性覆盖困难，Wi-Fi 切换时延高。
- 信号易受干扰，信号不稳定。
- 大链接 Wi-Fi 性能明显下降，100 台以上连接困难。

基于 Wi-Fi 的 AGV 调度易断线。基于 5G 云化的 AGV 能很好解决以上问题。5G 云化 AGV（见图 2）是中兴滨江工厂最佳选择。借助 5G 低时延、高可靠的特性，部署 AGV 管理平台，将同一工厂下的 AGV 进行协同调度，能够实现对所有 AGV 的全局定位和实时控制，充分发挥其灵活性，实现柔性制造。

图 2　5G 云化 AGV

AGV 导入提升生产周转效率，周转效率提升 27%。AGV 导入前单板周转周期为 5.33 小时，导入后周转周期为 3.87 小时。

2. 云化 PLC@5G

PLC 作为工业控制的一个核心技术，在自动化控制领域有着广泛的应用。中兴通讯滨江工厂也大量使用各种类型的 PLC 用于产线的自动化控制。由于产品的快速升级换代和生产需求的不断变化，产线 PLC 维护工作量越来越大。随着 PLC 技术发展和 5G 网络商用，中兴通讯积极探索 5G 和 PLC 相结合的方式，同时基于自身的业务需求，联合南京电信在滨江基地开启 5G + PLC 自动化产线的探索实践工作。

中兴通讯滨江工厂基于 NodeEngine 的 5G 云网一体化技术，该技术是在 BBU 上提供计算资源与网络分流能力，充分利用 BBU 更低时延的特性（< 20ms@99.999% 可靠性指标），搭建了一套基于 NodeEngine 的云化 PLC，替换产线上多个传统硬件 PLC，实现了 QCell 产线的云化 PLC 改造。经过三个多月的试运行，改造工程已经实现了 QCell 产线的产能设计目标，完全满足实际生产需求。

相比于传统硬件 PLC，云化 PLC 的优势有很多，具体如下：

- 支持统一的云端图形化编程环境和运维管理；
- 更强的处理性能，可以提供工厂/车间级别的统一控制能力；
- 离线仿真，多协议支持，性能扩展更灵活；
- 支持不同厂家的标准化接口 IO/传感器模块。

正是基于这些优势，弹性的云化 PLC 能够突破传统 PLC 硬件的容量限制，按需选用 IO 模块来进行线体控制改造，极大降低技改难度，提升运维效率，可以将产线柔性调整的时间降低 20% 以上。未来，中兴通讯和南京电信将持续探索 5G 云化 PLC（见图 3）更多的应用场景，并融合物联网、大数据、云计算、数字孪生等前沿技术，全面打造数字化、智能化的柔性产线。

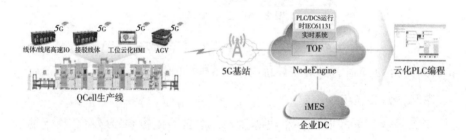

图 3　5G 云化 PLC

（二）生产自动化

QCell 小站自动化为滨江工厂第一批智能制造项目，项目继承多工厂智能制造建设经验，实现装配自动化、测试自动化、包装自动化与车间物流自动化，创新应用 RFID、5G 数字孪生、5G 云化 AGV、机器视觉、大数据等技术，实现全流程自动化、数字化生产。投产以来大量客户参观并进行行业交流，获得广泛好评，成为公司对外交流的网红打卡点。通过大量的 5G + 自动化改造，工厂整体效益提升明显。

产线操作人员数量下降 28%。2020H2 操作人员数量为 180 人，2021H1 操作人员数量为 129 人。

单板直通率提升至 95%。投产初期直通率为 80%，通过引入各种自动化手段、5G 应用、管理提升，目前达到 95%。

生产不良率降低 0.29 个百分点。小站自动化设备导入前不良率为4.20%，导入后不良率为 3.91%。

滨江工厂的典型改造场景如下。

• 小站装配自动化：采用六轴机器人作业平台，设备与 iMES 系统互联互通，通过 iMES 统筹调度，实现机壳上料、点胶、机器视觉检查、单板与结构件安装、螺钉安装、扫码贴标等工序的自动化作业，人力节省约 80%，效率提升约 30%，质量提升约 3%。

• 小站测试自动化：采用仓储式高温老化与机器人环岛测试平台，实现单板和整机的测试自动化、数据采集自动化。通过大数据分析，对合格率低、连续同类故障等异常情况自动预警并系统调度技术人员快速分析处理，保障产品质量，提升测试效率。

• 小站包装自动化：继承包装自动化工艺平台的经验，固化开箱、封箱、称重、贴标、码垛、打包、缠膜等工位的自动化工艺，创新应用产品覆膜、自动装箱、托盘自动供料等功能，完善包装自动化工艺平台。结合原料自动供应与成品跨楼层自动运输，实现包装全流程自动化生产，劳动强度大大降低，作业效率提升 30%。

• 小站车间物流自动化：物流系统采用线边仓、输送线、提升机、AGV 等多种设备组合的柔性化物流方案；线边仓由"机器人 + AGV + 货到人"系统组成，平衡产线实时需求与库房供料，车间广泛应用 5G 云化 AGV，快速灵活部署，衔接生产各个环节，打通物流断点，通过 iMES 统筹调度，实现全流程自动化、可视化的精准物流。

AAU 宏站自动化在小站自动化与 5G 工业互联网创新中心的建设经验基础上，以精益生产为基础，按照极致滨江数字化工厂顶层设计进行规划，充分吸取金点子创意，坚持"模块化、柔性化、数字化"设计理念，持续无人化技术研究与 5G 行业应用推广，积极推进 5G 云化 AGV、5G + 机器视觉、5G IoT 等行业应用，通过"5G + X"技术赋能制造，逐步实现自动化、数字化、智能化生产，推动极致滨江无人工厂建设。

1. 机器视觉@5G

机器视觉是与工业应用结合最为紧密的人工智能技术，最大的特点是速度快、信息量大、功能多，并且可以胜任很多严酷场景，完成高计算强度的、枯燥的、重复的工作，在工业制造场景下通过对图像的智能分析，使工业装备具有基本的识别和分析能力。在工业领域，5G 能够提供大带宽、低时延、高可靠性，应用于设备控制、远程维护、工业图像识别等工业应用场景，为柔性生产奠定基础。

• 5G + AI 的外观质量检测：检测技术和 5G 通信技术进行融合，通过对图像进行智能分类、识别并在复杂背景下能够大幅度减少漏检误检，达到高准确率，通过 AI 平台实现数据模型高效快速迭代自优化，不断提升现场模型准确率，并实现自动化部署。

• 5G + AI 的装配防错检查：AI 检测技术和 5G 通信技术进行融合，与 MES 系统对接，数据共享，自动识别各种规格物料并完成来料检测，检测准确率在 99% 以上，同时存储相应的过程数据可以实现数据追溯。

• 5G + AI 的生产过程智能分拣：AI 检测技术和 5G 通信技术进行融合，集成 5G 终端的工业摄像机，利用无线技术灵活部署，同时依托 5G 网络大带宽、高可靠的特性，将视频图像上传到云端，利用 AI 技术实现分类功能，提升识别的准确率和定位精度，自适应不同环境完成分拣任务。

• 5G + AI 的尺寸测量：AI 检测技术和 5G 通信技术进行融合，通过对图像像素信息标定成常用的度量单位，在图像中精确计算出几何尺寸。其优势在于对高精度、高通量以及复杂形态的测量。

• 5G + AI 的视觉识别：AI 检测技术和 5G 通信技术进行融合，对已知规律的物品进行分辨，包含外形、颜色、图案、字符、数字、条码等的识别，也有信息量更大或更抽象的识别如人脸、指纹、虹膜识别等。

机器视觉根据监测设备大小、拍照的视角大小、工业相机的像素等对网络要求有一定差异，如螺钉、点胶等监测，上行速率 < 20 Mbps，传输时延 < 50 ms；字符识别上行速率 < 10 Mbps，传输时延 < 50 ms；贴片工艺炉前检测则每分钟拍摄 100 张以上照片，导致部分场景需采用 5G + 有线网络方式。

工厂导入机器视觉后装配质量漏检率降低 12 个百分点。导入前装配质量漏检率为 15%，导入后漏检率为 3%。

2. 移动生产管理@5G

在生产任务分配、出入库管理、库存盘点、人员移动巡检、人员测温管理等环节，基于 5G 网络，可满足手持移动终端应用数据接入的需求，提升工厂运行管理的效率。具体如下。

• 5G PDA 任务分配与生产管理。

• 5G 条码扫描、RFID 读写器、POS 机等仓储、物流管理。

3. 云化机器人@5G

工业机器人作为智能产线的关键装备之一，在终端生产、测试的过程中扮演着重要的角色。利用 5G 网络可实现对产线工业机器人的远程控制及双向通信。基于 5G 的产线工业机器人控制业务，其应用方案一方面打造了无线云化机器人产线，减少了光纤等布线成本；另一方面 5G 高可靠、低时延、大带宽的网络优势，解决了控制指令延迟和核心算法处理计算量的问题，使机器人控制、计算、反馈时间大大降低，提高了产线业务效率。

4. 人员与重要物资定位@5G

高精度定位数据作为智能工厂数据流的基础组成，结合工厂业务流中时间、空间、状态可以实现工厂人员、物资的有效管理，中兴通讯滨江工厂 1300 亩占地面积，工厂内的人、车、物、料管理急需有效的技术手段。

● 人员高效管理：基于对人员的实时定位数据，进行人员考勤、到岗/离岗、保安巡更等工作状态的管理等。如重点区域、受限区域设置人员电子围栏；生产区域生产支持工程师就近调度；园区 400 个清洁工的到岗管理；园区 100 个保安的巡更和管理等。这一系列的场景通过 5G 定位技术，定位精度 3～5 米，已经可以满足。

● 周转车、物料定位追踪：采用室内定位技术，配合 iMES 系统实现生产过程追溯，对每个产品生产流转过程如单板生产、组装、测试、厂内仓储等环节的全程追溯及作业过程的高度透明化，在规范作业流程的同时，大幅提高作业效率。周转车和物料对定位精度具有较高要求，同时考虑到终端带电、功耗等因素，采用 5G + UWB，实现 10 厘米级定位。

（三）仓储物流智能化

滨江工厂智能仓储与物流系统，采用全球顶尖的系统规划与设计理念，通过原材料立库、成品立库以及配套多种先进的现代化物流设备与技术应用，从原材料入库、车间周转到成品发货全流程规划实施，打造集模块化、高效化、柔性化、智能化于一体的现代化智能仓储与物流系统，助力极致滨江无人工厂建设。

"密集化"智能仓储系统：智能仓储系统采用"密集化存储"理念，规划设计原材料与成品自动化立体仓，充分利用厂房高度空间，实现物料密集存储，大幅节省场地面积；根据物料类型不同，合理搭配使用高速堆垛机与四向穿梭车，实现库内货物的无人化高效进出。

"少人化"货到人拣选系统：为减少人员走动，提升物料拣选效率，采用"货到人"设计理念，针对不同业务场景差异化部署。原材料拣选环节，物料种类多，拣选频次高，采用"高速拣选工作站 + 输送线"与立库直连，实现物料的"高效化"拣选；成品拣选环节，场景复杂，采用"拣选作业台 + 货到人 AGV"与立库灵活对接，实现物料的"柔性化"拣选。

"无人化"立体输送系统：全流程整体规划，差异化实施，采用"立体化分层输送"理念，创新性设计"天（厂房楼顶）—空（楼层空中）—地

（车间地面）"全方位三维立体化物流系统，实现多物流系统与路径的协同运作，大幅提升物流效率。

原材料物流环节，采用"远距离输送高效化"理念，通过连接各生产车间的空中物流输送线，实现原材料从立库至线边仓的高效化输送；车间物流周转环节，采用"短距离搬运柔性化"理念，通过 AGV 实现地面自动化、柔性化物流；成品物流环节，采用"模块化与高效化"设计理念，创新建设国内首套基于 5G 技术的楼顶 EMS（环形穿梭车）输送系统，实现各车间成品下线后到成品立库的自动转仓。

当前，原材料、成品的智能仓储与物流系统已建成并开始试运行，相比传统仓库，场地面积节省约 47%，人力成本节约 50%，仓储效率与管理水平显著提升。未来随着系统的不断优化与稳定运行，运营效率将进一步提升。滨江工厂智能仓储与物流系统的建设对公司实现智慧物流具有非凡的历史意义，打开了公司仓储与物流数字化转型的新篇章。

在仓储物流智能化改造中，大量业务场景通过 5G 的加持进行了升级，具体如下。

● 来料监测@5G：布置机器视觉组件，工业相机/电子显微镜拍摄照片通过 5G 网络回传至 MEC 端拼接分析处理，自动识别二维码，设备 SN 等；对于没有信息的物料拍照后后台自动识别比对后，把照片投影到对应物料上做比对，从而实现高效稳定的 IQC 来料检测。提高质检准确率机器 AI 分析，自动识别、标注，较人工准确率提高 43 个百分点以上，目前算法准确率为 97% 以上。

● 智能点数@5G：运用 5G＋机器视觉自动识别盘料，再将图片上传到云端 MEC 算法服务器，通过自研的余料估算算法，快速估算余量，并将结果回传，同时打印数量标贴，实现自动打印自动贴标。

● 视频监控@5G：原材料立库、成品立库补充 5G 视频监控，采用摄像监控为主、人员巡查为辅的方式，以便监控中心能及时了解情况，方便控制事态，确保区域安全。

● 无人转运车、叉车@5G：中兴滨江园区生产区域较大，通过 5G 无人转运车、5G 无人叉车、5G 云 AGV 等工具把成品或者生产物料进行转运和接驳，提升物流仓储效率和智能化水平。

（四）生产数字大脑

中兴滨江工厂生产数字大脑通过设备智联与数据采集，建立工厂—车间—线体—设备的数字化体系，工厂内部推动 IT 与 OT 深度融合，充分利用 5G、RFID、条码、传感、机器视觉、数字孪生、大数据等技术，通过 iMES 系统集成，实现生产过程数字化；通过知识建模与生产大数据分析，逐步实现智能排产、生产进度监控、生产资源管理（工装、钢网、人员状态管理和资源分配）。如将人、机、料等要素接入运营中心，作业模式由线上演变为在线，SPI 锡膏检测、贴片、回流焊、AOI 自动光学检测、物料低位等情况通过大数据分析主动推送预警与派单，实现资源共享与派单提效。

生产数据大脑升级，离不开以智能制造执行系统 iMES 为核心的改造，通过重构 iMES，进行数据治理，生产数据拉通，将产能、排程、状态等生产能力上线。iMES 系统基于微服务架构，分级部署，支撑多工厂多模式的制造场景。企业级 MES 打通外部订单、生产任务调度；域级 MES 打通车间设备，对车间现场各系统下发执行指令，实现生产设备与系统互联互通，完成全流程的数据采集与工艺管控，实现设备可视、线体可视、物流可视，并结合边缘计算与大数据应用，拓展数字化生产与数字化运营。iMES 系统的通用数字化工艺平台，实现工艺信息从前端如研发、中试，穿透生产一线，通过结构化的工艺设计，实现工艺参数的智能管理，集文件制作、智能归档、智能应用于一体。

四　定制5G虚拟专网

（一）多样化场景对网络挑战

中兴通讯滨江智能制造基地 5G 全链接工厂，聚焦于企业园区一体化管理和生产车间、立库的 5G 化改造，规划了 16 大类、60 余项 5G + 工业融合创新应用，包括 5G 云化机器视觉类应用、云化 PLC 控制、5G 云化 AGV、XR 远程单板维修操作指导、产线数字孪生、无线看板、望闻问切机器人、园区数字孪生、5G 非接触式红外测温、园区 5G 巡逻机器人、5G 无人扫地车等。不同应用对网络的 SLA 需求差异极大。

各车间 5G 业务的 SLA 需求见表 1。

表 1　车间 5G 业务的 SLA 需求

序号	5G 业务类型	状态	数量(个)	带宽 UL/DL(每个)	时延@ 可靠性
1	定位	移动	50		
2	环境监测	静止	2 ~ 3	1Mbps/ < 100 Kbps	
3	机器人叠板	静止	1	1Mbps/ < 100 Kbps	20ms@ 99.99%
4	XR 远程_单板维修指导	静止	1	12Mbps/12 Mbps	
5	高清视频远程维修	静止	1	8Mbps/2 Mbps	
6	数采 IoT	静止	10	1Mbps/ < 100 Kbps	
7	云化 AGV	移动	35	< 100 Kbps/ < 100 Kbps	
8	电子围栏	静止	3	2 Mbps/ < 100 Kbps	30ms@ 99.99%
9	机器视觉质检	静止	6	20 Mbps/ < 100 Kbps	
10	云化 PLC/线体控制	静止	10	< 100 Kbps	20ms@ 99.99%
11	能耗管理	静止	2 ~ 3	1Mbps/ < 100 Kbps	
12	数字孪生	静止	5	1Mbps/ < 100 Kbps	
13	望闻问切机器人	移动	3	15 Mbps/11 Mbps	
14	长颈鹿机器人(直播)	移动	1	8 Mbps/8 Mbps	

面对工厂复杂的环境和应用需求，要打造最佳工业专网，需要解决以下一系列挑战。

● 多业务并发场景的 ToB 网络建网标准如何制定。

● 工业控制 PLC 类业务低时延 + 高可靠性的要求苛刻，5G 网络如何满足。

● 机器视觉检视类业务的上行大带宽要求，5G 网络如何满足。

● 多业务 + ToB/ToC 混合组网，如何确保高优先级业务的保障和安全隔离。

● 针对 ToB 业务如何进行感知保障。

（二）基于业务特性的网络保障

滨江工厂需求场景多样，包括云化 PLC 类低时延＋高可靠的业务应用、基于机器视觉类的大上行业务应用、基于视频＋移动性的混合业务应用等，传统 ToC 建网方法已经无法满足业务部署的需求。我们基于 ToB 业务的 SLA 需求分析（时延、上下行速率、可靠性、业务并发等），通过高效指标建模，完成对 ToB 工业园区场景化建网标准的梳理；通过实测与仿真估算，基于现有 5G 网络存量场景，进行定制化规划改造，提供无线网络资源的分级保障能力，设置低延时、大上行和默认切片，将不同业务置于特定切片，确保同小区下的业务之间不会互相干扰，保障 ToB 业务感知，最终形成符合 ToB 业务网需求的标准化 5G 专享专网方案。[①]

PLC 类业务场景，线体/机械臂通过 5G 无线网络采集设备状态数据上传到边缘云，集中运算生成调度数据再下发机器人执行，同时还可以在远端实现线体离线升级，增强线体混合生产时调度控制的灵活性和兼容性。此业务对时延要求苛刻，需要 10 ms 时延，通过在 BBU 上部署 NodeEngine，提供业务流级/Packet 级的 QoS 保障，实现工厂 PLC 类业务的低时延保障。

NodeEngine 方案对业务实现了精细化的 EdgeQoS 管控：

一方面通过对业务需求的智能识别，将本地业务的 QoS 需求通过边缘 AI 识别和分流，触发网络调整参数，匹配业务需求；另一方面根据业务模型，动态调度需要的带宽、时延和可靠性资源，实现本地业务的差异化网络服务。

（三）超级小区高上行带宽

滨江工厂有多个车间，每个车间 2 万平方米的空旷空间，是否可以直接

---

① "Study on Application Layer Support for Factories of the Future in 5G Network：3GPP TR 23.745"，2020.

采用分裂小区实现大容量？通过实践发现，如简单分裂小区，终端上行业务会对邻区产生上行同频干扰，底噪抬升 10 ~ 30 dB，导致各项业务无法正常使用。经过分析和大量测试性能优化，最终园区采用超级小区方案，[①] 合并小区，消减干扰。

- 超级小区采用基带小区合并，有效控制干扰和切换，在室分场景已经得到了广泛商用。

- 多个 pRRU 室内覆盖多点位规模分布天线阵列，有效提升覆盖。

- 采用超级小区 + 空分 MU – MIMO，解决中高价值区域的容量要求，商用可达 2 ~ 3 倍容量提升，最大可实现 4 倍提升。

合并小区带来带宽容量的损失，通过异频双层组网方案兼顾容量需求。底层一个小区为移动类业务提供无切换网络；上层针对固定点位容量较大、空间上距离较远的独立拆分小区兼顾了大容量和移动性切换。

异频双层组网方案亮点如下。

- 小区容量实现扩容，带动部署更多应用。

- 不同业务实现相互隔离的弹性更大。

（四）定位让每个位置都有意义

利用 5G 的大带宽、低时延特性及站点密集部署，蓝牙/Wi – Fi/UWB/SLAM 定位技术与 5G 相结合，有利于更多的传感器接入，大量传感器数据及位置信息数据及时上传。5G 室内网络可以与多种室内定位技术融合，一起提供面向 5G 网络的多层次融合定位解决方案，期望在定位精度以及覆盖范围上实现定位性能的整体提升。

在定位基站部署维护方面，开放 5G 智能室分系统级联供电能力，级联非 3GPP 定位设备，形成 5G 小基站和定位基站松耦合部署方式；或者，开放智能室分系统级联供电能力的同时开放级联数据通道，级联非 3GPP 定位设备，形成 5G 小基站和定位基站紧耦合方式。5G 小基站和定位基站松耦

---

① 中兴通讯：《5G 室内覆盖白皮书》，2020 年 7 月 18 日。

合和紧耦合部署方式，可以共同部署，同时提供无线通信以及高精度定位能力，大大减少部署和维护成本，部署5G网络的同时以最小成本部署定位基站（见图4）。

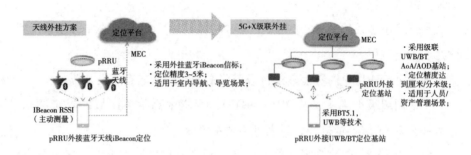

图4　5G + UWB/BT 定位

5G NR 定位基于5G蜂窝通信网的定位技术，蜂窝网络为终端提供无线通信功能同时提供定位服务，满足不同应用场景下通信和定位需求，满足企业、个人用户应用需求，网络运营商提供网络服务的同时提供位置服务的增值服务。

（五）业务安全隔离

依托中国电信江苏分公司，中兴通讯完成对整个滨江5G工厂厂区的室外5G覆盖，同时实现行政楼、员工食堂、50万平方米厂房的室内5G覆盖，并且在园区机房建设2套MEC（UPF + MEP），构建5G企业虚拟专网，实现企业5G应用数据不出园区，满足企业安全合规及对网络和终端状态的管控，又兼顾运营商全网运营。5G区域虚拟专网通过 MEC 和 UPF 下沉，业务直接部署于工厂园区的 MEC 边缘云，数据流本地闭环，数据本地处理，实现数据不出园区。

通过切片 + 5QI 的合理规划，把业务划分为高优先级、普通优先级和大网业务，部署承载在不同等级的切片上，通过切片 + 5QI 级参数和定标值的合理设定，有效满足高优先级业务的时延和可靠性保障。

五 结论

中兴滨江智能工厂建设规划，坚持"三看"，对外"走出去、请进来"，对内金点子创意，发挥集体智慧，不断优化完善，保持顶层设计的先进性、科学性、前瞻性；以数字化转型为契机，持续开展自动化、数字化、无人化技术研究，构建技术领先、成本领先、质量优异的核心竞争力，逐步向柔性化、智能化、少人化、无人化智能制造工厂演进。滨江工厂实现了单位产值所需人力较中兴通讯其他生产制造基地低25%，通过滨江5G全链接工厂实践，为宝钢湛江钢铁5G智慧钢厂、云南神火铝业5G边缘云智慧工厂等众多项目提供了宝贵的经验。

但智能工厂是一个不断自行进化的柔性系统和工程。鉴于技术的快速发展，智能工厂代表的是一个长期演进的过程，而不是一次性的现代化改造。

5G、AI、工业互联网等技术给智能制造领域带来了巨大的机遇，但同时5G赋能行业发展依然面临巨大挑战，面向智能制造5G在上行能力、低时延、确定性和精准定位等方面依然存在不足，为此，5G兑现现有能力的同时，也需要持续演进。随着5G行业数字化项目的全面开展和持续深入，需要发掘更多具有价值的应用场景，充分发挥5G作为数字化基础设施和信息化高速公路的价值和优势，为建设制造强国、质量强国、网络强国、数字中国做出贡献。

高端制造领域的黑科技

——智能车站的建设

李　洵[*]

摘　要： 铁路车站信息化建设是未来铁路建设的重要方向之一，通过运用一系列高科技手段和部署相应的硬件设备和传感器，深入对各个部门的数据分析，打通网络壁垒，整合数据资源后进行大数据分析，使数据多"跑路"。针对不同部门下发相应数据，减少人员无效运动，增加数据的分析和流转，最终实现车站的智能管理，使旅客享有方便快捷的乘车体验。

关键词： 铁路信息化建设　智能　大数据

　　铁路作为最重要的交通运输方式，仍是我国未来 20 年建设规模最大、发展最迅速、对我国社会经济发展具有决定性意义的战略性产业。"交通强国，铁路先行"，铁路车站客运生产组织与面向旅客服务等业务仍面临许多新的挑战和考验，无感知的安检、无纸化的客票、人脸识别进站，这些新兴黑科技也逐步进入出行乘客体验场景。

---

　　* 李洵，中国铁道科学研究院集团有限公司电子计算技术研究所高级工程师。

一　智能车站概述

（一）智能车站的定义及特征

智能车站是基于现代铁路管理与服务理念和云计算、物联网、大数据、人工智能、机器人等最新信息技术基础，以旅客便捷出行、车站温馨服务、生产高效组织、安全实时保障、设备节能环保为目标，围绕铁路客运车站出行服务、生产组织、安全保障三大核心业务构建的有机统一的新型生产服务系统。

智能车站具有全面感知、实时评价、辅助决策、快速适应、自助服务、资源共享、协同指挥等特征。

（二）智能车站建设的主要业务范围

1. 智能出行服务

为旅客提供安全、舒适、温馨的出行服务，业务内容涵盖旅客出行的全过程，全面提升旅客的出行体验。

（1）站内外精准导航和乘车信息服务：包括通过与当前流行的导航应用软件对接，构建站内外智能导航信息系统，实现旅客到站前、进站、安检、候车、检票、登乘、出站的智能化导航信息服务。旅客通过智慧行App，获取面向旅客的客运服务信息，包括站内信息、候车、检票、列车运行、换乘、正晚点和一些衍生自助服务信息等。具体包括：一是为旅客提供候车室、检票口、列车正晚点、换乘信息提醒等服务；二是为旅客提供家一车站一家的短途网约车预约服务；三是提供商务候车服务预约。

（2）车站经营开发：提供站内各种商业服务设施、商业热点区域位置信息查询；展示站内餐饮、商铺、商品、土特产信息，提供餐饮、商品订购送货到位或送上车服务；提供小红帽预订服务等。

（3）多平台的互联互通：智慧行 App 与昆铁＋融媒体等公众平台通过

引入互联网共享机制，实现资源、数据、接口等的共享，构造共享大平台，发挥各自优势，共同拓展服务经营功能。

2. 智能生产组织

提供规范、智能、高效的生产指挥，业务内容涵盖站内所有生产要素，包括工作人员、设备、设施、业务等。

3. 智能安全保障

提供高效可靠的安全保障，业务内容涵盖站内所有安全相关要素，包括运营环境、人流、自然灾害、应急处置等。

（三）车站智能化建设的必要性

为有效适应和把握信息化时代发展的特征和趋势，更好利用数字化、网络化、智能化先进技术，深入贯彻中国铁路"强基达标，提质增效"工作主题，全面提升车站整体管理水平。应用高科技手段为车站管理人员提供现代化智能生产组织手段，打破"信息孤岛"，进一步提高车站生产组织与旅客服务的信息化和智能化水平，减少由信息不对称导致的安全事故，真正实现减员提质增效。针对铁路车站存在问题和特点，应用先进成熟的技术手段，实现车站生产组织与面向旅客服务的提升，实现信息一体化、业务自动化、管理智能化，满足目前和未来对车站的要求。

一是满足车站现场生产组织与面向旅客服务信息化、智能化的需要，提升车站客运管理水平。

二为车站管理人员进行决策分析提供信息支撑。

三是满足车站客运信息互联互通的需要，全面提升车站生产组织与面向旅客服务的能力。

四是适应信息技术和智能铁路发展的需要。

在信息技术飞速发展的今天，科学技术应用的广度和深度对提升行业服务水平和竞争力、优化产业结构、降低劳动成本、提高效益等意义深远；此外，近年的云计算、物联网、大数据等新技术和新概念的出现更是开创了信息技术新的研究领域。

二　智能车站建设目标

以促进车站客运信息共享和综合利用、提升车站生产指挥能力和管理水平、节约车站运营成本为目标，实现满足车站旅客服务、日常生产管理、安全预警等业务需求，为车站用户构建统一的系统平台。通过该系统平台，能够及时、正确、有效进行生产组织信息的收集，进一步规范生产作业与指挥流程，提高生产指挥人员的作业能力和管理水平，实现客运指挥科学、规范、迅速、正确，最大限度压缩工作时间，使工作业务达到信息化、智能化，最终实现把车站建设成节约型、智能化的车站。

1．健全信息数据共享规范标准

依托总公司和集团公司信息化标准体系框架，制定智能车站信息数据规范标准，加强各业务应用的基础数据、数据交互、集成服务和网络传输的标准制定和管理工作，形成智能车站各业务系统一体化的数据共享规范标准。

2．推进信息数据互联互通和信息共享

构建客票系统数据、TDMS数据、视频数据、城市交通数据和检测监测数据的统一管理体系，实现安全共享和集中展现，提升业务协同能力和安全保障能力，提升智能车站各业务系统的高度融合与大数据分析能力，实现跨领域、跨平台信息系统横向集成和纵向贯通。

3．实现作业管理智能化

开发应用包括客运作业计划管理、客运作业流程管理、客流预测分析、列车运行信息查询、客服设备管理、遗失物品管理、客运应急管理等子系统的客运作业管理指挥系统。通过局域网和无线网的有机结合、智能化设备和大数据分析系统的应用，实现对车站安全管理、生产组织、应急指挥、综合协调等作业的智能化控制。聚焦于客运精准营销，以运力精准投放为核心，以票额精准预分为基础，以团体旅游客流为重点，建立完善经营型数据分析平台、机制。

4.实现服务管理智能化

设计推进铁路旅客服务系统建设，依托铁路 12306 网站、车站 App 及微信公众号实现旅客自助式预订服务。围绕旅客出行需求，提供行程信息服务（站内定位及导航）、商旅服务（餐饮、酒店、旅游产品展示及预订）、个性化及重点旅客关怀服务、票务服务、便捷换乘服务等。通过打造"全过程、一站式"服务，进一步提升客运服务品质，持续提升旅客服务体验。

5.实现应急响应智能化

推进智能化应急响应系统建设，进一步健全应急指挥机制，逐步建立应急指挥中心和可视化调度综合平台。在满足车站应急管理需要的基础上，逐步实现与路局应急平台、城市交通应急平台的互联互通，重点实现监测监控、信息报告、综合研判、调度指挥和现场图像采集等主要功能，并能够及时向路局应急平台、市交通应急平台提供数据、图像、资料等。

6.推进基础建设对接融合

推进智慧车站外向服务、经营系统建设，预留与智慧城市建设相关系统对接的接口，打造智慧车站与"智慧城市"数据共享交换平台，为车站信息资源中心与城市云中心、外部客运服务平台对接融合创造必备条件，实现客车正晚点、票务、城市道路交通、旅游、餐饮、住宿、天气等信息的双向共享、双向推送，推动与城市道路交通深度融合，培育壮大客户群体。

三 智能车站建设平台架构

为避免在智能车站建设过程中出现顶层设计不足、产生"信息孤岛"、资源分散、整体应用水平不高等问题，在充分考虑智能车站建设的前提下，昆明南站智能车站建设采取"1＋3＋N"系统构成，构建一套统一的智能车站平台，集成和展示智能车站涵盖的全部软件、硬件、数据以及网络等资源，内容涵盖智能出行服务、智能生产组织、智能安全保障三大业务范围，满足车站各项业务信息化、智能化需求。

（一）网络架构

平台的应用架构依托 4G 无线网络、铁路综合计算机网等网络通道，网络架构主要从网络的稳定性和安全性两个层面进行考虑。智能车站平台网络架构如图 1 所示。

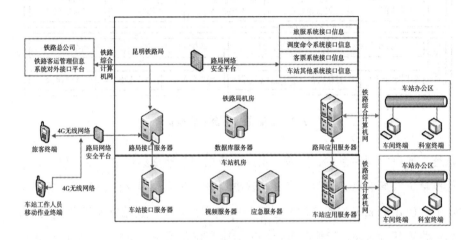

图 1　智能车站平台网络架构

（1）车站应用服务器依托铁路综合计算机网，部署在昆明局机房（个别应用服务器根据实际情况部署在车站机房），车站 PC 终端用户通过接入铁路综合计算机网直接访问系统。

（2）车站工作人员移动作业终端设备与地面系统的数据交互，交互方式为 Web Service，通过 4G 无线网络经路局网络安全平台进入铁路综合计算机网，实现移动端与地面端数据信息的安全交互。

（二）逻辑架构

智能车站平台采用多层架构设计，分为系统支撑层、数据层、应用层三层，具体逻辑架构如图 2 所示。

系统支撑层包括所需的软硬件设备，即数据库服务器、存储设备、应用服务器、接口服务器、防病毒服务器、网络设备以及操作系统、数据库管理

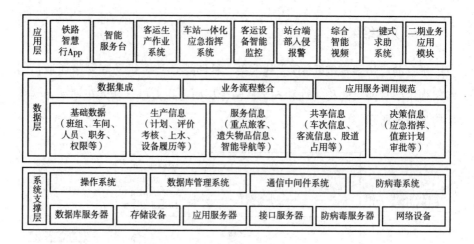

图 2　智能车站平台逻辑架构

系统、通信中间件系统、防病毒系统。数据层包括基础数据、生产信息、服务信息、共享信息、决策信息以及数据集成、业务流程整合、应用服务调用规范。应用层涵盖智能车站的全部应用软件、硬件、数据以及网络等资源，如铁路智慧行 App、智能服务台、客运生产作业系统、车站一体化应急指挥系统、客运设备智能监控、站台端部入侵报警、综合智能视频等。

四　智能车站建设内容

1. 智能车站平台建设

（1）平台设计思路

通过智能车站平台，整合车站既有资源，实现车站内部多系统的统一入口（即统一基础信息、统一用户名密码登录及用户权限）。

通过智能车站平台，实现各车站多系统之间的数据汇总、分发、共享。

通过智能车站平台，实现灵活、实用、多样化的数据统计分析展示功能。

智能车站平台整体上由地面端和移动端两部分构成。地面端的应用程序采用 B/S 模式依托铁路综合计算机网进行部署，车站各级用户可通过铁路综合计算机网访问系统；移动端的应用程序依托无线互联网进行部署，通过路局安全平台实现与地面端间的信息交互。

平台设计严格遵循基于 SOA（Service – Oriented Architecture）的支持统一身份认证、web 页面跨域访问以及二次开发功能的软件框架技术，即不管是地面端还是移动端，平台就像一个容器，业务功能模块通过定义好的服务接口接入平台，不管有多少功能模块接入，对于用户而言都是一套整体的应用软件。

（2）数据资源整合思路

智能车站平台的数据库分为以下三类。

基础库：涵盖所有的基础字典数据，如组织机构（局名字典、站段名字典、车间/科室/车队、班组）、职务、人员档案、用户权限等信息。

业务库：系统各业务功能模块产生的生产数据，如车站作业计划、生产作业、客运员在岗等数据信息。

接口库：其他系统的数据接口信息，如客票数据、客管数据、旅服数据、调度数据等信息。

智能车站平台的数据资源整合，采用基础库和接口库统一、各业务库独立建设的准则，并统一约定数据库字段命名规则，这样平台的数据库就成了一个数据资源池，各业务模块统一从这个资源池里获取自己所需的数据资源。

（3）平台软件技术架构

智能车站平台采用 . NET 平台开发的多层架构设计应用软件，数据库采用关系型数据库，接口通信采用 Web Service 服务。智能车站平台的各业务模块通过相同规格接口簇，挂接到系统框架容器总线上，模块间的调用采用统一接口访问方法，使得平台的软件模块管理更加清晰、简单明了。智能车站平台的接口服务、标准数据交换模型、业务逻辑组件通过统一的接口簇挂接到平台的 ESB 企业服务总线上，满足系统开放性和扩展性的要求。智能车站平台的层次划分，平台从下到上逐层提供服务，最终实现按业务要求的操作界面和其他系统接口服务。各层次接口保持相对稳定，各业务模块按照高内聚、低耦合的研发策略，保证平台能够进行稳定持续改进（见图3）。

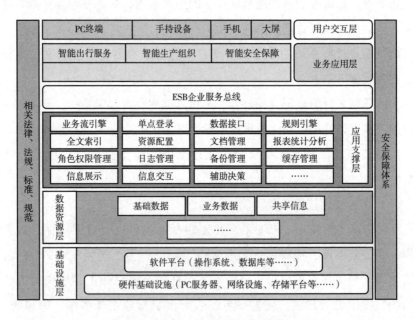

智能车站平台	基于Web的Windows应用软件
	数据通信中间件、Web Service服务
	ESB企业服务总线
	.NET开发平台
	关系型数据库
	Windows操作系统

图3 智能车站平台软件架构

智能车站平台将采取统一的软件技术架构建设，以保证平台的一致性、可维护性和可延续性（见图4）。

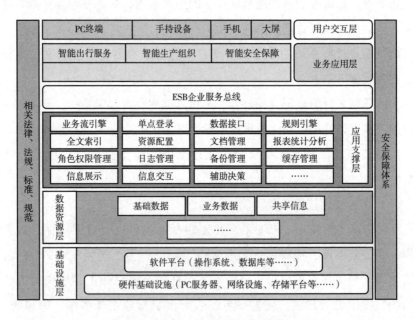

图4 智能车站平台软件技术架构

智能车站平台的软件技术架构分为五层，即用户交互层、业务应用层、应用支撑层、数据资源层和基础设施层。其中，应用支撑层、数据资源层和基础设施层是统一的，用户交互层和业务应用层是根据业务的不同特点来实现的。整个后台的技术架构采用 .NET Framework 编程框架，用户交互层与后台业务应用层之间采用 MVC 模式，实现用户交互视图、流转控制、业务模型的分层。

（4）平台的体系架构

灵活可扩展的软件体系架构。智能车站平台的软件设计采用的是 SOA 体系。SOA 即面向服务的架构，是一种软件设计方式，它将企业级 IT 系统设计的重点放在业务流程的设计上，而不是底层的应用开发或者系统集成的技术细节。换句话说，SOA 是一套可重用的网络服务集合，它们之间通过标准化的、与平台无关的接口进行通信。SOA 是设计和构建松散耦合软件解决方案的方法，能够以程序化的可访问软件服务形式公开业务功能，以使其他应用程序可以通过已发布和可发现的接口来使用这些服务。通过应用 SOA，可以使用一组分布式服务来构成并组织应用程序。这样就能通过重用资产和伙伴业务功能来构造新的应用程序和修改现有的应用程序。

技术路线。基于 .NET Framework 编程框架，结合 IT 新技术的发展，构建功能结构合理、界面引人注目的应用程序。合理采用大量的软件实现技术，通过 Web Service、SOA 等有效降低系统内部各模块之间的耦合性；通过 WPF、Silverlight 等有效提高基于 B/S 结构客户端软件界面的用户体验；通过依赖注入（LOC）、数据持久化等技术构建灵活可靠的业务层与数据层。

（5）平台建设内容

搭建智能车站平台应用原型系统。该软件由地面部分和移动 App 两部分组成，各业务应用模块通过定义好的服务接口接入平台地面部分，各应用模块的移动业务整合在平台的移动部分。

内外部数据接口统一管理及数据汇集。与路内（客票、调度、旅服、客管、客设、视频、环境舒适度等系统）和地方（当地政府、医院、公共交通、公安、消防、气象等）各类信息系统建立统一的数据接口，实现数据标准化实时汇集。

对内对外提供数据接口服务。与外部系统（如客票、客管、旅服、调度等系统）统一建立数据接口，实现外部数据的标准化接入，为平台各类应用提供外部数据服务；对内则向各业务模块提供基础数据源以及数据共享服务。

车站运营状态实时监控。对平台汇集的各类数据信息进行梳理、提取，结合业务需要和相关策略配置，实现车站运营状态实时智能分析，并提供智能参考方案和预警推送。

平台提供数据的可视化服务。对平台的数据信息进行梳理、提取，结合业务需要和相关策略配置，实现智能分析，并提供智能参考方案和预警推送，利用 GIS 地图、大屏幕、Web 桌面、App 等终端提供报表、示意图、分析图的可视化展示，为决策层科学决策提供有价值的数据支撑。

6）按照平台和各应用模块的需要，分别在集团公司、车站搭建智能车站各类服务器。除服务器外，根据车站的实际情况，将车站综控室和生产指挥中心的建设统一考虑，建设在一起。

2. 智能车站应用模块建设

为满足车站智能车站的统一规范建设需要，满足车站各类业务需求所对应的应用软件都纳入智能车站平台统一考虑。该平台采用面向服务的架构，将应用程序的不同功能模块通过这些服务之间定义良好的接口和契约联系起来。整个平台的数据库建设，采用基础库统一、各业务库独立建设的准则。

3. 智能车站安全保障

安全是铁路永恒的主题，昆明南站的智能车站建设将结合已具备的安全保障环境进行，从完整的安全体系建设角度进行分析和设计，安全平台提供对安全体系中安全设计的支持和实现。

（1）系统安全目标、策略与建设原则

根据系统网络结构和应用模式，针对可能存在的安全漏洞和安全需求，在不同层次上提出安全级别要求，并提出相应的解决方案，制定相应的安全策略，编制安全规划，采用合理、先进的技术实施安全工程，加强安全管理，保证信息系统的安全性。

正确处理保密、安全与开放之间的关系；安全技术与安全管理相结合；

分析系统安全风险，构造系统安全模型，从保护、检测、响应、恢复四个方面建立一套全方位的立体信息保障体系；遵循系统安全性与可用性相容原则，并具有适用性和可扩展性。

（2）安全体系建设

智能车站平台的安全体系设计将在三维安全体系指导下，从物理安全、数据系统安全、网络系统安全、应用系统安全、安全管理等方面出发，综合运用各种安全技术，建立统一的安全支撑环境，保护全系统的安全。

安全支撑环境由基本安全防护系统和网络信任服务系统组成，同时结合系统数据的容灾备份与故障恢复可靠性措施。

（3）基本安全防护系统

基本安全防护系统包括物理安全、网络系统安全和数据安全。

一是物理安全。包括环境安全、设备安全、媒体安全。数据中心平台的运行环境，机房安全要符合国家规定的等级；从布局上分开各类设备，尤其是密码系统要与其他系统有明确的隔离墙；按照国家有关规定安装与管理密码设备；密码系统实行分区控制、区域防护；机房设置安全防盗报警装置和监视系统；按照数据的重要程度，对数据进行分类备份，备份数据存放间具备防火、防高温、防水、防震能力；对核心网络，采用屏蔽布线、干扰器等措施，防止电磁辐射泄漏。

二是网络系统安全。对网络单元和边界，采用防火墙、入侵检测、漏洞扫描、安全审计、病毒防治、web 信息防篡改、非法拨号监控、过滤控制、加密机等基础安全技术保障网络的安全。

铁路综合计算机网、智能车站网与公共服务网通过安全平台物理隔离，采用防火墙、入侵检测、漏洞扫描、安全审计等技术进行保护；对链接在互联网上的系统，采用 web 信息防篡改、病毒防治、过滤控制等保护措施。

三是数据系统安全。从数据库、数据传输、数据存储等方面考虑数据系统的安全。选择具备安全控制功能的数据库系统，数据库系统应当包括系统权限、用户对象权限、角色权限三级权限管理结构，符合 C2 级安全标准，提供灵活的审计功能，具备异常情况下对数据的容错处理能力和一致性保证措施。采用应用系统加密程序、VPN、链路加密机等技术保证敏感数据的传输安全。采用容错技术、多级备份机制、异地数据备份等措施保证数据存储安全。

（4）网络信任服务系统

以构筑在通过密码主管部门安全审查、基于公钥基础设施 PKI 的网络信任服务系统，提供证书认证服务、密钥管理服务、密码服务、授权服务、可信时间戳服务、安全数据交换服务、网络信任域、可信应用支撑等信息安全服务。

结合路局相关要求，统一规划网络信任服务系统的密码体制，负责建立全系统统一的密码管理系统和网络信任服务根系统，建立安全认证系统信任服务系统，负责对全系统进行集中认证与授权管理。网络信任服务系统由证书业务系统、证书查询验证服务系统、密钥管理系统、密码服务系统、授权管理服务系统、可信时间戳服务系统、网络信任域系统构成。

以网络信任服务为基础，以资源管理为中心，采用集中式授权服务模式统一管理在区政务网上运行的主要应用与资源，采用分布式授权服务模式由用户实现面向对象的授权，为用户和应用程序提供资源的授权管理及访问控制服务，向业务系统提供与应用相关的特权管理服务，提供用户身份到应用特权的映射功能，实现与应用处理模式相应的授权和访问控制机制，简化具体应用系统中访问控制和权限管理系统的开发与维护，减少管理成本和复杂性。

以 PKI 技术为基础，建立全系统中统一的时间源，为各个应用系统提供精确、可信的时间戳服务。

利用证书业务、密码服务、可信时间戳、可信授权等服务功能，为数据中心平台提供可信的客户端、个性化服务、信息交换服务、适配服务、资源管理、共性服务等应用支撑服务，实现应用系统间安全的信息互通、异构平台互连，为应用及资源整合提供服务。

（5）应用系统安全

安全服务。国际标准化组织（ISO）的计算机专业委员会根据开放系统互连参考模型（OSI）制定了一个网络安全体系结构，包括安全服务和安全机制，该模型主要解决网络信息系统的安全和保密问题。

对等实体鉴别服务。这种服务是在两个开放系统同等层中的实体建立连接和数据传送期间，为提供连接实体身份的鉴别而规定的一种服务，防止假冒或重放以前的连接，也即防止伪造连接初始化这种类型的攻击。这种鉴别服务可以是单向的，也可以是双向的。

访问控制服务。这种服务可以防止未经授权的用户非法使用系统资源，不仅可以提供给单个用户，也可以提供给封闭用户组中的所有用户。

数据保密服务。这种服务用加密的方法实现。修筑加密通道，防止搭线窃听和冒名入侵。

数据完整性服务。数据完整性服务这种服务用来防止非法实体（用户）的主动攻击（如对正在交换的数据进行修改、插入，使数据延时以及丢失数据等），以保证数据接收方收到的信息与发送方发送的信息完全一致。

数据源鉴别服务。这是某一层向上一层提供的服务，它用来确保数据是由合法实体发出的为上一层提供数据源的对等实体进行鉴别，以防假冒。

禁止否认服务。这种服务用来防止发送数据方发送数据后否认自己发送过数据，或接收方接收数据后否认自己接收到数据。

（6）安全机制

为了实现上述各种 OSI 安全服务，方案将采用以下六种安全机制。

一是加密机制。加密是提供数据保密的最常用方法。按密钥类型划分，加密算法可分为对称密钥加密算法和非对称密钥加密算法两种；按密码体制分，可分为序列密码和分组密码算法两种。用加密的其他技术相结合，可以提供数据的保密性和完整性。对于 OSI 的七层模型，除了对话层不提供加密保护外，加密机制将可能在其他各层上提供。

二是密钥管理机制。与加密机制伴随而来的是密钥管理机制。

三是数字签名机制。数字签名是解决网络通信中特有的安全问题的有效方法，特别是针对当通信双方发生争执时可能产生的一些安全问题。

四是访问控制机制。访问控制是按事先确定的规则决定主体对客体的访问是否合法。在本系统中，当一个主体试图非法使用一个未经授权使用的客体时，该机制将拒绝这一企图，并附带向监管及服务系统报告这一事件。监管及服务系统将产生报警信号或形成部分追踪审计信息。

五是数据完整性机制。数据完整性包括两种形式：一是数据单元的完整性；二是数据单元序列的完整性。数据单元完整性包括两个过程，一个过程发生在发送实体，另一个过程发生在接收实体。保证数据完整性的一般方法是：发送实体是在一个数据单元上加一个标记，这个标记是数据本身的函数，如一个分组校验，或密码校验函数，它本身是经过加密的。接收实体是一个对应的标记。它将所产生的标记与接收的标记相比较，以确定在传输过程中数据是否被修改过。

六是交换鉴别机制。交换鉴别是以交换信息的方式来确认实体身份的机制。在本系统中用于交换鉴别的技术有：①口令。由发方实体提供，收方实体检测。②密码技术。将交换的数据加密，只有合法用户才能解密，得出有意义的明文。在本方案中，这种技术还会与下列技术一起使用：时间标记和同步时钟、双方或三方"握手"、数字签名和公证机构。③利用实体的特征或所有权。在本方案中支持采用数字证书的认证。

（7）网络平台安全

网络安全原则上仍然采用现有的各种网络安全保障机制，不管是防火墙、入侵检测、防病毒还是其他的如 DMZ 区设置、网络隔离等。我们考虑本项目的建设除了应用本身的安全以外，还要注意网络安全。

（8）数据库安全

数据库作为一种特殊的信息系统，它的安全保密措施与普通的网络信息系统的安全措施有许多共同之处，当然也有自身的一些特点。

数据备份。为了防止数据库中的数据受到物理破坏，考虑对数据库系统采取定期和在线备份系统中所有文件两种方式来保证来保护系统的完整性。

访问日志。为了在本系统出错时可以重组数据库，数据库管理系统将维护数据库系统的事务日志，以便用这种日志恢复系统故障时丢失的数据。

事务管理。如果在数据修改期间系统发生故障，数据库管理系统将会面临严重的问题。此时，一个记录甚至一个字段中，有的部分得到修改而其余部分维持原样。为了避免这种错误，本系统采用两阶段修改技术来保护数据的完整性。两阶段修改技术的第一阶段叫准备阶段。这时，数据库管理系统完成修改所需的信息，进行修改前的准备工作。在此阶段，数据库管理系统收集数据，建立记录，打开文件并且封锁其他用户，然后计算最后结果。简言之，数据库管理系统完成修改所需的一切准备工作，但未对数据库做任何修改。

数据完整性校验。为了保证数据库元素的完整性，本系统在数据输入时帮助用户发现错误和修改错误。在本文中使用的方法有三种：一是数据库管理系统利用字段检查，测试某一位置的值是否正确；二是数据库管理系统利用访问控制机制来维护数据的完整性，以防止非授权用户对主体数据的访问；三是数据库管理系统维持一个数据库的修改日志。修改日志记录数据库的每次修改，既有修改前的值也有修改后的值。借助于修改日志，数据库管理员可以在出错时"废除"任何修改而恢复数据的原值。

身份鉴别。智能车站平台的数据库系统要求严格的用户身份鉴别。要进一步加强数据库系统的安全性和保密性，必须对使用数据库的时间甚至地点加以限制。

访问控制。采取适当的访问控制机制。既可以是任意访问控制，又可以是强制访问控制。任意访问控制可以通过控制矩阵进行。强制访问控制通过与军事安全策略类似的方法来实现。具体地讲，在本系统的安全控制上引入级和范围（类别）的概念，针对每个主体设定一个范围许可级别，每个客体有相应的保密级别。范围许可级别和保密级别一般有四类：公开、秘密、机密和绝密。在服从强制控制的前提下，还可以结合任意控制访问机制，形成一种比较安全比较灵活的多级安全模型。

（9）容灾系统及备份策略

数据中心容灾系统的主要作用为：为各部门业务系统提供数据冗余备份。作为数据中心的主要数据来源。

五　小结

建设节约型、智能化的车站，符合当代计算机软件以及系统网络技术的发展趋势。智能车站平台具有如下特点。

第一，智能车站平台将整合车站现有应用软件资源，为用户使用提供良好体验。

第二，建立客运信息资源共享平台，解决客运信息的互联互通问题。通过与客票系统、客管系统、客设系统、旅服系统、动车组管理系统、调度系统、站车交互系统、调度命令系统等客运相关系统建立接口，建立客运信息资源共享平台，实现客运相关信息的互联互通。

第三，利用合法的信息交互通道，解决生产指挥情况下跨局业务及车站与列车间的信息交互问题。

第四，智能车站平台基于 Internet 技术采用 B/S 架构，使用图形化的用户界面，简单、易用、安全可靠。

第五，智能车站平台的数据流转安全有保障。智能车站平台的地面与移动终端以及跨不同网络间的接口数据流转，确保了本平台中数据流转的安全可靠性。

第六，强大的系统备份与恢复能力。智能车站平台设计，使用实时内存镜像的保护措施，采用日志的故障恢复策略，如有故障发生，在故障清除后使用前滚恢复手段，将系统重新恢复到故障发生时的运动状态，不会造成业务数据的丢失，同时对数据库也有设计完善的在线备份功能。

智能车站平台的研发具有广阔的发展前景，其所带来的效益也不局限于车站客运部门生产组织、安全保障以及旅客出行等业务本身。随着智能车站平台的全面使用，其在车站各级客运部门生产、管理与服务的各个方面相互促进、协调发展，成为更加实用和完善的基于先进计算机技术的智能化平台。

突出新理念、新技术、新模式，智能车站在实际应用中可根据需要及技术的发展增加其他业务模块，促进车站客运组织、安全保障、旅客出行服务等业务向更高层次发展，深入贯彻制造强国、质量强国战略！

Ⅴ 企业发展

新格局下的金融力量[*]

郭党怀[**]

摘　要： 中国已进入高质量发展阶段，迎来了"十四五"规划开局。站在"两个一百年"交汇点，金融机构应紧紧围绕共同富裕方针，从资产管理和财富管理两方面提供资金与智力支持。国际经验及历史经验均表明，居民财富增长是财富管理发展的原动力，也是资产管理创收的重要源泉。资产管理与财富管理大融合时代已到来。商业银行新时代下的使命是做以人为本值得全权托付的综合金融服务提供商，助力国家民族实现共同富裕。

关键词： 共同富裕　资产管理　财富管理　以人为本

一　优化金融供给，服务人民新向往

2021 年 7 月 1 日是中国共产党百年华诞，中国已进入高质量发展阶段，迎来了"十四五"规划开局。中国共产党带领中国人民实现了全面建成小

　＊　本文主要内容来自郭党怀《新格局下的金融力量》，《中国金融》2021 年第 18 期。

＊＊　郭党怀，高级经济师，中信银行党委委员、执行董事、副行长。

康社会的第一个百年奋斗目标。站在"两个一百年"交汇点，全党始终牢记"江山就是人民、人民就是江山"，坚定不移走全体人民共同富裕道路。金融机构应紧紧围绕共同富裕方针，从资产管理和财富管理两方面提供资金与智力支持。

把握资产管理重心、培育增长新动能、夯实共同富裕物质基础。共同富裕的前提是要以创新为源泉、培育经济高质量发展的新增长点。2021~2035年国家中长期发展规划和"十四五"科技创新规划等都将科技作为经济发展新的突破口。未来，金融机构应在资产管理领域做好相关产业扶持与培育。

提升财富管理水平、推进共同富裕纲领、服务人民新向往。我国已全面建成小康社会，在全面建设社会主义现代化国家的新征程中，推动"全体人民共同富裕取得更为明显的实质性进展"，是实现第二个百年奋斗目标的重要战略安排。为百姓守好财、让居民可支配收入多起来、协助富裕群体反哺社会将在金融领域有更多新声音。

二　资产管理与财富管理的融融时代

（一）国际经验的启示：资产管理与财富管理大融合时代已到来

资产管理行业起源于欧洲，盛行于美国。在 20 世纪 30 年代，经济"大萧条"激发了美国民众对专业资产管理机构的需求，早期机构的资产管理以理财为主。之后随着美国经济霸主地位崛起和国内个人可投资资产的快速累积，居民需求从简单的理财规划到投资领域细分，再到全面综合的财富管理，资产管理行业随着财富管理需求变化自发演进。

我国的资产管理也经历着类似的演化。2004 年银行理财应运而生，2012 年资产管理进入专业化运营时代，2018 年资管新规出台，这些发展变化既是财富管理内在需求的驱动，也与我国经济的迅猛发展密不可分，二者深度融合的时代已然到来。

（二）强监管需要注入新模式，财富管理是资产管理转型的新血液

自 2012 年以来，中国的资产管理行业迎来了一轮监管放松、业务创新的发展机遇。这一轮监管放松使资产管理行业进入了百家争鸣、全面创新的大资管时代。但大资管时代存在的诸多隐患也进入监管视线。刚性兑付、资金池运作、非标期限错配、多层嵌套等问题成为我国资产管理行业发展的桎梏，也给金融业稳定埋下了隐患。2018 年推出的资管新规目的在于统一资产管理行业的监管规则，化解行业长期以来隐藏的风险，引导行业回归本源，从而更好地支持实体经济转型与发展。

在政策引导下，资产管理行业开启了净值化转型的进程，这决定了行业要从以融资方为主要服务对象的"利差"盈利模式转变为以投资者为中心的"管理费"盈利模式。财富管理业务作为典型的"管理费"盈利模式之一，是强监管下资产管理行业转型的重点方向。

（三）把握财富管理新脉络，掌舵资产管理转型路径

历史经验表明，居民财富增长是财富管理发展的原动力，也是资产管理创收的重要源泉。中国新经济的崛起和家庭可投资规模的迅速扩大为两大业务转型融合提供了重要契机。

数据显示，2020 年中国个人可投资资产总规模达 241 亿元，2018 ~ 2020 年年均增长率 13%。财富结构分布呈现新特点，一是年轻群体财富占比攀升，他们更追求投资的多元化和专业性，对专业的资产管理服务需求更旺盛。二是高净值人群财富规模占比持续攀升，2018 ~ 2020 年高净值人数规模年均增长率从之前的 12% 跃升至 15%，可投资资产总量年均增速为17%。无论从委托资金规模还是对专业机构认可度来说，做好高净值客群资产管理是机构必争之地。三是"人-企-家"综合服务需求凸显。这类需求在高净值人群中更加典型，他们除了关注个人投资需求外，更希望金融机构能提供覆盖企业、家庭及社会责任的多元化服务，"金融+非金融"的综

合服务模式成为行业主流。因此，资产管理重心也应从最初的单一产品供给向"人－企－家"的综合服务模式转变。

三　商业银行新使命：做"人－企－家"综合服务供应商

（一）做以人为本、值得全权托付的金融服务提供商

国内经济稳定向好带动财富管理市场蓬勃发展，资产配置的需求也更加旺盛和多元化。但随着资管新规打破刚性兑付和净值化转型，市场的波动、可投标的的丰富、个性化的定制使投资者的投资理念也日渐成熟，老百姓也更愿意将资金交付给专业的资产管理机构做全权委托管理和长期配置。

作为传统金融服务提供商，商业银行连接着财富和资产两端，回归本源、以客为尊、代客理财、与时俱进既是银行的利润来源，更是金融机构的社会责任。从财富端来看，金融机构应以人为本，在需求多元化背景下实现从单一产品销售向长期限、综合化资产配置转型，尤其是定制类的投资服务越来越受到高净值客户青睐；从资产端来看，主动管理能力强的资产管理机构更倾向于全权委托模式，例如瑞士隆奥银行，我国的工商银行、招商银行、中信银行等，都通过全权委托专户定制给客户更加有温度的投资体验。

（二）板块融合、打通经济发展的"任督二脉"

商业银行作为资金融通的枢纽，担负着振兴实体经济的重要责任。随着企业主群体在财富管理市场的崛起，商业银行应立足加强两个板块的深度融合，借助双条线优质资源、深化客户综合经营与服务，拓宽利润来源的同时带动经济活力提升，实现客户、公司和社会经济的多赢。

首先，要打通大财富管理价值循环链。以客户资金流为脉络，以企业主客群为重点，深度挖掘客户个人财富和企业资金的综合需求，借助"财富管理—资产管理—投资银行"价值链，有效链接投资端和融资端需求，形

成资金供给、资产管理、资金融通开放融合的金融生态，真正打通实体经济畅行的"任督二脉"。

其次，可以借助集团优势、构建"商行＋投行"核心能力。着力做好与"投行生态圈"的多资产供应对接，借助金融集团资产端优势和投研能力，提升多资产投资能力和市场交易能力，做大做强资产管理，持续吸引财富端流量。

（三）守好"小家"反哺"大家"

家庭是社会构成的基本单元，经济转型和财富积累深刻地影响着个人家庭观、社会观的变化和需求。家庭稳则国兴，小家和则大家昌。商业银行应积极探索运用金融工具和综合服务为客户家庭事务提供解决方案。

守好"小家"助力构建新时代和谐社会。家业常青是每个家庭最朴素的愿望。随着经济创富一代进入交接棒时期，家族治理与财富保障、接班人培育、企业价值观永续、传承的税务筹划和法律咨询成为今天家庭传承领域谈得最多的四类话题。做好这些才能实现每个家庭的和谐稳定，才能确保中国经济内生增长的活力和延续，未来商业银行应围绕家庭传承的新内涵和新需求提供更多综合服务。

反哺"大家"助力个人财富实现社会价值。有国才有家，让个人财富实现社会价值的慈善理念在国内正悄然兴起，新冠肺炎疫情的发生也极大地推动了公益慈善事业的发展。目前，商业银行正以开放的姿态参与社会公益服务，尤其在帮助高净值客户推动慈善、实现社会责任方面发挥着重要而积极的作用。

中国共产党正带领人民群众步入新的征程。共同富裕既是人民的愿望，也是金融企业的社会责任。资产管理与财富管理，两个主题、一个方向，在新经济格局下正发挥着不可替代的金融力量。

国有企业高水平科技自立自强：
政策背景与对策建议

中共中央党校、中信银行联合课题组*

摘　要：　企业是创新的主体，国有企业特别是中央企业是科技创新的国家
队。"十三五"时期，国资系统特别是中央企业坚定实施创新驱
动发展战略，持续加大研发投入力度，优化研发支出结构，着力
抓好人才和机制两个关键点，推动科技创新不断取得突破性、标
志性重大成果。"十四五"时期开局之年，国资系统在高水平科
技自立自强奋进中构建了"一个小组、三个一批、六个打造"
的科技创新平台。在推动高质量发展、全面建设社会主义现代化
国家新征程上，在全面构建以国内大循环为主体、国内国际双循
环相互促进的新发展格局中，国有企业应勇挑重担、敢打头阵，
勇当原创技术的"策源地"、现代产业链的"链长"。

关键词：　国有企业　科技创新　自立自强　"三年行动"

---

* 课题组成员：中共中央党校课题组成员；高伟，中信银行公司银行部战略客户经营中心装备
制造处处长；吴可霏，任职于中信银行软件开发中心。

企业是创新的主体，国有企业特别是中央企业是科技创新的国家队。习近平总书记强调，国有企业特别是中央所属国有企业，一定要加强自主创新能力，研发和掌握更多的国之重器。国资人牢记总书记嘱托，"十三五"时期，国资监管系统和国有企业接续奋斗、苦干实干，强化科技市场化导向和关键核心技术攻关，科技成果量质齐升，国有企业特别是中央企业的科技创新能力和水平都得到了实质性提升，在科技创新上发挥了引领作用。

党的十九届五中全会提出，"十四五"时期，要坚持创新在我国现代化建设全局中的核心地位，把科技自立自强作为国家发展的战略支撑，面向世界科技前沿、面向经济主战场、面向国家重大需求、面向人民生命健康，深入实施科教兴国战略、人才强国战略、创新驱动发展战略，完善国家创新体系，加快建设科技强国。总书记的嘱托、"十四五"规划的目标，对国资人提出了新的更高要求。国务院国资委表示，"十四五"时期，要发挥好国有企业特别是中央企业的引领作用，在科技自立自强上展现新作为。要把科技创新作为"头号任务"，努力打造科技攻关重地，努力打造原创技术策源地，努力打造科技人才高地，努力打造科技创新"特区"，加快打造一批科技创新领军企业，把中央企业坚决打造成为国家战略科技力量。日前，在对全国国资国企系统调研中，各级国有企业特别是中央企业在"十四五"规划、"三年行动"中，都对传统产业升级、新兴产业发展、绿色低碳产业发展、先进制造业发展、智能制造产业发展、人工智能产业及其应用等制订了切实可行的发展规划。

一　"十三五"时期打下坚实的发展基础

"十三五"时期，国资监管系统和国有企业接续奋斗、苦干实干，推动改革发展和党的建设取得新的重大进展和重要成果。

（一）综合实力不断增强，为高水平科技自立自强提供重要支撑

一是国有资产实现保值增值。截至 2020 年底，国资系统监管企业资产

总额218.3万亿元，所有者权益71.9万亿元，"十三五"期间年均增速分别为12.7%和12.5%。其中，国务院国资委监管的中央企业（以下简称中央企业）资产总额69.1万亿元，所有者权益24.5万亿元，"十三五"期间年均增速分别为7.7%和9.1%。二是经济效益稳步提高。2020年国资系统监管企业实现营业收入59.5万亿元，实现利润总额3.5万亿元，"十三五"期间年均增速分别为7.4%和10.7%。其中，中央企业实现营业收入30.3万亿元，实现利润总额1.9万亿元，"十三五"期间年均增速分别为5.8%和8.8%。三是运行效率明显改善。2020年国资系统监管企业人均净利润比2015年提升75.5%，营业收入利润率提高2.1个百分点；中央企业人均净利润比2015年提升59.4%，营业收入利润率提高1.7个百分点。

（二）功能作用充分发挥，为高水平科技自立自强提供发展舞台

一是坚决落实国家战略。围绕贯彻落实京津冀协同发展、长江经济带发展、粤港澳大湾区建设等区域协调发展战略，积极扩大有效投资，"十三五"期间累计完成投资17.9万亿元，比"十二五"期间增长36.4%。二是有力维护国家安全。中央企业在关系国家安全和国民经济命脉的重要行业和关键领域守土有责、守土尽责，承担了我国国防工业几乎全部武器装备的生产任务，搭建了覆盖全国、安全高效的基础电力和通信网络，有效保障了煤电油气、粮棉糖盐等公共产品的稳定供应，有力维护了我国国防安全、能源安全、信息安全、粮食安全，为我国经济社会大局稳定做出了重要贡献。三是引领带动科技创新。中央企业研发投入强度从2015年的2.16%提升至2020年的2.55%，"十三五"期间累计投入研发经费3.4万亿元，承担一大批国家重大工程和重大项目，拥有669个国家级研发平台、91个国家重点实验室、229名两院院士，在探月工程和火星探测、国产航母、北斗导航、第五代移动通信、高铁、核电、重型燃机等领域取得了一批具有世界先进水平的重大科技创新成果。四是积极共建"一带一路"。高质量建设"一带一路"项目超过3400个，打造了匈塞铁路、蒙内铁路、巴西美丽山特高压输电项目、阿根廷孔拉水电站、巴基斯坦"华龙一号"核电项目、希腊比雷

埃夫斯港等一批标志性工程，参与建设的中欧班列成为贯通亚欧大陆的"钢铁驼队"，通信企业海外服务网络遍布 40 多个国家，有力促进了"一带一路"由愿景变为现实。

（三）社会贡献持续提升，为高水平科技自立自强提供根本方向

一是积极为增强国家财力提供支撑。全国国资系统监管企业"十三五"期间累计上交税费 17.7 万亿元，约占同期全国税收收入的 1/4；中央企业率先完成向社保基金划转国有股权任务，截至 2020 年底划转国有资本 1.21 万亿元。二是主动让利减少社会运行成本。中央企业坚决落实提速降费、降电价等政策，"十三五"期间通信企业降费让利约 7000 亿元，电力企业降低全社会用电成本约 4000 亿元。三是坚决助力脱贫攻坚。推动国资中央企业完成 2486 个国家扶贫开发工作重点县的定点帮扶任务，累计投入和引进帮扶资金近千亿元，承担地方结对帮扶任务 1.2 万个，派出扶贫干部超过 3.7 万人。四是主动扛起急难险重任务。在抗击新冠肺炎疫情、应对雨雪冰冻洪涝等重大自然灾害中冲锋在前，在新中国成立 70 周年阅兵等重大活动保障中勇挑重担，充分展现了姓党为党、报国为民的国企担当。

二 "十四五"时期搭建良好的发展平台

（一）"一个小组"集结了举国体制的国企力量

党的十八大以来，习近平总书记把创新摆在国家发展全局的核心位置，高度重视科技创新，围绕实施创新驱动发展战略、加快推进以科技创新为核心的全面创新，提出一系列新思想新论断新要求。在《关于〈中共中央关于制定国民经济和社会发展第十三个五年规划的建议〉的说明》中，习近平总书记指出，落实创新驱动发展战略，必须把重要领域的科技创新摆在更加突出的地位，实施一批关系国家全局和长远的重大科技项目。这既有利于我国在战略必争领域打破重大关键核心技术受制于人的局面，更有利于

开辟新的产业发展方向和重点领域、培育新的经济增长点。"十三五"时期，国资国企系统确定要抓紧实施已有的十六个国家科技重大专项，进一步聚焦于目标、突出重点，攻克高端通用芯片、集成电路装备、宽带移动通信、高档数控机床、核电站、新药创制等关键核心技术，加快形成若干战略性技术和战略性产品，培育新兴产业，"十四五"时期全力推进。在此基础上，以 2030 年为时间节点，再选择一批体现国家战略意图的重大科技项目，力争有所突破。从更长远的战略需求出发，我们要坚持有所为有所不为，在航空发动机、量子通信、智能制造和机器人、深空深海探测、重点新材料、脑科学、健康保障等领域再部署一批体现国家战略意图的重大科技项目。已经部署的项目和新部署的项目要形成梯次接续的系统布局，发挥市场经济条件下新型举国体制优势，集中力量、协同攻关，为攀登战略制高点、提高我国综合竞争力、保障国家安全提供支撑。

作为实施创新驱动、推进科技创新、承担重大科技项目的国家队，国资委全面部署、狠抓落实。为充分发挥市场经济条件下新型举国体制优势，国资委专门成立了推动中央企业科技创新工作领导小组，在 2019 年内设机构调整中，专门设立科创局，指导推动中央企业带头贯彻新发展理念、强化创新驱动发展，大力推进科技创新工作。在国企改革中，国资委给予科技创新的政策，坚持"能给尽给，应给尽给"原则，出台了一系列支持科技创新的政策，有力地促进了中央企业的科技创新工作。在业绩考核方面，国资委将科技创新重大项目突破列入考核范围，把中央企业的科研投入视同利润进行考核。在激励分配方面，国资委对重大项目、创新项目、创新团队给予工资总额单列，推动中央企业落实国有科技型企业股权和分红激励暂行办法，加大对科研人员的中长期激励力度。在资本金投入方面，国资委加大投入力度，把国有资本经营预算大部分投入科技创新。在试点改革方面，2019 年，国资委选取了 200 余户科技型企业开展深化市场化改革、提升自主创新能力的专项行动，重点在公司治理、中长期激励、市场化机制上加大力度、激发活力。

国资委成立推动中央企业科技创新工作领导小组、设立科技局、构建科技创新运行机制，为集结中央企业的科技创新力量，实施创新驱动、推进科技创新、承担重大科技项目，充分发挥市场经济条件下新型举国体制优势提供了重要的制度保障。

（二）"三个一批"打下了坚实的科技创新基础

"十三五"时期，国资委在推进科技创新中成效显著，中央企业科技创新能力和水平得到了实质性提升。一是取得了一批世界级科技成果，增强了我国综合实力。在载人航天、深海探测、高速铁路、高端装备、能源化工、移动通信、北斗导航、国产航母、核电等领域涌现出一大批具有世界先进水平的标志性重大创新成果。从科技奖励看，"十三五"以来，中央企业累计获得国家科技进步奖和技术发明奖364项，占全国同类获奖总数的38%。二是打造了一批高水平科技平台，提高了企业创新能力。中央企业不遗余力增加研发投入，"十三五"时期累计研发经费投入超过3.4万亿元，占全国的1/4，即使在2020年生产经营极为艰难的情况下，研发经费仍保持了11.3%的增速，研发投入强度达到2.55%。中央企业国内外研发机构数量达到4360个，其中国家重点实验室91个。三是集聚了一批高层次创新人才，积蓄了未来创新后劲。中央企业研发人员从"十三五"初的80万人增加至近百万人，拥有两院院士229人，其中工程院院士数量占全国的1/5。

一批世界级科技成果、一批高水平科技平台、一批高层次创新人才，"三个一批"的形成，为"十四五"时期中央企业科技创新启航新征程打下了坚实的基础，为充分发挥市场经济条件下新型举国体制优势提供了强大的动力。

（三）"六个打造"明晰了科技自立自强方向

"十四五"时期，围绕推动高质量发展、构建新发展格局，国资委把科技创新作为"头号任务"，集中资源、集中力量，加快打造一批科技创新领军企业，把中央企业坚决打造成为国家战略科技力量。一是努力打造科技攻关重地。积极与国家攻关计划对接，针对工业母机、高端芯片、基础软件、新材料、大飞机、发动机等产业薄弱环节，联合行业上下游、产学研力量，组建创新联合体，集中最优秀的人才、最优质的资源进行攻关，尽快解决"卡脖子"问题。二是努力打造原创技术策源地。融入国家基础研究创新体系，主动承担重大项目，进一步加大原创技术研发投入，在信息、生物、能源、材料等方向，加快布局一批基础应用技术；在人工智能、空天技术、装备制造等方面，加快突破一批前沿技术；在电力装备、通信设备、高铁、核电、新能源等领域，加快锻造一批长板技术，不断增强行业共性技术供给。三是努力打造科技人才高地。培养急需紧缺的科技领军人才和高水平创新团队，建设更多高水平研发平台和新型研发机构。坚持特殊人才特殊激励，对重点科研团队一律实行工资总额单列，对科技人才实施股权和分红激励等中长期激励政策，赋予科研人员更大自主权、给予更大容错空间，帮助解决后顾之忧，让他们专心致志搞科研。四是努力打造科技创新"特区"。对于科技创新工作，进一步加大政策支持力度，坚决做到"能给尽给，应给尽给"，对于企业研发投入在经营业绩考核中全部视同利润加回，对于科技创新取得重大成果的企业给予更高加分奖励，深化"科改示范行动"，将更多的国有资本经营预算用于支持关键核心技术攻关，积极推行科研项目"揭榜挂帅"、项目经费"包干制"新型管理模式，营造良好创新环境。

把科技创新作为"头号任务"，努力打造科技攻关重地、努力打造原创技术策源地、努力打造科技人才高地、努力打造科技创新"特区"，加快打造一批科技创新领军企业，把中央企业坚决打造成为国家战略科技力量。一个"坚决打造"是目标，一个"加快打造"是载体，四个"努力打造"是内容。"六个打造"规划了"十四五"时期国有企业特别是中央企业科技创新的路径，明晰了中央企业高水平科技自立自强的方向，为充分发挥市场经济条件下新型举国体制优势插上了腾飞的翅膀。

（四）"三年行动"推动了科技自立自强的实施

2020 年 6 月 30 日，中央全面深化改革委员会第十四次会议审议通过了《国企改革三年行动方案（2020—2022 年)》（简称《三年行动方案》）。会议指出，国有企业是中国特色社会主义的重要物质基础和政治基础，是党执政兴国的重要支柱和依靠力量。在这次应对新冠肺炎疫情过程中，国有企业勇挑重担，在应急保供、医疗支援、复工复产、稳定产业链供应链等方面发挥了重要作用。2020～2022 年是国企改革关键阶段，要坚持和加强党对国有企业的全面领导，坚持和完善基本经济制度，坚持社会主义市场经济改革方向，抓重点、补短板、强弱项，推进国有经济布局优化和结构调整，增强国有经济竞争力、创新力、控制力、影响力、抗风险能力。

理解《三年行动方案》，确保"三年行动"落实落地，要站在党的十八届三中全会《中共中央关于全面深化改革若干重大问题的决定》的高度去看，要在全面深化改革的框架特别是"十四五"时期"四个全面"的运行体系下推行，全面深化改革是 11 项体制改革协同推进，336 项改革稳步推进，国有企业改革是经济体制改革的重要内容。1＋N 方案是深化国有企业改革的重要实施方案，《三年行动方案》是 1＋N 方案落地的重要载体。

"十四五"时期，国资国企改革以《三年行动方案》为指引，以双百行动、科改行动等为载体，突出抓好"三稳四保一加强"，深化国有企业改革，加快混合所有制经济的发展，强身健体，做强做优做大国有经济和国有企业，促进国民经济高质量发展。一是国资监管部门加大放权授权的力度，赋予企业尽可能多的自主权。二是加大混合所有制改革的力度，只要有利于国民经济的发展，该收的一定收，该放的全力放，使国有资本做到进退自如，收放有度。三是加大激励机制推进的力度，全面强化市场化的薪酬体系，全面推进和经营完全挂钩的股权和期权激励。四是加大职业经理人推进的力度，除少数委派制和聘任制的人员之外，绝大多数人员要市场化选聘，让职业经理人制度在国企有效落地。五是加大国有资本的监督力度，强化全流程国资监管，市场化、动态化国资监管手段，坚决杜绝国有资产的显性流失，尽可能避免国有资产的隐性流失。六是加大国企党建的力度，把"把方向、管大局、保落实"与经济责任、社会责任和政治责任全面挂钩，用三大责任的到位来检验党建水平。

"一个小组、三个一批、六个打造"，是国资国企改革发展在科技创新方面取得重大成效的体现，是国家队引领科技创新的锋利亮剑，是国资人把科技创新作为"头号任务"的宣言书，是国资系统深入实施中央"坚持创新驱动发展，全面塑造发展新优势"战略、全面发挥市场经济条件下新型举国体制优势的根本所在。

要高质量做强做优做大国有资本和国有企业，全面提升国有企业的竞争力和创新力，就必须实现科技高水平的自立自强。"科改示范行动"就是这一目标推进的重要载体和重要平台。经过一年多来的成功推进，国有企业特别是中央企业的科技创新能力稳步高质量提升，取得了可喜的成绩，形成了一批可复制的科技创新模式，培育了一批科技创新领军企业、"专精特新"冠军企业，挖掘出原创技术"策源地"的重要载体，为高水平科技自立自强提供了强大的动力，为"十四五"时期推动高质量发展、开启全面建设社会主义现代化国家新征程提供了重要的支撑。

三　新发展阶段国企科技创新政策建议

（一）搭建以企业为主体的科技创新运行平台

科技创新不是简单的科学＋技术，需要协同发力。要实施创新驱动发展战略，必须搭建一批以企业为主体的科技创新平台，国有企业特别是中央企业要发挥核心作用，发挥龙头骨干带动作用。这就要求必须有一批大型国有企业内部形成自身的有效的科技创新平台，同时发挥国有企业特别是中央企业区域或跨区域联合舰队的优势，构建强大的科技创新网络运行体系。

一是通过搭建科技创新平台，可以集聚强大的科研队伍，发挥人才优势，凸显人才的集聚效应。二是通过平台可以发挥科研资金的集约优势，使科研经费用到刀刃上，提升科研经费的使用效率。三是通过平台集成创新、联合驱动，形成强大的科研创新动能，提升联合创新效率。四是通过平台优势，可以实现超前部署、集中攻关，在非对称技术、"杀手锏"技术、前沿技术、颠覆性技术等方面全力跟进。

（二）构建市场化精准化的科技创新投入机制

残酷的竞争让我们愈发意识到，科技自立自强是促进发展大局的根本支撑。一是技术特别是核心技术是求不来、买不来、化缘不来的，只有通过加大投入，强化自我创新。二是虽然我们今天是制造业大国，但还不是制造业强国。虽然我们是实体经济大国，但还不是实体经济强国。虽然我们是专利大国，但还不是原始技术创新大国，这就需要加大投入、全面跟进。三是要全面建设社会主义现代化国家，必须实现从中国制造向中国创造转变，从中国速度向中国质量转变，从中国产品向中国品牌转变。这更需要通过加大投入，全力推进创新发展。四是科技创新是一项贵族工程，如果我们不在科技创新上加大投入，就不可能引进优秀的人才，也不可能留住优秀的人才，也就不可能实现技术上的全面跟进，从而实现全面科技创新。

在全面建设社会主义现代化国家的新征程上，国有企业特别是中央企业要全力构建市场化运行、精准化发力的科技创新投入机制，加大科技创新投入，在一些"卡脖子"项目、"卡脖子"技术、薄弱环节上甚至要不计成本、不计代价。在科技创新投入上，要坚持"能给尽给，应给尽给"，对企业研发投入在经营业绩考核中全部视同利润加回，对于科技创新取得重大成果的企业给予更高的加分奖励，将更多国有资本经营预算用于支持关键核心技术攻关，以市场化手段推行科研项目"揭榜挂帅"、项目经费包干制等动态化管理模式。同时，在EVA考核上，对于科技创新，不是简单以经济增加值考核，而是以项目有没有突破、技术有没有创新、有没有拿出一个成熟可用的技术作为考核的根本标准，以填补空白度和市场认可度作为检验研发成果的核心指标。

（三）建立健全人才队伍建设和人才激励体系

习近平总书记多次强调，在构建国内大循环为主体、国内国际双循环相互促进的新发展格局中，人才是最根本的支撑。科技创新的根本在人才，尤其在今天，我们要有一些从 0 到 1 的技术创新，要突破一些科学技术方面"卡脖子"的工程，要补齐高质量发展的短板，就必须有高端的人才，高水平的人才，而且需要一批急需紧缺的科技领军人才和高水平创新团队。

要吸引优秀的人才，留住高端的人才，培育高水平的创新团队，就必须在加强党的领导和完善公司治理相统一的运行中，下大力气、动真手段建立健全人才队伍建设和人才激励体系。一是强化市场手段，在人才引进、使用、培养、考核和激励等方面，要"赛马不相马"，以市场论成败，以成果论英雄。二是淡化行政色彩，在人才队伍建设和人才激励上，要尽量淡化甚至摒弃行政色彩，尽可能避免以行政化的手段构建科技创新团队，以行政化的运行方式匹配科研经费，以行政化的手段考核科研运行。三是推行有未来的激励，要实施市场化的薪酬体系、市场化的激励机制、市场化的运行方式，坚持特殊人才特殊激励，重点科研团队跟进激励，科技人才期权、股权和分红等中长期激励，赋予科研人员更大的人财物自主支配权、技术路线决定权和更多的发展机会，给予科研人员更大的容错空间，解除科研人员更多的后顾之忧。

期待国有企业特别是中央企业牢牢抓住实施"三年行动"的契机，牢牢把握加快建设世界一流企业这一重点任务，努力打造一批行业产业龙头企业、一批科技创新领军企业、一批"专精特新"冠军企业、一批基础保障骨干企业，以更加昂扬的斗志启航新征程，奋发进取，全力实现高水平科技自立自强，把中央企业打造成为国家战略科技力量，在建设科技强国中做出新的更大贡献。

参考文献

《国企改革 1 + N 方案》，内部资料。

《国企改革三年行动方案（2020—2022 年）》，2020 年 6 月 30 日。

《国务院国资委相关会议材料》，内部资料。

《习近平谈治国理政》（第三卷），外文出版社，2020。

《习近平在全国国有企业党的建设工作会议上强调：坚持党对国企的领导不动摇》，新华社，2016 年 10 月 11 日。

中共中央文献研究室编《习近平关于社会主义经济建设论述摘编》，中央文献出版社，2017。

中小企业"专精特新"转型发展：政策背景与实践特征

张玉龙　张日升*

摘　要： "专精特新"是国家角力的关键，当前美日德领跑，中国是后起之秀，政策上加速追赶。中国已经形成了市级、省级、国家级"小巨人"、国家级重点"小巨人"、制造业单项冠军的"专精特新"企业认定体系，并对各层级企业实行不同的扶持政策。中国主要聚焦于规模在 50 亿～100 亿元中小市值的新制造企业，行业集中在机械、基础化工、医药等。"专精特新"助力中小企业营业收入高增长，展现竞争优势和成长性，通过优秀的成本管理实现高毛利率；进一步提高研发投入，展现高技术核心竞争力；提升资本开支的速度，促进生产成本的转换。

关键词： 中小企业　"专精特新"　单项冠军

---

* 张玉龙，中信建投证券首席策略分析师；张日升，中信建投证券策略分析师。

一 "专精特新"政策：国家重视，多层扶持

（一）顶层设计接连推出，多层次政策先后落地

2021 年 11 月 8 日，第六批制造业单项冠军企业名单发布，11 月 15 日北交所首批 10 家精选层公司挂牌，全面助力"专精特新"中小企业发展，"专精特新"再度成为市场热点。2011 年以来，"专精特新"顶层设计接连推出，多层次政策先后落地，是当前最需要把握的投资主线之一。

2021 年 7 月 30 日中央政治局会议重点提及发展"专精特新"中小企业，国家重视程度大大提升。强化科技创新、产业链供应链韧性，加快解决"卡脖子"难题，就需要加强基础研究，推动应用研究，开展"补链强链"专项行动，全力发展"专精特新"中小企业。就此次会议来看，扶持"专精特新"中小企业上升至前所未有的重视高度。

从 2011 年以来，"专精特新"的顶层设计一直在持续推进、不断加码。2011 年工信部首次提出"专精特新"概念（见图 1）。同年 9 月，《"十二五"中小企业成长规划》出台，将"专精特新"作为中小企业转型升级、转变发展的方向。2011 年 12 月，《工业转型升级规划（2011—2015 年）》将发展"专精特新"企业作为推进中国特色新型工业化、调整和优化经济结构、促进工业转型升级的重要举措。2016 年 6 月，工信部《促进中小企业发展规划（2016—2020 年）》将"专精特新"中小企业培育工程作为提升中小企业创新能力的六大关键工程之一。2021 年 7 月，全国"专精特新"中小企业高峰论坛上刘鹤副总理指出，企业家们要以"专精特新"为方向，把企业打造成为掌握独门绝技的"单打冠军"或者"配套专家"（见图 2）。

回顾"专精特新"的一系列顶层设计，主要在强调三方面内容。

第一，"专精特新"强调的是中小企业发展。过去中小企业主要以粗放型方式增长，存在规模小、融资难、技术差、水平低等问题，"专精特新"

致力于扶持企业走出一条聚焦于主业、深耕市场、强化创新的"小而优""小而强"的发展之路，实现转型升级，转变发展方式。

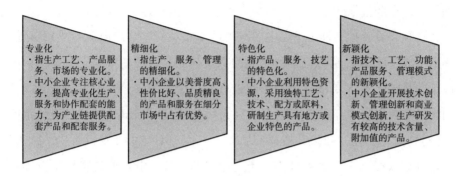

专业化
·指生产工艺、产品服务、市场的专业化。
·中小企业专注核心业务，提高专业化生产、服务和协作配套的能力，为产业链提供配套产品和配套服务。

精细化
·指生产、服务、管理的精细化。
·中小企业以美誉度高、性价比好、品质精良的产品和服务在细分市场中占有优势。

特色化
·指产品、服务、技艺的特色化。
·中小企业利用特色资源，采用独特工艺、技术、配方或原料，研制生产具有地方或企业特色的产品。

新颖化
·指技术、工艺、功能、产品服务、管理模式的新颖化。
·中小企业开展技术创新、管理创新和商业模式创新，生产研发有较高的技术含量、附加值的产品。

图 1　"专精特新"的内涵

资料来源：国务院，工信部，中信建投证券。

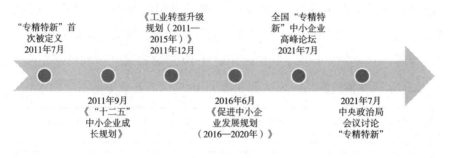

"专精特新"首次被定义
2011年7月

《工业转型升级规划（2011—2015年）》
2011年12月

全国"专精特新"中小企业高峰论坛
2021年7月

2011年9月
《"十二五"中小企业成长规划》

2016年6月
《促进中小企业发展规划（2016—2020年）》

2021年7月
中央政治局会议讨论"专精特新"

图 2　"专精特新"的顶层设计历程

资料来源：国务院，工信部，中信建投证券。

第二，"专精特新"强调的是中小企业与大企业的协调发展。"专精特新"不是中小企业全面替代大企业，而是共同协调发展，形成资源配置更富效率的产业组织结构。中小企业通过在细分市场的专业化优势为大企业提供配套产品和配套服务，实现"补链强链"。

第三，"专精特新"强调的是中小企业的自主创新能力。过去我国中小企业最大的问题在于自主创新能力不足，在2021年全国"专精特新"中小企业高峰论坛上，刘鹤副总理就指出"专精特新"的灵魂是创新。对于中小企业，科技创新既是发展问题，也是生存问题，企业家们要以"专精特新"为方向，聚焦于主业、苦练内功、强化创新，把企业打造成为掌握独门绝技的"单打冠军"或者"配套专家"，同时也为国家解决"卡脖子"问题、建设制造强国助力。

在顶层设计接连推进下，多层次的"专精特新"认定政策也先后落地，逐渐形成了我国"专精特新"企业的认定体系。目前，根据工信部出台的政策，我国已对"专精特新"企业进行五个层次的划分，梯度由低到高分别为各市评定的"专精特新"企业（市级，超过 11 万家）、各省份评定的"专精特新"企业（省级，超过 4 万家）、工信部评定的专精特新"小巨人"企业（国家级，三批共 4762 家，已上市 337 家）、中央财政特别支持的重点专精特新"小巨人"企业（国家级，两批共 1438 家）和工信部与工业联合会评定的制造业单项冠军企业（国家级，其中示范企业有六批共 465 家，培育企业有三批共 96 家）（见图 3）。此外，各地政府还为本地中小企业的分级专门设置了"隐形冠军""瞪羚企业"等称号。国家重视企业梯度培育体系构建，力争在"十四五"期间，培育 10 万家省级"专精特新"企业、1 万家国家级专精特新"小巨人"企业和 1000 家制造业单项冠军企业。

市级	各市根据2013年7月出台的《关于促进中小企业"专精特新"发展的指导意见》所认定的"专精特新"企业。各市已培育市级"专精特新"企业超11万家
省级	各省份根据《关于促进中小企业"专精特新"发展的指导意见》所认定的"专精特新"企业。2021年工信部副部长徐晓兰表示，各地培育省级"专精特新"企业已超过4万家
国家级	·2018年11月工信部《关于开展专精特新"小巨人"企业培育工作的通知》明确了专精特新"小巨人"企业的认定。我国已累计培育三批共4762家专精特新"小巨人"企业，337家已上市
国家级重点	·2021年1月工信部财政部《关于支持"专精特新"中小企业高质量发展的通知》将提供100亿元以上中央财政，分三批支持1000余家重点专精特新"小巨人"企业。目前已累计支持两批共1438家企业
单项冠军企业	·2016年3月工信部《制造业单项冠军企业培育提升专项行动实施方案》明确了制造业单项冠军企业的认定与工作思路。累计有六批共465家示范企业和三批共96家培育企业

图 3　五个层级"专精特新"企业认定政策

资料来源：国务院，工信部，中信建投证券。

（二）不同层次"专精特新"企业定义和扶持政策

当前，我国已形成从市级"专精特新"企业、省级"专精特新"企业、国家级专精特新"小巨人"企业、国家级重点专精特新"小巨人"企业到制造业单项冠军企业五个层级的"专精特新"企业认定体系。

省级和市级"专精特新"企业是本地区内评选的专业化、精细化、特色化、新颖化发展之路的中小企业。

国家级专精特新"小巨人"企业是工信部以经济效益、专业化程度、创新能力、经营管理等为标准，在省级"专精特新"企业的基础上选出的专注于细分市场的"排头兵"企业。

国家级重点专精特新"小巨人"企业是所有"小巨人"企业中受到中央财政重点支持的企业。

制造业单项冠军企业是指那些长期专注于制造业某些特定细分产品市场、生产技术或工艺国际领先，单项产品市场占有率位居全球前列的企业。

2021 年 1 月出台的中央财政百亿补贴体现国家对"专精特新"企业的扶持力度。2021~2025 年，中央财政累计安排 100 亿元以上奖补资金，分三批（每批不超过三年）重点支持 1000 余家国家级专精特新"小巨人"企业发展，促进这些企业发挥示范作用，带动 1 万家左右中小企业成长为国家级专精特新"小巨人"企业。对于所有 4000 多家已被认定为国家专精特新"小巨人"企业，国家将奖励每家企业 600 万元，每年 200 万元（见表1）。此外，还在企业培育、政策支持、服务开展、环境优化等方面对专精特新"小巨人"企业给予支持。

除国家层面对国家级专精特新"小巨人"企业及重点专精特新"小巨人"企业的补贴外，各省份近年来也为本地选出的省级"专精特新"中小企业或本地已获评专精特新"小巨人"企业、制造业单项冠军企业提供不同程度的奖补扶持。据不完全统计，北京、上海、天津等各直辖市以及广东、江苏、浙江等省均已出台对各层级"专精特新"中小企业的奖补政策，给予 50 万~100 万元奖补。此外，部分城市也对市内评选的市级"专精特新"企业及市内已获评省级"专精特新"企业、国家级专精特新"小巨人"

企业、制造业单项冠军企业的分级给予政策倾斜和财政补助，结合当地具体情况，奖补额度在 5 万～200 万元。在这样的"市级—省级—国家级"的全方位多层次的补贴体系下，目前，我国已培育超 4 万家省级"专精特新"企业，推动我国"专精特新"发展工作朝着 2025 年形成 1 万家国家级专精特新"小巨人"企业的目标不断前进。

表 1　各层级"专精特新"企业扶持政策

分类层级	国家层面	地方政府
市级"专精特新"企业		广州市给予每家 10 万元一次性扶持； 忻州市给予 5 万元一次性资金资助； 运城市给予 10 万元的一次性奖励； 上海市松江区给予 3 万元的一次性奖励
省级"专精特新"企业		北京市奖励 300 万～1000 万元； 天津市择优给予不超过 50 万元的一次性奖励； 重庆市给予每家不超过 30 万元的奖励； 河北省给予 20 万～40 万元专项资金奖励； 河南省各市给予 5 万～50 万元一次性奖励； 福建省给予每家不超过 50 万元的奖励； 山东省各市给予 5 万～30 万元一次性奖励； 江苏省对省级专精特新"小巨人"企业在装备升级和互联网化提升等方面予以重点支持
国家级专精特新"小巨人"企业	每家企业给予 600 万元奖励，每年 200 万元，此外，还在企业培育、政策支持、服务开展、环境优化等方面给予支持	北京市下属各区给予 30 万～50 万元一次性奖励； 上海市下属各区给予 20 万～60 万元一次性奖励； 重庆市给予每家不超过 60 万元的奖励； 福建省给予 100 万元奖励； 安徽省各市给予 20 万～100 万元一次性奖励； 浙江省各市给予 50 万～100 万元一次性奖励
国家级重点专精特新"小巨人"企业	中央财政累计安排 100 亿元以上奖补资金，分三批（每批不超过三年）重点支持	各省区市奖励力度基本与专精特新"小巨人"企业相当
制造业单项冠军企业		北京市密云区给予一次性 50 万元奖励； 安徽省马鞍山市、池州市给予一次性 20 万元奖励； 广州市对已认定的制造业单项冠军产品企业，给予 100 万元一次性扶持；对已认定的制造业单项冠军培育企业，给予 200 万元一次性扶持；对已认定的制造业单项冠军示范企业，给予 500 万元一次性扶持

资料来源：工信部，各地方政府网站，中信建投证券。

二 "专精特新"背景：大国角力，时代之需

（一）中印韩追赶 VS 美日德领跑，中国模式已有成效

扶持"专精特新"中小企业是大国角力下一场没有硝烟的升级之战，美国、德国、日本都推出相关政策，力争占有产业链高价值部分，促进本国企业形成优势竞争地位。

美国推出 SBIR 和 STTR 双支柱体系。美国中小企业是其技术创新的重要主体，美联邦政府采取一系列措施支持其开展技术创新，"小企业创新研究计划"（SBIR）和"小企业技术转移计划"（STTR）就是由美国政府直接出资扶持中小企业的两个代表性旗舰计划（见表2），自实施以来取得了显著成效，累计资助项目超过 14 万个，受惠企业超过 1.5 万家，每年大约1/3的项目获得者为首次申请的小企业。

表2　美国扶持"专精特新"企业的相关政策

计划名称	计划回顾
"小企业创新研究计划"（SBIR）	1982 年，美国国会通过《小企业创新发展法案》，明确要求设立 SBIR
	1983 年，SBIR 正式启动，当年共有 10 个联邦机构参与其中，年经费 4500 万美元
	经过多次授权，SBIR 执行有效期不断延长，自 2012 年起年度预算以每年 0.1% 的幅度提升
"小企业技术转移计划"（STTR）	1992 年，美国国会通过《小企业技术转让法》，授权政府实施 STTR
	1994 年，该计划开始执行，联邦政府中研发经费投入超过 10 亿美元的机构需拿出不少于 0.15% 的年度预算用于支持 STTR
	经过多次授权，STTR 执行有效期不断延长，参与 STTR 的机构经费预留比例也不断提高

资料来源：陈涛《美国联邦政府支持小企业技术创新的举措——小企业技术创新研究计划和技术转移计划》，《全球科技经济瞭望》2015 年第 1 期；中信建投证券。

德国《"工业 4.0"战略》上升为国家战略，《国家工业战略 2030》为德国的产业政策定下战略性指导方针。2011 年提出的"工业 4.0"从国家战略的高度规划了德国产业升级的路径和目标，具体规划可总结为"一个

核心"、"两重战略"、"三大集成"和"八项举措"。《国家工业战略 2030》则为具体的产业政策拟定了原则性的框架（见表 3）。

表 3 德国工业发展相关战略文件

战略文件	内容
《"工业 4.0"战略》	一个核心："工业 4.0"战略的核心是"智能 + 网络化"，即通过虚拟 - 实体系统（CPS）构建智能工厂，实现智能制造的目的
	两重战略：一是"领先的供应商战略"，将先进的技术、完善的解决方案与传统的生产技术相结合；二是"领先的市场战略"，强调整个德国国内制造业市场的有效整合
	三大集成：一是关注产品的生产过程，力求在智能工厂内通过联网建成生产的纵向集成；二是实现产品生产各个不同阶段之间的信息共享，从而达成工程数字化集成；三是从合作研发、技术标准化、深化产业分工等方面达成德国制造业的横向集成
《国家工业战略 2030》	改善德国工业的政策环境，如降低企业税负、控制企业社会保险支出、加大就业市场的灵活性、促进专业人才培养和引进、形成有竞争力的能源价格、扩建基础设施、保障原材料供应、促进循环经济、消除官僚主义、优化竞争法规等
	加强新科技，促进私有资本研发投入，如促进人工智能、数字化、生物科技、纳米技术研发投入，促进中小科技企业发展，促进风险资本投入，打造欧洲自主的数据基础设施，以新科技促进减排
	维护科技主权，对于外国企业参股或收购德国企业总体持自由立场，但须杜绝第三国企业利用德国市场的开放性实施威胁德国或欧洲公共安全和秩序的行为

资料来源：丁纯、李君扬《德国"工业 4.0"：内容、动因与前景及其启示》，《德国研究》2014 年第 4 期；《德国正式发布〈国家工业战略 2030〉》，AIITRE 融合发展联盟，2019 年 11 月 29 日；中信建投证券。

日本完善的中小企业支持体系也为其中小企业的发展与创新起到了很大的推动作用。为了扶持中小企业发展，促进其开展技术创新，日本政府从法律体系、融资援助、社会服务、创新支持等多个方面出台政策，其中创新支持更是直接促进了日本中小企业的技术创新（见表 4）。

中国出台了《国务院关于加快培育和发展战略性新兴产业的决定》，设立了科创板、北交所。2010 年，发展战略性新兴产业（见图 4）成为我国抢占新一轮经济和科技发展制高点的重大战略。2019 年科创板开板，2021 年北交所设立，重点支持战略性新兴产业。过去 10 年，中国在电子信息制造业、新能源汽车、光伏等多个产业链处于全球领先地位，337 家"专精特新"上市企业中，44 家企业营收复合增速超过 50%，60% 以上企业的复合增速超过 20%（见图 5）。

表 4　日本的中小企业支持体系

扶持方向	内容
行政	日本建立了以中央政府为主导、地方政府和社会团体为补充的中小企业行政管理服务机构，为扶持中小企业发展提供了有力的组织保证
法律	日本于 1963 年制定了《中小企业基本法》，该法明确了中小企业政策的基本思路，在法律上确立了中小企业的重要地位
融资	日本政府对日本中小企业的融资扶持以间接融资扶持为主，直接融资扶持为辅。在间接融资方面，日本成立了很多向中小企业提供政策性贷款的金融机构；在直接融资方面，政府通过创立风险投资服务公司和建立场外交易市场扶持中小企业进行直接融资
税收	日本政府对中小企业的财税扶持政策包括财政补贴、政府采购和税收优惠等
技术支持	日本对其 22 个特定核心制造技术领域提供从研发到原型生产的金融支持，这些领域包括制造软件、电子零件和设备、模具、采矿设备、冶金、动力传送装置及部件等

资料来源：王茜《日本扶持中小企业发展的政策措施及对我国的启示》，《环球市场》2018 年第 24 期；中信建投证券。

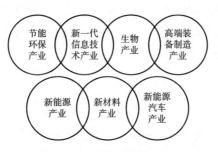

图 4　七大战略性新兴产业

资料来源：《国务院关于加快培育和发展战略性新兴产业的决定》，中信建投证券。

比较主要国家发展模式和产业链位置，接下来中国需要冲击德国、日本在传统制造业的优势地位，同时提升国内新兴制造业的产业链附加值水平（见图 6）。

（1）美国模式：位于价值链最上游的是专业服务，传统与新兴制造业空心化。美国凭借其战后的高速发展和信息技术革命，保持了强大的科技竞

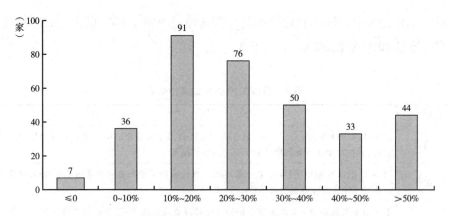

图5　不同营收复合增速"专精特新"企业数量

注：337 家上市"专精特新"企业上市三年前至 2021 年营收复合增速。

资料来源：Wind，中信建投证券。

争优势，牢牢掌握价值链的最上游。但同时，美国也放弃了传统和新兴制造业的中低端环节，成为全球最大净进口国。

（2）德国、日本模式：稳定的传统制造业强国，新兴制造业的中低端环节向外转移。德国极为重视传统制造业，但新兴制造业落后于美日韩。日本的新兴制造业在 20 世纪 80 年代有极强的贸易竞争力，但逐渐被中韩侵蚀。传统制造业需要几代人的工业经验积累，中国需要不断加深培育各环节"专精特新"企业以实现追赶。

（3）韩国、中国模式：传统与新兴制造业蓬勃发展。过去 40 年，中国和韩国成功提高了传统与新兴制造业的竞争力。其中，起步更早的韩国在传统和新兴制造业上都占有了一席之地；中国虽然各产业链环节也有明显提升，但仍处于相对低附加值的制造领域，贸易竞争力还有很大的上升空间。

（4）印度模式：高端人才外流，承接信息服务外包。同为追赶者，相比中韩，印度制造业的竞争力较低、产业链也不完善。印度作为英语国家，在信息服务业具备一定优势，但高端人才外流严重，影响国内发展。

（二）全面助力共同富裕、全球价值链升级、创新和安全

"专精特新"企业将助推中国实现共同富裕。我国中小企业数占全部企

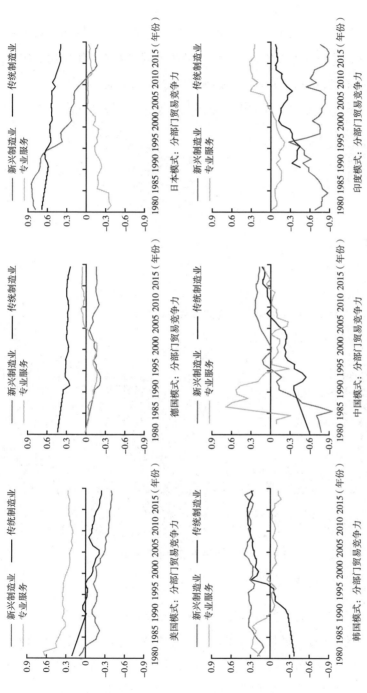

图 6　从贸易竞争力看美德日韩中印的经济发展模式

注：贸易竞争力＝（出口－进口）/（出口＋进口），（－1，－0.6），有极大的竞争劣势，（－0.6，－0.3）有较大的竞争劣势，（－0.3，0）有微弱竞争劣势，（0，0.3）有微弱竞争优势，（0.3，0.6）有较强竞争优势，（0.6，1）有极强竞争优势；详明《中国参与全球价值链与创新链、产业链的协同升级》，《改革》2020 年第 6 期；中信建投证券。

资料来源：Wind；WTO Database。

业数的99.8%，对GDP的贡献率约为60%，贡献了近80%的就业（见图7），可以和美国加以对比（见图8）。推动"专精特新"企业发展有利于在更广泛的范围内实现经济增长和充分就业，解决我国发展不平衡问题，实现我国共同富裕的发展目标。随着"专精特新"企业的发展，中国也将像日本、德国一样，出现一批"工程师中产阶级"人群，实现共同富裕。

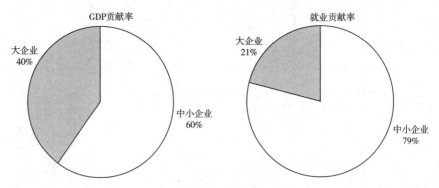

图7 中国中小企业在经济发展中的贡献率

资料来源：Wind，中信建投证券。

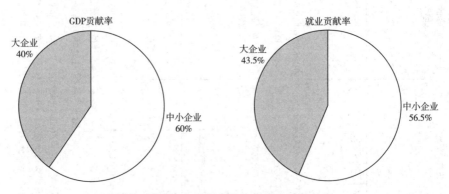

图8 美国中小企业在经济发展中的贡献率

资料来源：Wind，中信建投证券。

"专精特新"有利于我国产业价值链升级，在全球价值链中占有更多的附加值份额。"专精特新"鼓励中小企业在工业的细分领域实现自主研发、自主制造，引导中小企业向高新制造的方向发展，推动我国产业向价值链"微笑曲线"的两端（研发设计和品牌运营）移动。当前我国食品饮料、纺织品、木制品、基础金属等低附加值的行业仍占有较大比重，机械设备、交通设备、计算机电子和商业服务（知识产权）等高附加值行业的占比相比美国仍偏低（见表5）。"专精特新"将推动我国产业向高附加值的行业集中，优化我国的产业结构，提升我国在全球产业价值链中的地位，获取更多的议价权，提高知识产权、品牌、技术服务等收入。

表5　主要国家各行业在全球产业价值链中的占比

单位：%

行业	1995年	2000年	2005年	2006年	2007年	2008年	2009年	2010年	2011年	2012年	2013年	2014年	2015年
美国													
食品饮料	17	21	16	16	15	14	16	14	12	12	12	12	14
纺织品	14	15	9	8	6	5	5	4	4	4	4	4	4
木制品	28	35	25	25	22	19	20	18	17	17	18	18	19
基础金属	19	24	18	17	16	14	14	13	12	13	13	13	13
化学制品	19	23	24	24	22	20	20	20	19	19	19	19	20
机械设备	17	22	18	17	16	14	14	13	14	14	14	14	14
交通设备	25	30	25	24	22	19	17	18	18	18	19	19	20
计算机电子	22	24	23	23	21	21	22	21	19	20	19	19	20
商业服务	26	34	31	31	29	27	27	26	25	25	26	26	29
德国													
食品饮料	6	5	5	5	5	5	4	4	4	4	4	4	3
纺织品	4	3	3	3	3	2	2	2	2	1	1	1	1
木制品	8	6	6	6	6	6	6	5	5	5	5	5	5
基础金属	10	8	8	8	8	8	7	7	7	6	6	6	6
化学制品	9	6	7	7	6	6	6	5	5	5	5	5	4
机械设备	15	12	13	13	14	14	12	11	12	11	11	11	11
交通设备	13	9	11	12	13	12	11	12	11	12	13	13	13
计算机电子	9	7	7	7	8	8	7	6	6	6	6	6	6
商业服务	8	6	6	6	6	6	6	5	5	5	5	5	4
日本													
食品饮料	18	18	11	10	9	9	9	9	9	9	7	6	6
纺织品	13	8	4	4	3	3	3	3	3	3	2	2	2
木制品	18	15	12	11	9	10	11	11	10	10	8	7	7
基础金属	22	18	13	11	10	10	9	12	12	10	8	8	8
化学制品	20	17	10	9	8	8	8	9	8	8	6	5	6
机械设备	24	22	20	19	17	17	14	16	17	13	12	13
交通设备	22	17	16	14	13	14	14	15	12	11	10	10
计算机电子	30	24	17	15	14	13	13	14	13	11	9	9	8
商业服务	20	16	11	10	9	9	10	10	10	10	8	7	7

续表

行业	1995年	2000年	2005年	2006年	2007年	2008年	2009年	2010年	2011年	2012年	2013年	2014年	2015年
韩国													
食品饮料	1	1	1	1	1	1	1	1	1	1	1	1	1
纺织品	3	4	3	3	3	2	3	3	3	3	3	3	3
木制品	2	1	2	2	1	1	1	1	1	1	1	2	2
基础金属	3	3	4	4	4	3	3	4	4	4	4	4	4
化学制品	2	2	3	3	2	2	2	2	2	2	2	2	2
机械设备	2	3	3	3	3	2	3	3	3	3	3	3	3
交通设备	3	3	4	4	5	4	5	4	4	4	4	4	5
计算机电子	3	4	6	6	6	5	6	6	6	6	7	7	7
商业服务	2	1	2	2	2	1	1	1	1	1	1	2	2
中国													
食品饮料	6	7	8	9	11	12	14	15	17	19	21	22	22
纺织品	9	16	19	21	22	25	29	31	33	35	37	38	38
木制品	3	2	6	7	9	11	13	14	17	19	20	22	22
基础金属	5	5	10	11	13	15	21	21	23	25	25	26	29
化学制品	5	8	9	9	11	13	15	16	18	20	22	23	24
机械设备	5	6	10	12	13	16	21	22	23	23	26	27	28
交通设备	2	5	6	6	7	9	12	12	13	14	14	15	15
计算机电子	3	7	10	12	13	16	17	19	20	22	24	25	26
商业服务	1	2	3	3	4	5	6	6	7	8	9	10	12

资料来源：Wind，WTO Database，中信建投证券。

　　"专精特新"促进创新模式的优化，推动合作化创新、模块化创新和破坏性创新，进而提升总体创新效率（见图9）。（1）合作化创新：降低合作成本，促进上下游合作，增强企业间协调性。通过加强中小企业与大企业协调发展，寻求成本更低、协调效率更高的产业链合作模式，减少创新成本，利用合作提升效率。（2）模块化创新：强调专业化、精细化，推动产业组织模块化，加深模块内部的企业聚焦与分工，实现更高效率的创新分工。（3）破坏性创新：降低创新带来的破坏成本，鼓励中小企业进行技术迭代，加速颠覆式创新的产生和应用。

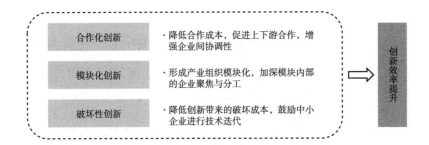

图 9 "专精特新"促进创新模式的优化，提升创新效率

资料来源：中信建投证券。

"专精特新"关乎国家产业链安全，有助于突破全球垂直分工下发达国家对发展中国家形成的产业链威胁。全球垂直分工下，国外企业垄断了关键技术和核心产品，不利于我国产业链安全。此外，全球垂直分工导致发展中国家过度依赖低端产业，在价值链中处于被压榨的地位，对我国产业产生了抑制效应（见图10）。"专精特新"激励中小企业在细分领域上取得国际领先的技术，追赶并突破发达国家在技术上的壁垒，降低我国产业链和对外依赖度，提高产业链的自主性和安全性。

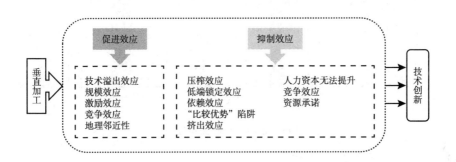

图 10 全球垂直分工——从促进效应逐步转向抑制效应

资料来源：沈国兵、于欢《中国企业参与垂直分工会促进其技术创新吗?》，《数量经济技术经济研究》2017 年第 12 期；中信建投证券。

三 "专精特新"特征：成长型的中小市值新制造

（一）集中于中小市值新制造、新科技

梳理 A 股上市的 337 家工信部"专精特新"企业，主要有以下五个特征。

（1）从市值分布来看，"专精特新"企业规模集中于中小市值（见图11）。"专精特新"企业主要为中小市值企业，超过 1/2 的企业市值在 50 亿元以下，占比最高的市值区间是 50 亿~100 亿元，占比达到 37%，规模在 30 亿元以下、30 亿~50 亿元、100 亿~300 亿元的占比分别为 32%、31% 和28%，仅有 4% 的"专精特新"企业市值超过 300 亿元。

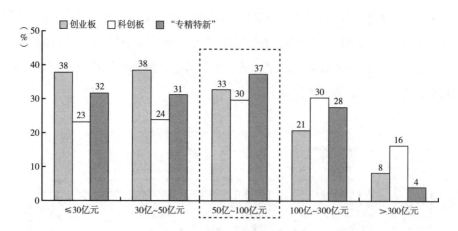

图 11　创新板块企业市值分布

资料来源：Wind，中信建投证券。

（2）从行业分布来看，"专精特新"企业集中于新制造领域（见图12）。按照一级行业划分，"专精特新"企业数量前五的行业分别是机械（89 家）、基础化工（54 家）、医药（42 家）、电子（38 家）和电新设备（22 家），这些行业大多是新兴和高技术制造业。

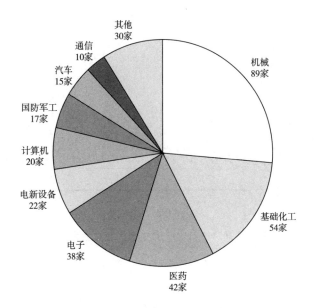

图 12 "专精特新"企业行业分布

资料来源：Wind，中信建投证券。

（3）从市场表现来看，2019 年以来"专精特新"企业整体表现优异。"专精特新"板块平均价格指数涨幅高达 225.7%，超过了创业板的 173.6%，更是远超 A 股的 77.1%。

（4）从企业静态价值来看，"专精特新"企业市场评估价值合理。2021年 1~11 月，"专精特新"板块的市盈率中枢为 51.7 倍，略高于创业板的 50.9 倍，低于科创板的 60.5 倍。2021 年 11 月"专精特新"板块的市盈率为 54.3 倍，高于创业板的 50.4 倍和科创板的 50.8 倍（见图 13）。市净率方面，2021 年 1~11 月，"专精特新"板块的市净率中枢为 5.5 倍，略低于创业板的 5.6 倍和科创板的 6.4 倍。2021 年 11 月，"专精特新"板块的市净率为 6.0 倍，基本与科创板（6.1 倍）相当，高于创业板的 5.6 倍，这反映了"专精特新"企业价值评估在合理区间，与创业板、科创板较为接近（见图 14）。

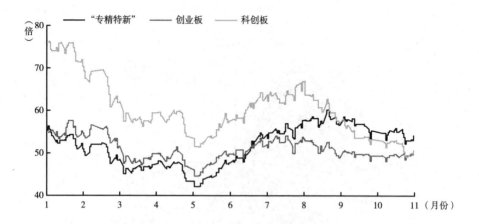

图 13　2021 年 1 ～ 11 月主要板块市盈率估值

资料来源：Wind，中信建投证券。

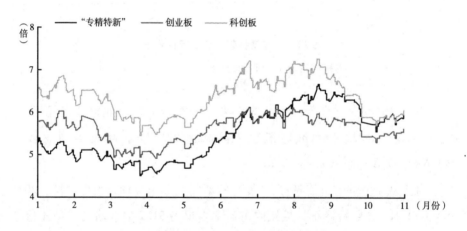

图 14　2021 年 1 ～ 11 月主要板块市净率估值

资料来源：Wind，中信建投证券。

（5）从企业动态价值来看，"专精特新"企业业绩增长速度快。2021
年 11 月，"专精特新"板块的预期市盈率为 54.3 倍。在盈利增长预期下，
"专精特新"板块 2021 年、2022 年的预期市盈率估值分别为 51.1 倍和 36.5
倍（见图 15）。

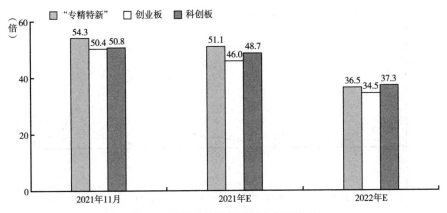

图 15　创新成长板块预期市盈率估值

注：E 表示估值。

资料来源：Wind，中信建投证券。

（二）昂首迈向"四高"——成长高、利润高、研发高、扩产高

"专精特新"企业成长高。企业成长高体现在其营收增速和净利润增速高。2016 年至 2021 年第三季度，"专精特新"板块的营收增速和净利润增速总体上高于创业板。据 2021 年三季报，"专精特新"板块的营收增速为 35.4%，净利润增速为 25.9%，这反映了"专精特新"企业优秀的成长能力（见图 16、图 17）。

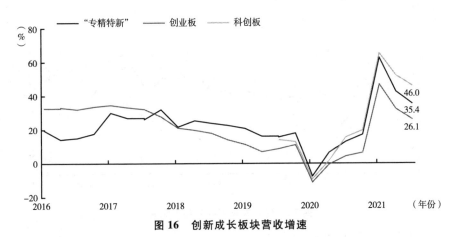

图 16　创新成长板块营收增速

资料来源：Wind，中信建投证券。

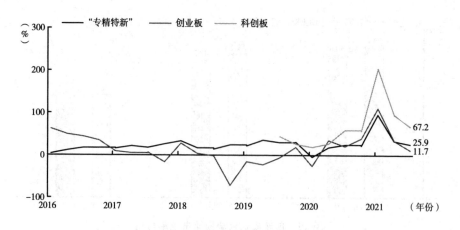

图17　创新成长板块净利润增速

资料来源：Wind，中信建投证券。

"专精特新"企业利润高。企业利润高体现在其销售毛利率和销售净利率高。2016 年至 2021 年第三季度，"专精特新"板块的销售毛利率总体上显著高于创业板，略低于科创板的水平（见图 18）。"专精特新"板块的销售净利率基本上维持在 10% ~ 15% 的区间，总体上略高于科创板，明显高于创业板，这反映了"专精特新"企业优秀的盈利能力（见图 19）。

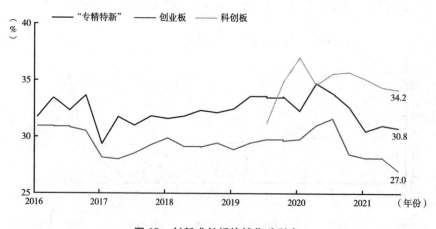

图18　创新成长板块销售毛利率

资料来源：Wind，中信建投证券。

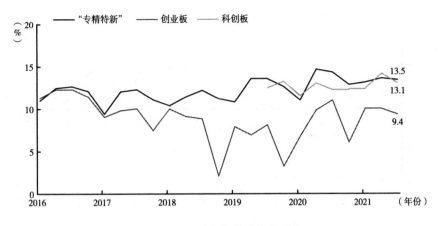

图 19　创新成长板块销售净利率

资料来源：Wind，中信建投证券。

"专精特新"企业研发高。企业研发高体现在其研发投入强度高。据 2021 年三季报，2021 年第三季度，"专精特新"板块的研发支出/营业收入为 5.4%，高于创业板的 4.6%（见图 20）。

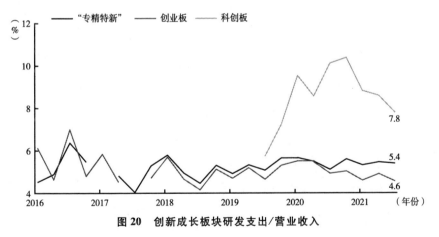

图 20　创新成长板块研发支出/营业收入

资料来源：Wind，中信建投证券。

"专精特新"企业扩产高。企业扩产高体现在其资本开支增速高。2020 年至 2021 年第三季度，"专精特新"板块的资本开支增速远高于创业板，总体上略高于科创板，这反映了"专精特新"板块优秀的扩产能力（见图 21）。

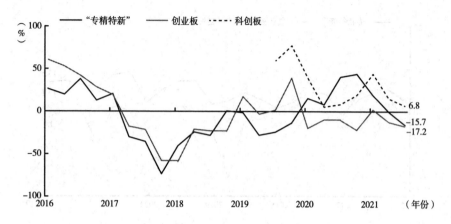

图21 创新成长板块资本开支增速

资料来源：Wind，中信建投证券。

金融助力战略新兴产业发展的探索与实践

李剑锋　杨　雪[*]

摘　要： 我国"十四五"规划指出要大力发展战略新兴产业。本文重点研究金融机构在支持战略新兴产业发展中的探索和实践。从信贷融资、股权投资、产业联动、资源赋能、私募基金等角度介绍支持战略新兴产业的具体举措。建议加大对战略新兴产业的扶持力度，鼓励设立专项投资基金，并提出了中信集团的具体做法。

关键词： 战略新兴　"十四五"　中信集团　投贷联动

"十四五"开局之年，我国开启全面建设社会主义现代化国家新征程，战略新兴产业迎来重大发展机遇。经济是肌体，金融是血脉，两者共生共荣。要实现经济高质量发展，离不开金融业的支持。在历史交汇点上，如何高效服务新发展格局，是整个金融业的重要课题。

* 李剑锋，中信银行公司银行部战略客户经营中心新兴产业处处长；杨雪，任职于中信银行公司银行部战略客户经营中心新兴产业处。

一　战略新兴产业分析

战略性新兴产业是未来经济社会发展的主导力量。加快培育和发展战略性新兴产业是转变经济发展方式、提升发展质量的重要途径，是调整产业结构、优化产业布局的重要内容，是拉动经济增长、扩大就业的重要引擎，更是增强自主创新能力的具体举措。

（一）我国战略性新兴产业发展迅速

1．景气指数不断提升

一是产业发展总体态势持续走强。国家信息中心景气调查数据显示，2021年第三季度战略性新兴产业行业景气指数为146.9，位于较强景气区间。二是重点行业发展持续向好。1～8月，计算机、通信和其他电子设备制造业，电气机械和器材制造，医药制造业增加值同比分别增长18.0%、23.8%、30.0%。三是创新发展信心持续提升。第三季度战略性新兴产业创新景气指数为130.7，指数呈现连续提升态势。

2．创新能力持续增强

2021年统计数据显示，我国高价值发明专利规模稳步扩大，发明专利结构进一步优化。一是战略性新兴产业专利储备不断加强。截至2021年底，我国国内（不含港澳台）战略性新兴产业有效发明专利79.2万件，较"十三五"末增加了11.4万件。二是维持年限较长有效发明专利增长较快，维持年限超过10年的有效发明专利达到32.3万件，同比增长27.7%，占国内总量的比重达到11.9%，较"十三五"末提高了0.6个百分点。三是创新主体海外布局能力持续提升。我国在海外有同族专利权的有效发明专利为8.3万件，同比增长21.8%，企业作为创新主体拥有其中的近九成。

（二）我国政府积极出台支持政策

战略性新兴产业以重大技术突破和重大发展需求为基础，对经济社会全局和长远发展具有重大引领带动作用，知识技术密集、物质资源消耗少、成长潜力大、综合效益好的产业，包括节能环保、新一代信息技术、生物、高端装备制造、新能源、新材料、新能源汽车等产业。

在"加快构建以国内大循环为主体、国内国际双循环相互促进的新发展格局"的重大战略部署下，大力发展战略性新兴产业将是实现国产替代、科技自主、能源安全等国家意志的最直接体现，2020年以来发布的各项政策，鲜明体现出国家支持的政策导向。

以上海为例，上海银保监局提出四项指导意见。一是引导督促辖内银行机构加大对浦东战略新兴产业、主导产业的融资支持规模，增加中长期贷款比重，大力发展产业链金融和供应链金融。二是着力健全科技金融体系，在现行监管框架下开展科技金融创新试点，支持银行机构采用更加"柔性"的做法，支持满足更多"硬核"科技企业和科研人员的金融需求。三是不断推动扩大知识产权质押融资规模，探索知识产权保险的产品升级。四是与自贸区临港新片区共同打造科技保险试验区，主要为以集成电路等为代表的战略新兴产业和科技企业提供量身定制的风险保障方案，让传统商业保险在科技领域有更大用武之地。

（三）金融支持战略性新兴产业存在的问题及难点

长期以来，战略新兴产业细分行业庞杂，导致统计口径宽泛，难以精准推动；行业专业化程度高，发展速度快，导致传统金融机构较难跟随行业发展，客群特点与银行风险偏好不一致也影响金融支持等。

1. 战略新兴行业细分领域庞杂

战略新兴产业涵盖面广，且产业发展速度快、专业化程度高，产业内涵和细分行业范围不断变化和延伸，给商业银行的精准管理带来较大挑战。目前遵循的行业分类标准，为2018年国家统计局发布的《战略性新兴产业分类（2018）》，包括新一代信息技术产业、高端装备制造产业、新材料产业、生物产业、新能源汽车产业、新能源产业、节能环保产业、数字创意产业、相关服务业九大领域。按具体分类，又囊括四层类目、近万条代码的国民经济细分行业名称。

2. 行业经营特点给银行传统信贷投放带来较大挑战

战略新兴产业中生物医药、新一代信息技术、高端装备制造业等领域前期研发投入大、投产周期长，企业创业初期普遍存在负债率高企、营业收入较少的情形。同时，企业规模以中小型为主，轻资产居多。与银行传统授信客户选择标准不一致。传统风控主要基于财务报表，审核客户现金流情况和盈利能力，但战略新兴客群往往尚未产生营收、处于亏损状态，因此在成长期较难获得信贷支持，该行业普遍寻求股权融资支持。

加之，战略性新兴产业为资金、技术密集型产业，细分行业多且专业性强，对于风险甄别和营销服务能力要求较高。受制于一线人员数量有限、专业知识缺乏等因素，银行各级机构缺乏对细分行业和客群的"解剖麻雀"式的摸排研究，客户风险较难甄别，过往存在一些风险事件，存在营销畏难情绪。在参差不齐的客户中筛选好客户，对银行提出了更高的要求。

二 金融同业支持战略性新兴产业的举措

（一）政策性银行：国家开发银行大力发挥开发性金融作用

国家开发银行大力发挥开发性金融作用，重点支持战略性新兴产业。2021年，发放本外币贷款2.99万亿元，人民币贷款余额新增6500亿元，支持重点领域和薄弱环节发展。全年发放"两新一重"贷款1.76万亿元，助力扩大有效投资；设立科技创新和基础研究专项贷款，已发放700亿元；发放先进制造业及战略性新兴产业贷款4917亿元，为重点产业链发展提供专项金融服务。

（二）大型商业银行：中国工商银行持续加强体制机制建设

工商银行开展"万亿助万企"行动计划，持续推进对"专精特新"企业、制造业单项冠军企业等的专业化服务，高技术领域贷款和战略性新兴产业贷款余额实现"双万亿"。持续加强以下四个方面体制机制建设,推动战略新兴产业投放。

一是充分调动保障资源。推出专项贷款规模、内部资金转移价格激励、经济资本计量优化、贷款利率优惠、审批绿色通道等一系列保障措施,引导全行金融活水精准浇灌。

二是加快推广科创企业专营模式。扩大科创企业金融服务中心和科技特色支行的服务覆盖面,为企业成长提供差异化金融支持,推出制造业技术提升支持贷款、科创知产贷等创新产品。

三是加强专属工具应用。通过"科技风险评估、专属评级模型、专属授信模型"三大创新工具,精准支持科创型制造业企业的有效需求,将金融资源切实配置到重点领域和薄弱环节。

四是提升政银合作服务质效。工商银行在大型银行中首家与工信部签署《战略合作协议》,被列入"工业企业技术改造升级导向计划"合作机构。与科技部签订《支持创新创业战略合作协议》,与国家发展改革委共同搭建战略性新兴产业优质高成长企业库并组建战新产业发展基金。2019~2021年,工商银行累计对接"工业企业技术改造升级导向计划"项目近5000个。

(三)大型商业银行:中国建设银行强化股债联动,以投资布局未来

建设银行根据科创企业"高风险、轻资产、长周期、重投入"的特点,着力构建以股权投资为接入点、"以投资支持科创,以投资布局未来"为理念的科技金融服务体系。通过多维度指标评价体系,对中小科创企业进行"精准化画像",实现批量获客,打造"创业者港湾"。

1. 构建"科创评价",创新风控模型,实现知识产权信用数字化

通过批量获取国家各部委发布的十余类科技企业名录信息,以及400余项、1600多万条知识产权信息,通过大数据技术实现知识产权在金融领域的"信用化""数字化",构建科技企业创新能力评价体系(简称"科创评价"),初创企业可凭借专利获得融资。目前,"科创评价"已覆盖全国27.7万家国家高新技术企业,并向建设银行基层支行网点主动推送,客户

经理通过电脑网页、手机 App 可"一键查询"评价结果。

2. 践行投贷联动，创新培育科创生态圈

建设银行通过与政府部门、科研院所、核心企业、孵化器及园区等平台合作，扩展科创"伙伴库"，设立科技金融创新中心、创业创新金融服务中心和投贷联动金融中心。截至 2021 年上半年，建行集团通过基金累计投资了近 900 家优秀科创企业，资金规模达 638 亿元，已上市企业 35 家，包括长鑫存储、帧观德芯等"硬科技"民营科创企业。

以建设银行北京市分行为例，结合北京市科技创新集聚的特点，成立创新工作委员会，设立科创业务管理中心和直属经营机构科创支行，统筹全分行科创业务；推出面向中小型科创企业的特色专属产品；与集团子公司和外部投资机构密切合作，探索信贷＋股权投资、综合金融和非金融服务模式。目前，投贷联动、核心企业增信、重点创投机构合作等创新模式正在逐一落地推广，投资机构合作范围的扩大使业务模式形成闭环。

（四）股份制商业银行：招商银行投商行一体化，轻资本转型

招商银行是较早将中小企业业务战略方向聚焦于科技型企业的银行，总行成立小企业金融中心，重点服务新兴行业成长型企业。已成功培育超过 400 家企业在境内 A 股上市，其中中小及创业板公司占比超过 75%，宁德时代、同程艺龙、明德生物、碧水源、掌阅科技、越博动力、迈为股份、深信服等上市公司均在此列。

1. 搭建科技型中小企业"千鹰展翼"培育库

招商银行于 2010 年启动"千鹰展翼"项目，当时的思路是希望选择 1000 家中小型企业，通过投贷结合的方式助力中小企业发展。十余年来服务手段不断创新，采取了"创新债权融资产品"和"股权融资服务平台"相结合的投贷联动服务方式，为企业提供包括信贷融资、股权投资、渠道搭建、募资顾问、交易撮合等综合服务。为高速发展企业提供市场拓展、运营提升、政府联动等增值服务；为有资本市场规划的企业提供机构推荐、上市培训、专家指导等创新服务。截至目前，加入"千鹰展翼"项目的科技型

中小企业已超过 23000 家，招商银行给予这部分企业的银行授信总额超过 1600 亿元。

2. 投商行一体化构筑多维度"募投管退"渠道

招商银行与来自全国各地的多家知名股权投资基金管理公司、证券公司、律师事务所、会计师事务所及企业服务商组成"招商银行科技金融合作联盟"，形成的科技企业综合服务体系合力扶持更多科技型中小企业成长壮大，设立深圳招银南山上市公司产业升级及创新产业股权投资基金等多只股权投资基金。按照招商银行新近的统计，该行为客户提供投商行一体化资金余额超过 4 万亿元。

招商银行不断拓宽私募股权退出通道，旗下企业 AAC 成为试水港股 SPAC 模式上市的首家企业。该类公司 IPO 的目的是募集资金后收购有前景的未上市公司，最终实现目标公司与本公司（类似于壳企业）合并，成功实现目标公司的上市。而 AAC 将充分利用招商银行的全球网络优势，以及招银国际在 PE 团队、财富管理业务、企业融资业务、结构化融资业务等方面的优势，寻找并购目标并实现投后价值最大化，计划重点关注亚洲（特别是中国）"新经济"行业内有科技赋能的公司。

（五）银行理财子公司：华夏理财发行全国首只理财资金支持科创 S 基金

在私募股权投资领域，S 基金（Secondary Fund）是一类专门从投资者手中收购基金份额、投资组合的基金产品。华夏理财有限责任公司（简称华夏理财）发布"北京首发展华夏龙盈接力科技投资基金"。该基金是国内首只专项投资于北交所拟上市企业的接力基金，也是全国第一个理财资金专注支持科技创新的 S 基金。该基金的成立，为非上市公司股权转让开辟了新渠道。

该基金由华夏银行与北京市科委统筹谋划，由华夏理财与北京首都科技发展集团共同创设，由北京首都科技发展集团投资管理有限公司担任 GP 管理人。华夏理财通过发行私募股权类理财产品募集资金认购全部 LP 份额，计划发行规模为 100 亿元，采用 S 基金策略，将全力服务北京国际科创中心建设，接力政府早期引导投资，助力科技成果落地转化，扶持创新型中小企业登陆北交所等资本市场。接力基金主要投资生物医药、新一代信息技术等符合北京定位及产业发展布局的高精尖领域。

（六）私募股权基金：国资基金重点支持战略新兴产业发展

根据中基协发布的《2021 年私募基金登记备案综述》，截至 2021 年底，私募基金管理规模达 19.78 万亿元，其中私募股权和创投基金规模达 12.79 万亿元。中基协备案正在运作的股权投资基金总计 4.61 万只，市场潜力巨大。国资基金作为支持战略新兴产业的重要力量，发挥了相当大的作用。

中国国新控股有限责任公司（简称中国国新）为国有资本运营公司，按照以服务央企为本位的要求，坚持财务性持股为主，推动国有经济布局优化和结构调整。截至 2021 年底，其累计向央企投入资金超过 7000 亿元，投资方向包括服务创新驱动发展。聚焦于关键技术"卡脖子"环节，投资布局战略新兴产业，瞄准央企产业链供应链薄弱环节补短板，领投孵化"专精特新"冠军企业填补空白，累计投资战略性新兴产业项目 227 个、金额 2764 亿元。旗下"中投二号"，新年投资目标已定。将布局战略新兴产业、推动央企重组整合。

国家开发投资集团有限公司（简称国投集团）旗下总规模约 1938 亿元的 42 只基金，聚焦于高端装备、新材料、新能源、医药健康等领域，累计投资 670 多个项目。国投集团持续推动直接投资与基金投资的"双轮联动"，发挥基金的"触角""探头""孵化器"作用，形成了培育发展战略性新兴产业的新机制，培育了一批掌握关键核心技术、拥有自主知识产权的细分行业领军企业。

三 中信集团践行国家战略助力新兴产业的探索

"十四五"期间，中信集团鲜明地提出"打造卓越企业集团、铸就百年民族品牌"的发展愿景,明确"十万亿资产、世界 500 强前百名、千亿利润、万亿收入"为发展目标,致力于在 2035 年成为"践行国家战略的一面旗帜,国内领先、国际一流的科技型卓越企业集团"。为适应新发展阶段、贯彻新发展理念、融入新发展格局,中信集团将在"十四五"时期实施"五五三"战略,即"深耕五大板块、构建五大平台、突出三大抓手"。

(一)中信力量:中信集团优势有哪些

遵循"一个中信,一个客户"发展原则,贯彻"重在执行、贵在效果"工作要求,秉承"利他共赢"合作理念,中信集团持续创新协同模式,提供"产业 + 金融"综合服务,赋能战略新兴产业,提升价值创造能力,将协同内化为放大集团综合金融优势,为客户提供全方位金融服务的重要抓手,为业务经营实现高质量、可持续发展提供坚强保障和强力支撑。

中信集团在"十四五"时期实施"五五三"战略,即"深耕五大板块、构建五大平台和突出三大抓手"。深耕"五大板块"指的是聚焦于综合金融服务、先进智造、先进材料、现代消费和新型城镇化五大业务板块(见图 1)。

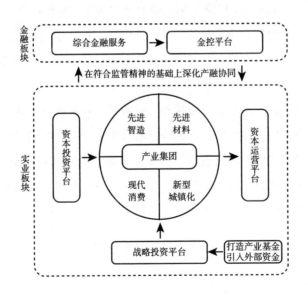

图 1 中信集团协同模式

设定五大板块是考虑中信集团金融与实业并举的特点，明确未来发展的战略着力点，并在业务布局上与国家"十四五"规划相对应。中信集团服务战略新兴产业主要聚焦于以下三大板块。

综合金融服务板块回归本源，以客户为中心，为实体经济提供综合金融解决方案，打造统一金控平台，做强银行、证券、信托、保险、资产管理等细分业务领域，提升统一客户服务、深度业务协同、全面风险防控、先进科技赋能等核心功能体系。

先进智造板块立足制造强国，在"卡脖子"关键领域实现突破，成为中国先进制造业的排头兵。机器人业务方面，围绕科技创新和应用场景开拓，做大做强机器人业务，立足"人不能为、人不能及和人不能近"定位，与国家应急管理部门密切合作，积极拓展在应急救援、大型矿山、井下煤矿、水下作业等领域的应用；工业互联网方面，把握数字化发展趋势，推动传统产业提质增效。

先进材料板块尤其是特种新材料方面强化关键核心技术，做强做优特种新材料存量业务，通过整合和拓展巩固增强中信在特钢"三高一特"方向（高稳合金、高强钢、高档磨具钢和特种不锈钢）、特种铁合金及钛白粉等特种新材料领域的核心竞争优势，同时提供自主创新能力，关注关键材料供应，维护产业链供应链稳定，建立垂直产业链优势，与先进智造板块形成有效协同和发展合力。

中国经济已进入高质量发展阶段，资本市场对我国向全球产业链中、高阶迈进具有决定性支撑作用。中信银行联合中信证券、中信建投证券及其下属子公司等组建"中信联合舰队"开展的科创企业股权资本市场融融合作，深度服务国家创新驱动的发展战略，打造了具备强大优势的资本市场产品体系，覆盖了企业从成长期到成熟期、从拟上市到上市后的全生命周期。

（二）中信实践：中信银行做了哪些工作

1. 持续加大表内信贷资金投放

截至2021年底，中信银行全行实现战略新兴产业对公表内贷款投放余额超 3000 亿元，较年初增长 1256.7 亿元，增速 68.86%，余额占对公贷款比例较年初提升 4.25 个百分点。客户结构方面，战略新兴产业贷款增量中，新客户增量为 103.4 亿元。贷款投放中新客户占比达 53.9%，超出存量客户增量，显示了较好的增长潜力。产品创新方面，线上融资产品"科创 e 贷"是中信银行基于各地中小企业主管部门拟定的"专精特新"企业名单基础上，结合征信、工商、司法等数据维度，构建智能化信贷工厂和科创智能风控体系，为科创型小微企业提供的用于生产经营等的流动资金贷款服务。为科创企业量身设计的产品具有准入流程易、担保方式活、审批时效快、授信额度高、放款速度快、自主支付等特点，可实现客户全线上、纯信用方式快捷自动审批提款。

2. 设立股份制银行首笔科创基金

中信银行筹划聚焦于医疗健康、半导体和集成电路、工业自动化和新一代通信技术等战略新兴领域的未上市公司股权投资，并借此逐步形成科创基金引领、交易银行跟进和综合金融服务覆盖的体系化安排，营造全行服务科创企业的意识及氛围。2019 年，由中信银行主导创设和发行的科创企业股权投资类理财产品（简称科创基金）实现重大突破，在产品风险等级高达 PR5、封闭期限长达五年的高难度挑战下，首期销售金额达到 1.4 亿元。该产品为股份制商业银行首个科技创新企业未上市股权投资类项目。该基金投资的君实生物和艾力斯两家国内领先的生物医药企业均于 2020 年完成科创板上市，其中君实生物于 2022 年初实现市场化退出，投资增值率 128.91%，年化回报率 41.66%。

自 2019 年以来，先后为君实生物、艾力斯、华大北斗、安路科技、恒玄科技、翱捷科技、泰凌微电子、思特威等一批优质科创企业提供包括股权融资、投贷联动贷款、上市前高管股权激励融资在内的综合金融服务，并带来多个超过百亿元的 IPO 和再融资募集资金账户。科创基金的运作模式体现出中信银行对于私募股权投资基金"募投管退"全流程主动管理能力，在为投资者带来丰厚回报的同时，通过投行业务深度服务实体经济和科创企业，支持战略新兴产业做大做强，践行国家高质量发展战略。

3. 探索银行系股权直投新模式

信银（香港）投资有限公司（简称信银投资）为中信银行在香港设立的子公司，其积极发挥境内投资优势，服务母行战略新兴客户，发挥"投行+商行"优势，落地多笔股权直投项目。2022年初，信银投资完成硅谷数模专项基金的募集和投放，专项基金总规模10631万元，其中信银投资自有资金出资3500万元，其余资金全部对外市场化募集。本轮融资同时吸引了多个知名投资机构及产业投资者的参与，公司计划于2023年在科创板上市。硅谷数模（苏州）半导体有限公司是一家专注于高速信号连接、高清显示信号处理芯片产品的集成电路设计领军企业，公司是 DisplayPort 传输协议标准的主要制定者和贡献者，是 HDMI 标准解决方案的重要提供者，是 USB 传输标准的主要参与者。公司客群覆盖全球一线消费电子及显示屏客户，包括京东方、华星光电、三星、LG、微软、谷歌、苹果、戴尔、惠普、联想等。"中信联合舰队"用综合金融产品链深度营销，在股权业务之外推动中信银行与硅谷数模的授信业务，最终给予硅谷数模5000万元综合授信以及其他业务机会，实现投贷联动。硅谷数模上市保荐券商为中信建投证券，此外，本基金托管与中信证券合作协同。项目的落地将使"硅谷数模"模式成为集团体系内协同的又一经典案例，充分彰显了"中信联合舰队"的不凡实力。

（三）中信构想：中信银行将在哪些领域持续发力

近年来，中信银行积极贯彻落实国家关于大力支持战略性新兴产业发展的决策部署，不断改进金融产品与服务方式，充分发挥金融服务作用，助力战略性新兴产业高质量发展。未来将重点在以下方面发力。

1. 创新债权融资：服务"专精特新"企业，投贷联动业务蓄势发力

"专精特新"指的是专业化、精细化、特色化和新颖化。工信部《关于促进中小企业"专精特新"发展的指导意见》对"专精特新"的解释见表1。

表1　工信部《关于促进中小企业"专精特新"发展的指导意见》
对"专精特新"的解释

分项	具体含义
专业化	专注核心业务,提高专业化生产、服务和协作配套的能力,为大企业、大项目和产业链提供零部件、元器件、配套产品和配套服务
精细化	精细化生产、精细化管理、精细化服务,以美誉度高、性价比好、品质精良的产品和服务在细分市场中占有优势
特色化	利用特色资源,弘扬传统技艺和地域文化,采用独特工艺、技术、配方或原料,研制生产具有地方或企业特色的产品
新颖化	开展技术创新、管理创新和商业模式创新,培育新的增长点,形成新的竞争优势

中国中小企业已形成了较为完整的层级划分（见图2）。

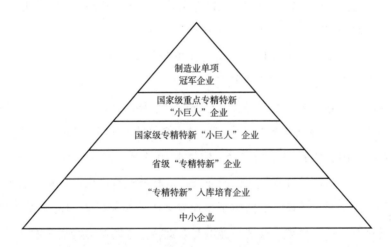

图2　中国中小企业的层级划分

资料来源：中信证券研究报告。

中信银行将全力推动服务科创型中型企业的投贷联动业务，以资本市场综合金融服务为抓手，运用产业逻辑和投行思维，培育未来1~3年内上市的优质客群，构建投资银行业务的梯度客户结构，服务具备创新潜质的细分赛道中型客户，协同券商抓住"北交所"成立契机，连同资本市场融资等投行优势产品向企业提供全生命周期的综合金融服务。

业务态势彰显高质量发展。2021 年，全行投贷联动业务服务 500 家拟上市企业，其中 60% 为新营销客户，战略新兴行业客户占比达到 80%，国家级专精特新"小巨人"企业占比提升至 13%。南京、杭州、苏州、合肥、长沙等分行已形成区域优势，打响了中信银行贯彻国家创新驱动战略的品牌。投贷联动业务充分展现了投资银行条线对拟上市企业的挖掘与培育能力，年内实现 IPO 企业达 30 家，逐步成为我行提前布局科创型企业和拟上市公司的重要抓手。

融融协同赋能精准营销。中信银行全力构建包括行业研究、授信政策、审查审批标准、客户营销指引与名单、资源配置与考核政策，"五策合一"的专业化经营体系。发挥中信集团金融全牌照业务优势，在客户甄别、风险把控等方面提升统一客户服务、深度业务协同，构建中信智库。在推动战略新兴产业客户经营中，努力实现明确资产配置方向、形成"五策"协同合力、强化客户策略落地的目标，实行名单制管理。2021 年中信银行从头部私募机构已投企业、国家级专精特新"小巨人"企业、制造业单项冠军企业、证监局辅导备案拟上市企业中筛选近万个客户指导分行开展客户精准营销。2021 年投贷联动业务客户中，名单内企业占比达到 45%。同时拓展同业朋友圈，中信银行与小米基金、宁德时代基金、武岳峰资本、SK 资本、中信证券、中信建投证券等头部产业资本、私募机构及保荐机构开展资本市场业务合作，利用其在产业内中小企业发展中的引领能力和价值发现能力，为批量获取高价值科创企业客户提供有力支持。主题峰会沟通频繁。中信银行结合国家"十四五"规划内容，将连续五年举办"未来经济大会"。2021年，中信银行携手人民网举办首届以"绿色理想"为主题的未来经济大会。大会邀请人民日报社、中国社科院、国务院发展研究中心、中央党校、中国科协、中央财大、首经贸、中国国新、中国诚通、隆基绿能等单位嘉宾参会。大会从新经济、新产业、新生态三大维度，政企学研各界专家齐聚一堂共话中国未来经济新方向。除主题峰会外，中信集团协同委员会也将定期组织区域协同沟通会。如 2021 年在上海地区成功举办"专精特新"银企战略合作签约活动暨中信银行"科创 e 贷"产品发布会。深度聚焦于生物医药、信息技术、高端装备制造等战略新兴行业，依托中信集团金融全牌照业务优势，构建"商行＋投行""境内＋境外""融资＋融智"一体化的金融服务体系，为上海地区数百家科创企业提供金融服务。

2. 服务股权投资：以私募股权基金为服务载体，根据"募投管退"特点，提供全流程服务方案

党的十九届五中全会提出，"十四五"时期经济社会发展要以推动高质量发展为主题，这是根据我国发展阶段、发展环境、发展条件变化做出的科学判断。习近平总书记在经济社会领域专家座谈会发表重要讲话，指出要以科技创新催生新发展动能，实现高质量发展，必须实现依靠创新驱动的内涵型增长。

通过与战略新兴产业建立战略合作伙伴关系，中信银行深刻认识到"战略新兴"客群是中国未来经济发展过程中代表先进生产力发展方向的高质量客群。要服务好，就要深入做好产业研究，设计个性化金融服务方案，在客群经营认知、服务内容和服务方式上下功夫。

由于战略新兴客群特点与传统信贷审批标准存在一定差距，股权投资往往对该客群有较大吸引力。中信银行深入研究私募投资基金合作方案，形成"募投管退"全流程服务方案，在总行层面成立专业化服务团队，与头部私募机构形成朋友圈，从而更好地为战略新兴客户提供差异化的金融服务，提升客户的综合化服务能力。

（1）募资阶段：通过信银理财、信银投资、私行代销、结构化资金以及中信集团内部协同单位为基金提供资金支持，提供 QFLP 等资金出入境服务。自 2020 年开展私募股权基金代销业务以来，中信银行已上线私募股权类产品 5 个，金额共计 16.327 亿元。

清科 2021 年中国私募股权投资机构 100 强排行榜中，中信银行总行级战略客户有 19 家入选，中信集团内部子公司有 3 家入选，合计 22 家。2020～2021 年，中信银行与中国国新、中国诚通、小米、上汽、宁德时代等战略客户中的私募股权投资基金合作逐步深化，参与并投资多只私募股权基金；2021 年成功举办"未来经济大会"，成立"绿色经济产业基金联盟"，该联盟由中信银行、诚通基金、国新科创基金、中信建投资本、金石投资、信银振华等联合发起，主要目标以扶持现代能源、清洁能源等产业为主，助力地方政府实现"双碳"目标，迈入高质量发展快车道。

（2）投资阶段：通过银行"商行＋投行"综合金融服务，联合基金为被投企业及其高管层提供从成长期至成熟期、从拟上市至上市的全生命周期的综合金融服务方案。通过项目互推、产业协同、区域特色对接会、举办行业论坛等多种形式打造备投项目撮合平台。与基金管理机构共享项目库，定期开展项目推介。提供境内外资金出入境服务方案，主推境外直接投资 ODI 和自贸区跨境资金池两大业务单品。

（3）管理阶段：中信银行是拥有"全牌照"业务托管资格的商业银行之一。截至目前，中信银行托管资产规模达 11.7 万亿元，公募基金托管规模在股份制企业中排名第二。具有 14 大类 46 小类资产的托管资质。通过先进的托管系统满足基金对资金安全时效的要求；依托中信银行大财富管理体系，提供丰富的理财产品及如"监管宝"等账户管理产品，为基金提供增值服务。

（4）退出阶段：通过战略配售、员工持股融资实现被投企业上市需求。通过集团协同提供专业 IPO 辅导。依托银行超 1 亿零售客户和私行客户、80 万对公客户资源、发行 S 基金、集团协同单位等，为基金提供撮合服务，对接 LP 投资者。

中信银行还为被投企业提供如下服务。资金管理方面，中信银行为战略新兴企业提供"收、付、管"一揽子现金管理便利化服务方案。"收"囊括智能收款、全付通、资本宝、票据池、党费通等；"付"囊括收付汇便利化、跨境现金池、外汇保值增值产品及贸易融资产品等；"管"囊括集团现金管理、二清账户、连锁宝、监管宝等。流动性支持方面，中信银行上线"科创 e 贷"全线上信用贷产品，各地区结合当地区域政策，推出如"天府科创贷""巾帼科创贷"等特色化产品，全力支持战略新兴产业发展。

中信银行持续落地如元禾重元叁号股权基金、鼎晖双百基金、宁德时代股权直投基金等多个项目。未来，中信银行将长期服务于具备持续科技创新能力的高成长性中小企业，通过投贷联动方式满足战略新兴企业在成长过程中的综合性融资需求，同时协同中信集团资源及同业朋友圈各方力量共同扶持战略新兴企业快速成长。通过市场化、制度化的高效协作，协同战队将成为各主体、各环节有机互动、协同高效的科技企业综合服务体系，在企业股权债权融资、市场渠道拓展、资本市场运作等方面提供更高效率、更低成本的优势资源和优质服务。

四　结语

当前，我国经济已进入高质量发展阶段，科技、创新和资本的能量效应正在持续爆发交叉赋能，资本市场正在加速汇聚一批极具发展潜力的优质主体。新的历史背景下，将给予中信集团更大的发展机遇。

艰难方显勇毅，磨砺始得玉成。未来，中信集团各板块将深入贯彻"五五三"战略，围绕战略性新兴产业数字化经营、研发投入、供应链资金管理、扩张并购、资本市场业务等各项需求，不断完善产品服务体系。上下同力，在助力中国战略新经济中彰显中信力量。

参考文献

傅培瑜：《我国战略性新兴产业发展的研究》，东北财经大学硕士学位论文，2010。

《工商银行制造业贷款余额超 2 万亿元》，央视网，2022 年 2 月 3 日。

工业和信息化部、国家发展和改革委员会、教育部、科技部、财政部、人力资源和社会保障部、国家市场监督管理总局、国务院国有资产监督管理委员会：《"十四五"智能制造发展规划》，2021 年 12 月。

国投集团：《国有资本发挥引领带动作用，培育发展战略性新兴产业》，《人民日报》2022 年 1 月 12 日。

《上海银保监局：引导督促辖内银行机构加大对浦东战略新兴产业、主导产业的融资支持规模》，中国证券网，2021 年 9 月 28 日。

《"投行思维"看战略新兴产业 招行与"新动能"共成长》，经济参考网，2018 年

12 月 29 日。

《我国战略性新兴产业专利储备不断加强》，《中国工业报》2022 年 1 月 12 日。

《中国建设银行多措并举助力科创 为科技金融注入发展新动能》，《人民日报》2021 年 12 月 14 日。

《"中投二号"新年投资目标已定 将布局战略新兴产业、推动央企重组整合》，经济观察网，2022 年 1 月 29 日。

《中信集团发布新战略 助力新发展格局》，新华网，2021 年 1 月 7 日。

新形势下我国能源电力企业
转型战略、方向及路径

马莉　丛鹏伟　李睿　范孟华　赵铮　薛松[*]

摘　要：　"双碳"目标将推动能源电力行业低碳化转型，加快调整以煤为基础的供应结构和运行方式。电力行业是实现"双碳"目标的主力军，发电企业作为减碳脱碳主要对象，将面临煤电机组利用时间、煤电投资"双降"阵痛期，电网企业在安全可靠、清洁低碳、经济高效供电等方面也面临较大挑战。国外能源电力企业在制定减排目标、推动发电清洁化、提高终端用能电气化和零碳化、创新碳管理机制、研发应用减碳脱碳新兴技术等方面已经有较好的探索和实践，能够为我国相关企业提供借鉴和参考。"十四五"期间，电网企业应着力提升清洁能源配置消纳能力、能源互联网发展水平、系统灵活性水平、新能源开发利用水平、运行安全和效率水平等。发电企业应围绕构建多元清洁供应体系这条主线，突出调整电源结构、加强市场决策、推进关键技术创新三项重点任务。作为政府部门，应加强顶层设计，加强碳排放总

*　马莉，国网能源研究院有限公司副总工程师、教授级高级工程师；丛鹏伟，国网能源研究院有限公司工程师；李睿，国网能源研究院有限公司高级工程师；范孟华，国网能源研究院有限公司室主任、高级工程师；赵铮，国网能源研究院有限公司高级工程师；薛松，国网能源研究院有限公司室主任、高级工程师。

量和强度"双控"、技术创新、电力产业链路径协同等政策供给，系统施策，探索具有中国特色、高效务实的能源绿色转型发展道路。

关键词： "双碳"目标　能源电力低碳化转型　电网企业　发电企业

能源电力行业是碳排放和碳减排的重要领域，能源电力企业作为推动行业碳达峰、碳中和的实施主体，责任重大、任务繁重，挑战与机遇并存。国外能源电力企业在推动能源系统减碳脱碳、绿色转型发展方面已经开展了大量探索实践，能够提供一定借鉴参考。"十四五"期间，电网企业、发电企业应结合自身特点和定位，找准推动脱碳减碳着力点，把握推进新型电力系统建设、科学谋划煤电发展路径等关键问题，政府部门完善有关政策，形成合力，探索具有中国特色、高效务实的能源绿色转型发展道路。

一　我国能源电力行业面临的新形势及新挑战

2020年9月22日，习近平主席在第75届联合国大会一般性辩论上郑重宣布："中国将提高国家自主贡献力度，采取更加有力的政策和措施，二氧化碳排放力争于2030年前达到峰值，努力争取2060年前实现碳中和。"这是中国在《巴黎协定》之后第一个长期气候目标，也是第一次提到碳中和。该目标将给能源电力行业未来的发展带来深刻而巨大的影响。

（一）能源电力行业面临的新形势

一是能源行业是实现"双碳"目标的主战场，调整以煤为基础的能源结构是最大难题。能源活动是我国二氧化碳的主要排放源，处于绝对主要位置。据统计，能源活动约占全部二氧化碳排放量的87%，占全部温室气体排放量的 70%。我国能源消费仍以化石能源为主，能源结构优化任务艰巨。截至 2019 年底，我国煤炭消费占一次能源消费的比重为 57.7%，比全球平均水平的 27% 仍然高 30.7 个百分点。

二是电力行业是实现"双碳"目标的主力军，既是主要碳排放部门，也承接其他行业减排任务。电力领域是我国最主要的碳排放部门。2019 年我国电力行业二氧化碳排放量约 40 亿吨，占能源活动二氧化碳排放的 41%。未来电力行业还将承接其他行业用能转移，碳排放占比继续上升。从能源生产环节看，可再生能源主要转化为电能加以利用。从能源供应环节看，电能是实现冷、热、气、交通等多能系统连接和互补利用的关键。

三是"双碳"目标将推动新能源跨越式高速发展，为电力行业带来重大挑战。系统安全方面，新能源机组等电力电子静止设备大量替代旋转同步电源，电力系统等值转动惯量大幅度降低。电力平衡方面，新能源对电力平衡支撑不足，新能源"小发"期间供应不足和"大发"期间消纳困难的问题交替出现，增加了供需平衡压力。系统成本方面，新能源跨越发展将带来系统备用资源、灵活调节资源成本上升，配套接网送出工程、电网扩展补强工程投资增加，推高系统成本。

总体来看，把握碳达峰、碳中和目标下能源行业发展趋势，需要重点关注市场化、数字化、互动化发展趋势下的市场建设和科学管理。市场化方面，分布式电源、多元负荷和储能快速发展，终端负荷特性由传统的刚性、纯消费型，向柔性、生产与消费兼具型转变，各类新兴市场主体将集中涌现，迫切需要推动体制机制创新。数字化方面，先进信息、网络、控制技术的快速发展和广泛应用，传统能源电力行业将与各类数字技术深度融合，迫切需要推动科技创新。互动化方面，电力系统平衡模式将逐步向源网荷储协调互动的非完全实时平衡转变，同时电力系统将与天然气、交通等其他系统协调互动，迫切需要推动商业模式创新。

综合有关新形势，对电力行业碳减排的要求可以总结为"紧紧围绕一条主线、统筹好两方面关系、加快推进两化"。一条主线，即紧紧围绕构建以新能源为主体的新型电力系统为主线；统筹好两方面关系，指统筹好电力系统碳减排和支撑经济社会发展、保障能源安全的关系；加快推进两化，即推进电力供给清洁化、电力消费高效化。

（二）"双碳"目标下能源电力发展面临的挑战

一是我国调整以煤为基础的能源结构是最大难题。与美国、欧盟等国家或地区相比，我国面临能源电力消费低碳化、工业绿色化的双重压力。能源消费、发电结构方面，我国以煤炭为主，占能源消费的57.7%，燃煤发电占总发电量的62.15%，而美国、欧盟等国家或地区以油气为主，碳排放因子低于煤炭。终端用能方面，我国工业用能占绝对主导，占终端用能方的67%，能源碳减排带来的成本上升对经济冲击较大。

二是电力行业低碳转型面临系统性变革，任务艰巨。随着碳达峰、碳中和进程加快推进，能源系统呈现四个特征：能源生产加速清洁化、能源消费高度电气化、能源配置日趋平台化、能源利用日益高效化。能源格局的深刻调整，必将给电力系统带来深刻变化。在电源结构方面，由可控连续出力的煤电装机占主导，向强不确定性、弱可控出力的新能源发电装机占主导转变。在负荷特性方面，由传统的刚性、纯消费型，向柔性、生产与消费兼具型转变。在电网形态方面，由单向逐级输电为主的传统电网，向包括交直流混联大电网、微电网、局部直流电网和可调节负荷的能源互联网转变。在技术基础方面，由同步发电机为主导的机械电磁系统，向由电力电子设备和同步机共同主导的混合系统转变。在运行特性方面，由源随荷动的实时平衡模式、大电网一体化控制模式，向源网荷储协同互动的非完全实时平衡模式、大电网与微电网协同控制模式转变。

（三）电力企业面临的机遇与挑战

电力行业实现减碳脱碳的核心是电力供给清洁化、低碳化，推动广泛电气化，电力消费节能提效。电力企业尤其是头部企业，在推动电力行业减碳脱碳中承担着更大的责任。

一是电网企业安全可靠、清洁低碳、经济高效供电面临挑战。电网通过促进新能源高效并网消纳、能源消费电气化、能源利用高效化，间接减少碳排放。保障新能源大规模开发并网、"双高"电网安全运行，满足经济社会发展安全可靠、经济高效用电，电网企业压力巨大。

二是电网企业稳健经营面临挑战。受国际疫情持续蔓延、经济下行压力加大、政策性降价、售电量增速放缓等因素影响，电网企业传统业务盈利能力下降，加之输配电成本监审和价格核定更加严格，精准投资、降本增效面临更高要求。互联网思维、数字技术与能源电力行业发展不断融合，行业生态发生深刻变化，跨界经营日益普遍，新兴业务市场竞争日趋激烈。

三是电网企业满足用户需求面临挑战。用户、政府、公众对能源的多样化、定制化、互动化需求越来越高，电网企业要全方位转变服务模式、提升服务品质。从用户类型看，受技术进步和建设成本降低等因素的影响，分布式能源将实现大规模发展，储能、电动汽车等新型设备将大量使用，各种新型的用能形式将不断涌现。从产业结构来看，现代化经济体系加快建设，高端装备、精密仪器等高科技企业以及新经济、新业态蓬勃发展，不仅对电能的可靠性和稳定性提出更高要求，对能源利用的综合性、高效性、交互性提出更高需求。从社会形态来看，智慧交通、智慧环保、智慧建筑、智慧社区不断涌现，在对用能方式提出更高要求的同时，对电网资产、数据等辅助参与社会治理、政府决策、公益服务也提出新的要求。

四是发电企业作为减碳脱碳主要对象，将面临煤电机组利用时间、煤电投资"双降"阵痛期。新能源大规模并网消纳将进一步压减煤电投资需求和利用时间，提高现有煤电资产利用效率、有序规划退出困难重重，寻求优质新能源项目投资压力巨大，发电企业低碳清洁转型和可持续发展亟待破局。

尽管挑战重重，但广泛电气化、节能提效带来能源服务超量增长市场空间，电力企业大有可为。在能源消费侧，将全面推进电气化和节能提效，包括工业、建筑、交通等领域的电能替代、能效提升等，预计 2025 年度电排放较 2019 年下降 20.3%。电力企业发挥自身在项目拓展、业态创新等方面的技术优势、专业优势，可打造"双碳"目标下新的增长极。

二 国外能源电力企业转型实践经验

各国政府均高度重视能源电力领域碳排放问题，国外大型能源电力公司积极应对气候变化，探索能源转型道路，结合低碳目标与碳中和时间节点，多措并举积极落实减排责任，在推动能源电力系统碳减排、促进自身可持续发展方面，能够为我国相关企业提供经验借鉴和参考。

（一）制定明确的减排目标

广泛提出清晰明确的碳中和愿景和减排目标。英国国家电网在 2019 年就提出了量化减排目标及路径，到 2050 年实现公司层面的碳中和，其中直接碳排放减排方面，到 2033 年电网业务净排放量为负。法国电力集团制定了集团层面的量化碳减排目标及路径，计划到 2050 年实现碳中和，到 2030 年直接二氧化碳排放量比 2017 年减少 40%，单位发电二氧化碳排放强度比 2019 年降低 36%。在此框架下配电子公司 Enedis 进一步制定了自己的阶段目标，计划到 2025 年将碳足迹减少 20%，实现碳中和的时间与集团公司保持一致。日本关西电力计划到 2050 年实现碳中和，基本与本国政府承诺的碳中和愿景时间节点保持一致。部分电力企业还制定了详细的二氧化碳排放量、单位发电二氧化碳排放强度等控制目标。

（二）推动发电清洁化

促进无碳发电装机大幅度增长是共性选择。英国国家电网计划在 2025 年之前关闭所有燃煤电厂，到 2030 年可再生能源装机占比提高到 80% 左右，建成投运 40 GW 海上风电，到 2050 年无碳能源发电装机增长 1 倍以上。2020 年，英国国家电网无煤发电（包括可再生能源发电、核电、燃气发电等）时间超 5147 小时，比 2019 年增加 40.1%。法国电力集团实施清洁电源发展计划，到 2030 年将可再生能源装机容量较 2014 年翻一番，超过 50 GW。日本东京电力成立新能源子公司，负责水电、风力、光伏发电投资及运营。意大利国家电力公司计划可再生能源发电年均增长 4.7 GW，到 2022 年实现装机占比 60%。

（三）提高终端用能电气化、零碳化

一是建筑节能改造是大部分电力企业重视的领域。英国国家电网计划到 2030 年实现民用建筑物峰值电力需求降低 10%，到 2050 年降低 13.5%。德国意昂集团推出零碳商业园区示范项目，采取全清洁能源供能，开发储能阵列、节能冷却系统以及低碳供热等。日本关西电力成立专业脱碳咨询机构，协同业务部门，为企业提供减碳脱碳咨询、能效提升改造等服务。

二是普遍重视用户侧分布式发电、储能、电动汽车等投资建设。日本关西电力大力推进建设分布式能源开发建设。意大利国家电力公司计划全球范围内布局 14 万个充电站。英国国家电网计划到 2050 年，服务 3500 万辆电动汽车充电及运营，推动分布式发电装机大幅增长。法国电力集团计划 2022 年为 60 万辆电动汽车提供电力，本国充电市场份额达 25%，成为欧洲电动车充电市场的领导者。

（四）创新碳管理机制

一是重视碳足迹，助力上下游产业链跑出脱碳"加速度"。意大利国家电力公司明确提出逐步退役高碳设备。英国国家电网承诺到 2028 年不再安装使用六氟化硫（SF_6）设备，到 2030 年六氟化硫总泄漏量减少 50%，到 2050 年消除所有六氟化硫气体。法国电力集团自 2018 年起，采取"卓越补救"行动计划，计划在 15 年内投资 6.3 亿欧元更换 20 个老化变电站，减少六氟化硫泄漏源。

二是注重根据国际权威机构的碳排放标准验证减碳效果，主动披露有关信息。法国电力集团在 2020 年初就加入了"企业雄心助力 1.5℃"（Business Ambition for 1.5℃）倡议，以第三方"科学碳目标倡议组织"（SBTi）独立性验证碳轨迹减排目标的合理性及可行性，主动披露有关信息。意大利国家电力公司根据全球报告倡议组织（GRI）的国际标准要求，核算并定期披露碳减排信息。

（五）研发应用新兴技术

积极探索碳捕获、利用与封存等减碳脱碳新兴技术。英国国家电网提出综合碳捕集技术、碳补偿方案，进一步消除公司排放。日本东京电力计划灵活探索应用碳捕获、利用与封存技术，把可再生能源制氢作为研发重点，探索氢能冶金等。

三　我国电力企业低碳转型重点举措

（一）电网企业低碳转型重点举措

电网企业在推动发电清洁化，促进用户低碳、高效用能，促进产业链上下游减少碳排放方面能够发挥平台作用。结合电网企业在碳减排链条中的定位，"十四五"期间应着力提升清洁能源配置消纳能力、能源互联网发展水平、系统灵活性水平、驾驭新型电力系统能力、新能源开发利用水平、终端消费电气化水平、运行安全和效率水平、支撑和保障能力。

一是加强各级电网协调发展，提升清洁能源优化配置和消纳能力。加快特高压电网建设，提高跨省跨区输送清洁能源力度，提升资源跨区域大范围配置能力与清洁能源消纳保障能力。加大配电网建设投入，提升配电网智慧化水平，建成安全可靠、绿色智能、灵活互动、经济高效的智慧配电网。

二是加强电网数字化转型，提升能源互联网发展水平。加快信息采集、感知、处理、应用等环节建设，打造电网数字化平台。依托电网平台，加大数据共享和价值挖掘，拓展新业务新业态新模式，构建能源互联网生态圈。

三是加强调节能力建设，提升系统灵活性水平。加快建设抽水蓄能电站，全力配合推进火电灵活性改造，大力支持电源侧储能建设，积极服务用户侧储能发展，推动各省区市出台需求响应支持政策和市场机制，扩大可调节负荷资源库。

四是加强电网调度转型升级，提升驾驭新型电力系统能力。提高新能源预测精度，建设适应电力绿色低碳转型的平衡控制和新能源调度体系。建设贯穿国省地县的分布式电源调度管理系统，构建全景观测、精准控制、主配协同的新型有源配电网调度模式。

五是加强源网协调发展，提升新能源开发利用水平。开辟风电、太阳能发电等新能源配套电网工程建设"绿色通道"，做好新能源接网服务工作。配合政府部门做好分布式电源规划，支持分布式新能源和微电网发展。推广中长期交易+现货交易+应急调度的新能源消纳模式，开展绿电交易、发电权交易、新能源优先替代等多种形式交易，不断扩大清洁能源交易规模。

六是加强全社会节能提效，提升终端消费电气化水平。落实国家能源双控政策，推动低碳节能生产和改造。在工业、建筑、交通等领域，大力推进以电代煤、以电代油、以电代气，持续拓展电能替代广度和深度。聚焦于公共建筑、工业企业和农业农村等领域，积极拓展综合能源实体项目和增值服务。

七是加强能源电力技术创新，提升运行安全和效率水平。实施科技攻关行动计划，统筹推进基础理论研究、关键技术攻关、标准研制、成果应用和工程示范。加快新能源发电主动支撑、智能调度运行控制、市场运营协同等关键技术攻关，开展关键装备和标准研制，推进河北张家口、浙江、青海等新型电力系统示范区建设。

八是加强配套政策机制建设，提升支撑和保障能力。研究新型电力系统构建新增成本和疏导问题，推动健全电力价格形成机制。加快推动建设竞争充分、开放有序的统一电力市场，在全国范围优化配置清洁能源。预判重点行业用电需求增长，构建能源电力安全预警体系。

（二）发电企业低碳转型重点举措

发电企业是减碳脱碳的主要对象，面临资产结构、发展模式"双重塑"的系统性变革，挑战与机遇并存，任务艰巨。"十四五"期间，发电企业应围绕"一条主线"、突出"三个重点"，即围绕构建多元清洁供应体系这条主线，突出调整电源结构、加强市场决策、推进关键技术创新三个重点。

1. 调整电源结构

发电企业应加强与政府主管部门的沟通，把握"三个方面"，即科学谋划煤电发展路径、新能源集中式与分布式开发并举、推动不同类型清洁电源高质量发展，实现电力供应"提档升级"，保障供电能力、供电水平稳定，确保供电结构清洁低碳。

2021年10月22日，习近平总书记主持召开深入推动黄河流域生态保护和高质量发展座谈会，提出"要坚定走绿色低碳发展道路，抓紧有序调整能源生产"。国家能源委员会会议要求，要根据发展需要合理建设先进煤电，继续有序淘汰落后煤电；纠正个别地方"一刀切"限电限产或运动式减碳。煤电发展定位是影响转型路径的最关键因素，也是影响电力供应安全可靠的重要因素之一，发电企业未来发展可分为"增容控量""控容减量""减容减量"三个阶段，科学谋划煤电转型路径，防止煤电"急刹车"、盲目关停煤电，避免电力供应单纯依赖新能源增长。

"十四五"时期是"增容控量"阶段。在容量增长基础上严控煤电发电量增长，维持煤电装机和电量一定增长空间，在维持电力平衡，提供转动惯量、安全备用等维护系统安全，降低系统成本等方面发挥重要作用。发电企业优化火电装机结构调整和布局，根据燃煤机组性能、地区电源结构特点、地区碳达峰路径等，合理制定存量机组转型方向和路径，包括有序退役、加大技术改造力度降低度电煤耗和碳排放、向调峰调频及应急电源转型等。在新增机组投资、存量机组技改等环节，发电企业将减少碳排放作为硬约束条件，从全生命周期经济环保成本最低出发，合理制订投资方案、安排投资计划。

"十五五"时期是"控容减量"阶段。进入装机峰值平台期，燃煤机组发电量和耗煤量稳步下降，减碳、固碳技术进入产业化培育初期阶段，助力燃煤发电降低碳排放。

2030年之后是"减容减量"阶段。煤电装机和发电量稳步下降，一部分成为应急备用，远期近零脱碳机组逐步增加。预计2060年近零脱碳机组将完成CCUS改造，为系统保留转动惯量的同时捕捉二氧化碳，应急备用机组基本退出运行，仅在个别极端天气或应急等条件下调用。

坚持"两个并举"持续高比例大强度开发利用新能源。坚持新能源基地型、规模化开发与分散型、分布式应用并举，坚持新能源单一场站项目开发与新能源发储用一体化综合项目开发并举，分阶段分地域优化投资布局，推动风电、太阳能发电等清洁电源高质量发展。

对于风电，近期稳步推进西部、北部风电基地集约化开发，因地制宜发展东中部分散式风电和海上风电，优先就地平衡；中远期随着东中部分散式风电资源基本开发完毕，风电开发重心重回西部、北部地区，而海上风电则逐步向远海拓展。对于太阳能发电，近期以光伏发电为主导，东中部优先发展分布式光伏，西部、北部地区主要建设大型太阳能发电基地；中远期包括光热发电在内的太阳能发电基地建设将在西北地区以及其他有条件的区域不断扩大规模。

2. 加强市场决策

发电企业市场环境发生深刻调整，电力市场、碳交易市场加快完善，燃煤发电上网电价全部放开、可再生能源补贴加速退坡，清洁能源大规模消纳困难长期存在，部分电力用户绿色电力消费需求强烈，发电企业稳健经营压力巨大，亟须统筹制定市场决策开源增收、挖潜降本，持续提升可持续发展能力。

一是优化电碳市场决策，促进火电向灵活调节资源转变，把碳成本向下游有效传导。新能源企业可开发国家自愿减排交易 CCER 项目并在碳市场中出售，获得的收益可用于支付电力市场中调峰、爬坡、惯量等辅助服务成本。而火电企业通过为新能源提供辅助服务获得收入，可用于弥补其碳成本。

二是主动增强调峰和储能能力，增加可再生能源并网规模。统筹可再生能源资源禀赋、地区调节资源分布、电价政策等实际情况，因地制宜采取购买、自建、合建调峰和储能能力等措施，加强项目运行管理，改善可再生能源出力情况，增大并网消纳规模。

三是加强技术和模式创新，深度拓展综合能源服务。发挥发电技术优势，通过物联网、5G 等先进信息技术将各类能源设备有机连接，构建面向用户的设备级综合能源管控平台，促进能源流和信息流高度融合，以绿色高效的方式满足客户定制化需求，开展长期运营服务，创造可持续的经济效益。面向投资规模大、风险大、技术复杂度高的综合能源项目开展合作，重点联合设备、数字技术、金融机构等资源优势方，以项目公司为主要载体，采用"资产所有多元化＋运营维护专业化"的方式，实现多方共赢。根据碳市场建设进度，开发碳期货、碳金融衍生品，拓展碳资产管理业务等。

3. 推进关键技术创新

发电转型高度依赖科技创新，现有的关键核心技术远不足以提供有效支撑，应重点围绕煤电清洁化、新能源友好化，通过加大科研投入、加快基础前瞻性研究、加强学科交叉与合作、推进基础设施和人才队伍建设等举措，集中组织对各种关键技术开展科研攻关、试点应用、产业孵化和工程化推广。

在煤电清洁化技术创新方面，需要着力加强碳捕集、利用与封存（Carbon Capture, Utilization & Storage, CCUS）技术研究与规模化商业应用。CCUS 是我国践行低碳发展战略的必然技术选择，对实现碳中和至关重要。CCUS 技术成熟度及推广时间将深刻影响煤炭退出和煤电转型方式。目前发电环节应用 CCUS 还存在高投入、高能耗和高附加成本等技术经济性问题，以及运输、封存等基础设施问题。若 CCUS 不能实现技术突破和规模化商业应用，未来基本难以保留煤电、气电等可提供惯量的传统电源。

在新能源友好化技术创新方面，应充分考虑关键技术的成熟度、竞争力、需求潜力和资源条件等要素，超前布局重大技术研发，力争颠覆性技术实现重大突破，加快商业化应用，分领域、分阶段统筹发展，集中组织对各种关键技术开展科研攻关、试点应用、产业孵化和工程化推广。

在新能源发电领域，近中期重点研究新能源发电功率精准预测技术、新能源发电集群协调运行控制技术、远海风电并网及运行控制技术，中远期则重点突破小型堆技术、可控核聚变、核电延寿与内陆核电开发。在新型储能与协同利用领域，近中期重点研究抽水蓄能、非抽蓄储能设备的规模化与商业化运营、新型储能装备及多场景运行控制技术，中远期则在大规模低能耗液氢和长距离绿氢储运、制氢/氢利用系统与电网协调互动等方面重点突破研究。在数字能源领域，近中期重点研究深化"大云物移智链"与能源技术融合应用、电力系统核心装备、数据安全技术，中远期则重点突破智能量测、先进通信、数字孪生与能源技术融合、电力系统全场景安全防护体系。

四 政策建议

按照中央"坚定不移贯彻新发展理念，坚持系统观念，处理好发展和减排、整体和局部、短期和中长期的关系"的要求，政府部门要主导做好政策设计，特别是统筹处理好近期政策与中长期政策的衔接，能源电力企业发挥责任主体作用，探索具有中国特色、高效务实的能源绿色转型发展道路。

一是加强顶层设计，明确各省份、各行业碳减排配额统筹。加快确定和实施各省份碳排放达峰时间和主要指标。推动制定和实施主要行业碳达峰规划和行动方案，合理分配不同行业碳预算。

二是坚持和完善能源"双控"制度。健全"双控"管理措施，合理控制能源消费总量，严控能耗强度，遏制"两高"项目盲目发展。坚持节能优先，加快调整经济、产业和用能结构，大力推广能效技术。适时征收碳税，通过财税政策引导全社会投资、生产、流通、消费环节的碳减排。

三是建立统筹兼顾的利益平衡机制。高度重视新能源利用成本问题，提前研究成本疏导机制，以市场化手段解决成本增加问题。适时征收碳税，通过财税政策引导全社会的投资、生产、流通、消费环节的碳减排。

四是强化关键技术研发、示范和产业化相关政策支持。加强科技战略引领，结合"双碳"目标制定新一轮科技发展规划。持续加强碳中和关键技术研发支持力度，完善配套政策体系，加强资金支持力度。布局碳中和相关技术的重点实验室和重大示范工程，为产业化提供激励政策。

五是加快完善电力市场政策体系。研究制订全国统一电力市场顶层设计方案和实施路线图，做好电力市场和碳市场的协同建设发展，加快辅助服务市场建设，积极探索容量补偿机制，建立可再生能源发电配额制、保障性收购政策与市场交易有序衔接的机制，为大范围、高效率消纳新能源提供市场制度保障。

六是完善绿色金融政策框架，助力低碳发展。积极出台绿色金融发展支持政策，推动企业或项目的环境成本内部化。更好地发挥市场机制在绿色金融中的作用，激发相关产业参与绿色信贷积极性。对于新兴绿色金融手段，结合碳中和的进程动态化调整绿色金融政策。

七是加快完善新能源消纳政策体系，合理确定新能源利用率及发展规模。从能源供应系统全局出发，研究"十四五"时期新能源合理利用率及发展规模。制定和建立有利于新能源参与市场的政策和价格机制，推动新能源消纳逐步由市场承接。根据合理利用率变化情况，滚动调整新能源规划方案。

参考文献

薛松、马莉、张寒：《"30·60"愿景下电力企业的机遇和挑战》，《电力决策与舆情参考》2021 年第 15 期。

张寒、薛松、马莉：《国际配电网低碳转型经验及我国配电网低碳发展的探讨》，《电力决策与舆情参考》2021 年第 37、38 期。

张运洲：《"双碳"目标下电力转型路径及重大问题探讨》，中国电机工程学会电力系统专委会、新能源并网与运行专委会 2021 年联合学术年会，2021。

张运洲：《新型电力系统的革命性影响》，2021 北京国际风能大会暨展览会，2021。

新能源汽车驱动电机技术探索与实践

邓春鱼　马霁旻　王亚玮　李　宣　程宇航*

摘　要： 近年来，随着世界各国对气候变化、环境污染等问题的重视，发展高效清洁、绿色环保的新能源汽车已成为各国的共识。与此同时，在碳达峰、碳中和的大背景下，我国新能源汽车将迎来新的发展机遇。作为动力系统的重要组成部分，驱动电机是新能源汽车的核心部件，其性能的提升对于新能源汽车产业的升级与发展起着关键作用。本文以武汉智新科技股份有限公司为案例，阐述我国新能源汽车驱动电机企业在关键技术上的探索与实践。本文首先回顾国内外新能源汽车的发展概况，然后介绍驱动电机技术现状和国内发展存在的技术壁垒，之后重点介绍以武汉智新科技股份有限公司为代表的国内企业的驱动电机相关产品和技术，展现企业针对市场环境所做的探索，最后对我国新能源汽车驱动电机企业面临的挑战进行归纳和思考，为新能源汽车驱动电机企业的发展提供对策建议。

关键词： 新能源汽车　驱动电机产品　探索与实践　市场

* 邓春鱼，智新科技股份有限公司纪委书记；马霁旻，智新科技股份有限公司研发中心副总监；王亚玮，华中科技大学硕士研究生导师；李宣，华中科技大学硕士研究生；程宇航，华中科技大学硕士研究生。

一 新能源汽车发展概况

为了缓解全球变暖、改善生态环境，创新绿色发展、高效利用能源已成为全世界共同发展的方向。新能源汽车因具有清洁、高效等巨大的优势，正逐步替代传统的燃料汽车，展现出广阔的发展前景。世界各个国家或地区都把新能源汽车放到核心发展地位，从政策法规、科研布局、财税补贴、推广应用等方面大力推动新能源汽车产业的发展。如图 1 所示，全球新能源汽车销量及市场占比呈现逐年攀升的趋势。据统计，2020 年全球新能源汽车销量达到 312.5 万辆，新能源汽车市场占比达到 4%，再创历史新高。欧洲、美国、日本等汽车产业领先国家和主要车企，围绕未来汽车电动化发展达成高度共识，纷纷发布电动化战略目标和产品规划，加快汽车电动化转型。其中，欧洲在汽车电动化转型方面明显加速，2020 年 6 月电动汽车销量创纪录达到 9.3 万辆，同比增长 95%。

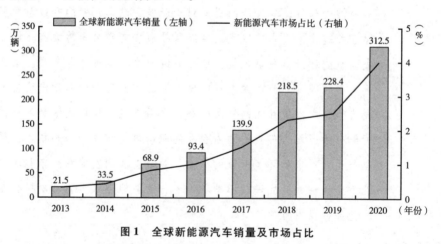

图 1　全球新能源汽车销量及市场占比

在我国，新能源汽车也是国家重点发展的战略性新兴产业。《节能与新能源汽车技术路线图 2.0》指出，新能源汽车将逐渐成为汽车主流产品，汽车产业在 2035 年基本实现电动化转型。《新能源汽车产业发展规划（2021—2035 年）》也明确提出，2025 年新能源汽车销售量将达到汽车销售总量的 20% 左右。习近平主席在第 75 届联合国大会上提出"双碳"目标后，我国新能源汽车将迎来新的发展机遇。因此，新能源汽车市场发展潜力巨大，是我国由汽车大国迈向汽车强国的必由之路。

得益于优惠政策的扶持和新能源汽车行业的不懈努力，我国新能源汽车销量自 2015 年以来，已连续六年居世界首位。截至 2020 年 12 月，国内累计推广新能源汽车超 550 万辆，新能源汽车的市场占比也呈现逐年上升的趋势，如图 2 所示。这其中，乘用车销量占整个新能源汽车市场的 80% 左右，是新能源汽车市场的主力军。

图 2　中国新能源汽车销量及市场占比

根据动力类型的不同，新能源汽车一般可以分为三类：第一类是动力电池提供能源的纯电动汽车，在新能源汽车市场占主导地位；第二类是电机和内燃机共存的混合动力汽车，以乘用车为主；第三类是以燃料电池为能源的燃料电池汽车，目前重点布局在商用车领域。作为动力系统的重要组成部分，驱动电机是这三类新能源汽车的共性和核心部件。驱动电机对整车的动力性、经济性、舒适性、可靠性等方面有着重要影响。可以说，新能源汽车产业的升级与发展，离不开驱动电机性能的提升。因此，开发具有强驱动能力、高驱动效率、优驱动品质的驱动电机已成为新能源汽车产业发展的迫切需求。

二　驱动电机技术现状及趋势

自 1997 年日本丰田推出世界上第一个大规模生产的混合动力汽车普锐斯 Prius 以来，驱动电机技术迎来了二十多年的快速发展。下面将分别从驱动电机技术路线、高转速和高功率密度设计、高磁阻设计、扁线绕组、高效冷却散热设计、高性能材料、低振动噪声技术以及电驱动总成"三合一"设计等方面简要综述国内外新能源汽车驱动电机的技术现状及趋势。

（一）驱动电机的技术路线

当前国际市场上的驱动电机主要有感应电机和稀土永磁电机两种类型。感应电机的结构简单，可靠性高，制造工艺成熟，但加工成本较高，且功率密度、转矩密度难以得到突破。目前仅有宝马 Mini - E 系列、雪佛兰 Silverado 等汽车产品中主要使用感应电机作为驱动电机。与之相比，稀土永磁电机具有体积小、重量轻的特点，以及高效率、高转矩密度，宽调速范围、高过载能力的性能优势，且动态性能好、控制算法成熟（刘金峰等，2012）。因此，永磁电机已成为国内外新能源汽车驱动电机的主流路线。采用稀土永磁电机方案的企业包括日产凌风、丰田 Prius、宝马 i3、比亚迪宋、北汽新能源等。截止到 2020 年，稀土永磁驱动电机的市场占比已超过 90%。

（二）驱动电机高转速、高功率密度设计

近年来，汽车驱动电机一个很显著的趋势是通过提高转速来提升电机的功率密度和效率。表 1 列出了三代丰田 Prius 驱动电机的尺寸参数及性能。对比分析发现，电机的转速从 6000 r/min 逐步提升到 17000 r/min，电机的体积逐渐趋于小型化，这不仅有利于改善车内空间拥挤的现状，而且减少了磁钢用量，降低了电机的成本。由此可见，驱动电机正朝着高速、高功率密度方向发展。在减小磁钢用量的基础上进行产品的高效化设计，已成为驱动电机发展与节能减排结合的大势所趋。

表1　三代 Prius 驱动电机的尺寸参数及性能指标

驱动电机型号	Prius2004	Prius2010	Prius2017
转子拓扑			
槽极配合	48 槽 8 极	48 槽 8 极	48 槽 8 极
定子外径(mm)	269	264	215
叠片长度(mm)	84.0	50.8	59.7
磁钢重量(kg)	1.23	0.77	0.57
功率密度(kW/L)	3.25	4.80	5.70
峰值功率(kW)	50	60	53
峰值转矩(Nm)	400	207	163
最高转速(r/min)	6000	13500	17000
最高效率(%)	94	96	97

　　国内驱动电机产品也迅速发展，电机的最高转速和功率密度不断提升。现有产品已经达到或超过 15000 r/min，目前正朝着更高转速方向发展。但是，国内驱动电机厂商在高速转子设计、高速轴承突破等方面仍然与国外先进产品存在较大差距（张军等，2018），有待进一步研究和探索。

（三）驱动电机高磁阻设计

　　稀土永磁成本的不断提高，驱使着永磁电机的设计向提高磁阻转矩成分发展，以补偿磁钢用量减小带来的转矩损失（温嘉斌等，2019）。同时，高磁阻设计有利于减小空载反电动势以及高速弱磁区间的电流，提高电机高速运行时的效率。国际上知名的电驱动系统知名企业，诸如丰田和宝马，其分别推出的丰田 Prius 系列和宝马 i 系列，在转子拓扑的选择上，都向高磁阻结构方向发展，通过采用双 V、V 一甚至多层磁障结构来提升磁阻转矩比例，降低驱动电机的成本。当前我国驱动电机企业大多跟随国外产品设计，自主创新能力仍需要提升。

（四）驱动电机扁线绕组

绕组是电机实现机电能量转换的枢纽，图3是市面上常见的圆线和扁线两种不同类型的绕组形式。近年来，扁线绕组电机逐步成为国外驱动电机产品的主流。表2对圆线绕组和扁线绕组进行了对比。相比于传统的圆线绕组，扁线绕组有利于提高槽满率，缩短端部长度，降低定子电阻和铜耗，同时可以增强散热能力并降低电磁噪声，增大了齿部空间，有利于小型化设计，并在提高电机的转矩密度和功率密度方面展现出明显的优势。

（a）圆线绕组　　　　　　　　　　（b）扁线绕组

图3　圆线绕组与扁线绕组

表2　圆线绕组与扁线绕组的性能对比

特性	圆线绕组	扁线绕组
导体形状	圆形	矩形
齿槽结构	平行齿	平行槽
槽满率	低	高
连接方式	叠绕组	波绕组
绕组端部	较长	较短
散热面积	较小	较大
绝缘纸结构	无需成型	需预成型
线圈成型	线模缠绕,无需焊接	模具挤压成型,需焊接

自美国通用电气公司于 2011 年发布第一款扁线驱动电机以来，美国雷米公司、日本丰田和本田等公司在绕组排列和加工工艺等方面进行了大量的专利技术积累，形成了一定的技术壁垒。我国的华域电动、松正电机、弗迪动力和比亚迪（杨俊，2021）等公司最新推出的驱动电机产品虽然也采用了扁线技术，但其扁线电机生产规模较小，核心技术规避国外专利难度大，绕组工艺水平和端部连接方式有待进一步创新和突破。

（五）驱动电机高效冷却散热设计

随着新能源汽车对驱动电机的功率密度要求日趋严格，对驱动电机冷却效率的需求也越来越高。先进的冷却方式可以增强驱动电机的换热效率，保证电机在高电负荷下安全可靠运行。油冷技术及多种冷却技术相结合已经成为国外驱动电机产品重要的发展趋势（郭少杰等，2020）。日本丰田公司、美国特斯拉公司等驱动电机产品采用油冷技术，相比于水冷，其优势在于，油的绝缘性能良好，沸点和凝点比水高，使冷却液在低温下不易结冰，高温下不易沸腾。油冷技术显著地提高了电机的冷却能力，采用油冷技术，可以大胆地通过提高电流密度来提高电机的功率密度。

在国内驱动电机的冷却系统中，水冷技术仍然是目前的主流散热方式，油冷技术的应用相对较少。因此，研究低成本、高可靠性的油冷技术仍是我国驱动电机企业需要克服的技术难题（李翠萍等，2019）。

（六）驱动电机高性能材料

高性能材料应用是驱动电机性能提升和轻量化的重要保障。由于驱动电机系统对转速提升有迫切需要，高转速下不同零部件的变形差异对稀土永磁材料的力学性能提出更加苛刻的要求。另外，转速的提升造成永磁体涡流损耗的增大和温度的提升，需要进一步提高永磁材料的电阻率。为此，在保证高磁性能的前提下，大范围提升永磁材料的电阻率和机械强度成为争夺高端稀土永磁材料制高点的决胜环节。与此同时，先进的铁芯材料对于提升电机的磁负荷、减少铁耗以及提升转子运行转速都有着至关重要的作用（朱龙飞，2017；吴胜男，2017）。然而，目前我国相关企业在电机新材料研发方面仍存在明显的短板，新材料开发周期长，相关技术和经验积累较少，尚未形成高效可靠的新材料开发流程。

（七）驱动电机低振动噪声技术

在新能源汽车中，振动噪声这一指标与用户体验直接关联。作为电驱动系统的重要一环，驱动电机的振动噪声问题近年来引起了普遍关注。电机噪声分为电磁噪声、机械噪声、冷却噪声。其中，电磁噪声是由径向或切向电磁力、转矩波动、偏心、齿槽噪声等引起的，电磁噪声的辐射功率相较其他两类而言，占比较低，但因其频率高、响度大，很容易被人耳察觉。

低振动噪声技术主要包含两方面，分别是电机本体 NVH 优化和控制算法 NVH 优化。具体包括：电磁结构参数优化设计，电机各阶模态、共振频率分析（陈士刚等，2019；王建等，2009），电机各向异性传递特性研究及传递函数构建，全闭环转矩脉动抑制算法研究，电流精细控制技术、电流谐补偿（Chiba 等，2011）、轴电流抑制（Isomura 等，2013）等。就目前来说，国产驱动电机的振动噪声水平相较于国外产品仍有一定差距。

（八）电驱动总成"三合一"设计

未来新能源汽车电驱动系统趋向于轻量化、小型化（严蓓兰，2018），驱动总成已经从早期的分离式减速器和电机，逐渐发展为集成式或一体化的驱动总成。一体化高效率、高功率密度、低噪声电驱动总成成为发展趋势。

国外企业推行将电机、电控、减速器与传统车桥结合形成高度集成化的电驱动桥产品，成本更低且体积更小，已有如吉凯恩、博格华纳等公司开发的成熟产品。在国内，对于"三合一"产品，比亚迪已量产，其他包括精进电动、长安汽车、大洋电机等企业已经研发了"三合一"电驱动总成方案。现有产品结构简单、体积小、成本低，但对于一些动力性要求高的车型，没有换挡功能不能满足其动力性要求，"三合一"系统带来的散热与噪声等问题也亟待解决（李刚，2021）。

三 武汉智新科技股份有限公司的探索与实践

（一）智新科技股份有限公司简介

智新科技股份有限公司（原东风电动车辆股份有限公司）成立于 2001 年 9 月 28 日，是东风汽车集团有限公司直属二级板块和国务院"双百企业"试点单位。公司在职员工 527 人，其中，研发技术人员 213 人，占比 40%，博士（后）5 人，硕士 106 人，硕博占比 50%。东风新能源汽车产业园园区分别位于沌阳大道（占地面积 9 万平方米）以及凤亭二路（占地面积 24 万平方米）。智新科技股份有限公司建有 7500 平方米的电机电控实验室作为实验场地，实验室获得 CNAS 国家实验室认证，具有 260 + 测试设备，100 + 测试项目，具备仿真设计和验证能力，公司以打造国际领先的高集成度新一代电驱动系列产品为目标。

作为东风汽车公司发展新能源事业的主阵地，公司经历了"以整车为研究对象""研发新能源汽车平台和整车控制器""研究新能源核心三电及智能网联关键技术"三个主要阶段。公司作为东风集团新能源智能网联汽车核心零部件研发与产业化的平台，已形成了以新能源与智能网联汽车的关键零部件与总成系统为核心的产业化布局，先后获得国家 863 成果转化基地、国家新能源汽车专利产业化试点基地、国家汽车质检中心（襄阳）电机/电池检测试验室、湖北省电动汽车工程技术中心等资质，多次获得国家、省、市及行业科技进步奖。公司拥有发明专利 146 项，掌握 32 项驱动总成关键技术、11 项电控关键技术和 11 项电池关键技术。

（二）智新科技股份有限公司驱动电机关键技术

在"十三五"期间，智新科技股份有限公司从无到有，达成了掌控新能源"三电"关键技术、核心资源的战略目标，形成完整的"三电"产品自主开发、试验验证、制造销售、匹配服务全价值链经营能力。其中在驱动电机领域，智新科技股份有限公司在高功率密度驱动电机设计及优化设计、扁线绕组驱动电机技术、流体散热仿真分析技术、高性能电驱动总成 NVH 系统综合优化、一体化电驱动总成关键制造工艺、性能测试与产业化多个方面取得了多项关键技术突破。已形成年产量 12 万套的纯电产线能力，并建成扁线定子产线，自主开发了同槽异相扁线绕组方案。该团队在油冷电机开发方面，已自主研发并完成了第一轮油冷电机的设计、仿真、试制及试验，验证了油路结构设计的合理性，为高转速、高功率、高扭矩密度电机的开发打下了良好基础。

（三）智新科技股份有限公司驱动电机产品

驱动电机产品包括混动系统和纯电系统两种。混动系统中具有代表性的 HD120 采用扁线绕组和多档化减速器。纯电系统中 iD2 – 240 和 iD2 – 160 型号功率密度可达 6.3 kW/kg，系统效率达到 88%；正在研发的 iD3 系列，功率密度将提高至 6.9 kW/kg，效率可达 91%。纯电系统部分产品的性能参数如表 3 所示。该类产品的优势主要包括：具有行业领先的多层扁线技术；功率段覆盖 70～240 kW，满足 A – C 级纯电驱动车辆的需求；采用轻量化平台设计，相较市场同级竞品轻 27.5%；产品具有高功率密度、高扭矩密度和高转速；采用第三代电机控制系统，功能安全满足 ASIL – C 等。

表 3　纯电产品性能参数

参数名称 Item	iD2 – 120	iD2 – 160	iD2 – 240
额定/峰值功率（kW）	55/120	60/160	100/240
最高转速（r/min）	15000	15370	16000
峰值轮边扭矩（Nm）	2619	3300	4000
系统最高效率（%）	≥93	≥93.1	≥93.3
总成重量（kg）	62	82	90
SOP 时间	2020 年 7 月	2021 年 10 月	2022 年 3 月

（四）智新科技股份有限公司市场探索及发展举措

智新科技股份有限公司在"十四五"规划中，致力于成为新一代汽车动力总成领导者，打造成为行业前五的动力总成平台供应商，为行业提供性能优异、质量可靠、有成本竞争力的动力总成产品。为实现这一目标，公司拟采取四大举措。

第一，打造产品平台。通过主动分析应用场景，布局纯电及混动系列化产品，功率覆盖 50~400 kW，通过产品的不断迭代升级，实现从有到领先的转变。

第二，提升综合竞争力。以集成化、高速化、高效化为目标，掌控高压油冷、SiC 应用、功能安全等 43 项关键技术，并通过技术降本、供应链降本、制造降本、管理降本、销售降本等，实现成本竞争力提升。

第三，突破营销能力。同步跟进整车客户车型开发日程，趋前服务、快速响应，为客户提供系统解决方案。动力总成实现东风集团内自主乘用车品牌全覆盖，合资品牌和商用车协同取得突破，同步拓展集团外优质客户。

第四，打造高质量经营体系。通过提升可持续发展经营能力、数字化研发能力、精益制造体系，不断完善公司的经营体系和提高公司的经营能力。

四 我国新能源汽车驱动电机企业
面临的挑战

随着我国"双碳"目标的提出，新能源汽车驱动电机行业将迎来重要的发展窗口期。乐观预计 2025 年销量将接近 800 万辆。与此同时，随着跨国企业的转型以及众多造车新势力的涌现，驱动电机行业的市场竞争势必趋于白热化，产品综合性能、产品收益能力均会面临较大挑战。下面从国内外环境、产品质量、产品安全性等几方面浅谈我国新能源汽车驱动电机企业所面临的挑战。

（一）国外电动化步伐加速，外部形势复杂

在当前绿色发展的大背景下，传统的燃油汽车已经无法顺应时代发展的主旋律，新能源汽车已是大势所趋。为此，跨国汽车企业巨头如德国大众、宝马、日本丰田、美国通用等，纷纷明确了新能源汽车销售目标，不断加快推出新能源汽车产品。通过形成规模化、系列化产品，抢先占有国际和国内市场，产业格局面临重大调整。从图4可以看出，在2020年全球新能源乘用车销量TOP 20企业中，国外企业占有12席。由于具有技术积累和品牌优势，国外企业在未来几年可能占有更多席位。与此同时，受中美贸易摩擦、新冠肺炎疫情、逆全球化等多重因素影响，部分关键原材料稳定供应挑战加大，不确定性进一步加剧。

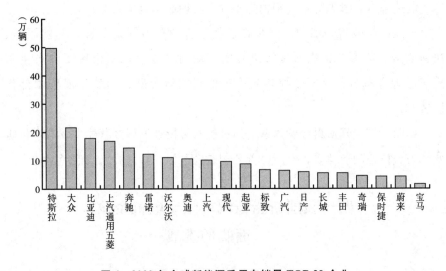

图4 2020年全球新能源乘用车销量TOP 20企业

（二）我国市场环境压力巨大

随着我国国家政策层面对新能源汽车补贴的退坡，下游整车企业作为甲方，不断向驱动电机厂商压缩供货周期和成本，使驱动电机企业面临严重的生产成本和研发投入压力，难以完成技术上的厚积薄发。另外，大量社会资

本涌入驱动电机行业，众多造车新势力纷纷涌现，进一步加剧了市场的竞争。因此，下游整车企业不合理成本控制、社会资本催生大量无序竞争和行业内卷已成为压在驱动电机厂商头上的两座大山。

（三）产品同质化严重，缺乏知名品牌

在我国，从事驱动电机的行业人员尤其是骨干人员，非正常流动非常频繁，许多技术骨干为寻求高薪不断跳槽，造成新企业与原企业产品相似度高。因此，国产产品高度同质化，价格竞争日趋激烈，而技术层面基本处于中低端的现状仍未得到较大改善。2020 年我国汽车对外出口份额仅占 3%，这充分说明国内汽车在国际市场上的竞争力严重不足。驱动电机品牌建设力度不够，缺乏核心竞争优势和明星产品，是我国驱动电机企业面临的另一个重大挑战。

（四）产品安全性

产品安全性是企业安身立命的根本，同时也是企业发展的重要保障。驱动电机作为新能源汽车的"心脏"，其产品安全性直接决定整车的安全性。由于缺乏经验积淀以及较短的产品研发周期，我国驱动电机产品普遍面临安全性忧虑。如何提高工艺水平、批量化生产高可靠性产品是驱动电机企业面临的重要课题。

五　驱动电机企业发展建议

随着新能源汽车市场的日益扩大，驱动电机的需求将日益提高。新能源汽车驱动电机已经成为追求技术细致、高可靠、低成本的工业产品，其产业竞争也将日趋白热化。目前，我国驱动电机产品在基础研发能力、功能安全、品牌经营、市场营销等方面与国际先进水平差距较大，尚需较大研发和市场推广投入。

我国驱动电机企业在发展过程中，一方面需要利用自身优势，不断

完善和凸显产品技术特点，找到合适的市场定位；另一方面，需要持续加大科研投入力度，攻克技术瓶颈，摆脱中低端同质化产品恶意竞争，提高驱动电机的最高转速、功率密度，实现电机和驱动系统的轻量化。同时，还应该打造高质量的产品制造和经营体系，重视产品的质量和安全，改进加工制造工艺，降低成本，提高收益，提高国产驱动电机产品的国际竞争力。

参考文献

陈士刚、沙文瀚、杭孟荀、刘新超：《某款纯电动汽车用驱动电机噪声分析》，《汽车零部件》2019 年第 1 期。

郭少杰、王军雷、夏天、吕惠：《基于专利分析的新能源汽车驱动电机冷却技术发展现状分析》，《汽车文摘》2020 年第 5 期。

李翠萍、管正伟、丁秀翠、赵冰：《电动汽车用电机冷却系统设计及发展综述》，《微特电机》2019 年第 1 期。

李刚：《浅谈新能源汽车三合一驱动系统的优劣势》，《汽车与配件》2021 年第 11 期。

刘金峰、张学义、扈建龙：《电动汽车驱动电机发展展望》，《农业装备与车辆工程》2012 年第 10 期。

王建、张立军、余卓平、梁锐：《燃料电池轿车电机总成的振动阶次特征分析》，《汽车工程》2009 年第 3 期。

温嘉斌、郭晗、荆超、刘金辉：《电动车用永磁同步电机转子结构对弱磁调速性能分析》，《哈尔滨理工大学学报》2019 年第 6 期。

吴胜男：《非晶合金永磁电机电磁振动噪声研究》，沈阳工业大学博士学位论文，2017。

严蓓兰：《新能源汽车电机发展趋势及测试评价研究》，《电机与控制应用》2018 年第 6 期。

杨俊：《比亚迪 DM－i 超级混动系统技术解析》，《汽车维护与修理》2021 年第 7 期。

张军、肖倩、孟庆阔：《新能源汽车驱动电机发展现状及趋势分析》，《汽车工业研究》2018 年第 6 期。

朱龙飞：《非晶合金永磁电机铁耗和谐波损耗的研究》，沈阳工业大学博士学位论文，2017。

Chiba, A. , Sotome, K. , Iiyama, Y. , and Rahman, M. A. , "A Novel Middle-Point-Current-Injection-Type Bearingless PM Synchronous Motor for Vibration Suppression", *IEEE Transactions on Industry Applications*, 2011, 47 (4): 1700 - 1706.

Isomura, Y. , Yamamoto, K. , Morimoto, S. , Maetani, T. , Watanabe, A. , and Nakano, K. , "Approaches to Suppressing Shaft Voltage in Non-insulated Rotor Brushless DC Motor Driven by PWM Inverter", 2013 International Conference on Electrical Machines and Systems (ICEMS), Busan, Korea (South), 2013: 1242 - 1247.

图书在版编目（CIP）数据

未来经济发展报告.2021／方合英主编；郭党怀等
执行主编．--北京：社会科学文献出版社，2022.9
ISBN 978 - 7 - 5228 - 0039 - 4

Ⅰ.①未… Ⅱ.①方…②郭… Ⅲ.①中国经济－经
济发展－研究报告－2021 Ⅳ.①F124

中国版本图书馆 CIP 数据核字（2022）第 065853 号

未来经济发展报告（2021）

主　　编／方合英
执行主编／郭党怀　崔建民　何德旭　常　戈

出 版 人／王利民
责任编辑／史晓琳
责任印制／王京美

出　　版／社会科学文献出版社·国际出版分社（010）59367142
　　　　　地址：北京市北三环中路甲 29 号院华龙大厦　邮编：100029
　　　　　网址：www.ssap.com.cn
发　　行／社会科学文献出版社（010）59367028
印　　装／北京联兴盛业印刷股份有限公司

规　　格／开 本：787mm × 1092mm　1/16
　　　　　印 张：25.75　字 数：386 千字
版　　次／2022 年 9 月第 1 版　2022 年 9 月第 1 次印刷
书　　号／ISBN 978 - 7 - 5228 - 0039 - 4
定　　价／168.00 元

读者服务电话：4008918866